·추·천·사·

우리 목회자에게 부여된 설교의 특권은 어떤 것과도 비교할 수 없는 영광이며 또한 어깨를 누르는 부담이기도 합니다. 어떤 이들은 진리보다도 설교를 멋지게 하려고 하기도 하고 본인의 성숙의 무게보다 더한 말들을 하려고도 합니다.

이런 때에 찰스 스윈돌 목사님의 신약 인사이트 시리즈가 나오게 된 것은 모든 목회자들을 위한 축복이라고 생각합니다. 그는 50년 가까이 사역을 하면서 단 한 번의 소란스러운 소문도 내지 않고 모든 교인에게 존경을 받은 목회자입니다. 탁월한 삶의 안목으로 진리를 발견하고, 가장 풍성한 언어로 본문의 강해를 전하는 목회자입니다. 그런가 하면 그는 가장 말씀을 잘 교육하는 달라스 신학교를 맡아 후학들을 교육하여 미국에서 가장 영향력 있는 신학교로 발전시켜나갔습니다.

이 책은 그의 50년 말씀 강해 사역의 결산입니다. 어렵고 난해한 설명이 아니라 진리에 대한 분명한 이해와 전 생애를 통해 입증한 진리의 말씀을 그만이 할 수 있는 언어의 연금술사적 표현으로 이 강해를 완성했습니다. 이 시리즈는 가볍고 빈약한 말씀으로 얼룩진 한국교회의 강단에 풍성한 말씀의 은혜를 가져다줄 것입니다. 성경 본문을 다시 보게 만들고, 진리의 깊은 뜻에 목회자 자신이 먼저 은혜를 받게 하며, 전해야 할 메시지를 분명하게 정리해주는 가이드가 될 것입니다. 한국 강단에 말씀이 흥왕되기를 간절히 바라며 젊은 목회자뿐만 아니라, 말씀 앞에 오늘도 씨름하며 간절히 사모하는 모든 설교자에게 진심으로 이 책을 권합니다.

홍정길 목사_남서울은혜교회 원로 목사

찰스 스윈돌은 우리 시대 하나님의 선물입니다. 그는 가장 신실한 강해 설교의 모본을 보이신 분입니다. 그는 학자는 아니지만 언제나 본문에 성실한 설교자입니다.

그는 주석/ 석의의 기본을 중시하면서 본문을 강해하는 분입니다. 그러면서 탁월한 적용으로 우리를 삶의 마당으로 안내합니다. 이번에 도서출판 디모데가 『찰스 스윈돌의 신약 인사이트』 시리즈를 펴낸 것에 대해 한국 교회와 더불어 축하하며 기뻐하고 싶습니다.

그만큼 한국 교회 강단이 풍성해질 것을 기대하기 때문입니다. 설교자들은 옷을 팔아서라도 이 시리즈를 비치하고, 모든 성경 연구자는 새로운 재산 목록으로 이 시리즈를 추가하십시오. 이 시리즈가 오늘의 허약한 강단을 부요하게 하고, 위기에 처한 한국 교회를 살리는 보약이 될 것을 예감합니다. 진지하게 말씀을 묵상하는 모든 이에게 이 책은 우리 시대의 동의보감이 될 것입니다. 찰스 스윈돌이 이미 끼친 영향력보다 더 오래, 그리고 더 깊게 이 시리즈는 말씀을 연구하는 모든 사람의 길잡이가 될 것입니다.

함께 귀한 보화를 나누는 기쁨으로 이 책을 추천합니다.

이동원 목사_지구촌교회 원로 목사

찰스 스윈돌 목사님은 저 개인의 판단으로는 현재 생존하고 있는 설교자 가운데 최고의 설교자라고 늘 생각해왔습니다. 제가 미국에 거주했던 오랜 시간 동안 기회가 있을 때마다 스윈돌 목사님의 설교를 들으면서 하나님의 말씀이 얼마나 귀하고 위대한 진리인지를 강하게 느끼곤 했습니다. 특히 설교를 전달하는 그분의 능력은 누구와도 비교가 되지 않습니다. 사실 이러한 판단은 저만의 느낌이 아니고 그분의 설교를 들어본 전 세계 수많은 기독교인들이 같은 판단을 하고 있다고 생각합니다. 스윈돌 목사님의 설교는 거의 강해식 설교인데 성경 말씀의 현실적 가치를 남김없이 드러내줍니다. 설교자들이 본받아야 할 모델임에 틀림없습니다. 달라스 신학대학원 총장을 은퇴한 스윈돌 목사님은 달라스에 교회를 개척하신 후 오늘까지도 설교를 하고 계십니다. 그 설교 시리즈를 〈인사이트 포 리빙(Insight for Living)〉이라 부릅니다. 이번에 디모데에서 출판한 『찰스 스윈돌의 신약 인사이트』 시리즈는 그분의 설교를 주석 형태로 정리하여 출판한 것으로서, 비록 활자화된 책이 그분의 현장 설교를 그대로 반영할 수는 없겠지만, 그래도 그분의 탁월한 말씀 선포를 최대한 반영한 것이라 할 수 있습니다. 한국의 모든 목회자와 신학생과 한국 교회에 이 시리즈가 소중한 자료로 사용되어지고, 독자들에게 큰 은혜를 끼치게 될 것을 기대해마지 않습니다.

김상복 목사_세계복음주의연맹(WEA) 회장, 할렐루야교회 원로 목사

포스트모던 시대에 살고 있는 현대 크리스천들과 목회자들과 선교사들에게 있어서 가장 큰 취약점은 날이 갈수록 성경 말씀이 그들로부터 멀게 느껴진다는 사실이다. 찰스 스윈돌 목사님의 설교와 성경 강해는 이런 추세를 돌이키고도 남음이 있음을 지난 47여 년 동안 그의 설교를 듣고 하나님의 말씀이 주는 감동을 다시 찾은 미국 교회 회중들에 의해 충분히 입증된 바 있다. 이『찰스 스윈돌의 신약 인사이트』시리즈도 현대 한국 크리스천들과 목회자들과 선교사들로 하여금 말씀에 대한 이해와 적용을 할 수 있도록 도움으로써 다시 한 번 성경의 원저자가 의도했던 감동을 주기에 충분할 것이다.

성경 말씀이 처음 선포되었을 때 이를 들은 회중에게 일어났던 임팩트가 재현되기 위해서는 최소한 다음 두 가지 여건이 재조성되지 않으면 안 된다. 첫째, 하나님이 원래 의도하셨던 대로 그 의미(meaning)가 정확하게 전달되어야 한다. 둘째, 듣는 이들의 마음속에 말씀이 들어가서 하나님이 그 말씀을 통해 의도하셨던 일이 선명하게 드러나야 한다. 이럴 때 비로소 우리는 전해진 말씀이 자신들과 연관성(relevance)이 있다는 사실을 피부로 느끼게 될 것이다. 이를 다시 한국 상황에 맞게 정리하면 성경에 대한 이해와 아울러 이 말씀을 듣는 회중, 즉 한국 사람들의 마음에 대한 이해가 깊지 않으면 안 된다는 말이다. 이에 한 가지 중요한 요소를 더 보탠다면 이 둘 사이에 다리를 놓는 것, 즉 커뮤니케이션이 잘 되어야 한다는 것이다.

이 시리즈는 이 세 가지 모두를 탁월하게 이해한 이 시대의 가장 저명한 강해자 가운데 한 사람이 그의 전 생애를 건 결실이기도 하다. 이를 사용하는 한국 크리스천들과 목회자들과 선교사들에게도 다시 한 번 하나님의 말씀이 가슴속 깊이 파고들어가 원저자이신 성령이 의도하신 대로의 메시지에 따라 삶이 변화되며, 급기야 그 가치관과 세계관이 성경적이 되어 더 이상 얄팍한 크리스천이라는 비난을 받지 않게 되기를 간절히 기원하며 이 시리즈를 모든 사람에게 추천한다.

이태웅 목사_한국글로벌리더십연구원 원장

찰스 스윈돌 목사님은 우리 시대 최고의 목회자요 설교자로서 이미 수많은 저서를 통해 우리에게 잘 알려진 존경받는 저술가이기도 하다. 『찰스 스윈돌의 신약 인사이트』 시리즈는 목회자에게 유익을 주는 또 하나의 저서이다. 이 책은 목회자들의 설교나 성경 공부 준비에 아주 요긴한 좋은 지식을 제공하고 있어 대단히 유익하다.

김경원 목사_서현교회

"나는 성경 말씀을 고찰하고 선포하는 일에 중독되었다고 서슴없이 말할 수 있습니다." 이것은 찰스 스윈돌 목사님이 서문에서 고백한 내용이다. 그는 설교자로서 하나님의 말씀을 정확하고, 명료하고, 현실적이고, 통찰력 있게 전달하고자 애썼으며 이 일에 자신의 전 생애를 헌신했다. 이 책은 지난 50여 년 동안 설교하고 가르치면서 하나님의 진리를 이해하고 설명하고 적용한 귀한 책이다.

김병삼 목사_만나교회

찰스 스윈돌 목사님은 본문 주해와 적용에 탁월한 강해 설교자이다. 그에게는 원어로 말씀을 분석하는 지력과 말씀을 삶에 실제적으로 적용하는 통찰력이 있다. 그에게는 하나님의 말씀인 로고스(Logos), 그 말씀을 자신 있게 전하는 설교자의 에토스(Ethos), 그리고 열정과 헌신으로 가득한 설교자의 파토스(Pathos)가 있기에 이 시리즈가 말씀을 사랑하는 평신도와 목회자에게 큰 유익이 되리라 확신한다.

노창수 목사_워싱턴 중앙장로교회

찰스 스윈돌은 모든 사역자에게 존경을 받는 분입니다. 그분의 분명한 성경 강해와 실천적인 적용의 원리는 모든 곳, 모든 사람에게 깊은 영향력을 끼치고 있습니다. 이번에 디모데에서 출간된 『찰스 스윈돌의 신약 인사이트』 시리즈는 설교를 준비하는 신학생으로부터 담임목사에 이르기까지 매 주일 말씀을 선포하는 사역자들의 목마름을 해갈시켜줄 좋은 도움서입니다. 모든 분들의 일독을 적극 추천합니다.

박은조 목사_샘물교회

지난 반세기를 말씀을 전하는 일에 헌신해온 찰스 스윈돌 목사님은 과연 이 시대 가장 탁월한 설교자답게 모든 설교자를 위하여 대단히 귀한 선물을 준비했다. 설교자 치고 자료의 중요성을 모르는 사람이 어디 있을까? 이번에 그가 펴낸 이 새로운 시리즈는 어렵고 난해한 주석들과 너무도 평범한 설교집들 사이에서 방황하던 설교자들에게 마침표를 찍어줄 것이다.

박정근 목사_부산영안침례교회

내가 처음 강해 설교를 배운 후 연습을 위해 참고한 것이 찰스 스윈돌의 성경 공부였다. 그가 말씀을 묵상한 내용은 깊이도 있지만 적용의 포인트가 아주 신선했다. 무엇보다도 의사소통에 천재적인 능력을 보여주었다. 그는 자신이 강조하는 것처럼 성경 신학자는 아니다. 그럼에도 불구하고, 아니 그렇기 때문에 그의 성경 해석은 모든 사람에게 쉽게 전달이 된다. 이 시리즈는 성경을 공부하는 사람들에게 부담을 주지 않으면서도 실제적으로 많은 도움을 줄 것이다.

방선기 목사_직장사역연구소 소장

신약의 성경들과 관련된 주석들을 많이 읽어보았지만 찰스 스윈돌 목사님의 시리즈만큼 insightful한 책은 없었습니다. 방대한 자료를 제시하며 깊이 있게, 여러 가지 관점으로 볼 수 있도록 인도하는『찰스 스윈돌의 신약 인사이트』시리즈는 신기할 정도로 한결같이 친절하고 생생한 언어들 사용해 성경의 원저자들을 만난 것 같은 기분을 느끼게 합니다. 가르치는 사람이라면 꼭 읽고 공부하시기를 권합니다. 다만, 이 책을 펼치시기 전에 조심해야 할 일이 있습니다. 이 책을 읽는 사람이라면 누구나 이 시리즈의 전도사가 될 것이기 때문입니다.

서정인 목사_한국컴패션 대표

명료하면서도 풍성한 표현, 정확하면서도 깊은 이해, 어렵지 않으면서도 부족함이 없는 성경 해석서가 있기를 바라왔는데 주님은 그런 축복을 찰스 스윈돌 목사님을 통해 우리에게 주셨습니다. 훌륭한 목회자로, 탁월한 설교자로서 그의 47년 목회 사역의 귀중한 자료들을 망라한 이 책을 말씀에 대한 갈증을 느끼는 모든 목회자, 특별히 설교를 준비하는 모든 설교자에게 진심으로 권합니다.

이찬수 목사_분당우리교회

오늘날 교계의 가장 빼어난 지도자 가운데 한 분으로 나는 주저 없이 찰스 스윈돌 목사님을 꼽는다. 그는 탁월한 지도력을 갖춘 목회자이고, 건강한 신학적 안목을 지닌 성경 강해자이며, 선명한 복음을 선포하는 설교자이다. 그러나 내가 그를 존경하는 진짜 이유는 말과 행실이 일치하는 그의 성숙한 신앙 인격 때문이다. 평생 스캔들 한 번 없이 수많은 사람들에게 거룩한 영향력을 미친 그의 47년 사역의 결정체가 책자로 출간되었다니 말할 수 없이 기쁘고 감사하다. 전통적 주석과 달리 성경을 통합적으로 꿰어내는 통찰력이 그의 라디오 사역인 〈인사이트 포 리빙(Insight for Living)〉을 연상시킨다. 이 보석 같은 책자를 모든 성도와 신학도와 설교자에게 자신 있게 추천한다.

정민영 선교사_WBT 부총재

찰스 스윈돌 목사님은 우리에게 잘 알려져 있는 목사님이다. 그가 가진 성경 공부와 강해 설교에 대한 탁월한 은사는 우리로 하여금 성경을 전체적으로 그리고 세밀하게 바라볼 수 있도록 도와준다. 그리고 그가 저술한 여러 책들은 누구나 성경을 바로 이해할 수 있도록 도와줄 뿐만 아니라 말씀을 삶에 적용하고 실천하는 데 대단히 훌륭한 가이드가 된다. 이번에 디모데에서 출판한 『찰스 스윈돌의 신약 인사이트』 시리즈는 목회자들의 설교 사역에 대단히 큰 도움을 줄 것이라고 확신한다.

정주채 목사_향상교회

드디어 기다리던 작품이 나오게 되어 기쁘다. 찰스 스윈돌, 그는 실천적 성경 해석가요 본문을 살아나게 하는 설교자이다. 그는 '그때 거기서' 주어졌던 말씀을 '지금 여기에서도' 적용되도록 실용적 인사이트를 준다. 특히 그는 어느 본문에서도 예수 그리스도가 나타나도록 설교의 절정을 이루는 원리와 비법을 자연스럽게 제시해준다. 그래서 말씀을 듣는 사람들을 부활의 능력으로 소생시켜준다. 이것이 그가 만들어내는 인사이트 주석의 핵심이다.

조봉희 목사_지구촌교회(서울)

본문에 대한 세밀한 통찰력과 시대를 읽어내는 예리한 지성이 청중을 사로잡는 수사학과 버무려진 책이다. 본문을 통하여 하나님의 음성을 읽어내는 영성과 그 음성을 청중의 삶에 적용하기 위한 찰스 스윈들의 열정과 사랑이 집대성되었다. 이 책에는 천상의 소리를 지상의 소리로 만드는 비법이 고스란히 담겨 있다.

최명덕 목사_건국대학교 교수

『찰스 스윈돌의 신약 인사이트』 시리즈를 통해 찰스 스윈돌 목사님을 우리 개인의 서재로 초대하고, 그분과 함께 목회 동역자로 일할 수 있는 길이 가능해졌다. 성경에 대한 그분의 애정과 깊은 영성은 모든 목회자에게 엄선된 자료, 탁월한 분석과 요약, 놀라운 통찰력, 감동과 도전을 준다. 우리는 더 이상 성경 본문 속에서 방황할 필요가 없다. 왜냐하면 이제 성경의 핵심으로 바로 뛰어들어갈 수 있기 때문이다.

홍인종 목사_장로회신학대학원 교수

찰스 스윈돌의 신약 인사이트 시리즈

갈라디아서, 에베소서

Swindoll's New Testament Galatians, Ephesians

Translated by Jongsuk Yoon
Published by permission of Zondervan, Grand Rapids, Michigan, U.S.A. through arrangement of rMaeng2, Seoul, Republic of Korea.

※본문의 성경은 한글개역개정을 사용하였습니다. 별도의 경우 따로 표기해두었습니다.

찰스 스윈돌
신약 인사이트 시리즈

윤종석 옮김

SWINDOLL'S
NEW TESTAMENT
INSIGHTS

GALATIANS, EPHESIANS

갈라디아서, 에베소서

디모데
Timothy Publishing House

차례

■ 지도·도표·사진 목록

머리말

60여 년 동안 나는 성경을 애독해왔습니다. 성경을 향한 그 사랑에 내가 해병대 복무 중에 받은 복음 사역으로의 부르심이 더해져 나는 달라스 신학교에 입학하게 되었습니다. 그 4년 동안 나는 하나님의 말씀을 사랑하는 훌륭한 하나님의 사람들 밑에서 수학하는 특권을 누렸습니다. 그분들은 무오한 하나님의 말씀을 추앙하고, 신중하게 가르치며, 열정적으로 설교하고, 행동으로 실천하는 모범을 보여주었습니다. 나는 내 것이라고 선포된 위대한 유업에 대해 하나님께 감사하지 않고 보낸 주가 한 주도 없었습니다! 하나님의 진리를 이해하고 설명하고 적용하는 일에 이토록 헌신하도록 나를 키워준 그 훌륭한 신학자들과 멘토들에게 나는 영원한 빚을 지고 있습니다.

45년 이상을 나는 이 일에 정진해왔습니다. 그리고 얼마나 이 일을 사랑하는지 모릅니다! 고백하건대 나는 성경 말씀을 고찰하고 선포하는 일에 중독되었다고 서슴없이 말할 수 있습니다. 그렇기 때문에 이 시리즈–특히 하나님이 기록하신 말씀 속에 담겨진 진리를 설명하고 이해를 돕는–는 내 삶에서 매우 중요한 의미를 가집니다. 오랜 세월 힘을 다해 성경을 성실하게 연구하면서 발견한 소중한 서적들을 모아 널찍한 서재를 만들었습니다. 생의 마지막 날까지 내 인생의 가장 중요한 목표는 하나님의 말씀을 정확하고, 명료하며, 현실적이고, 통찰력 있게 전달하는 것입니다. 찾아볼 수 있는 많은 자료가 담겨진 신뢰할 만한 서적들이 없었다면 나의 작업은 몇 십 년 전에 '고갈'되어버렸을 것입니다.

내가 가장 많이 그리고 즐겨 사용한 책들은 성경의 본문을 더 잘 이해하는 데 유용한 책들입니다. 대부분의 주석가들이 그렇듯이 나는 끊임없이 나의 재능을 연마하고 더 날카롭게 해줄 문헌들을 찾고 있습니다. 다시 말해서, 복잡한 것을 단순하고 이해하기 쉽게 만들어주고, 내가 살고 있는 21세기 세상의 관점에서 신성한 진리와의 관련성을 볼 수 있게 해주는 통찰력 있는 해설과 눈으로 보는 듯한 생생한 서술을 제공하며, 그 진리들을 내가 쉽게 잊지 못하도록 마음속 깊이 새겨주는 자료들을 찾는다는 뜻입니다. 그런 책을 발견하면 나는 그것을 손에서 놓지 않고 탐독한 후에 나중에 다시 찾아보기 위해 내 서재에 보관합니다. 그리고 정말로, 나는 자주 그 책들을 찾아봅니다. 신선한 통찰이 부족하거나 적합한 이야기나 예화가 필요할 때, 또는 본문 해석이 잘 풀리지 않아 빠져나올 방법을 찾을 수 없을 때 찾아볼 수 있는 자료가 풍부한 저작들이 있다는 게 얼마나 다행인지 모릅니다. 열정적인 주석가들에게 서재는 반드시 있어야 합니다. 나의 멘토 중 한 분이 이런 말을 한 적이 있습니다. "도대체 다른 어디에서 자네 손바닥에 만 명의 교수들을 올려놓을 수 있겠나?"

최근에 나는 내가 방금 설명한 것과 같은 충분한 자료들이 턱없이 부족하다는 사실을 알게 되었습니다. 그리고 문제를 한탄하기보다는 내가 그 해답의 일부가 되자는 생각을 품게 되었습니다. 그러나 그 해답은 큰 임무를 떠맡는 것이 될 터였습니다. 신약의 모든 책과 편지들을 망라하는 저술 작업은 너무나 벅차고 두렵게 느껴졌습니다. 그러나 내가 지난 45년여 동안 신약 성경의 대부분을 가르치고 설교했다는 사실을 깨달았을 때 안도감이 밀려왔습니다. 내 자료 파일들은 이 시대의 필요에 부응하는 새로운 의미가 보태어져 세상에 나가 주님의 신선한 말씀을 갈망하는 사람들의 삶에 적용되기를 기다리며 숨어 있던 메시지들에 대한 주석들로 가득했습니다. 이거면 됐다! 나는 내 꿈을 실현시켜줄 최고의 출판사를 찾기 시작했습니다.

나의 저작권 대리인인 실리(Sealy)와 맷 예이츠(Matt Yates)의 노고에 감사합니다. 나는 이렇게 방대한 프로젝트에 관심이 있는 출판사를 택했습니다. 완간하는 데 10년 이상이 걸릴 전집을 출판하는 모험에 열정적인 지원을 아끼지 않은 존더반 출판사의 훌륭한 직원들에게 감사를 전합니다. 여러 해 동안 나의 다른 저작들을 출판하면서 그들 대부분과 알고 지냈던 나는 그들이 이러한 임무를 해낼 역량이 있으며, 내 자료들을 출판하는 작업에서 선한 청지기가 되어줄 것을 확신했습니다. 확신과 격려를 준 스탠 건드리(Stan Gundry)와 폴 앵글(Paul Engle)에게 감사합니다. 그들은 처음부터 끝까지 충성스럽게 도움을 주었습니다. 베를린 버브룩(Verlyn Verbrugge)과 함께 일하는 것은 또 하나의 기쁨입니다. 그의 경험에서 우러나온 지혜와 예리한 통찰에 진심으로 감사를 드립니다.

나의 오랜 친구이자 이전의 편집자였던 존 슬론(John Sloan)과 또다시 함께 일하게 된 것도 특별한 기쁨이었습니다. 그는 편집장으로서 참으로 소중한 조언을 해주었습니다. 무엇보다도 가장 감사한 것은 그의 열정적인 지원이었습니다. 직접 편집을 해준 마크 게이더(Mark Gaither)와 마이크 스비겔(Mike Svigel)의 지칠 줄 모르는 노고에도 감사의 마음을 전합니다. 그들은 신약 성경 27권의 각 장과 구절들을 모두 섭렵하는 작업을 멋지게 해냈습니다. 그들은 원고를 성경 본문에 충실하고 흥미롭고 독창적이면서도 읽기 편한 문체로 다듬고 자연스럽게 내 목소리가 드러나게 해주었습니다. 그 과정을 지켜보는 것은 또 다른 즐거움이었습니다.

내가 50년 가까이 섬겨온 미국 여러 지역의 교인들에게도 깊은 감사를 드립니다. 매년 하나님의 메시지를 지키고 전달하는 소명을 수행하면서 그분들의 사랑, 지원, 인내 그리고 수많은 격려의 말을 들을 수 있었던 것은 행운이었습니다. 나는 목자로서 그 양 떼들을 이루 말할 수 없이 사랑했습니다. 또한 내가 지금 기쁨으로 섬기고 있는 텍사스 주 프리스코에 있는 스톤브라이어 교회(Stonebriar Community Church)의 양 떼들은 더더욱 그렇습니다.

마지막으로, 공부와 설교와 글쓰기에 중독된 나를 이해해준 아내 신시아(Cynthia)에게 감사합니다. 아내는 내가 이 일을 하는 것을 한 번도 반대한 적이 없습니다. 언제나 내가 최선을 다하도록 격려해주었습니다. 그녀의 애정 어린 지원과 더불어 30여 년간 인사이트 포 리빙(Insight for Living)을 훌륭히 이끌어온 그녀의 헌신에 힘입어 "때를 얻든지 못 얻든지" 나의 소명에 충실할 수 있었습니다. 평생을 함께 사역하면서 형성된 동역자로서의 관계는 그렇다 치더라도, 나에 대한 그녀의 헌신이 없었다면 이 시리즈는 결코 시작되지 못했을 것입니다.

이 책에 당신의 손길이 닿을 수 있어서, 그리고 궁극적으로 당신의 서가에 놓일 수 있게 되어서 정말 기쁩니다. 나의 끊임없는 기도와 바람은 이 책들이 당신이 성경을 공부하고 적용하는 데 유용하게 쓰이는 것입니다. 내가 오랜 세월에 걸쳐 깨달았듯이 당신 또한 하나님의 말씀은 시대를 초월하는 진리라는 사실을 깨닫는 데 이 책이 도움이 되기를 기도합니다.

"풀은 마르고 꽃은 시드나
우리 하나님의 말씀은 영원히 서리라"(사 40:8).

찰스 스윈돌(Charles Swindoll)
텍사스 주 프리스코

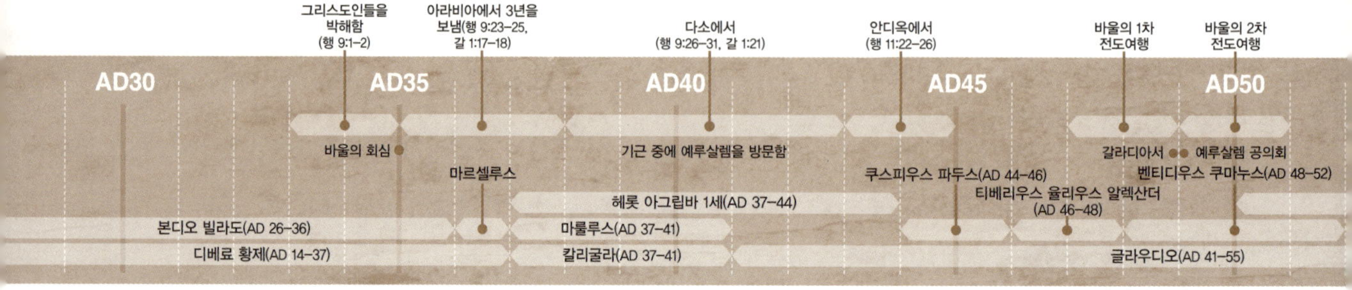
그리스도인들을
박해함
(행 9:1-2)
아라비아에서 3년을
보냄(행 9:23-25,
갈 1:17-18)
다소에서
(행 9:26-31, 갈 1:21)
안디옥에서
(행 11:22-26)
바울의 1차
전도여행
바울의 2차
전도여행
AD30
AD35
AD40
AD45
AD50
바울의 회심
기근 중에 예루살렘을 방문함
갈라디아서
예루살렘 공의회
마르셀루스
쿠스피우스 파두스(AD 44-46)
벤티디우스 쿠마누스(AD 48-52)
티베리우스 율리우스 알렉산더
(AD 46-48)
헤롯 아그립바 1세(AD 37-44)
본디오 빌라도(AD 26-36)
마룰루스(AD 37-41)
디베료 황제(AD 14-37)
칼리굴라(AD 37-41)
글라우디오(AD 41-55)

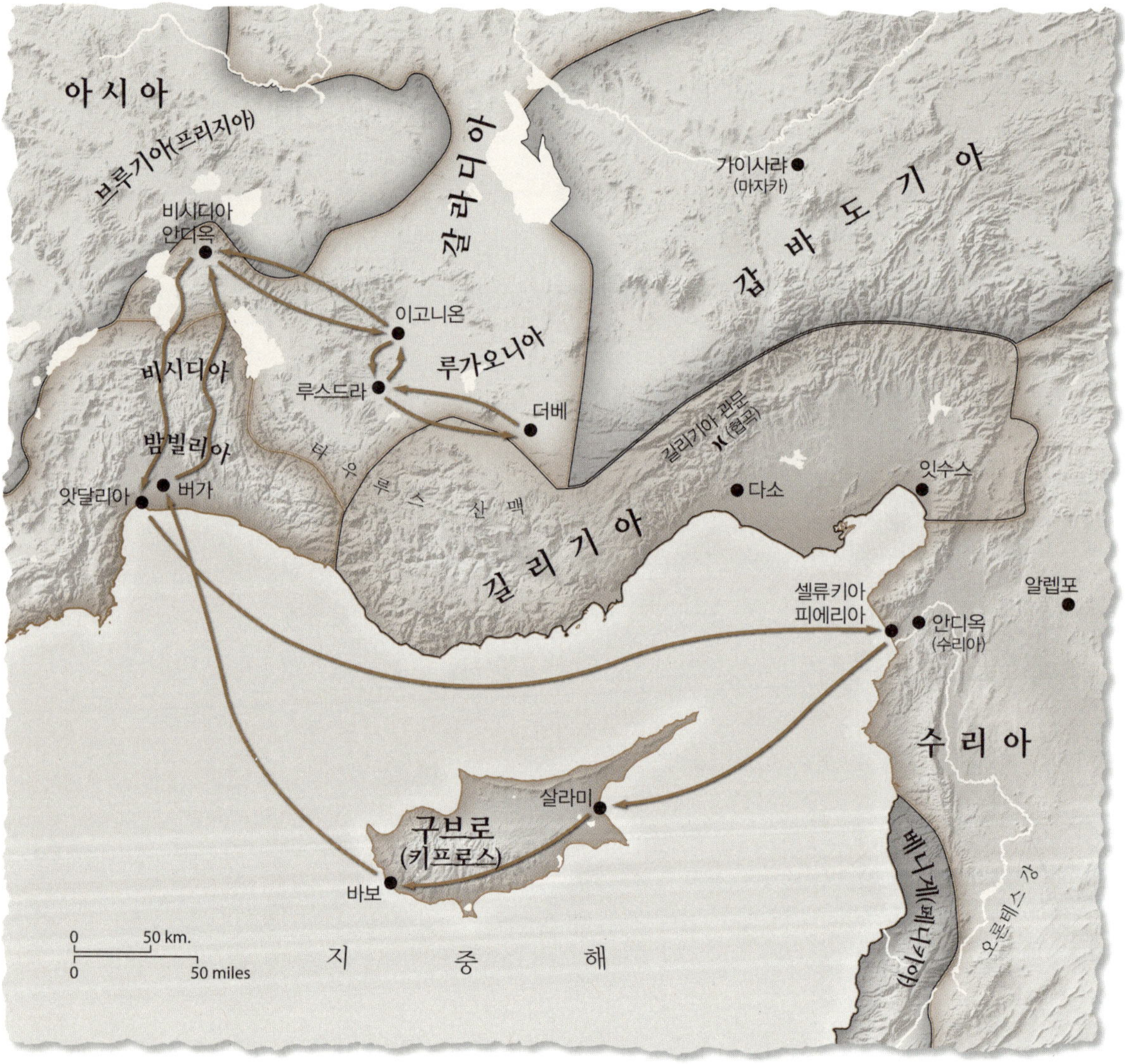
아시아
브루기아(프리지아)
갈라디아
갑바도기아
가이사랴
(마자카)
비시디아
안디옥
이고니온
루가오니아
루스드라
더베
비시디아
밤빌리아
앗달리아
버가
타우루스 산맥
길리기아 관문
(협곡)
다소
잇수스
길리기아
셀류키아
피에리아
안디옥
(수리아)
알렙포
수리아
살라미
구브로
(키프로스)
바보
베니게(페니키아)
오론테스 강
지중해
0
50 km.
0
50 miles

바울의 1차 전도여행

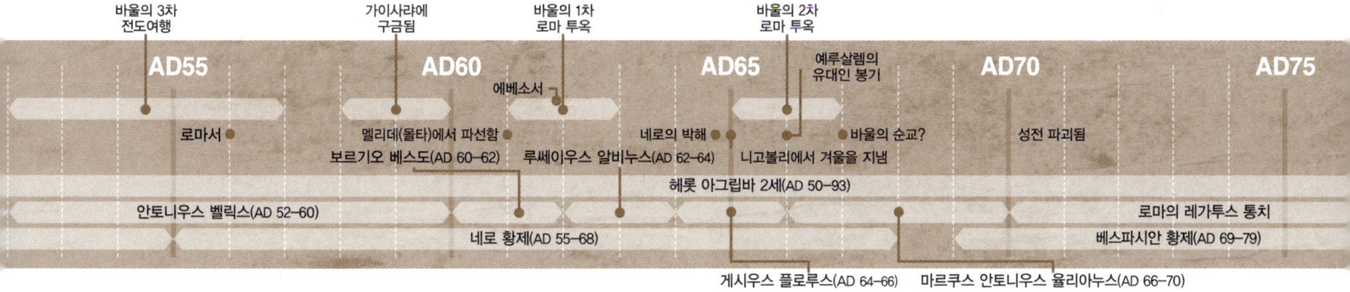

갈라디아서

서론

바울과 바나바의 1차 전도여행은 AD 46년경 안디옥에서 시작되었다. 그들은 성령의 계시를 따라 이방인에게 복음을 전하러 떠났다(행 13:1–3). 우선 그들은 구브로 섬을 통과하여(13:4–12) 소아시아 남해안에 이르렀다. 그곳은 바다를 끼고 있는 로마의 루기아 성(省)이었다. 거기서 그들은 본토로 더 깊숙이 들어가 갈라디아 성 남부의 여러 도시를 다녔다(13:13–14:18). 귀환할 때는 갔던 길로 되돌아오며 새로 생긴 교회들을 굳건하게 한 뒤 안디옥에 이르러 선교 결과를 보고했다(14:19–28).

바울이 갈라디아 교인들에게 편지를 쓰게 된 정황은 기록에 나와 있지 않다. 하지만 서신의 날선 문체와 격앙된 내용으로 미루어 우리는 사도가 침착하고 차분하고 평온한 상태는 아니었으리라는 인상을 받는다. 오히려 좌절감과 심란함과 결연함 같은 표현이 더 잘 어울릴 것이다. 약간의 '거룩한 상상력'을 동원해본다면 그때의 장면을 다음과 같이 재현해 볼 수 있다.

방 안을 서성거리는 바울은 심란한 기색이 역력하다. 그는 이맛살을 찌푸리며 잠시 멈추어 서서 고개를 내젓는다. 그러고는 다시 방향을 돌려 성큼성큼 방을 가로지른다. 실피오스 산 위의 집에서 흘끗 창밖을 내다본다. 안디옥 시를 남북으로 가르는 거리에 주랑이

한눈에 보는 갈라디아서

단락	복음의 진리를 확증함	복음의 우월성을 변호함
주제	개인적 이야기 바울의 사도직의 권위 대 유대주의자들의 거짓 혼란 명확한 설명 수정	교리적 논증 그리스도를 믿음으로 충족함 대 율법의 행위로는 무익함 행위 대 믿음 율법주의 대 칭의 예속 대 자유
핵심 용어	율법…복음…성령	
	전도하다 저주	믿음 약속 상속자
본문	1:1–2:21	3:1–4:31

복음의 자유를 실천함

실천적 적용

그리스도인의 삶에 나타나는 성령의 능력 대
죄성을 지닌 육체의 연약함

노예가 되지 말라
사랑으로 섬기라
성령 안에 행하라

율법…복음…성령

자유

육체의 욕심

십자가에 못 박다

5:1–6:18

핵심 용어

εὐαγγέλιον [*euangelion*, 유앙겔리온] *(2098)* '기쁜 소식, 복음'

복음에 해당하는 영어 단어 gospel은 중세 영어의 "good-spell"이라는 복합어에서 왔다. Spell은 "이야기"라는 뜻이므로 복음은 "좋은 이야기"다. 헬라어 *euangelion*은 승전보를 전할 때나 왕위를 이을 자손의 출생을 공식 선포할 때 쓰였다. 바울이 선포한 기쁜 소식은 예수 그리스도께서 죄를 위하여 죽으시고 부활하셨다는 내용이자 또한 오직 그리스도 안에서 오직 믿음으로 말미암아 오직 은혜로 구원받는다는 내용이다. 그리스도는 죄와 사망을 정복하셨고, 하나님은 그리스도를 통해 새 생명을 주신다.

νόμος [*nomos*, 노모스] *(3551)* '법, 모세 율법'

바울이 모세 율법을 지칭하는 말로 갈라디아서에 서른 번 이상 사용했다. 모세 율법이란 모세가 하나님께 직접 받은 행동 규범을 가리킨다. 갈라디아서에서 분명히 보듯이 바울은 율법을 하나님의 진정한 계시로 존중하지만, 삶을 지배하는 율법의 기능은 그리스도께서 오심으로 끝났다고 역설한다. 지금도 율법은 인간의 죄성을 드러내주어 죄인들로 하여금 죄를 깨닫고 하나님의 은혜와 자비 앞에 나아가 용서를 구하게 한다.

περιτομή [*peritomē*, 페리토메] *(4061)* '할례, 할례받은 사람, 할례파에 속한 사람'

"빙 둘러 베다"는 뜻의 동사에서 파생된 헬라어 명사로 남자의 음경 포피를 베어내는 히브리인의 의식(儀式)을 가리킨다. 하나님이 제정하신 이 의식을 통해 남자는 아브라함과 맺으신 하나님의 언약에 정식으로 참여하게 된다. 세월이 가면서 이런 구별성이 그 민족과 언약과 문화를 상징하게 되었다. 많은 유대인들은 할례라는 언약의 외표를 통해 자신들이 하나님의 복을 받고 하나님의 심판을 면할 권리가 있다고 보았다. 그러나 바울은 그리스도 안에서 할례나 무할례가 아무것도 아니로되 오직 그리스도를 믿음으로 말미암아 은혜로 구원받는 것만이 중요하다고 가르쳤다(갈 6:15). 그래서 바울은 갈라디아서에서 유대주의자들이 거짓 복음을 전하는 죄를 짓고 있다고 역설했다. 유대주의자들은 이방인도 구원받으려면 할례를 받아야 한다고 강요했다.

πνεῦμα [*pneuma*, 프뉴마] *(4151)* '영, 성령'

헬라어 일반 문헌에 인간의 영혼을 가리키는 말로 흔히 등장하는 말이지만, 바울은 삼위일체 하나님의 제3위인 성령을 지칭하는 말로 가장 자주 사용한다. 바울은 "성령을 따라 행"한다든지(갈 5:16) "성령의 인도"를 받는다는 표현(5:18)을 써서, 하나님의 능력으로 살아가는 사람과 자기 힘으로 살아가는 사람을 대비한다. 성령은 또한 기적을 행하시고(3:5), 신자들을 하나님의 자녀로 입양하시며(4:6), 새로운 희망을 주시고(5:5), 육체의 욕심과 반대되는 새로운 의욕을 주신다(5:16-17).

쭉 늘어서 있다. 바울의 시선이 그 거리 저편으로 아득히 멀어진다. 시력이 약한 탓에 오론테스 강의 섬에서 삐죽 튀어나와 있는 궁전 너머로는 잘 보이지 않는다. 하지만 저 산자락을 넘어 바다로 내려가 소아시아 해안을 건너면 타우루스 산맥의 반대편에 갈라디아 남부 지역이 뻗어 있다. 그 지역에 뭔가 조치가 필요함을 바울은 알고 있다. "당장이라도 그리로 달려갈 수 있다면 좋으련만." 바울의 입에서 나지막이 혼잣말이 새어나온다.

방 한쪽에 놓인 탁자 너머로 바나바가 동지 바울을 바라보고 있다. 걸음을 뗄 때마다 바울의 절름거리는 다리가 더 눈에 들어온다. 바울은 불편하여 끙 소리를 낸다. 하지만 방금 막 전령들의 말을 듣고 깊은 정서적 타격을 받은 것에 비하면 몇 주 전에 갈라디아 성에서 복음을 전하다 폭도들에게 당한 영구한 부상은 차라리 가벼운 타박상 정도로 느껴진다. "어리석은 갈라디아 사람들 같으니라고!" 바울이 중얼거린다. 지난번에 그 지역의 여러 도시를 순회했던 일을 떠올리며 그는 또다시 고개를 내젓는다.

구브로 성, 루기아 성, 갈라디아 성을 순회한 첫 여행은 어느 모로 보나 성공적이었다. 이곳 안디옥에 있는 그들의 모 교회에서는 그것을 "1차 전도여행"이라 불렀다. 희망에 굶주려 있던 이방인들은 예수 그리스도께서 죽으시고 부활하셨다는 기쁜 소식을 아주 뜨겁게 받아들였다. 성령께서 바울과 바나바를 통해 여러 가지 기적을 행하셔서 본인들조차 깜짝 놀랐을 정도다. 구브로에서는 성령의 감화를 입은 바울이 방해꾼 마술사를 한동안 맹인이 되게 했고, 이를 계기로 로마 총독의 영적 눈이 뜨였다. 이고니온에서는 주께서 바울과 바나바의 손으로 표적과 기사를 행하게 하셔서 하나님의 은혜를 선포한 그들의 메시지를 확증해주셨다. 루스드라에서는 성령께서 선천적으로 걷지 못하는 사람을 치유하시자 그 도시의 무리가 두려워하며 바울과 바나바를 하늘에서 내려온 신으로 떠받들려 했다. 이처럼 성령께서 놀라운 능력으로 사도들의 은혜의 메시지를 확증해주셨기에 바울은 지금 전해진 비참한 소식 앞에서 더욱 좌절할 수밖에 없었다. "갈라디아 성의 새 신자들이 구원의 선물이라는 기쁜 소식을 버리고 율법을 따르고 있습니다!"

"기억하시오, 바나바?" 바울이 주먹 쥔 손으로 맞은편 손바닥을 치며 묻는다. "우리가 비시디아에서 그들에게 한 말을 기억하시오? 우리는 그들에게 그리스도를 통해 죄 사함이 선포된다고 말했소. 오직 그분을 믿어야만 죄인들이 모든 것으로부터 해방된다고 말했소. 모세 율법이 무력하여 그들을 해방시켜주지 못한 모든 것으로부터 말이오!"

"물론이오, 바울. 우리는 아주 분명히 전했소." 바나바가 손목을 쥐어짜는 동지를 쳐다보며 확답을 주었다. "그런데 할례파가 그들 속에 침투해 들어와 우리에게 악감정을 품게 만들고 있소."

"맞습니다." 바울이 대답한다. "그 개들은 처음부터 늘 우리의 발뒤꿈치를 졸졸 따라다녔소. 우리가 배를 타고 안디옥으로 떠나자마자 그들이 돌아와 우리의 어린 형제자매들을 괴롭히고 있소!"

바울이 다시 서성이기 시작한다. 방 안에 팽팽한 긴장이 감돈다. 마침내 그는 걸음을 멈추고 창밖을 응시한다. 지평선 아래로 해가 떨어지고 있다. 시력이 약해도 그 정도는 알 수 있다. 머나먼 갈라디아 지역의 상공 위로 눈부신 햇살이 퍼져 있는 것 같다. 그것을 보자 바울은 어린 신자들의 세계에 침투해 들어온 어둠을 어떻게든 몰아내야겠다는 각오가 더욱 굳어진다. 그는 다시 동지를 보며 고개를 끄덕인다. 바울의 표정이 낙담에서 결의로 바뀌어 있다. "바나바 형제여, 양피지와 붓을 가져다주시오. 그리고 시므온이나 루기오에게 부탁해 내일 아침에 편지를 가지고 갈라디아로 떠날 수 있는 전령을 구해달라고 하시오. 비용은 내가 직접 대겠소."

"어찌할 생각이오?" 바나바가 자리에서 일어서며 묻는다.

갈라디아에 위기가 닥쳤다는 소식을 접한 뒤 처음으로 바울의 얼굴에 미소가 번진다. "그들이 갈라디아의 우리 형제자매들을 공격했으니 우리도 반격하는 겁니다!"

갈라디아 신자들이 그리스도 안에 있는 은혜와 자유의 복음을 버리고 행위와 예속의 종교로 돌아섰다는 말에 바울은 어이가 없었다. 그들은 단순하고 순전한 복음을 떠나 복잡하고 고달픈 종교를 택했다. 전에 노예였다 해방된 사람이 왜 다시 예속의 삶으로 돌아간단 말인가? 빚을 깨끗이 탕감받은 사람이 왜 계속 채주에게 등골이 휘도록 돈을 갚는단 말인가? 너그러운 재판관에게 사면받은 죄수가 왜 제 발로 감옥에 들어가 철창 신세를 진단 말인가? 이런 시나리오들이 우리에게 전혀 개연성이 없듯이, 바울 일행이 소아시아 남동부로 1차 전도여행을 다녀온 뒤로 갈라디아에 닥친 신앙의 위기도 그들이 보기에 전혀 얼토당토않은 일이었다.

사실 바울은 갈라디아 교인들에게 노골적으로 말했다. "그리스도의 은혜로 너희를 부르신 이를 이같이 속히 떠나 다른 복음을 따르는 것을 내가 이상하게 여기노라"(갈 1:6). 바울은 충격을 받았고 기가 막혔다. 그야말로 경악하여 할 말을 잃었다! 그들이 그리스도의 은혜 대신 받아들인 "다른 복음"이란 아예 복음이 아니라 믿음과 행위의 혼합물이었다. 전형적인 자력 구원의 관점에서 볼 때는 합리적일 수 있고, 영향력 있는 율법주의자들 사이에서는 유행일 수도 있다. 하지만 그리스도의 진리와는 너무 거리가 멀어 더 이상 "기쁜 소식"이라 부를 수 없었다. 오히려 그것은 "저주받을 교리"였다. 그래서 바울은 슬슬 연기를 피워내고 있는 이단의 불을 끄려고 나섰다. 불길이 걷잡을 수 없이 사나워져 자신이 갓 개척한 교회들을 잿더미로 만들기 전에 그래야 했다.

바울이 쓴 해방의 편지 속으로 들어가기 전에 먼저 배경부터 살펴보자. 편지가 기록될 당시의 세상과 편지에 다루어진 상황을 더 잘 알면 책의 전체 개관을 이해하는 데 도움이 된다.

선전 포고!

1980년대 할리우드 영화계는 역사실화라는 장르를 만들어냈다. 중무장을 한 근육질의 전투원이 단신으로 수용소에 쳐들어가 인질이나 전쟁 포로나 납치된 피해자를 구출하는 내용이었다. 실베스터 스탤론, 척 노리스, 브루스 윌리스 같은 이름들이 금방 떠오른다. 줄거리와 등장인물은 대개 텍사스 북부의 겨울 눈보라만큼이나 깊이가 없었지만 총기를 난사하는 액션만은 타의 추종을 불허했다. 영화마다 교훈은 분명했다. 포로를 해방시키려면 화기를 총동원해야 한다는 것이다.

바울의 갈라디아서가 바로 그런 접근을 취하고 있다. 주석가들은 갈라디아서를 "그리스도인의 자유 대헌장"이나 "그리스도인의 독립 선언서"라 부른다. 그것도 맞는 말이지만 그보다는 오히려 선전 포고처럼 읽힌다! 분명히 갈라디아서는 바울의 열정적인 붓에서 나온 가장 공격적이고 도발적이며 거침없는 글이다. 짤막하게 몇 구절만 발췌해보면 이 편지가 얼마나 호전적인지 알 수 있다.

- "우리가 전에 말하였거니와 내가 지금 다시 말하노니 만일 누구든지 너희가 받은 것 외에 다른 복음을 전하면 저주를 받을지어다"(갈 1:9).

- "어리석도다 갈라디아 사람들아 예수 그리스도께서 십자가에 못 박히신 것이 너희 눈 앞에 밝히 보이거늘 누가 너희를 꾀더냐"(갈 3:1).
- "너희가 이같이 어리석으냐 성령으로 시작하였다가 이제는 육체로 마치겠느냐"(갈 3:3).
- "나의 자녀들아 너희 속에 그리스도의 형상을 이루기까지 다시 너희를 위하여 해산하는 수고를 하노니 내가 이제라도 너희와 함께 있어 내 언성을 높이려 함은 너희에 대하여 의혹이 있음이라"(갈 4:19-20).
- "너희를 어지럽게 하는 자들은 스스로 베어 버리기를 원하노라"(갈 5:12).

보다시피 바울은 조금도 막힘이 없다. 중대한 진리와 명백한 사실을 예의나 인사치레보다 앞세우고 있다. 갈라디아 교인들의 믿음을 위협하는 심각한 영적 문제들 앞에 그는 삼중의 정면 공격을 퍼붓는다.

첫째, 은혜에 기초한 자유를 단호히 확언한다. 가장 중요하게 갈라디아서가 우리에게 일깨워주는 것이 있다. 그리스도께서 이미 우리를 죄와 사망과 율법에서 해방시키셨다는 사실이다. 우리는 어떻게 해방되었는가? 오직 그리스도 안에서 오직 믿음으로 말미암아 오직 은혜로 해방되었다. 우리가 해방된 목적은 무엇인가? 속박당하지 않고 살기 위해서다. 그 삶의 기초는 장황한 목록의 "하라, 하지 말라"가 아니라 은혜에 감화되어 성령의 능력으로 하나님과 사람들을 사랑하는 삶이다. 바울이 독자들에게 거듭 일깨우듯 은혜가 그들을(또한 우리를!) 율법과 형벌에서 해방시켰다.

둘째, 행위에 기초한 율법주의를 과감히 공격한다. 은혜의 자유 안에서 형통하기는커녕 율법주의의 굴레 아래서 고생하는 그리스도인들이 너무 많다. 바울이 안다면 실망할 것이다. 율법주의에 늘 수반되는 요소들이 있다. 인간이 만든 규칙과 규정, 죄책감과 수치심을 이용한 강압, 죄책감과 수치심 때문에 변질된 종교적 기독교 따위가 그것이다. 율법주의자들에게 하나님은 규정을 어길 때마다 당장 달려드는 가혹한 재판관, 실수마다 일일이 지적해야 직성이 풀리는 엄격한 교사, 절대로 도달할 수 없는 기준을 제시하는 엄한 아버지 같은 존재다.

셋째, 율법주의자들에 둘러싸여 있는 사람들을 담대히 격려한다. 율법주의자들은 예로부터 교회 안에 늘 있었고 오늘날에도 우리 가운데 둥지를 틀고 있다. 반면 하나님의 은혜를 또한 성령 안의 열매 맺는 삶을 믿고 실천하고 선포하는 사람들은 적진을 무너뜨리려 끊임없이 싸우고 있다. 바울은 은혜를 지키려고 율법주의의 반란에 맞서는 전사의 모범으로 등장한다. 그러면서 우리에게도 싸움에 동참하여, 우리를 노예로 만들려는 무리에 맞설 것을 촉구한다.

갈라디아서의 영광

갈라디아서는 다면체의 보석처럼 빛을 발한다. 그중 적어도 네 면이 진리의 중대한 요소를 찬란하게 반사하며 반대 입장들의 한계를 드러낸다.

첫째, 참된 복음을 버리고 값싼 모조품을 따라가서는 안 된다고 경고한다. 바울은 간단한 문안 후에 곧바로 공격으로 들어가, 복음의 진리를 변질시키는 자들에게 저주를 발한다(갈 1:6-8). 이것은 고함을 질러대는 정신병자나 독단에 빠진 이단 사냥꾼의 말이 아니다. 오히려 은혜의 지사(志士)가 가슴으로 쏟아내는 충정어린 말이다. 그는 참되고 유일한 복음에 무언가를 가감하면 기독교 신앙 자체가 무너진다는 사실을 알고 있다.

둘째, 은혜의 중요성을 고수한다. 로마서를 제외하고 성경에서 복음을 가장 간단명료하게 설명한 책이 바울의 갈라디아서다. 구원은 행위를 떠나 믿음으로 말미암아 은혜로 주어진다. 이 단순한 진리가 우리 믿음의 기초다. 이 은혜의 기초를 빼버리면 건물 전체가 무너진다.

셋째, 모세 율법의 참된 기능을 보여준다. 모세 율법에 순종한다 해도 그것이 우리를 구원해줄 수 없다. 사실 율법은 여태까지 아무도 구원한 적이 없다. 전에도 없었고 후에도 없을 것이나. 율법주의자들이 율법을 지킬 수 있는 척하지만 율법을 완전히 지킬 수 있는 사람은 (예수님 외에) 아무도 없다. 그래도 바울은 율법의 필연적 순기능을 인정한다. 율법은 우리의 죄를 드러내고 은혜의 필요성을 지적해주며, 타협할 수 없는 하나님의 의로운 기준을 일깨워준다.

넷째, 자유가 남용되지 않도록 요긴한 균형을 잡아준다. 복음으로 해방되면 우리는 더 이상 율법을 지킴으로 하나님의 은총을 얻어내거나 유지하려 할 필요가 없다. 하지만 동시에 복음은 우리가 반대쪽 극단으로 곤두박질치지 않도록 막아준다. 즉, 자유를 빙자하여 고의로 죄를 지어서는 안 된다. 은혜로 구원받은 우리는 성령의 인 치심을 받았다. 성령께서 우리 안에서 역사하시기에 우리는 그리스도를 사랑하고, 그분께 순종할 수 있으며, 서로를 섬길 수 있다. 우리가 해방된 목적은 무엇이든 내 마음대로 하기 위해서가 아니라 하나님이 원하시는 대로 살기 위해서다.

갈라디아서 개관

갈라디아서의 기본 메시지는 세 문장으로 요약될 수 있다. 바울이 들은 대로 갈라디아의 그리스도인들은 은혜의 참된 복음에서 떨어져나갈 위험이 있었다. 구원과 그리스도인의 삶에 대해 다시 율법적으로 접근하고 있었던 것이다. 이에 바울은 진리에 대한 열정으로 충만하여 그들을 다시 자유로 부르고 있다. 그 자유는 오직 믿음으로 말미암아 오직 은혜로 얻은 구원의 산물이다. 여기서 바울이 역설하듯 죄인은 은혜로 구원받을 뿐 아니라 구원받은 후에도 은혜로 살아간다.

갈라디아서의 이 단순하고도 심오한 메시지를 한 줄로 압축하면 다음과 같다.

> 은혜는 **생명을 얻는** 길이자 또한 **삶을 살아가는** 길이다.

바울은 편지의 세 단락을 통해 이 기본 진리를 변호한다. 그것을 하나씩 간략히 살펴보자.

복음의 진리를 확증함(1:1–2:21). 바울은 간략히 안부를 전한 후 곧바로 본론으로 들어가, 자신이 갈라디아 사람들에게 전했던 복음에 일치되지 않는 모든 출처에서 나

갈라디아서의 기본 정보

- **누가 기록했는가?** 사도 바울이 기록했다(갈 1:1). 아마 다른 사람이 대필했을 것이다(6:11).
- **어디서 기록했는가?** 바울과 바나바의 '모교회'인 수리아 안디옥에서 기록했다(행 14:26–28).
- **누구를 대상으로 기록했는가?** 로마 제국의 갈라디아 성 남부에 새로 세워진 교회들을 대상으로 기록했다(갈 1:1). 비시디아 안디옥, 이고니온, 루스드라, 더베 등이 그 지역에 해당한다.
- **언제 기록했는가?** 바울의 1차 전도여행(행 13:1–28) 직후이자 예루살렘 공의회(행 15:1–35) 이전인 AD 48년경에 기록했다.
- **왜 기록했는가?** 유대주의자들은 구원을 받으려면 할례를 받고 모세 율법을 지켜야 한다고 새로운 이방인 회심자들을 설득하려 하고 있었다. 바울은 그런 메시지를 거짓 복음으로 규정하고 철저히 배격한다(갈 1:6–9, 6:11–18).
- **기본 주제는 무엇인가? 생명을 얻는** 길이자 또한 **삶을 살아가**는 길은 율법이 아니라 은혜다.

온 모든 메시지를 거짓 복음으로 규정한다(1:1-10). 그러면 어떤 사람들은 이렇게 물을 수 있다. "바울이 뭐가 그렇게 특별한가? 왜 그의 메시지가 다른 사람의 메시지보다 더 나은가?" 이에 대한 답변으로 바울은 자신의 이야기를 들려준다. 그는 그리스도를 미워하던 유대교에서 그리스도를 믿는 신앙으로 완전히 회심했고, 또한 사도로 부름 받았다(1:11-24). 물론 유대인에게 보냄받은 베드로나 다른 사도들도 믿음으로 말미암아 은혜로 구원받는 복음에 전적으로 동의했다(2:1-10). 하지만 바울은 존경받는 지도자인 베드로와 직접 입씨름을 벌였던 일을 언급하는데, 이는 베드로가 복음의 진리대로 살지 못했기 때문이다(2:11-16). 베드로와 대면한 자리에서 바울은 율법이 신자들에게 아무런 효력이 없음을 재확인한다. 신자들은 율법에서 해방되어 그리스도를 통해 믿음의 삶을 살아간다(2:17-21).

복음의 우월성을 변호함(3:1-4:31). 자신이 전한 복음이 하나님의 복음임을 확증한 바울은 다시 갈라디아 교인들의 변절로 넘어가 율법과 은혜를 극명하게 대비한다. 은혜로 구원받은 사람들이 어떻게 다시 율법주의에 빠져 성장하겠다는 것인가? 믿음으로 시작한 갈라디아 교인들이 어떻게 이제 와서 자신의 행위에 의존할 수 있단 말인가? 유대인의 조상인 아브라함도 "하나님을 믿으매 그것을 그에게 의로 정하셨다"(갈 3:6). 율법은 우리를 구원하는 게 아니라 하나님의 기준을 설명하고 죄를 드러낸다(3:19). 즉, 율법은 "초등교사" 역할을 하여 우리를 그리스도께로 인도하며 그분을 믿게 한다(3:24). 갈라디아 교인들이 믿음의 권속에 속한 것은 율법 때문이 아니라 그리스도의 은혜 덕분이며, 은혜 안에서는 인종이나 성별이나 사회적 지위가 아무런 이점이 되지 못한다. 우리는 모두 그리스도 예수 안에서 하나님의 은혜를 함께 상속받는 존재다(3:28). 그래서 바울은 갈라디아 교인들의 변절이 어이가 없었다. 그들이 "다시 약하고 천박한 초등학문으로 돌아가"려는 사실이 믿어지지 않았다(4:9). 바울은 노예의 자녀와 자유의 자녀를 대비하는 구약의 예화로 교리 부분의 대미를 장식한다(4:21-31).

복음의 자유를 실천함(5:1-6:18). 앞에서 자신의 사도적 권위와 이신칭의의 교리를 변호한 바울은 끝으로 그리스도인의 자유로운 삶을 변호하는 쪽으로 주의를 돌린다. 이는 은혜로 살면 삶이 해이해진다는 유대주의자들의 반론에 대한 반박이다. 그리스도 안에서 해방된 갈라디아 교인들은 이제 "굳건하게 서서 다시는 종의 멍에를 메지 말"아야 한다(5:1). 유대주의자들은 할례와 기타 의식들이 우리를 구원한다고 말하지만 그것은 하나님에게서 난 가르침이 아니다(5:8). 이 이단은 누룩처럼 온 교회에 퍼져 은혜의 교리를 헛되게 만든다(5:9).

바울의 어조는 이 이상 강경할 수 없다. 그는 할례를 부르짖는 무리가 오히려 할례 행위의 피해자가 되어 회복 불능으로 스스로 베어버리기를 바랐을 정도다(5:12). 갈라디아 교인들은 결코 율법에 도로 빠지라고 해방된 것이 아니다. 그렇다고 부도덕한 삶을 살라고 해방된 것도 아니다. 그들이 해방된 목적은 서로 사랑하고 섬기며(5:13–14) 그리스도를 닮은 성품을 드러내기 위해서다(5:22–23). 이런 식으로 그들은 율법 조문들의 배후에 깔린 본연의 취지를 진정으로 성취하게 된다. 십자가 대신 할례를 자랑하려 했던 거짓 교사들과는 다르다(6:12–13). 바울은 "우리 주 예수 그리스도의 십자가" 외에는 자랑할 마음이 없었다(14절).

요컨대 그리스도께서 우리에게 자유를 주셨다! 우리는 율법주의의 족쇄로부터 해방되었다. 이제 자유로이 그분을 사랑하며 그분을 위해 살 수 있다. 자유로이 서로 사랑하고 섬길 수 있다. 당신은 이 해방의 편지에 푹 빠져 공부할 준비가 되었는가? 나는 확실히 준비가 되었다!

적용
표류하는 신자들

갈라디아서는 우리에게 심오한 진리를 설명하면서 실천적 적용으로 도전한다. 사실 이 편지에 담긴 진리들을 그리스도인의 삶에 적용하는 방법을 생각해보지 않고는 이 편지를 소개할 수조차 없다. 책 전체를 생각하면서 우리가 적용해야 할 몇 가지 실제적 원리를 제시하고 싶다.

첫째, 표류의 유혹으로부터 자유로운 사람은 아무도 없다. 바울과 바나바 같은 영적 지도자들에게 직접 배우며 살던 1세기의 사람들도 그렇게 될 수 있었다면 그 일은 오늘날 우리에게도 가능하다. 어쩌면 당신은 지금 은혜의 순수한 복음을 떠나 표류하고 있는지도 모른다. 또는 율법주의자들에게 시달리며 그들이 조종하는 메시지의 암류에 밀려 떠내려갈 위험에 처해 있을 수도 있다. 그렇다면 갈라디아서가 힘찬 바람이 되어 당신을 다시 은혜의 안전한 항구로 인도할 수 있다. 또한 이 서신을 통해 당신의 삶은 은혜의 잔잔한 물속에 든든히 닻을 내릴 수 있다. "그들이 그렇게 될 수 있었다면 나도 그렇게 될 수 있다." 이 냉엄한 사실을 늘 염두에 두기 바란다. 갈라디아서를 읽을 때 마치 바울이 당신에게 직접 말하는 것처럼 읽으라. 당신이 처한 상황에 따라 그것은 경고일 수도 있고 책망일 수도 있다.

둘째, 어떤 일들은 싸울 만한 가치가 있다. 오직 그리스도 안에서 오직 믿음으로 말미암아 오직 은혜로 구원받는다는 놀라운 소식은 기독교 신앙의 초석 중 하나다. 그리스도의 신성과 인성, 동정녀 탄생, 삼위일체, 기타 모든 교리가 거기에 걸려 있다. 기독교 교회 전체가 그 기초 위에 서든지 아니면 거기서 벗어나 무너지든지 둘 중 하나다. 바울처럼 우리도 참된 복음을 고수하고 반론들을 논박하고 타협을 거부해야 한다. 오늘날 우리가 그렇게 하지 않는 바람에 복음이 희석되었고, 희석된 복음은 다양한 '변종' 기독교를 낳거나 수용하고 있다. 하지만 변함없는 사실이 있다. '다른' 복음은 복음이 아니라 이단이다(갈 1:6-7). 믿음으로 말미암아 은혜로 구원받는다는 교리에 어긋나는 종파들이 있다. 당신의 가족이나 이웃이나 직장 동료나 친구가 그런 종파에 속해 있을 수 있다. 그들의 종교 생활은 선행으로 하나님의 은총을 얻어내거나 유지하기 위한 것일 수 있다. 이럴 때 당신은 신앙을 적당히 타협하려는 유혹을 단호히 물리쳐야 한다. 단지 사람들과 잘 지내거나 평화를 유지하기 위해 은혜에 대한 당신의 명확한 이해를 저버려서는 안 된다.

셋째, 우리 모두는 같은 자리에서 시작하여 같은 위치에 있다. 처음에는 우리 모두가 하나님께 반항하는 자들이었다. 그런 우리가 그분의 아들을 믿음으로 구원의 공동 상속자가 되고, 그리스도의 무한한 복을 유업으로 받는다. 그리스도 안에서 인종과 성별과 사회적 지위의 차이는 하나님 앞에서 우리의 신분과 아무런 관계가 없다(갈 3:28). 당신이 기독교 가정에서 태어났든, 도덕적인 삶을 살았든, 어려운 사람들을 도와주려 했든 다 상관없다. 아직도 자신의 노력으로 하나님의 은총이나 사랑을 얻어내려 하고 있다면 지금 당장 그런 시도를 그만두라. 갈라디아서는 비신자들에게는 하나님의 구원 계획을 명확히 보여주고, 신자들에게는 다음의 사실을 일깨워준다. 즉, 우리는 자신의 구원에 대해 자랑하거나 자신의 영적 성장에 대해 공로를 취할 수 있는 근거가 전혀 없다. 갈라디아서의 여정에 오르면서 당신이 단단히 각오해야 할 것이 있다. 자신의 능력에 의존하는 태도를 완전히 버려야 한다는 것이다. 당신의 삶 전체를 그리스도가 주시는 구원의 은혜에 집중시키라.

복음의 진리를 확증함

갈라디아서 1:1–2:21

교회가 태동한 이후로 하나님의 은혜의 기쁜 소식은 늘 위협을 받았다. 지난 50년의 사역을 되돌아보면 나도 개인적으로 은혜를 옹호해야 했던 적이 수없이 많았다. 그러므로 바울이 쓴 최초의 편지에 동일한 문제가 다루어지고 있는 것도 내게는 전혀 놀랄 일이 아니다. 그는 율법주의를 대적하고 은혜를 옹호한다. 내가 가장 존경하는 헬라어 교수 중 한 분이 오래전에 했던 말이 여전히 오늘날 교회의 형편을 대변해주는 것도 같은 이유에서다.

> 오늘날 정통 기독교회에 닥친 가장 심각한 문제 중 하나는 율법주의다. 바울 시대의 교회에 닥친 가장 심각한 문제 중 하나도 율법주의였다. 언제나 마찬가지다. 율법주의는 신자들로부터 주님을 기뻐하는 마음을 앗아간다. 주님을 기뻐하는 마음이 사라지면 생명력 있게 예배하고 생동감 있게 봉사하는 능력도 함께 사라진다. 이제 남는 거라고는 갑갑하고 칙칙하고 따분하고 무미건조한 고백뿐이다. 진리는 배반당하고 주님의 영광스러운 이름은 흉을 깨는 음울한 이름과 동의어가 된다. 율법 아래 살아가는 그리스도인은 진품과는 거리가 먼 비참한 사이비다.[1]

바울의 갈라디아서는 해방의 은혜를 담대히 진술하여 우리를 자유하게 한다. 덕분에 우리는 자력의 행위에 의존하는 거짓 '복음'을 떠나 성령의 능력을 입는 사랑과 믿음의 참된 복음으로 나아갈 수 있다. 은혜는 **생명을 얻는** 길이자 또한 **삶을 살아가는 길**이다. 이것이 이 편지의 기본 주제이며, 우리는 그곳으로 자주 다시 돌아갈 것이다.

서신의 첫 큰 단락(1:1-2:21)에서 바울은 은혜의 복음이 진리임을 확증한다. 그 일환으로 그는 자신의 사도직을 변호하는데, 이는 그가 갈라디아에 전한 복음이 실제로 하나님께 받은 진리이자 동료 사도들도 가르친 진리라는 증거다. 이 단락에서 바울은 자신이 휘심한 이야기를 자세히 풀어놓는다. 바울의 저작 전체를 통틀어 가장 사전적인 이야기의 일부가 그 속에 들어 있다. 그는 또 위대한 사도 베드로와 직접 입씨름을 벌였던 일을 말하는데, 이는 베드로가 은혜에 합당하게 살지 못했기 때문이다. 자신이 믿고 전하는 내용대로 살기보다, 압력에 굴하여 남의 비위를 맞추기가 얼마나 쉬운가! 바울은 은혜를 받고 그것을 전하는 자신의 삶을 간증한다. 그가 이렇게 확증해주듯 우리는 율법의 저주와 족쇄에서 풀려났고 율법의 정죄에서 구조되었다. 이것은 우리에게 율법주의의 "하라, 하지 말라"를 초월하여 살아갈 능력이 주어졌다는 뜻이다.

다른 복음은 복음이 아니다(갈라디아서 1:1–10)

1사람들에게서 난 것도 아니요 사람으로 말미암은 것도 아니요 오직 예수 그리스도와 그를 죽은
자 가운데서 살리신 하나님 아버지로 말미암아 사도 된 바울은 2함께 있는 모든 형제와 더불어 갈라
디아 여러 교회들에게
3우리 하나님 아버지와 주 예수 그리스도로부터 은혜와 평강이 있기를 원하노라 4그리스도께서
하나님 곧 우리 아버지의 뜻을 따라 이 악한 세대에서 우리를 건지시려고 우리 죄를 대속하기 위하여
자기 몸을 주셨으니 5영광이 그에게 세세토록 있을지어다 아멘
6그리스도의 은혜로 너희를 부르신 이를 이같이 속히 떠나 다른 복음을 따르는 것을 내가 이상하
게 여기노라 7다른 복음은 없나니 다만 어떤 사람들이 너희를 교란하여 그리스도의 복음을 변하게 하
려 함이라 8그러나 우리나 혹은 하늘로부터 온 천사라도 우리가 너희에게 전한 복음 외에 다른 복음
을 전하면 저주를 받을지어다 9우리가 전에 말하였거니와 내가 지금 다시 말하노니 만일 누구든지 너
희가 받은 것 외에 다른 복음을 전하면 저주를 받을지어다
10이제 내가 사람들에게 좋게 하랴 하나님께 좋게 하랴 사람들에게 기쁨을 구하랴 내가 지금까지
사람들의 기쁨을 구하였다면 그리스도의 종이 아니니라.

악성 종양을 즉각 절개하려는 외과 의사처럼 바울은 짤막한 인사로 자신의 환자들을 준비시킨다. 무엇이 걸린 문제인지 그들에게 일깨우기 위해서다. 걸려 있는 것은 은혜와 평강이고, 그리스도의 대속의 죽음과 기적적인 부활의 복음이며, 하나님 자신의 영광이다. 그야말로 갈라디아 교회들의 생사가 달린 문제였다.

영적 응급 상황인 만큼 바울은 시간을 허비하지 않는다. 가능한 치료법들을 저울질하거나, 비(非)침습적 절차를 구상하거나, 마취제 투약을 준비하거나, 쾌적하고 노련한 병실 매너로 환자들을 달래지 않는다. 그는 시간을 허비하지 않고 곧바로 메스를 들고 절개에 들어간다. 자신이 옹호하려는 주안점을 처음부터 분명히 밝힌다. 은혜의 복음은 오직 하나뿐이라는 것이다. 이 복음에 무엇이든 더하면 그 결과로 진리가 변질되어 기독교 신앙에 암세포가 퍼진다.

이 기본 진리에 관한 한 바울은 말을 얼버무리지 않는다. 어떤 반향이 일어날지 신경

핵심 용어

νάθεμα [*anathema*, 아나테마] *(331)* '저주, 정죄, 천벌'
절대적 정죄를 뜻하는 가장 강경한 헬라어 단어일 것이다. 바울은 거짓 복음을 전하는 사람들에게 이 단어를 썼다. 로마서 9장 3절에서는 그가 같은 말을 반어법으로 써서, 동족인 형제들을 위해서라면 자신이 "저주를 받아"도 좋다며 그들을 향한 깊은 애정을 드러냈다. 고린도전서 16장 22절에서 그는 그리스도를 사랑하지 않는 사람들의 철저히 저주받은 상태를 이 단어로 표현했다. 교회사를 통틀어 이 단어는 예수 그리스도의 인격이나 사역과 관련하여 심각한 이단을 가르치는 자들에게 늘 적용되었다.

εὐαγγελίζω [*euangelizō*, 유앙겔리조] *(2097)* '기쁜 소식을 알리다, 복음을 전하다'
바울은 갈라디아서에 이 동사를 일곱 번 사용했는데 그중 여섯 번이 1장에 나온다. 1장 8, 9, 11절에서 그는 자기처럼 예수 그리스도의 진정한 복음을 전하는 자들과 거기에 어긋나는 다른 복음을 전하는 자들을 이 단어로 대비한다. 복음을 전하는 사역을 뜻하는 "전도"(evangelism)라는 단어가 이 동사에서 파생되었다.

쓰지 않고 담대하고 단호하게 대처한다. 바울이 전했던 순수한 복음은 예수와 믿음과 율법과 행위가 뒤섞인 괴물로 변할 위험에 처해 있었다. 그 밖에도 많은 요소들이 기독교 신앙에 마구 침투해 들어왔다. 갈라디아에 닥친 이 재앙에서 최악의 일은 그들이 자발적으로 그것을 받아들이고 있었다는 사실이다! 믿음 더하기 행위가 처음에는 무해하고 심지어 유익하게 들리기까지 했다. 바울이 전한 분명한 메시지는 믿음에 아무것도 더하지 않은 은혜의 메시지였다. 그런데 그후 죄로 병든 유대주의자들이 들어와 이제 막 치유된 새 신자들에게 이단 바이러스를 감염시켰다. 그래서 바울은 율법주의의 병을 고치고 영적 건강을 회복시켜주려고 갈라디아 교인들에게 편지를 썼다.

갈라디아서의 첫 열 구절에서 보듯 율법주의자들이 개량한 '복음'은 사실 유해한 독소였다.

—1:1-5—

바울의 편지는 당대의 전형적 서식대로 발신자와 수신자를 밝히고 축복을 건네는 것으로 시작된다. 이미 이 안부 속에 그가 차차 전개해나갈 전체 메시지 가운데 두 가지 주안점이 들어 있다. 하나는 참된 사도인 그에게 하나님이 주신 권위이고(1:1) 또 하나는 예수 그리스도의 단순한 복음이다(1:1–5).

바울은 자신을 "사도 된 바울"이라고 밝히는데 이는 저자의 직함을 밝히는 것 이상의 의미가 있다. 편지 서두에서부터 바울은 자신의 적들이 이의를 제기하던 부분에 확실히 못을 박았다. 자신도 원래의 열두 사도 못지않게 참된 사도라는 사실이다. 바울이 떠난 후 율법주의의 씨앗을 뿌린 유대주의자들은 바울을 사기꾼으로 몰며 먼저 그의 평판부터 깎아내렸다. 바울도 그것을 들어 알고 있었다. 그들은 바울이 전한 메시지의 정확성이나 완전성에 대해 갈라디아 사람들 속에 불신을 심어주려 했고, 바울과 다른 사도들 사이를 이간질하려 했다. 그렇게만 된다면 갈라디아 사람들은 율법의 행위를 강조하는 '유대교식' 버전에 귀가 솔깃해질 것이다.

헬라어 단어 *apostolos*("사도")에는 구별된 권위의 의미가 담겨 있다. 이 말은 "하나님의 대리인 내지 대변자로서 그분을 대언할 수 있는 권리를 지닌 사람"을 가리킨다.[2] 주석가 존 스토트(John Stott)가 설명했듯 이 단어는 "'신자'나 '성도'나 '형제' 같은 말처럼 모든 그리스도인에게 적용되는 포괄적 단어가 아니다. 이것은 열두 제자에게 그리고 부활하신 그리스도께서 친히 지명하신 한두 명의 다른 사람들에게 한정되는 특수한 단어다."[3]

예수 그리스도의 진정한 사도는 일정한 기준에 부합되어야 했다. 첫째, 사도들은 부활하신 그리스도를 목격한 사람들이어야 했다. 바울은 고린도전서 9장 1절에 "내가…사도가 아니냐 예수 우리 주를 보지 못하였느냐"라고 썼다. 둘째, 사도들은 하나님께 받은 자신의 직위를 기적적인 표적과 기사로 확증했다. 그래서 바울은 고린도후서 12장 12절에 "사도의 표가 된 것은 내가 너희 가운데서 모든 참음과 표적과 기사와 능력을 행한 것이라"고 썼다. 셋째, 사도들은 부활하신 주님께서 특별한 직임을 맡기시려고 친히 택하신 사람이라야 했다(행 1:21–26). 바울은 이 모든 요건을 충족시켰다. 그는 다메섹 도상에서 부활하신 그리스도를 만났고(행 9:3–6), 예수께서 그에게 놀라운 표적과 기사를 행할 능력을 주셨다(행 14:3).

그런데도 거짓 교사들은 바울이 사도가 아니라고 우겼다. 그들은 그가 전한 메시지의 신빙성을 떨어뜨리려고 그의 사도직에서 가능한 모든 흠이나 결함을 들추어냈다. 바울은 다른 사람들보다 만만한 과녁이었을 것이다. 바울 본인도 자신이 사도로 선택되기까지의 경위가 특이함을 알고 자신의 소명에 경탄했다. "그 후에 야고보에게 보이셨으며 그 후에 모든 사도에게와 맨 나중에 만삭되지 못하여 난 자 같은 내게도 보이셨느니라 나는 사도 중에 가장 작은 자라 나는 하나님의 교회를 박해하였으므로 사도라 칭함 받기를 감당하지 못할 자니라 그러나 내가 나 된 것은 하나님의 은혜로 된 것이니"(고전 15:7-10).

그래서 바울은 편지 첫머리부터 독자들에게 단순한 사실을 상기시킨다. 자신이 참된 사도이되 사람들에게서 났거나 사람으로 말미암아 보냄 받은 게 아니라 "오직 예수 그리스도와…하나님 아버지로 말미암아" 되었다는 사실이다(갈 1:1). 그가 이 고결한 직위를 위임 받는 데는 인간의 힘이 전혀 작용하지 않았다. 물론 안디옥 교회의 지도자들이 바울과 바나바를 안수하고 갈라디아 등지로 1차 전도여행을 보낸 것은 사실이다(행 13:1-3). 하지만 이 사역을 바울이 받은 사도의 소명과 혼동해서는 안 된다.

지금도 하나님은 어느 누군가를 폭넓은 설교 사역으로 부르실 수 있다. 하지만 하나님이 주신 그 소명은 그의 평생 동안 다양한 장 속에서 이루어진다. 이와 비슷하게 바울은 주 예수께 직접 부름 받아 이미 사도로 세워져 있었다. 그것을 동료 사도들에게 증언하여 그들의 확증도 받았다. 그러므로 주님을 대언할 수 있는 권한은 율법주의자들이 아닌 바울에게 있었다. 갈라디아의 그리스도인들과 그들을 속이는 율법주의자들에게 철저한 영적 수술을 단행하는 데 필요한 권한과 자격이 사도라는 바울의 직함 속에 다 들어 있었다.

바울이 자신의 사도적 권위를 변호하는 일을 중요하게 여기기는 했지만, 갈라디아 신자들에게 보낸 편지의 도입부는 다분히 복음이 그 중심을 이룬다. 그는 독자들에게 하나님 아버지와 주 예수 그리스도로부터 "은혜"와 "평강"이 있기를 기원했다(1:3). 헬라어가 통용되던 세상에서 전형적으로 서신의 첫 단어는 "문안"을 뜻하는 *chairein*이었다(행 15:23, 약 1:1). 그런데 바울은 이 편지를 독특한 안부로 시작한다. 소리는 비슷하지만 신학적으로 더 깊은 의미가 있는 *charis*…*kai eirēnē*, 즉 "은혜…와 평강"이라는 표현을 쓴 것이다. 구원은 순전히 은혜로 주어지며 그 결과는 하나님과의 사이에서 누리는 평강이다. 복음의 원인과 결과를 두 단어로 압축하면 바로 그것이다.

바울은 서두의 안부에서 이미 복음 메시지의 기본 줄기들을 포함시킨다. 우선 그는 그리스도께서 "이 악한 세대에서 우리를 건지시려고 우리 죄를 대속하기 위하여 자기 몸을 주셨"다고 말한다(1:4). 복음은 하나님의 구조 작전이다. 그분은 신자들을 죄의 속박과 정죄에서 해방시키시려고 그 작전을 계획하셨고 수행하셨다. 예수 그리스도께서 십자가에서

북부인가 남부인가?

지난 세기의 대부분에 걸쳐 학자들은 갈라디아서의 도착지를 두고 의견이 갈렸다.[4] 갈라디아서를 수신한 교회들의 위치는 갈라디아의 북부인가 남부인가? 도착지에 따라 서신의 저작 시점이 달라지며, 사도행전의 시간 순서와 갈라디아서 2장에 나오는 바울의 간증을 서로 조화시키는 데도 도착지가 중요한 역할을 한다.

교회사 동안 대부분의 주석가들은 "갈라디아 여러 교회들"(갈 1:2)이라는 표현이 지리적 지역인 갈라디아 북부를 가리키는 것으로 보았다. 갈라디아 북부의 주민들은 골(갈리아) 사람으로 불렸고 자칭 "갈라디아인"으로 통했다. 사도행전에서 누가는 장소를 표기할 때 로마의 성 이름보다 지리적 이름과 민족적 이름을 사용했다. 사도행전 13장 13절과 14절, 14장 6절에 언급된 밤빌리아, 비시디아, 루가오니아 등이 좋은 예다. 그러므로 사도행전 16장 6절과 18장 23절에 누가가 쓴 "갈라디아"라는 표현은 지리적 지역, 즉 골 사람들이 거주하던 갈라디아 북부를 가리킨다. 누가가 갈라디아라는 단어를 쓴 것은 사도행전 15장의 예루살렘 공의회가 있은 뒤이자 바울의 2차 및 3차 전도여행 도중이었다. 이 이론은 갈라디아서 2장 1-10절의 기사가 곧 예루살렘 공의회를 가리킨다고 주장하며, 그리하여 그 기사와 사도행전의 사건들을 서로 조화시키려 한다. 바울이 만일 이 책을 갈라디아 북부의 그리스도인들에게 썼다면 갈라디아서가 기록된 시점은 일러도 AD 57-58년이 될 것이다.

도착지를 갈라디아 남부로 보는 이론은 19세기 말에 등장했다. 이 입장에 따르면 "갈라디아"는 골 사람들이 살고 있던 로마 성의 북부가 아니라 남부를 가리킨다. 바울이 1차 전도여행 중에 개척한 교회들이 다 그 지역에 들어 있다(행 14:21). 이 입장은 다음 사실을 고려한 것이다. 바울이 장소를 언급할 때 (민족적 지역보다) 로마의 성 이름을 사용하는 경향이 있었다는 것이다(고전 16:19, 고후 1:1, 8:1). 그러므로 바울 서신에 언급된 "갈라디아"는 그가 교회들을 세웠던 갈라디아 남부를 가리킬 소지가 높다. 더욱이 갈라디아서가 만일 나중에 북부 지방을 상대로 기록되었다면, 바울이 유대주의자들을 맹렬히 비난할 때 예루살렘 공회의를 언급조차 하지 않았을 리가 없다(갈 2:1-10). 서신의 도착지를 갈라디아 남부로 보는 이론이 역사적으로 더 설득력이 있다. 그러면 바울이 갈라디아서를 쓴 시점이 예루살렘 공의회가 있기 전인 AD 48년경이 된다.

로마의 갈라디아 성은 소아시아의 중심부에 위치하여 남북으로 쭉 뻗어 있었다. 그래서 학자들은 갈라디아서가 기록된 시점을 판정하는 데 어려움을 겪는다.

대속의 값을 다 치르셨다. 그런데 예수님은 완전한 인간이시자 완전한 하나님이시므로 아버지께서 "그를 죽은 자 가운데서 살리"셨다(1:1). 우리도 그리스도를 믿으면 공로 없이 자비를 받아 모든 죗값이 치러질 뿐만 아니라 자격 없이 은혜를 받아 그리스도의 부활을 통해 죄를 이긴다. 예수 그리스도는 우리 죄를 위하여 죽으셨고 죽은 자 가운데서 살아나셨다. 이것이 단순한 복음 메시지의 핵심이다. 바울이 짧지만 강력한 도입부를 이 모든 일을 주도하신 하나님 아버지를 찬송하며 마무리하는 것도 당연한 일이다. "영광이 그에게 세세토록 있을지어다 아멘"(1:5).

요지는 이것이다. 하나님은 아들 예수 그리스도께서 이루신 일을 통해 구원을 베푸신다. 누구든지 그리스도께서 자신의 죄를 위하여 죽으셨고 죽은 자 가운데서 살아나셨음을 단순히 믿고 받아들이면, 그 순간 하나님이 그 사람을 의롭다고 선언하시며 이 악한 세대에서 건지신다. 이것을 가리켜 "칭의"의 교리라 한다. 칭의란 여전히 죄짓는 상태 속에 있는 정죄된 죄인을 의롭다고 선언하시는 하나님의 주권적 행위를 뜻한다. 의롭다 하심을 받는 순간 우리의 이름은 잃어진 영혼들의 명부에서 지워지고 천국 시민으로 등재된다. 그리고 거기서 영원히 지워지지 않는다.

아주 단순한 메시지가 아닌가? 사실 어린아이라도 이해하고 믿을 수 있을 만큼 단순하다. 그런데 갈라디아 교인들이 이 간단명료한 은혜의 메시지를 행위의 "복음"인 복잡한 가짜와 바꾸었으니 바울이 기가 막혔을 만도 하다.

—1:6-9—

놀라운 은혜를 베푸신 아버지께 영광을 돌리던 바울이 놀라운 배교를 행한 갈라디아 교인들을 엄히 꾸짖는다. 어쩌면 숨 돌릴 겨를조차 없는 전환이다. 바울의 어법을 보면 어떻게 사람이 갈라디아 교인들처럼 행할 수 있는가에 대한 극도의 경악이 드러난다. 그는 충격으로 아연실색해 있다.

6절의 "떠나"라는 단어를 잘 보라. 충성의 대상을 이것에서 저것으로 완전히 옮긴다는 뜻이다. 갈라디아 사람들은 바울의 진정한 메시지에 등을 돌림으로써 그리스도를 떠났다. 그들은 복음을 버리다 못해 "이같이 속히" 버렸다. 바울은 황당했다. 바울이 1차 전도여행을 다녀온 뒤 안디옥에서 갈라디아서를 썼다면(행 14:28), 갈라디아의 그리스도인들이 유대주의자들의 등살에 떠밀려 변절한 것은 그후 불과 몇 주만의 일이었을 수도 있다.

갈라디아 교인들이 복음을 속히 버린 예에서 한 가지 실제적인 요소를 볼 수 있다. 굳이 사역의 연륜이 길지 않아도 알 수 있듯이, 새로 믿음을 갖게 된 그리스도인의 특징 중 하나는 잘 속는다는 것이다. 당신이 누군가를 하나님의 가족이 되도록 인도하는 중이라면 결코 잊지 말아야 할 것이 있다. 그 사람이 진리 위에서 기초를 다지기까지 한동안은 굉장히 취약하다는 사실이다. 새 신자의 영적 삶을 생각할 때는 흙 속에 갓 심은 연약한 씨앗으로 보면 된다. 믿음이 단단히 뿌리를 내리고 튼튼한 줄기로 자라나 열매를 맺기까지는 시간이 걸린다. 그 중요한 기간 동안 신자로서 더 연륜이 있고 더 성숙한 우리가 그들을 도와주어야 한다. 생각해보라. 바울의 사역 아래 있던 사람들이 그렇게 속히 돌아섰다면 우리를 통해 그리스도께 오는 사람들도 얼마든지 그럴 수 있다. 한시라도 그렇지 않다고 생각해서는 안 된다.

갈라디아 교인들은 은혜의 복음을 버리고 "다른 복음"(1:6)을 따랐다. 바울은 그것이 단지 진리의 "다른" 정당한 형태가 아니라 진리가 변질된 것이라 역설했다. 바울은 그들의 복음을 *heteros*라는 헬라어 단어로 표현했는데 이는 "종류 자체가 다르다"라는 뜻이다.[5] 갈라디아 교인들은 유대주의자들이 제시하는 복음을 정당한 종류라 생각했지만 사실은 전혀 그렇지 않았다. 유대주의자들은 은혜의 복음에 율법의 행위를 더하여 복음의 DNA 자체를 변형시켰다. 그리하여 밤과 낮이 다르고, 물과 불이 다르고, 사망과 생명이 다르듯 복음도 변질되고 말았다.

유대주의자들은 갈라디아 교인들을 "교란하여" 복음을 "변하게" 했다(1:7). 그들은 그리스도의 인격과 사역을 믿는 단순한 믿음에 무언가 다른 것-할례, 절기, 정결 예식, 안식일 준수 등-을 더하여 복음을 무용지물로 만들었다. 그래서 바울은 이렇게 진리를 왜곡하는 유대주의자들에게 어떻게 반응했던가? 대등한 대화의 자리를 마련하여 갈라디아 교인들에게 모든 대안에 대한 자유로운 공개 토론을 통해 양쪽 입장의 장점을 저울질하게 했던가? 동료 학자들의 심사를 받는 학술지에 논문을 게재하여 논리 정연한 논증으로 적들을 설득하려 했던가? 아니면 유대주의자들의 광기에 눈길조차 주지 않고 아예 무시하여 그것이 무해한 유행처럼 잦아들게 했던가? 아니다! 오히려 바울은 말 그대로 지옥에나 가라고

묵상의 서재

고속도로 1:10을 달리다

예전에 나는 교회에서 난감한 딜레마에 부딪혀 어려운 상황에 처한 적이 있었다. 교회 장로들은 성경의 분명한 원리들에 대해서는 이견이 없었으나 전통의 문제로 더 갈라져 있었다. 그런 문제는 성경에 분명한 지침이 없어 어떻게 결정해야 할지 난감했다. 최종 결정은 내 몫이었다. 솔직히 나는 혼란스러웠다. 바른 결정을 해야 한다는 부담이라기보다 양쪽 입장 모두에 친구들이 많이 있어 아무도 소외시키고 싶지 않았기 때문이다. "모든 사람을 기쁘게 할 수는 없다"는 옛 속담을 아직 믿지 않던 나였다. 젊고 팔팔하고 지나치게 이상주의적이던 나는 모든 사람을 기쁘게 할(더 정확히 말해 내가 모든 사람의 호감을 살) 해답이 반드시 있을 거라고 생각했다.

꼭 풀어야 할 문제였으므로 어느 오후에 아내에게 말했다. "드라이브나 다녀오리다. 밤을 새우고 올지도 모르오. 이 문제로 기도하며 생각해보고 싶소." 집을 나서면서도 여전히 나는 양쪽을 다 기쁘게 할 해답을 어떻게든 찾아낼 수 있을 거라고 생각했다.

여기서 내 젊은 날의 용서받기 힘든 운전 습관이 탄로 나겠지만 그래도 솔직히 털어놓으려 한다. 나는 고속도로를 달리면서 운전대 위에 성경을 펴놓고 읽었다. 난제를 풀 열쇠를 어떻게든 찾아야 했기에 "주님, 필요하다면 성경을 통독이라도 하겠습니다"라고 기도했다. 지금 생각해보면 운전 중의 성경공부는 운전 중의 전화 통화보다 무한히 더 위험한 일이다. 하지만 당시에 안전은 안중에도 없었다. 사람들을 기쁘게 하는 것이 내 안전보다 훨씬 더 중요했다.

왠지 모르지만 갈라디아서부터 시작했다. 불과 열 구절밖에 읽지 않았는데 1장 10절 말씀에서 내 눈길이 멎었다. 해답을 얻은 것이다. 내가 바라던 답은 아니었지만 나는 두려움 없이 결정을 내릴 자유를 얻었다. 그 순간 하나님이 내 눈을 열어 진리를 보게 하셨다. 여태까지 내가 다음과 같은 변색된 황금률에 따라 사람들의 비위를 맞추며 살아왔다는 사실이었다. "남이 너에게 대접받고자 하는 대로 남을 대접해주라." 갈라디아서 1장 10절에 나오는 사도 바울의 오래된 말이 그 순간 내 것이 되어 내 상황에 적용되었다. "이제 내가 사람들에게 좋게 하랴 하나님께 좋게 하랴 사람들에게 기쁨을 구하랴 내가 지금까지 사람들의 기쁨을 구하였다면 그리스도의 종이 아니니라." 그것으로 충분했다. 나는 차를 세우고 방향을 돌렸다!

물론 교회에서 논쟁 중이던 문제에 어떻게 접근해야 할지 즉각 답이 나온 것은 아니다. 하지만 하나님의 말씀이 나를 해방시켰다. 그래서 나는 모든 사람을 기쁘게 할 답을 찾는 일을 그만두고 (어차피 불가능한 일이다) 하나님을 기쁘시게 할 답을 찾기 시작했다. 사실 나는 사람의 비위를 맞추는 버릇을 이미 고친 줄 알았었다. 다행히 이 경험을 통해 "고속도로 1:10"이 내 삶이 나아가야 할 영구 노선으로 정해졌다. 늘 쉽지만은 않다. 사람의 비위를 맞추려는 본능이 우리를 곁길로 잡아끈다. 하지만 그럴 때마다 나는 하나님을 기쁘시게 한다는 바울의 원리로 다시 돌아간다. 이 말씀이 늘 지켜준 덕분에 내 삶이나 사역은 도랑에 빠지지 않을 수 있었다.

그들을 저주했다!

오늘날 복음주의 진영의 지도자들에게서는 당시의 바울처럼 이단을 맹비난하는 소리를 좀처럼 듣기 어렵다. 바울은 거짓 교사들에게 하나님의 영원한 심판이 임하기를 빌었다(1:8-9). 정치적 공정성을 따지는 과민한 우리 문화에서는 바울의 말이 가혹하게 들리지 않는가? 하지만 바울이 이 무서운 저주에 자신도 포함시키고 있음을 놓쳐서는 안 된다. "그러나 우리나 혹은 하늘로부터 온 천사라도 우리가 너희에게 전한 복음 외에 다른 복음을 전하면 저주를 받을지어다"(1:8). 바울은 아무도 저주를 피할 수 없다는 사실을 강조하려고 하늘의 천사들과 주변의 사도들까지 다 포함시키고 있다. 메시지의 순수성이 사람의 위신보다 상위에 있다. 어법에서 보듯 이 저주는 만인에게 해당된다. 말 그대로 누구든지 바울과 바나바가 전한 복음 외에 다른 복음을 전하면 그는 저주받아 마땅하다.

또 하나 눈여겨볼 것은 바울이 저주를 반복한다는 점이다(1:9). 바울의 저주는 감정에 격한 설교자의 말실수나 분노가 순간적으로 폭발한 것이나 나중에 후회할 과장법이 아니라 냉철하고 의도적인 책망이다. 그는 거짓 교사들을 말 그대로 "저주"하고 있지만 그렇다고 이 표현이 상스러운 욕의 범주에 드는 것도 아니다. 바울은 지금 적들에게 사납게 주먹을 흔들며 "빌어먹을!"이라고 외치는 게 아니다. 오히려 그는 고개를 내저으며 명백한 신학적 사실을 표명하고 있다. 복음을 변질시키는 일은 저주받을 교리라는 것이다. 사람들의 영혼이 걸린 문제다. 갈라디아 지역을 향한 교회의 간증이 걸린 문제다. 사실 그때는 복음 전파의 초창기였던 만큼 기독교의 미래 자체가 걸려 있었다. 이렇게 많은 것이 걸려 있기에 바울은 감언을 늘어놓거나 변죽을 울리고 있을 여유가 없었다.

—1:10

사람들의 기쁨을 구하지 않고 하나님을 기쁘시게 한다는 바울의 맺음말로 미루어보아, 유대주의자들은 바울이 이방인들의 비위를 맞추려고 율법에서 벗어나도록 가르쳤다고 비난한 것 같다. 그들은 갈라디아의 이방인들이 복음을 쉽게 삼킬 수 있도록 바울이 "순한 맛 기독교"를 제시했다고 트집을 잡았을 것이다. 그러다 바울이 떠나자 유대주의자들이 들어와 소위 "이야기의 전말"로 바울의 복음을 "바로잡으려" 했다.

그러나 거짓 교사들을 신랄하게 정죄하는 바울을 보면, 그에게 하나님 대신 인간을 기쁘게 하려는 마음이 일말이라도 있었을지 모른다는 의혹은 깨끗이 사라진다. 어느 주석가의 말대로 "인간의 비위를 맞추는 사람들은 거짓 복음을 전하는 사람들에게 결코 저주를 발하지 않는다. 사실 사도 바울이 사람을 기쁘게 하려 했다면 굳이 그리스도의 종이 되지 않고 열성파 바리새인으로 남아 율법을 장려했을 것이다."[6]

설령 관계에 손상을 입거나 인연을 끊어야 했다 해도 바울은 기꺼이 대가를 치를 마음이 있었다. 왜 그랬을까? 복음이 그만한 가치가 있음을 알았기 때문이다. 복음을 위해서라면 얼마든지 싸울 만한 가치가 있다.

적용
복음을 사수하라

21세기인 지금 내 주변에는 전투에 지친 얼굴들이 많이 보인다. 사람들은 취직을 위한 싸움, 교육을 위한 싸움, 이웃들과 벌이는 싸움, 결혼이나 가정이나 학교를 지키기 위한 싸움 등 온갖 것을 위한 싸움에 지쳐 있다. 그들은 정당을 위해, 가정의 가치관을 위해, 개인의 자유를 위해 싸운다. 이렇게 싸움이 많다보니 많은 사람들이 "타임아웃"을 부르는 것도 무리는 아니다. 우리 모두가 그냥 서로 잘 지낼 수 있다면 얼마나 좋으랴.

그렇다면 복음을 위한 싸움은 어떤가? 모순처럼 들리지 않는가? 에베소서 6장 15절에 보면 "평안의 복음"이라 하지 않았는가? 그리스도인들은 "사랑 안에서 참된 것"을 말하도록 부름받았지(엡 4:15) 그 참된 것으로 사람들을 때려눕히도록 부름받은 게 아니다. 그러려면 복음을 전할 때 부드럽고 관용적이고 무난하고 수동적인 접근을 취해야 하는 것 아닌가?

하지만 분명히 선을 그으며 "여기까지! 그 이상은 안 된다!"라고 말해야 할 때가 있다. 갈라디아서 1장 1-10절에서 적어도 하나의 예를 볼 수 있다. 바울은 선을 그은 정도가 아니라 유대주의자들의 공격에 반격으로 맞섰다. 그들의 주요 과녁은 복음의 핵심 내용을 거부하는 것이었으므로 바울은 그들에게 결정타를 날렸다. 2천 년에 걸친 교회사를 보면 일신상의 희생을 마다하지 않고 기독교 신앙의 근본 진리들을 사수한 사람들의 사례가 가득하다. 초대 교회의 그리스도인들은 예수 그리스도 외에 어떤 신이나 왕도 주(主)로 숭배하지 않았다. 그분만이 그들의 유일하신 참 하나님이자 왕이었다. 성 아타나시우스는 그리스도의 온전한 신성을 대충 얼버무리지 않아 여러 번 유배를 당했다. 성 어거스틴은 은혜가 없이도 행위로 구원받고 하나님의 은총을 얻을 수 있다고 믿던 사람들에 대항해 싸웠다. 종교개혁은 또 어떤가? 종교개혁의 용감한 지도자들은 이신칭의의 교리를 되찾아 기존의 교회 권력을 격노하게 했다. 그들을 통해 점화된 싸움의 불꽃은 이후로도 몇 세기 동안 계속 타올랐다. 그들은 수동적인 자세와는 거리가 멀었다.

물론 우리는 어느 고지에서 장렬히 전사할 것인지 늘 지혜롭게 분별해야 한다. 하지만 오늘날 복음주의 기독교의 문제는 사수할 고지가 모자라다는 게 아니라 우리 모두가 장렬히 전사해야 할 단 하나의 고지-복음-가 무방비로 공격에 노출되어 있다는 것이다. 거기에는 다음과 같은 이유도 있다. 신자들에게 복음의 기초를 분명히 깨우쳐주고 은혜의 기본 교리를 가르치는 일이 더 이상 교회들의 최고 우선순위가 아니라는 것이다. 무수한 프로그램과 수많은 활동과 정신없는 분주함은 우리에게 있으나 복음을 상세히 설명하고 변호할 사람들은 턱없이 부족하다.

당신은 어떤가? 자신이 복음을 얼마나 잘 알고 있는지 잠시 점검해보라. "당신이 늘 말하는 '복음'이란 게 무엇이오?" 하고 누가 묻는다면 뭐라고 답하겠는가? 복음의 핵심 내용을 늘 명확히 떠올릴 수 있는가? "복음"의 정의를 스물다섯 단어 이하로 다음의 빈칸에 적어보라.

____

____

이제 바울 서신에서 다음의 본문들을 찾아보면서, 복음의 몇 가지 필수 요소에 대해 어떻게 가르치고 있는지 잘 보라.

그리스도의 인격에 대하여(롬 1:1-4, 고후 4:4, 딤후 2:8).

그리스도의 사역에 대하여(롬 2:15-16, 고전 15:1-5, 딤후 2:8).

그리스도께 대한 우리의 반응에 대하여(롬 1:16-17, 갈 2:16, 엡 2:8-9).

위 본문들을 살펴본 후 당신이 적었던 복음의 정의를 다시 보라. 성경에 일치되도록 혹시 고치거나 빼거나 더할 부분이 있는가? 있다면 지금 수정하라. 그러고나서 최종 정의를 잘 보라. 기독교는 바로 그 진리 위에 서든지 아니면 거기서 벗어나 무너지든지 둘 중 하나다. 이것을 사수할 가치가 없다면 세상에 사수할 가치가 있는 것은 아무것도 없다. 물론 그리스도인이 날마다 싸울 일을 찾는 사람은 아니다. 물리적 싸움은 더욱 아니다. 하지만 변질된 복음이 우리 가운데 등장하면 우리는 기꺼이 진리를 가르칠 뿐 아니라 거짓을 들추어내야 한다. 여기 분명한 사실이 있다. 복음의 메시지를 멸시하는 사람들이 우리를 공격해 올 수 있다. 그래도 좋다. 복음은 우리가 장렬히 전사할 만한 가치가 있는 고지다.

근본적 변화(갈라디아서 1:11–24)

11형제들아 내가 너희에게 알게 하노니 내가 전한 복음은 사람의 뜻을 따라 된 것이 아니니라 12이
는 내가 사람에게서 받은 것도 아니요 배운 것도 아니요 오직 예수 그리스도의 계시로 말미암은 것이라
13내가 이전에 유대교에 있을 때에 행한 일을 너희가 들었거니와 하나님의 교회를 심히 박해하여
멸하고 14내가 내 동족 중 여러 연갑자보다 유대교를 지나치게 믿어 내 조상의 전통에 대하여 더욱 열
심이 있었으나 15그러나 내 어머니의 태로부터 나를 택정하시고 그의 은혜로 나를 부르신 이가 16그의
아들을 이방에 전하기 위하여 그를 내 속에 나타내시기를 기뻐하셨을 때에 내가 곧 혈육과 의논하지
아니하고 17또 나보다 먼저 사도 된 자들을 만나려고 예루살렘으로 가지 아니하고 아라비아로 갔다가
다시 다메섹으로 돌아갔노라
18그 후 삼 년 만에 내가 게바를 방문하려고 예루살렘에 올라가서 그와 함께 십오 일을 머무는 동
안 19주의 형제 야고보 외에 다른 사도들을 보지 못하였노라 20보라 내가 너희에게 쓰는 것은 하나님
앞에서 거짓말이 아니로다 21그 후에 내가 수리아와 길리기아 지방에 이르렀으나 22그리스도 안에 있
는 유대의 교회들이 나를 얼굴로는 알지 못하고 23다만 우리를 박해하던 자가 전에 멸하려던 그 믿음
을 지금 전한다 함을 듣고 24나로 말미암아 하나님께 영광을 돌리니라.

바울과 바나바가 소아시아 남부에서 배를 타고 안디옥으로 돌아간 직후에 유대주의자들이 갈라디아 남부의 교회들을 공격했다. 그들은 신생 교회들을 강탈하려 했고, 행위로 의를 이룬다는 거짓 복음으로 어린 신자들을 장악하려 했다. 그러기 위해 우선 그들은 바울이 정말 사도로 부름받았는가에 대해 의문을 제기했다. 그들의 전략을 생각해보라. 갈라

디아 교인들의 마음속에 메시지에 대한 의혹을 조장하려면 먼저 메신저에 대한 의혹을 조장해야 했다. 그들이 바울과 예수님 사이의 간격을 부풀릴 수 있다면 바울이 전한 복음의 기원은 의문에 휩싸이게 된다. 그들이 바울과 다른 사도들을 이간질할 수 있다면 그 넓어지는 틈새에 자신들의 변질된 "진리"를 억지로 들여놓을 수 있다.

틀림없이 그중 일부는 바울이 예수님의 설교나 가르침을 들어본 적도 없는 풋내기임을 지적했을 것이다. 게다가 원래의 제자들은 예루살렘에서 파송된 데 반해 바울과 바나바는 안디옥 교회에서 파송받았다. 끝으로 바울의 메시지는 오랜 세월 하나님이 히브리 민족 가운데서 행하신 모든 일로부터 완전히 이탈한 말처럼 들렸다. 하나님이 갑자기 뜻을 바꾸어 과거와 완전히 절연하실 까닭이 무엇인가? 그보다는 바울이 중간에 헛발을 디뎠다고 보는 게 더 타당한 결론이 아닌가? 바울의 사도적 권위를 허물려던 사람들에게 그는 특이한 간증과 독특한 메시지 때문에 만만한 과녁이 되었을 것이다.

바울은 유대주의자들의 근거 없는 비난에 맞서 본격적 논박에 나선다. 갈라디아서 1장 11–24절에서 그 첫 단계를 볼 수 있다. 우선 그는 자신이 사도로 부름받은 것이 "사람들에게서 난 것도 아니요 사람으로 말미암은 것도 아니요 오직 예수 그리스도[로]…말미암아" 되었다고 한 도입부의 주장(1:1)을 자세히 설명한다. 자신의 자격을 변호함으로써 메시지의 신빙성을 옹호한 것이다.

—1:11–12—

바울은 세 가지 부정어로 시작한다. 자신의 자격을 믿을 수 없다는 적들의 주장에 대한 직접적 논박인 셈이다. 바울의 복음은 사람의 뜻을 따라 된 것도 아니고, 사람에게서 받은 것도 아니고, 배운 것도 아니다.

잇따른 신속한 부정이 강조해주듯 바울이 전한 복음의 출처는 인간이나 세상이나 자연이 아니다. 복음은 바울이 꾸며낸 것이 아니다. 창의적 발상 토론이나 똑똑한 지적 정리를 통해 생겨난 것도 아니다. 사실 신자들 쪽의 노력이 전혀 없이 오직 믿음으로 말미암아 은혜로 구원받는다는 바울의 복음이야말로 내가 보기에 인간이 꾸며낼 만한 메시지가 아니다. 그것은 철저히 직관에 반하고 인간의 모든 종교적 성향에 어긋나기 때문에 누구도 그런 식의 구원 방법을 지어낼 리가 없다. 인간이 만들어낸 종교들의 공통된 구원관이 어느 책에는 이렇게 묘사되어 있다.

> 하나님의 은혜의 복음이야말로 어떤 이단에도 전혀 존재하지 않는 가르침이다. 이단에 속한 누구도 단지 예수 그리스도를 믿음으로 말미암아 영원한 저주로부터 구원받을 수 있다고 배우지 않는다. 예수 그리스도를 믿는 믿음 외에 "이것을 하라"든지 "저것을 따르라"는 행위가 늘 더해진다. 모든 이단은 믿음으로 말미암아 은혜로 구원받는다는 교리에 뭔가를 덧붙인다…오직 그리스도를 믿어 구원을 받는다는 가르침은 결코 없다.[7]

바울의 메시지가 "사람의 뜻을 따라" 되었거나 "사람에게서 기원한"(NIV) 것이라면, 인간이 만들어낸 다른 구원 방법들의 틀에 당연히 들어맞을 만도 하다. 그런데 바울의 메시지는 오히려 그 틀을 깨뜨린다! 사람이 오직 그리스도 안에서 오직 믿음으로 말미암아 오직 은혜로 구원받는다는 개념은 너무 특이해서 인간이 지어냈다고는 상상하기 어렵다.

그래서 복음의 진짜 출처에 대한 바울의 단언은 더욱 설득력을 얻는다. 그는 복음을 "예수 그리스도의 계시"를 통해 받았다(1:12). 다른 사람을 거쳐서 배운 게 아니라 주 예수 그리스도의 입에서 직접 들었다. 분명히 바울은 사도행전 9장에 기록된 자신의 회심을 둘러싼 사건들을 가리키고 있다. 바울이 그리스도인들을 체포할 권한을 가지고 다메섹으로 가던 길에 예수 그리스도께서 하늘로부터 그에게 나타나셔서 그를 땅에 엎드러뜨리시고 밝은 빛으로 눈이 멀게 하셨다(행 9:3–9). 훗날 바울은 헤롯 아그립바 2세에게 자신의 회심 이야기를 들려준 적이 있는데, 거기에 보면 예수께서 바울에게 계시해주신 내용이 자세히 나와 있다. 예수님은 바울에게 이렇게 말씀하셨다.

> 내가 네게 나타난 것은 곧 네가 나를 본 일과 장차 내가 네게 나타날 일에 너로 종과 증인을 삼으려 함이니 이스라엘과 이방인들에게서 내가 너를 구원하여 그들에게 보내어 그 눈을 뜨게 하여 어둠에서 빛으로, 사탄의 권세에서 하나님께로 돌아오게 하고 죄 사함과 나를 믿어 거룩하게 된 무리 가운데서 기업을 얻게 하리라(행 26:16–18).

바울이 부활하여 영화롭게 되신 예수님을 처음 만날 때부터 이미 주님은 복음 메시지의 기본을 밝혀주셨다. 그것은 바로 그리스도를 믿어 죄 사함을 받는 것이다(26:18). 아울러 주님은 장차 자신이 바울에게 나타나실 것도 언급하셨다(26:16). 그러므로 바울이 갈라디아 교인들에게 자신의 복음을 예수 그리스도로부터 직접 받았다고 한 말은 그의 삶을 바꾸어놓은 회심 사건과 그후 1차 전도여행을 떠나기 전까지 그분께 추가로 받은 계시들을 가리킨다.

—1:13-14—

갈라디아서 1장에는 성경의 다른 어느 곳에서도 볼 수 없는 바울에 대한 자전적 정보가 나온다. 지금부터 몇 구절에 걸쳐 바울은 그리스도께 회심하기 전 자신의 상태를 이야기하고(1:13-14), 기적적인 회심을 간략히 언급한 뒤(1:15-16), 끝으로 회심 직후부터 설교 사역을 시작하기까지의 몇 년에 대해 서술한다(1:18-24).

다메섹 도상에서 예수님을 만나기 전에 바울은 하나님을 피해 달아나고 있었다. 물론 자신은 그것이 하나님을 섬기는 행위라고 확신했다. 바울은 잘못된 열정 때문에 바리새인 광신도가 되어 예수님을 따르는 무리를 멸하려 했다. 그와 그의 동지들은 그 무리를 유대교의 한 이단 분파로 보고 "나사렛 이단"(행 24:5)이라 불렀다. 기독교를 미워하는 바울의 마음은 어디서 기인한 것일까? 역설적이게도 유대교를 사랑하는 마음에서 비롯되었다.

구약성경이 빚어낸 유대교는 장차 오실 왕을 고대하며 의롭게 살아가는 데 주안점을 두었다. 그런 종교의 신봉자들이라면 정작 메시아가 오셨을 때 제일 먼저 그분의 편이 되었을 법도 하다. 하지만 이미 복음서에서 보듯이 종교 지도자들—특히 바리새인들—은 나사렛 출신의 블루칼라 평민에게 콧방귀를 뀌었다. '하나님이 메시아를 세우실 거라면 어중이떠중이가 아니라 랍비들 가운데서 세우실 것이다!' 이것이 그들의 논리였다. 가말리엘이라는 유명한 랍비의 제자였던 젊은 사울(행 5:34, 22:3)도 그런 편견을 품고 있었을 것이다. 사실 사울은 유대교를 열심히 믿고 조상의 전통을 옹호하려 할수록(갈 1:14) 원수이자 이단인 그리스도인들을 박해할 의욕이 더욱 불타올랐다.

바울은 그가 경험한 회심의 극적인 성격을 강조하는 한편 갈라디아 교인들에게 자신이 이전에 "유대교를 지나치게 믿"었음을 상기시킨다. 여기에는 또 다른 이유가 있다. 갈라디아의 유대주의자들도 율법에 열심이었고 유대교의 전통에 꽉 매여 있었다. 바울이 유대교에서 그리스도께로 회심한 간증은 그래서 더욱 힘이 있었다. 유대교의 종교적 파산을 아는 사람이 있다면 바로 바울이었다.

—1:15-17—

다메섹으로 가던 사울(훗날의 바울)의 여정을 상상해보라. 그의 손에는 지금의 구속 영장에 해당하는 것이 들려 있었다. 그리스도인들을 구류해도 된다는 법적 허가서로 예루살렘의 유대교 당국자들로부터 받은 것이었다. 이로써 사울은 수단과 방법을 가리지 않고 명령을 수행할 대표자로 임명되었다. 이 열정적 사명에 관한 여러 기사를 보면 그가 그리스도인 반도들을 추적하는 일에 얼마나 심혈을 기울였는지 알 수 있다.

- "내가 이전에 유대교에 있을 때에 행한 일을 너희가 들었거니와 하나님의 교회를 심히 박해하여 멸하고"(갈 1:13).
- "내가 이 도를 박해하여 사람을 죽이기까지 하고 남녀를 결박하여 옥에 넘겼노니… 또 내가 그들에게서 다메섹 형제들에게 가는 공문을 받아 가지고 거기 있는 자들도 결박하여 예루살렘으로 끌어다가 형벌 받게 하려고 가더니"(행 22:4-5).
- "예루살렘에서 이런 일을 행하여 대제사장들에게서 권한을 받아 가지고 많은 성도를 옥에 가두며 또 죽일 때에 내가 찬성 투표를 하였고 또 모든 회당에서 여러 번 형벌하여 강제로 모독하는 말을 하게 하고 그들에 대하여 심히 격분하여 외국 성에까지 가서 박해하였고"(행 26:10-11).

본인의 생생한 표현으로 묘사되어 있듯이 바울은 어떻게든 그리스도인들을 죽이고 멸하려던 사람이었다. 그의 동기는 잘못된 종교적 열정이었다. 그는 그것을 하나님이 주신 사명으로 알았고, 그래서 그 사명을 이루기 위해서라면 못할 일이 없었다. 그런데 모든 신자의 간증에 등장하는 가장 위대한 단어 중 하나인 **"그러나"**가 여기에도 등장한다. 15-16절에 나오는 감격스런 회심 이야기의 앞부분을 자세히 분석해보자.

그러나…이가[하나님이]. 보다시피 바울의 구원 간증은 하나님으로 시작된다.[8] 그때의 바울은 아마 기독교를 믿게 될 가능성으로 보자면 최악이었을 것이다. 그런데 하나님이 개입하셨다. 두 구절에 이어지는 나머지 간증에서 하나님은 계속 이 구원 드라마의 주역으로 활동하신다. 바울이 그리스도를 지독히 대적하며 다메섹으로 가고 있던 중에도 하나님은 일하고 계셨다. 그것을 바울은 세 가지로 말한다.

나를 택정하시고. 바울은 이미 폐기된 종교를 장려하고 신자들에게 모독하는 말을 시키려고 활보하고 있었다. 그런 그를 하나님은 이미 택하여 회심으로 이끄셨다. 사실 바울이 어머니의 태에 있을 때부터 하나님의 주권적 손길이 그에게 머물러 있었다. 그래서 적군이었던 그가 장차 아군으로 전향하게 된다. 하나님은 그가 아기 때부터 받은 영향과 경험과 교육을 모두 지휘하셔서 이방인 선교를 위해 그를 준비시키셨다. 태어나기도 전부터 택정하셨다는 표현을 보니 하나님이 선지자 예레미야를 부르신 일이 생각난다. "내가 너를 모태에 짓기 전에 너를 알았고 네가 배에서 나오기 전에 너를 성별하였고 너를 여러 나라의 선지자로 세웠노라"(렘 1:5).

그의 은혜로 나를 부르신 이가. 바울은 선이나 악을 행하기 전부터 이미 택정되었을 뿐 아니라 황송하게도 하나님이 적시에 그의 삶 속에 찾아와주셨다. 단 하루도 너무 이르지 않았고 단 1초도 너무 늦지 않았다. 하나님은 순전히 은혜로 그를 부르셨다. 이것은 바울이 과거에 한 일, 그 당시 하고 있던 일, 앞으로 할 일과 전혀 무관했다. 특히 이 경우에 그분의 부르심은 깜짝 놀랄 방식으로 이루어졌다. 드물게도 주 예수께서 하늘로부터 친히 나타나신 것이다(행 9:3–6). 여기서 발단된 깊은 사역을 통해 기독교의 성격은 물론 세계 역사의 방향까지 바뀌게 된다.

그의 아들을…내 속에 나타내시기를 기뻐하셨을 때에. 한 마디로 바울의 말은 이런 것이다. "하나님이 나를 구원하신 것은 그분의 아들을 내 속에 드러내시기 위해서다." 영혼을 구원하는 일도 기적이지만 하나님이 설계하신 구원은 거기서 그치지 않는다. 그분이 우리를 창조하신 것은 천국에서 그분과 함께 살 뿐만 아니라 이 땅에서 예수님을 드러내고 영화롭게 하기 위해서다.

하나님이 바울의 삶 속에 행하신 이 모든 놀라운 일에는 한 가지 분명한 목적이 있었다. 바로 바울이 "그의 아들을 이방에 전하기" 위해서였다(1:16). 이 소명을 바울 이전의 민

바울의 아라비안나이트

바울은 다메섹 도상에서 기적적으로 회심한 후의 3년에 대해 간략히 언급하고 넘어간다. 여기서 몇 가지 답이 없는 의문들이 생겨난다. 그는 왜 동쪽의 아라비아 지역으로 갔을까? 거기서 무엇을 했을까? 혼자 있었을까, 아니면 다른 사람들과 함께 있었을까?

누가가 사도행전 9장에 기록한 바울의 회심 이야기에 보면 바울이 아라비아로 가게 된 이유가 나온다. 바울은 다메섹에 있는 제자들과 함께 며칠 지내면서(9:19) 곧바로 그곳의 회당들에서 복음을 전하기 시작했다(9:20,22). 다메섹의 유대교 지도자들은 사울이 완전히 변절했다는 소식을 듣고 격노하여 그를 죽이기로 공모했다(9:23–25). 다행히 다메섹의 그리스도인들이 그 계교를 알아내 사울을 자객들의 손에서 피신시켰다. 그들은 바울을 광주리에 담아 성벽의 창으로 달아 내렸다(9:25).

사도행전 9장 26절에 나오는 누가의 기사는 나중에 바울이 예루살렘에 갔던 일로 훌쩍 건너뛴다. 하지만 우리가 바울의 술회를 통해 알고 있듯이, 그는 다메섹에서 피한 후에 동쪽으로 떠나 한동안 아라비아 광야에서 지냈다. 거기서 무엇을 했는지는 정확히 알 수 없다. 한 주석가는 이렇게 추측한다.

> 물러나 있던 그 기간 동안 바울은 구약성경을 묵상했고, 이미 알고 있던 예수님의 생애와 죽음의 사실들을 묵상했으며, 자신의 회심 경험을 묵상했다. 이를 통해 하나님의 은혜의 복음이 그에게 온전히 계시되었다. 예수께서 다른 사도들에게 3년 동안 주셨던 가르침을 바울은 놓쳤으므로, 아라비아의 3년을 통해 그것을 일부러 보상해주셨다고 말하는 사람들도 있다. 이를테면 바울은 광야의 고독 속에서 3년 동안 예수님을 혼자 독차지한 셈이다.[9]

물론 바울이 아라비아에서 무엇을 했으며, 일행이 있었다면 누구와 함께 지냈는지는 확실하지 않다. 정확히 얼마 동안 그곳에 있었는지도 알 수 없다. 그러나 일찍이 예수 그리스도께서 바울을 다시 찾아오실 거리고 친히 알려주셨었다(행 26:16). 그 일이 아라비아에 머물던 기간 중에 있었을 수 있다.

끝으로 바울은 3년 만에 예루살렘으로 갔다. 하지만 이 여행도 헬라어를 쓰는 현지의 유대인들 때문에 단축되었다. 그들은 바울을 죽이려 했고 회심에 대한 그의 깊은 간증을 막으려 했다(행 9:29). 그 바람에 그는 급히 예루살렘을 떠나 일단 가이사랴로 갔다가 다시 배편으로 북상하여 길리기아 지역의 고향으로 갔다(9:30). 갈라디아서 1장 21절에 언급했듯이 그는 길리기아 지역을 통과하여 다시 수리아로 갔다. 결국 1차 전도여행의 출발점이 된 안디옥에 남게 되었을 것이다.

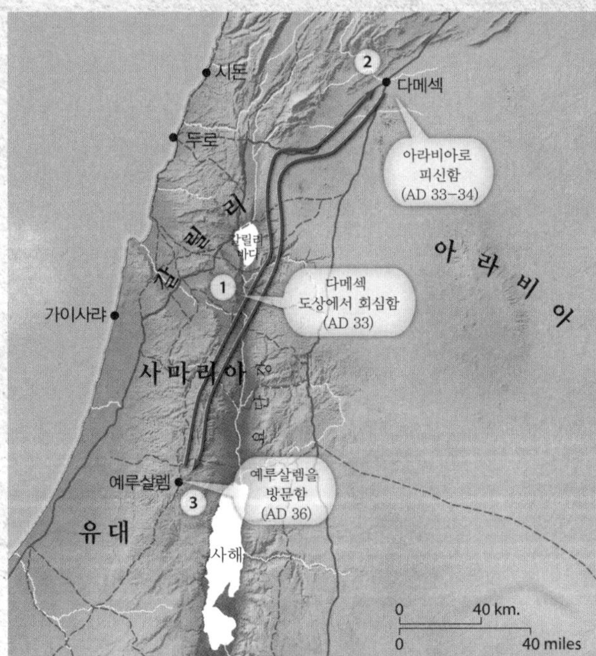

회심 후 첫 3년 동안 바울은 다메섹과 아라비아에서 시간을 보낸 후 AD 36년경 처음으로 사도들을 방문했다.

족주의와 광적인 신앙에 비추어 생각해보라. 그는 유대인이었고 유대교인이었다. 그의 사고방식 속에서 이방인은 개였고 세상의 오물이었다. 그런데도 바울은 이렇게 말한다. "나는 하나님의 은혜로 근본적으로 변했다. 이제 나를 향한 하나님의 계획은 여태까지 내가 거들떠보지도 않던 사람들을 찾아가는 것이다." 이런 180도의 변화는 하늘에서 기원한 진정한 기적적 회심을 통해서만 가능하다.

갈라디아에서 바울을 대적하던 유대주의자들은 바울이 은혜의 복음을 상상으로 꾸며냈다고 주장했다. 또는 예수님의 적통 제자들이 예루살렘에서 전한 순전한 유대교식 메시지를 바울이 자신의 목적에 맞게 윤색했다고 주장했다. 하지만 바울의 회심 간증은 그 두 가지 거짓말에 결정타를 날린다. 그의 복음이 예수 그리스도 자신 외에 다른 사람에게서 왔을 가능성은 이 간증을 통해 완전히 배제된다.

이어 바울은 회심 후에 자신이 어느 곳을 다녔는지 이야기한다. 이는 복음 메시지를 확인하려고 인간 교사들에게 달려가지 않았다는 사실을 알리기 위해서다(1:16). 오히려 그는 처음에 동쪽의 아라비아로 갔다. 예루살렘에 있던 원래의 사도들과는 멀리 떨어진 곳이었다. 다음에 그는 다메섹으로 돌아가 순회 설교를 시작했다(1:17). 그 중간에 바울은 예수 그리스도께 직접 받은 복음을 확인하거나 수정하거나 거기에 뭔가를 더하려고 "혈육"과 의논한 적이 한 번도 없었다.

그럴 필요가 없었다. 그는 사도의 소명을 주님으로부터 직접 받았기 때문이다.

—1:18-24—

드디어 3년 만에 바울은 게바("베드로"의 아람어 표기)를 만나려고 예루살렘으로 올라갔다(1:18). 예수님의 동생인 야고보도 만났다. 베드로와 야고보는 당시 예루살렘 교회에서 가장 두드러진 두 지도자였다. 바울의 대적들은 자기들의 "유대교식 복음"이 예수님이 전해주신 본래의 가르침에 더 일치되며, 베드로와 야고보 같은 예루살렘 사도들의 가르침을 통해서도 확증되었다고 주장했을 것이다. 그래서 바울이 예루살렘에서 그 두 사람을 만난 것은 중요한 의미가 있다. 그는 처음에 은혜의 참된 복음을 그리스도로부터 받았지만, 본인의 말처럼 훗날 교회의 두 기둥을 방문했다. 이로써 그는 자신의 복음과 예루살렘 사도들의 복음이 서로 다르다는 신화를 불식시켰다. 사실 바울이 지적한 대로 유대 교회들은 그가 그리스도께 회심했다는 말을 듣고 그로 말미암아 "하나님께 영광을 돌"렸다(1:24). 왜 그랬을까? 한때 그 지역의 교회를 박해하던 사람이 "전에 멸하려던 그 믿음을 지금 전"하고 있었기 때문이다(1:23).

이렇게 자신의 첫 예루살렘 방문을 상술함으로써 바울은 유대주의자들의 주장에 강펀치를 날렸다. 갈라디아 교인들은 바울과 그의 복음을 외면하고 유대주의자들과 그들의 종교를 따라갔는데, 이는 예수님과 베드로와 야고보의 더 순수한 최초의 복음으로 돌아선 것이 아니었다. 오히려 그들은 하나님께 등을 돌렸고, 예수 그리스도의 사도들 중 아무도 전한 적이 없는 거짓 복음을 받아들였다.

적용

온 세상에 들려줄 이야기

이번 단락에 나오는 바울의 힘찬 간증이 오늘 우리에게 주는 한 가지 중요한 교훈을 강조하고 싶다. 하나님이 한 인생을 변화시키시면 늘 간증이 있게 마련이다. 거기에 함축된 의미도 똑같이 중요하다. 간증이란 숨겨두라고 있는 게 아니라 전하라고 있는 것이다. 예수 그리스도를 믿는 모든 참된 신자들에게는 그 두 가지 사실 때문에 다른 사람에게 들려줄 이야기가 있다.

이야기의 중심은 우리가 아니라 복음이고, 우리가 예수 그리스도를 위해 하는 일이 아니라 그분이 우리를 위해 행하신 일이다. 처음부터 이 점을 분명히 해야 한다. 하지만 그래도 하나님이 이야기를 우리를 통해 하신다는 사실은 달라지지 않는다. 우리의 간증은 복음의 메시지를 전하는 단순하지만 설득력 있는 틀이 될 수 있다.

간증이라는 말만 들어도 식은땀이 나는 사람들이 우리 가운데 많이 있다. 우리는 간증이라고 하면 공개석상의 마이크나 낯선 사람들을 떠올린다. 우리가 등록 교인인지 캐묻는 까다로워 보이는 장로나 집사가 떠오를 수도 있다. 하지만 겁먹을 것 없다! 간증을 나누는 일은 아주 단순하다. 다음 몇 가지 제안을 참고한다면 부담감은 확연히 줄어들 것이다.

우선 당신의 이야기를 할 때 삼가야 할 네 가지 일부터 말하고자 한다. **첫째, 설교하지**

말라. 그냥 말하면 된다. 간증할 때 상대방을 위협하거나 압력을 가하지 말라. 그냥 당신의 이야기에 맡기라.

둘째, 두루뭉술하게 말하지 말라. 관련된 장소와 사건과 사람을 언급하며 구체적으로 말하라. 당신의 심정이 어땠고 무슨 생각을 했는지 나누라. 특히 무엇보다도 그리스도인이 되려면 어떻게 해야 하며 당신이 어떻게 거기까지 갔는지 구체적으로 말하라. 그러면 사람들이 그리스도께 이르는 과정에서 각자의 장애물을 극복하고 큰 진척을 이루는 데 도움이 될 것이다.

셋째, 표현을 애매하게 하지 말라. 간단명료하게 하라. 쉬운 표현을 써가며 명확하게 말하라. 단순한 이야기를 벗어나지 말라. 지금은 위압적인 전문 용어로 사람들의 호감을 살 때가 아니다. 비신자들이 알아듣지 못할 기독교 용어는 삼가라. 예컨대 "구원받았다," "강대상 앞으로 나아갔다," "영접 기도," "은혜의 구속(救贖)" 같은 표현들은 대부분의 비신자들에게 무의미하다.

넷째, 자신을 변호하지 말라. 그냥 이야기를 선포하라. 그 간증의 신빙성에 이의를 제기하는 사람과 굳이 논쟁할 필요가 없다. 이 세상에는 냉소주의자들과 회의론자들이 가득하지만, 또한 열심히 들으려는 사람들도 많다. 주께서 당신의 이야기를 듣도록 준비시키신 사람들이다. 그냥 당신의 이야기를 들려주고 그로 인해 찾아온 변화를 설명하라. 그 뒷일은 듣는 사람들의 마음속에서 역사하시는 하나님의 능력에 맡기면 된다. 시시콜콜하게 다 말하지 않아도 된다. 그냥 예수님을 믿는 것에 대해서만 말하면 된다.

이번에는 간증할 때 꼭 해야 할 세 가지 일을 소개한다. **첫째, 짧게 하라.** 바울이 14년에 걸친 기적적인 간증을 단 열세 구절로 압축했다면, 당신의 이야기도 몇 분으로 줄일 수 있다. 구체적이어야 하지만 또한 내용을 잘 선별해야 한다. 당신의 삶 속에서 예수님이 하신 일에 초점을 맞추라. 서로 질문하고 듣고 대화할 시간을 남겨두라.

둘째, 논리적으로 하라. 내가 읽기로 갈라디아서 1장에 나오는 바울의 예아밀로 우리가 따라야 할 최고의 모범이다. 예수님을 믿기 전에 당신이 어떤 상태였는지 말하고, 정확히 어떻게 예수님을 믿게 되었는지 말하며, 예수님을 믿은 뒤로 당신의 삶이 어떻게 달라졌는지 말하라.

셋째, 겸손하게 하라. 영광을 자신에게 돌리지 말고 하나님께 돌리라. 부각시켜야 할 것은 예수님을 믿고나서 변화된 삶이지 예수님을 믿기 전의 수치스러웠던 삶, 죄와 고집과 독선에 차 있던 삶이 아니다. 바울의 간증이 말하고자 했던 최종 결과를 잊지 말라. "나로 말미암아 하나님께 영광을 돌리니라"(갈 1:24).

이런 단순한 원리들에 비추어 지금 잠시 시간을 내서 당신의 간증을 써보라. 단, 한 가지 주의할 것이 있다. 모든 사람이 다 바울처럼 극적인 변화를 경험하는 것은 아니다. 죄를 과장하거나 지나치게 강조하려는 유혹을 물리치라. 교회 안에서 자라나 어린 나이에 주님께 돌아온 신자들의 간증을 두고 흔히들 "지루하다"고 말한다. 하지만 종종 그런 간증이 스스로 의로운 줄 아는 사람들에게 보여줄 수 있는 사실이 있다. "착한 죄인들"에게도 구주가 필요하다는 사실이다. 당신을 통해 하나님이 하시는 이야기를 절대로 부끄러워하지 말라.

다음의 빈칸에 당신의 간증을 세 부분으로 요약해보라. 이야기를 하는 데 걸리는 시간이 3분이 넘지 않게 하라.

예수님을 믿기 전 나의 삶	내가 예수님을 믿게 된 과정	예수님을 믿고나서 변화된 나의 삶

심사숙고하여 간증을 작성했으니 이제 누군가에게 그것을 말해보라. 이웃, 직장 동료나 다른 직원, 친척, 친구는 물론 모르는 사람에게도 할 수 있다. 며칠 내로 간증을 나눌 대상을 보내달라고 하나님께 기도하라. 그다음에는 사도 베드로의 말을 명심하면서 하나님의 인도하심을 살펴보라. "너희 마음에 그리스도를 주로 삼아 거룩하게 하고 너희 속에 있는 소망에 관한 이유를 묻는 자에게는 대답할 것을 항상 준비하되 온유와 두려움으로 하고"(벧전 3:15).

수용하고 인정할 가치가 있는 복음(갈라디아서 2:1–10)

[1]십사 년 후에 내가 바나바와 함께 디도를 데리고 다시 예루살렘에 올라갔나니 [2]계시를 따라 올라
가 내가 이방 가운데서 전파하는 복음을 그들에게 제시하되 유력한 자들에게 사사로이 한 것은 내가
달음질하는 것이나 달음질한 것이 헛되지 않게 하려 함이라 [3]그러나 나와 함께 있는 헬라인 디도까지
도 억지로 할례를 받게 하지 아니하였으니 [4]이는 가만히 들어온 거짓 형제들 때문이라 그들이 가만히
들어온 것은 그리스도 예수 안에서 우리가 가진 자유를 엿보고 우리를 종으로 삼고자 함이로되 [5]그들
에게 우리가 한시도 복종하지 아니하였으니 이는 복음의 진리가 항상 너희 가운데 있게 하려 함이라
[6]유력하다는 이들 중에 (본래 어떤 이들이든지 내게 상관이 없으며 하나님은 사람을 외모로 취하지
아니하시나니) 저 유력한 이들은 내게 의무를 더하여 준 것이 없고 [7]도리어 그들은 내가 무할례자에
게 복음 전함을 맡은 것이 베드로가 할례자에게 맡음과 같은 것을 보았고 [8]베드로에게 역사하사 그를
할례자의 사도로 삼으신 이가 또한 내게 역사하사 나를 이방인의 사도로 삼으셨느니라 [9]또 기둥 같이
여기는 야고보와 게바와 요한도 내게 주신 은혜를 알므로 나와 바나바에게 친교의 악수를 하였으니
우리는 이방인에게로, 그들은 할례자에게로 가게 하려 함이라 [10]다만 우리에게 가난한 자들을 기억하
도록 부탁하였으니 이것은 나도 본래부터 힘써 행하여 왔노라.

갈라디아서 1장에서 바울은 자신의 사도적 권위를 입증했다. 그가 갈라디아 교인들에게 상기시킨 대로 그의 소명의 근원이자 그가 전한 복음 메시지의 근원은 바로 예수 그리스도 자신이었다(1:11–12). 논증의 첫 부분에서 그가 특별히 밝힌 것이 있다. 그의 복음은 조금도 첫 사도들의 영향을 받지 않고 성숙에 이르렀다는 것이다. 바울은 독자적으로 그리스도를 증언했다. 그분을 믿음으로 말미암아 구원받는다는 기쁜 소식을 증언할 때도 마찬가지였다. 조금도 인간에게 의존하지 않았다.

하지만 여기서 하나의 가능성이 생겨난다. 어쩌면–순전히 가정이지만–바울의 복음은 예루살렘 사도들의 복음으로부터 벗어났는지도 모른다. 아무리 바울이 예수님으로부터 확실한 메시지를 받았어도 혹시 그후에 자신의 목적에 맞게 복음을 곡해한 것은 아닐까? 어쩌면 그는 복음을 이방인의 문화에 너무 과도하게 맞추었는지도 모른다. 회심 후 14년 세월은 분명히 그의 메시지 속으로 여러 오염 요소가 침투해 들어오기에 충분한 시간이었다. 그래서 한때 예수님의 순수한 가르침 그대로였던 복음이 이제 변질되었는지도 모른다.

이런 비난은 얼마든지 그럴 듯하게 들린다. 분명히 유대주의자들은 이런 합리적인 듯

한 논증을 내세워, 바울과 갈라디아 교인들을 이간질하여 신뢰를 무너뜨리려 했을 것이다. 바울이 갈라디아서 2장에 계속해서 자신의 복음의 진실성을 입증하는 것으로 보아 유대주의자들의 그런 전략이 먹혀들고 있었던 것으로 보인다. 그래서 바울은 두 가지 사실을 제시한다. 그의 메시지는 예루살렘 사도들과 일치되어 있었을 뿐 아니라 그 사도들도 이방인을 향한 바울의 사역을 인정했다.

—2:1-2—

바울이 편지 앞머리에 분명히 밝혔듯이 그는 메시지를 사람들에게 받지 않고 하나님으로부터 받았다. 이제 바울은 자기가 회심한 지 14년 후에 예루살렘에 두 번째로 올라간 이유를 설명한다. 그것은 "계시를 따라" 된 일이었다(2:2). 그래서 그는 두 동지와 함께 예루살렘의 "어머니 교회"로 갔다. 레위 사람인 바나바는 일찍이 바울을 예루살렘 교회에 소개했던 인물이고(행 9:27) 디도는 기독교로 회심한 이방인이었다. 베드로와 야고보와 요한 같은 유명한 지도자들이 여태 예루살렘에 살면서, 본래의 진원지에서 국제적으로 성장하는 교회를 이끌고 있었다.

바울이 이때 예루살렘 교회를 방문한 기사가 사도행전 11장 27-30절에도 나와 있다. 바울이 10년도 더 전에 예루살렘을 처음 떠난 뒤로(9:26-30) 이번에 두 번째 방문할 때까지 그 중간에 여러 가지 사건이 있었다.

- 바울이 자기 고향인 소아시아 남동부의 다소에 정착했다(행 9:30, 11:25).
- 베드로가 하나님으로부터 구원의 복음이 이방인들을 위한 것이기도 하다는 계시를 받았다(행 10:1-16).
- 베드로가 최초의 공식 이방인 회심자인 로마의 백부장 고넬료에게 복음을 전했고 그는 온 가족과 함께 회심했다(행 10:17-48).
- 예루살렘의 "할례파"는 할례 받지 않은 이방인들을 교회 안에 받아들인 베드로에게 처음에 저항했으나 베드로에게서 하나님의 계시를 받은 이야기를 듣고나서 생각이 바뀌었다(행 11:1-18).

- 스데반이 박해당한 일을 계기로 흩어진 유대인들이 복음을 전하여, 헬라어를 쓰는 안디옥의 이방인들이 복음을 받아들였다(행 11:19-21).
- 그러자 예루살렘 교회가 바나바를 안디옥으로 보내 안디옥의 새로운 이방인 회심자들을 가르치고 이끌게 했다(행 11:22-24).
- 안디옥에 할 일이 감당할 수 없을 만큼 계속 늘어나자 바나바는 다소의 바울을 데려와 1년 동안 안디옥에서 함께 사역했다(행 11:25-26).

바울과 바나바가 하나님의 계시를 받고 예루살렘에 올라간 이야기는 바로 그 뒤에 이어

바나바와 디도

왠지 우리 생각에는 바울이 닳아빠진 두루마리를 손에 가득 들고 외로이 광야를 터벅터벅 걸어 미전도 종족들에게 복음을 전하러 다녔을 것 같다. 하지만 그런 "외톨이"의 이미지를 머릿속에서 지워야 한다. 처음부터 바울은 많은 동지들의 도움을 받아 사도의 사역을 함께 수행했다. 갈라디아서에서 바울은 자신이 부조의 일을 맡아 예루살렘으로 갈 때 바나바와 디도가 동행했다고 이름을 구체적으로 언급한다. 이들은 어떤 사람들인가?

> 디도는 이방인으로 바울의 조력자였고(고후 3:18) 바울과 함께 예루살렘으로 갔다(갈 2:1-10). 바울은 그에게 할례를 받게 하지 않았다. 할례를 받게 했다면 해로운 선례가 되었을 것이다. 말썽 많은 고린도 교인들에게 바울의 "엄한" 편지(고후 2:3-9)를 전달한 사람은 아마 디도였을 것이다. 고린도에 간 디도가 다시 바울과 합류하는 데 시간이 지체되었다. 두 사람은 결국 마게도냐에서 재회했는데 디도가 아주 좋은 소식을 가져왔다. 그래서 바울은 디도를 고린도에 다시 보내도 되겠다고 생각했다.[10]

바울이 디도에게 보낸 편지에서 보듯(딛 1:5) 나중에 디도는 그레데(크레타) 섬에 남아 신실한 사역자로 섬겼다. 디도서에는 교회의 재빈시와 권속을 돌보는 일에 대한 조언이 담겨 있다. 아울러 디도에게 그리스도로 말미암아 얻은 구원에 합당하게 건전한 교리와 행실을 가르칠 것을 권고하고 있다. 분명히 디도는 끝까지 잘 해냈다.

개종한 이방인인 디도와 반대로 바나바는 레위 사람이었다. 그는 그리스도인이 되고나서 재산을 아낌없이 교회에 바쳤다(행 4:36-37). 바울이 복음을 대적했다는 이전의 평판 때문에 사도들이 그를 두려워할 때 바나바가 바울의 대변자로 나섰다(행 9:26-27). 바나바는 또한 바울을 설득하여 "안디옥에 오게 했다"(행 11:25-26).[11] 머잖아 두 사람은 전도 팀을 이루어 함께 여행했고, 바나바의 사촌인 요한 마가를 데리고 다녔다.

그런데 요한 마가가 중간에 팀을 저버린 사건을 계기로 바울과 바나바 사이에 다툼이 불거졌다. 바나바는 마가를 도로 받아들여 다음 여행에 데려가려 했으나 바울은 마가를 신뢰할 수 없다며 바나바와 그의 사촌과 갈라서고 대신 실라를 택했다(행 15:38-40). 그래도 바울은 골로새서에 바나바와 마가에 대해 좋게 말하고 있다(골 4:10). 바나바는 용서와 인내의 모본으로 통한다. 이름도 인상적이다. 바나바라는 이름은 문자적으로 "격려의 아들"이라는 뜻이다.

진다. 바울이 갈라디아서 2장 2절에 언급한 것과 동일한 사건이다.

> 그 때에 선지자들이 예루살렘에서 안디옥에 이르니 그 중에 아가보라 하는 한 사람이 일어나 성령으로 말하되 천하에 큰 흉년이 들리라 하더니 글라우디오 때에 그렇게 되니라 제자들이 각각 그 힘대로 유대에 사는 형제들에게 부조를 보내기로 작정하고 이를 실행하여 바나바와 사울의 손으로 장로들에게 보내니라(행 11:27-30).

바울이 갈라디아서 2장 1절에 밝혔듯이 할례 받지 못한 이방인 회심자 디도도 그들과 함께 예루살렘으로 갔다. 디도는 일종의 시범 사례였다. 예루살렘의 다른 사도들도 바울처럼 구원이 오직 그리스도 안에서 오직 믿음으로 말미암는다는 사실을 인정할 것인가? 아니면 예루살렘 교회의 지도자들이 디도에게 유대교로 개종하는 통상적 절차(할례)를 거치도록 요구할 것인가? 그래야만 본래 유대 민족에게 주어진 구원에 이방인도 동참할 수 있다고 말할 것인가?

예루살렘에 도착한 바울과 바나바와 디도는 흉년의 여파를 덜어주고자 사도들에게 사랑의 헌금을 전달했을 뿐 아니라 또한 "복음을 그들에게 제시"했다. 이는 여태까지 바울이 다소와 안디옥의 이방인 가운데서 전파한 구원의 복음이었다(갈 2:2). 하지만 바울은 공개 토론을 벌인 것이 아니라 지혜롭게도 예루살렘의 지도자들과 사적으로 회동하기로 했다. 베드로가 교회 안에 이방인들을 받아들인 사도행전 10장의 사건 때문에 이미 적잖은 논란이 있었는데, 바울도 아마 예루살렘에서 안디옥으로 온 선지자들과 교사들의 전언을 통해 그 사실을 알고 있었을 것이다. 예루살렘 교회는 유대주의자들 중에서도 극단적인 전통주의 분파를 상대하고 있었다. 그들은 이 논란을 완전히 새로운 차원으로 몰고 가려고 안달이 나 있었다.[12]

자신이 달음질한 것이 "헛되지 않게"(갈 2:2) 하려는 바울의 염려는 예수님이 자신에게 잘못된 복음을 가르치셨을지 모른다는 두려움에서 비롯된 것이 아니다. 그의 우려는 신학적이라기보다 실제적인 것이었다. 만일 베드로와 야고보와 요한 같은 지도자들이 안디옥의 지교회에서 부흥하고 있는 이방인 사역을 지지하는 데 조금이라도 흔들리거나 애매한 태도를 취한다면, 바울은 "자신의 과거와 현재의 사역이 유대주의자들 때문에 방해받거나 무효하게 될까봐 우려했다."[13] 즉, 공개 토론 중에 혹시라도 논쟁이 터지면 매우 난감한 결과가 발생할 수 있었다.

바울의 우려를 지금의 유사한 상황으로 예시해보자. 고소당하는 것을 좋아할 사람은 아무도 없다. 소송은 힘들고 스트레스가 많을 뿐 아니라 비용과 시간도 많이 든다. 연달아 몇 달씩 우리의 삶을 혼란에 빠뜨릴 수도 있다. 자신의 결백을 입증할 수 있는 사람들도 최대한 소송만은 피하려 한다. 그만큼 법정 소송의 과정이 번거롭고 돈도 많이 들기 때문이다. 덜 공식적인 중재나 조정이나 합의를 통해 소송을 피하는 것이 소송과 재판으로 인한 소란보다 늘 선호된다. 바울의 시대에도 마찬가지였다. 바울은 자기가 이제까지 전해온 복음이 참된 복음임을 전적으로 확신하고 있었다. 하지만 바울과 바나바는 예루살렘과 안디옥 사이의 길고 지루한 "소송"에 휩쓸려들 마음이 추호도 없었다. 그렇게 되면 그들의 사역이 방해를 받거나 안디옥의 새 신자들이 복음의 단순한 진리에 대해 혼란에 빠질 수 있었다.

"유력한 자들"(예루살렘의 사도들)은 평화를 위해 바울의 사역을 당분간 중단시킬 수도 있었다. 또는 연합을 위해 모종의 타협안을 시도할지도 몰랐다. 또는 사람들을 박해로부터 보호하기 위해 어쩌면 유대주의자들의 정치적, 종교적 압력에 굴할지도 몰랐다. 바울의 머릿속에 정확히 어떤 악몽의 시나리오들이 스쳐갔는지 우리는 모른다. 하지만 이것만은 분명하다. 지혜롭게도 바울은 무모한 만용 대신 신중한 분별을 택했다.

—2:3-5—

그렇다면 "유력하다는 이들"(2:6)이 보인 반응은 무엇인가? 바울은 "그러나 나와 함께 있는 헬라인 디도까지도 억지로 할례를 받게 하지 아니하였으니"(2:3)라고 썼다. 여기서 한 가지 상기할 것이 있다. 바울을 자극하여 갈라디아서를 쓰게 만든 시급한 도전 중 하나는 갈라디아의 유대주의자들이 갈라디아 교인들에게 할례를 강요하고 있었다는 사실이다(6:12). 두 구절 모두에 동일한 헬라어 문구가 쓰였다. 그렇다면 요지는 무엇인가? 유대교의 본산인 예루살렘에서 아무도 이방인 신자들에게 할례를 강요하지 않았다는 사실이다. 그곳은 예수님을 따른 최초의 유대인들이 있는 곳이자 세상에서 율법을 가장 사랑하는 유대인들로 에워싸인 곳이었다. 그러니 유대주의자들이 변방의 갈라디아에 사는 이방인 신자들에게 할례 의식을 고집스레 강요하는 것이 무슨 의미가 있겠는가?

이어 바울은 일찍이 자신이 예루살렘에서 피하려 했던 적들에게 초점을 맞춘다(2:4–5). 주석가 제임스 보이스(James Boice)가 지적했듯이 "거짓 형제들"을 묘사하는 바울의 표현들은 "바울이 맞서 싸우고 있던 악의 파괴적이고 호전적인 성격을 보여주는 군사적 은유"다.[14] 그들은 가만히…들어와…엿보고…종으로 삼고자 했다. 바울은 자신이 매우 귀중한 보배인 예수 그리스도의 복음을 수호하기 위해 사활이 걸린 전투의 한복판에 들어와 있다고 보았다. 유대주의의 정탐꾼들은 그리스도를 따르는 사람처럼 행세했을 뿐, 여전히 유대교의 옛 율법에 충성하고 있었다. 그들은 은혜의 교리를 내부에서부터 완전히 멸하려고 교인들 속에 침투해 들어왔다. 은혜를 멸하는 최선의 방법은 무엇인가? 행위의 종교 제도로 신자들을 속박하는 것이다.

- 구원의 자격으로 예비 조건을 갖추어야 한다.
- 구원을 받으려면 의식을 통과해야 한다.
- 구원을 지키려면 의로운 행위가 필요하다.

만일 바울과 바나바가 어떤 대가를 치르고라도 평화를 구했다면, 복음이라는 영광스러운 은혜의 찬란한 빛은 폐기된 행위 언약이라는 기울어가는 반사광에 가려졌을 것이다. 유대주의자들이 기독교의 지휘부인 예루살렘에서 승리를 얻었다면, 참된 신앙의 변방 기지들도 비슷한 공격들에 시달렸을 것이다. 스스로 의롭게 여기는 사기꾼들이 당돌히 준동을 서슴지 않았을 것이다. 그래서 바울 일행은 거짓 교사들의 요구에 "한시도"(2:5) 복종하지 않았다. "복음의 진리" 자체의 생존이 걸려 있는 문제였다. 바울은 한 치도 물러설 마음이 없었다.

—2:6–9—

여기 바울의 표현이 언뜻 보기에는 약간 냉정하거나 심지어 교만하게 들릴 수 있다. 그는 사도 베드로와 요한과 예수님의 동생인 야고보를 가리켜 "기둥 같이 여기는"(2:9) "저 유력한 이들"(2:6)이라 표현했다. 그러면서 괄호 안에 "본래 어떤 이들이든지 내게 상관이 없으며"(2:6)라는 수수께끼 같은 말을 남겼다. 이 말을 바울이 그들을 약간 깎아내린다는 의미로 읽어야 할까? 천만의 말이다! 갈라디아에 있는 유대주의자들의 계략을 잊지 말라. 거기에 비추어본다면 바울과 바나바가 예루살렘의 원래의 사도들과 소원해지는 것이야말로 정말 피해야 할 일이었다. 그거야말로 적들의 손에 놀아나는 꼴이 될 것이었다. 게다가 바울은 지금 예루살렘 교회에 구제 헌금을 가져왔다. 이는 그들과의 연합을 보여주는 사랑의 행위였다. 바울은 논쟁과 분열을 일으킬 마음이 전혀 없었다. 대신 우리는 이 말을 유대주의자들이 바울에게 분수를 가르친답시고 예루살렘 교회의 "기둥들"을 과대평가한 사실에 비추어 읽어야 한다.

유대주의자들도 야고보와 베드로와 요한을 진정한 사도로 보았을 것이다. 반면에 그들은 바울을 낮추어 보았다. 그 사도들은 그리스도께서 지상 사역을 하실 때부터 그분을 알았지만 바울은 그렇지 않았다. 그들은 참 사도였지만 바울은 냉소적인 유대주의자들이 보기에 자칭 사도였다. 그들은 주로 유대인들에게 사역했지만 바울은 "부정한" 사람들을 교회 안에 들여와 "부정한" 상태로 그냥 두었다. 유대주의자들이 보기에 바울의 복음은 "아무나 다 받아주는" 과격한 복음이었다. 그래서 그들은 그 복음의 결과물을 보았을 때-그리스도를 믿는 할례받지 않은 이방인 신자 디도가 자기들 한가운데 서 있었을 때-분명히 바울에게 천벌이 임하기를 바랐을 것이다. 그런데 예루살렘 교회의 기둥들이 디도를 그리스도 안의 형제로 수용했을 뿐 아니라 또한 이방인들을 향한 바울의 사역을 인정했으니 유대주의자들이 얼마나 놀랐겠는가!

베드로와 야고보와 요한이 바울을 대등한 존재로 받아들이는 모습에 적들은 경악했을 것이다. 이 사도들이 인정했듯 한 하나님이 서로 다른 사역을 주관하고 계셨고, 한 은혜가 서로 다른 사명에 능력을 주었으며, 한 복음이 서로 다른 모든 일의 원동력이었다. 유대주의자들은 예루살렘의 지도자들과 안디옥의 선교사들을 이간질하려 했지만, 정작 그 장벽은 은혜의 복음으로부터 생명을 앗아가려던 거짓 교사들 자신의 마음속에만 존재했다. 예루살렘의 지도자들은 바울의 복음에 아무것도 더하지 않았을 뿐 아니라(2:6) 바나바와 바울에게 "친교의 악수"를 하여 이방인들 가운데서 지속될 그들의 사역을 축복했다(2:7-9). 이런 쌍방적 승리의 결과에 바울과 바나바는 감격했을 것이다!

그 이유를 생각해보라. 신기원과도 같은 그날 바울과 바나바는 적들 앞에서 분수를 알아야 한다는 꾸지람을 듣고 사역을 박탈당한 채 안디옥으로 되돌려 보내질 수도 있었다. 그런데 반대로 그들은 삼중의 지지를 받았다. **첫째, 예루살렘의 사도들은 바울이 전체 사역에 독특하게 기여했음을 인정했다.** 그들이 보기에 바울과 바나바는 경쟁적으로 메시지를 전한 게 아니라 보완적 사역을 했다(2:7). 베드로는 유대인에게 보냄받았고 바울은 이방인에게 보냄받았다.

둘째, 그들은 바울의 사역을 베드로의 사역과 대등하게 보았다. 교회 지도자들이 보기에 베드로와 바울은 사역의 분야만 달랐을 뿐 그들의 능력과 권위는 동일한 근원인 하나님에게서 왔다(2:8). 두 사역 모두 하나님이 표적으로 확증해주신 명확한 증거가 있었으므로 하나님이 두 사람 모두에게 은총을 베푸신 것이 분명했다. 그러므로 유일한 해답은 상황을 하나님의 관점에서 보는 것이었다. 요컨대 바울과 베드로는 그리스도의 몸 된 교회의 연합과 다양성을 대변했다.

셋째, 그들은 바울에게 주신 은혜를 인정하며 사역을 계속하도록 격려했다. 사도들은 바울이 이방인 사역을 감당할 만한 은사와 역량과 훈련과 경험을 갖추었음을 보고 하나님께 받은 일을 지속하도록 독려했다(2:9). 바울과 바나바가 명확하고 설득력 있게 제시했듯이 그들의 이방인 사역은 베드로가 몇 년 전에 깨달은 내용과 완벽한 조화를 이루었다. 그것은 바로 할례를 비롯한 율법의 어떤 행위와도 무관하게 "이방인들에게도 성령(을) 부어 주"신다는 사실이었다(행 10:45).

—2:10—

그런데 예루살렘의 사도들이 이런 교리적 논의의 와중에 한 가지 상기시키는 말을 덧붙이기는 했다. 하지만 이것은 복음의 메시지에 또 다른 구원의 요건을 더한 것이 아니라 바울에게 "가난한 자들을 기억"하라고 부탁한 것뿐이었다(2:10). 사도들은 왜 이런 말을 불쑥 덧붙인 것일까? 특히 바울이 이번에 방문한 주목적이 예루살렘의 가난하고 고통당하는 사람들을 위해 상당액의 헌금을 전달하는 것이었다는 사실에 비추어 생각해보라.

사도들은 교리의 순수성을 강조하다가 자칫 실제적 사역에 소홀해질 수 있음을 인식했을 것이다. 나도 평생에 걸쳐 이런 불균형을 늘 보았다. 신학적으로는 일점일획도 틀리지 않게 정확을 기할지 모르지만 막상 가난하고 궁핍하고 무력하고 절망적인 사람들에게 다가가 손을 더럽힐 생각을 하면 벌벌 떠는 교회들이 있다. 얼마나 비참한 일인가! 하나님의 깊은 은혜와 자비에 대한 신학적 진리들을 터득한 사람들이야말로 마땅히 세상에서 가장 너그럽고 희생적이고 자비로운 사람들이 되어야 한다. 그래서 바울은 자기도 가난한 자들의 처지를 잊지 않을 참이었다고 대답했다. 그것은 그가 "본래부터 힘써 행하"는 일이었다(2:10).

여기 바른 교리와 바른 실천이 함께 있다. 예루살렘 사도들은 그 둘 다를 확증하여 바울의 권위를 옹호했다. 바울을 예수 그리스도의 참된 복음을 전하는 사도로 인정한 것이다.

적용
열정을 잘 구사하는 법

안디옥의 사절들(바울, 바나바, 디도)과 예루살렘의 지도자들(베드로, 야고보, 요한)이 대면하여 만난 이 놀라운 기사를 묵상하노라면 2천 년 전의 한 만남이 오늘날에도 시의성이 있다는 사실에 놀라게 된다. 그래서 그들에게서 배울 수 있는 구체적이고 실제적인 교훈을 양쪽에서 한 가지씩 지적하고자 한다.

우선 안디옥의 파견단에게서 배울 교훈은 이것이다. **진리를 위한 열정 때문에 신중함을 잊어서는 안 된다.** 생각해보라. 바울은 쌍권총을 발사하며 예루살렘에 들어설 수도 있었다. 모든 관점을 철저히 따져보자며 공개 토론을 요구할 수도 있었다. 복음의 자유를 과시하다가 그는 자칫 오류에 빠진 유대주의자들을 자극할 뿐만 아니라 그러잖아도 예루살렘 교회를 공격할 빌미를 노리고 있던 믿지 않는 유대교 당국의 불필요한 관심을 끌어들일 수도 있었다. 요컨대 바울은 자신만만하게 진리를 옹호하며 무모하게 공적으로 큰소리를 침으로써 언제 폭발할지 모르는 상황 속에 기름을 끼얹을 수도 있었다.

하지만 그는 신중한 길을 택했다. 바울과 바나바가 안디옥에서 예루살렘까지 주로 오르막으로 된 먼 길을 걸으면서 전략을 짜는 모습을 상상해본다. 온유하게 격려하는 바나바와 과단성이 남다른 바울은 가장 우호적인 방식으로 진리를 옹호할 최선의 계획을 의논했을 것이다. 그래서 일단 사도들을 사적으로 만났고(2:2) 결국 그것은 현명한 조치였다. 유대주의자들이 몰래 들어와 엿보고 다닐 때 예루살렘과 안디옥은 굳건한 공조를 이루어 적들에 맞섰다. 확실한 동맹 관계가 되어 은혜의 복음을 수호했다.

여기 오늘날 우리가 배워야 할 중요한 교훈이 있다. 진리를 위해 싸우려는 열정은 당연하고 훌륭한 것이다. 하지만 우리는 그 열정에 사로잡혀 "사랑 안에서 진실을 말하"는(엡 4:15, NASB) 원리를 잊을 때가 너무 많다. "성도에게 단번에 주신 믿음의 도를 위하여 힘써 싸우"려는(유 1:3) 열성이 앞선 나머지 "온유와 두려움으로 하"는(벧전 3:15) 태도를 망각할 수 있다. 우리 모두는 진리를 옹호할 최선의 방법을 기도하는 가운데 심사숙고하는 습관을 길러야 한다. 그러려면 그리스도 안에서 형제자매 된 이들의 잘못을 지적하기 전에 하루나 이틀을 기다려야 할 수도 있다. 최선의 방법을 충분히 생각하도록 도와줄 지혜로운 신자와 대화를 해야 할 수도 있다. 성급한 행동보다는 사려 깊은 전략이 언제나 더 좋은 결과를 낳는다. 유순한 대답이 분노를 쉬게 하는 것은 오늘날에도 진리다.

다음으로 예루살렘의 지도자들에게서 배울 교훈은 이것이다. **바른 교리를 지키려는 열정 때문에 바른 삶에 소홀해서는 안 된다.** 갈라디아서 2장 10절이 일깨워주듯이 복음은 머릿속에 간수해둘 일련의 명제가 아니라 마음과 손발로 표현해야 할 능력이다. 복음은 삶을 속속들이 변화시키는 능력이다. 자칫하면 이것을 실제보다 더 복잡하게 만들기 쉽다. 간단히 말해서 우리는 하나님께 은혜를 받았듯이 다른 사람들에게 은혜를 베풀어야 한다. 가난한 사람들을 돌보는 것도 그중 하나다. 또한 자기 쪽의 규칙과 규정으로 서로를 속박할 게 아니라 그리스도 안에서 서로를 자유롭게 해주라. 동료 그리스도인의 사명이 나와 다르다고 비판할 게 아니라 그것의 정당성을 인정해주라. 하나님이 우리를 받아주신 것처럼 서로 받아주라.

일단 하나님의 은혜라는 신학적 진리를 깨달았으면 이제부터 그 진리를 실천으로 옮겨야 한다. 새 신자들을 있는 그대로 받아들이고, 마음껏 하나님이 원하시는 모습이 되도록 너그러이 격려해주라. 부모들이여, 자녀에게 은혜를 베풀어 하나님이 원하시는 존재가 되게 하라. 당신이 원하는 존재로 만들지 말라. 신자들이여, 현실적이고 물리적인 도움이 필요한 사람들에게 다가가라. 시간과 자원을 많이 빼앗길 것 같다는 이유로 그들을 피하지 말라. 그리스도는 은혜로 우리를 위해 모든 것을 버리셨다. 이 심오한 진리를 더 깨달을수록 그 영향이 우리의 실생활 속에 더 많이 나타나야 한다.

위선에 맞선 치열한 싸움(갈라디아서 2:11-21)

11게바가 안디옥에 이르렀을 때에 책망 받을 일이 있기로 내가 그를 대면하여 책망하였노라 12야
고보에게서 온 어떤 이들이 이르기 전에 게바가 이방인과 함께 먹다가 그들이 오매 그가 할례자들을
두려워하여 떠나 물러가매 13남은 유대인들도 그와 같이 외식하므로 바나바도 그들의 외식에 유혹되
었느니라 14그러므로 나는 그들이 복음의 진리를 따라 바르게 행하지 아니함을 보고 모든 자 앞에서
게바에게 이르되 네가 유대인으로서 이방인을 따르고 유대인답게 살지 아니하면서 어찌하여 억지로
이방인을 유대인답게 살게 하려느냐 하였노라

15우리는 본래 유대인이요 이방 죄인이 아니로되 16사람이 의롭게 되는 것은 율법의 행위로 말
미암음이 아니요 오직 예수 그리스도를 믿음으로 말미암는 줄 알므로 우리도 그리스도 예수를 믿나
니 이는 우리가 율법의 행위로써가 아니고 그리스도를 믿음으로써 의롭다 함을 얻으려 함이라 율법
의 행위로써는 의롭다 함을 얻을 육체가 없느니라 17만일 우리가 그리스도 안에서 의롭게 되려 하다
가 죄인으로 드러나면 그리스도께서 죄를 짓게 하는 자냐 결코 그럴 수 없느니라 18만일 내가 헐었던
것을 다시 세우면 내가 나를 범법한 자로 만드는 것이라 19내가 율법으로 말미암아 율법에 대하여 죽
었나니 이는 하나님에 대하여 살려 함이라 20내가 그리스도와 함께 십자가에 못 박혔나니 그런즉 이
제는 내가 사는 것이 아니요 오직 내 안에 그리스도께서 사시는 것이라 이제 내가 육체 가운데 사는
것은 나를 사랑하사 나를 위하여 자기 자신을 버리신 하나님의 아들을 믿는 믿음 안에서 사는 것이라
21내가 하나님의 은혜를 폐하지 아니하노니 만일 의롭게 되는 것이 율법으로 말미암으면 그리스도께
서 헛되이 죽으셨느니라.

인간이 이것 없이는 살 수 없는 게 하나 있다면 아마 프라이버시일 것이다. 아무도 낯선 사람들이 내 뒷마당을 어슬렁거리거나 호기심 많은 사람들이 내 창문을 들여다보는 것을 좋아하지 않는다. 설령 상대가 친구라 해도 그가 내 옷장이나 서랍을 뒤지는 것을 좋아할 사람은 아무도 없다. 무엇보다 자기 가정의 깊은 역기능이나 세세한 입씨름들을 사람들에게 드러내는 것을 좋아할 사람은 아무도 없다. 우리는 다른 사람들이 내 사생활과 가정에 대해 꼬치꼬치 캐묻지 못하도록 어떻게든 막으려 한다

그래서 갈라디아서 2장 11-21절은 더욱 의외로 다가온다. 바울은 유대주의자들이 변질시킨 율법주의적 복음에 맞서 자신의 논증을 전개해나가는 과정에서 선을 넘어버렸다. 집

안싸움이라는 껄끄러운 영역 속으로 들어간 것이다. 바울은 교회 내에 충돌이 발생했던 특정한 일화를 비밀에 부치기는커녕 그 짧지만 치열했던 일전을 낱낱이 공개했다. 그것도 상대가 다름 아닌 사도 베드로였다. 바울이 그렇게 한 이유는 소위 "전적인 투명성"의 유례에 따라 교회의 치부를 드러내려는 게 아니었다. 무엇이든 다 공개하는 것이 능사가 아님을 바울도 누구 못지않게 잘 알았다. 게다가 바울이 베드로의 치부를 드러내려 한 것은 절대로 아니었다. 앞 단락에서 보았듯이 베드로를 위시한 예루살렘의 사도들은 바울과 바나바에게 "친교의 악수"를 했다(2:9). 양측의 신학이 일치했고, 유대인과 이방인을 향한 서로의 사역을 양측 모두 인정했다. 바울과 베드로는 경쟁자가 아니라 동지였다. 둘 다 서로를 존중했다.

그래서 이번 단락에서 우리는 몇 가지 질문에 답하려 한다. 첫째, 바울이 베드로와 충돌했던 일을 이미 문제에 빠져 있던 갈라디아 교회들에게 알린 동기는 무엇인가? 둘째, 이 충돌의 성격은 무엇인가? 셋째, 결과는 무엇인가?

—2:11-14—

첫 번째 질문에 대한 답의 열쇠는 "그러나"라는 단어 하나에 들어 있다(저자가 사용하는 NASB 역본과 헬라어 원문에는 11절 앞에 "그러나"가 있다-역주). 바울이 앞 단락에서 말했듯이 예루살렘 교회의 지도자들은-베드로도 포함하여-디도라는 시범 사례에 대해 바울과 바나바와 생각이 같았다. 기독교로 개종한 이방인 디도에게 아무도 율법을 지킬 것을 요구하지 않았다. 그리스도인이 되기 위해서든 그리스도인으로 살아가기 위해서든 율법은 요구되지 않았다. 율법은 사람의 구원에 아무것도 기여하지 못했고 사람의 성화(聖化)에 아무것도 더해주지 못했다. 베드로와 바울은 이 문제에 의견이 일치했다.

그런데 얼마 후 베드로가 안디옥에 와서 자신의 교리와 모순되는 행동을 보였다! 분명히 바울과 베드로는 예루살렘에 있을 때 복음에 함축된 의미에 대해 뜻을 같이했었다. 그러나 동료 유대인 그리스도인들의 압력에 부딪힌 베드로는 "복음의 진리를 따라 바르게 행하지" 않았다. 베드로가 이렇게 위선을 보이자 바울이 그것을 면전에서 지적했다. 바울이 이 사건의 이야기를 갈라디아서에 넣은 이유는 자신이 참된 복음을 전하고 있고 그것을 옹호할 권위가 있음을 의심의 여지없이 밝히기 위해서였다. 복음을 위해서라면 사도 베드로를 책망하는 일까지도 서슴지 않았다는 것이다. 그래서 바울은 베드로가 안디옥에서 위선적인 행동을 보이자 "그를 대면하여 책망"하며 언행의 불일치를 모든 사람 앞에서 지적했다(2:11).

그렇다면 바울을 노하게 한 베드로의 행동은 구체적으로 무엇인가? 간단히 말해 예루살렘에서 강경파 유대인들이 오자 베드로는 안디옥의 이방인들을 대하는 태도와 행동이 돌변했다. 바울이 갈라디아 교인들에게 말하고 있듯이, 베드로도 이방인 선교가 폭발적으로 이루어지던 그 도시에 처음 왔을 때는 이방인들과 한 식탁에 둘러앉아 거리낌 없이 교제를 즐겼다. 유대교의 율법 해석에서는 그런 교제가 금지되어 있었다. 부정한 이방인들과 함께 먹는다는 것은 곧 그들의 부정한 음식을 먹는다는 뜻이므로 율법을 지키는 착실한 유대인이라면 절대로 하지 않을 일이었다. 하지만 베드로는 부정한 짐승에 대한 환상에 이어 로마 백부장 고넬료의 무조건적인 회심을 보았기 때문에(행 10장) 율법이 복음에 자리를 내주었고 율법주의가 은혜로 말미암아 폐기되었다는 확신이 있었다. 그래서 베드로는 이방인 신자들을 멀리하지 않고 함께 식사를 즐겼다.

거기까지는 좋았다.

그런데 어느 날 예루살렘 교회의 대표단이 안디옥에 도착했다. 예루살렘에는 아직 율법 준수에 관한 논쟁과 혼란이 극에 달해 있었음을 잊지 말라. 그래서 유대인 그리스도인들이 안디옥에 이르렀을 때 그런 긴장도 함께 따라왔다. 바울은 그 방문객들을 "야고보에게서 온 어떤 이들"(2:12)이라 표현했다. 야고보도 바울과 바나바가 예루살렘에 있을 때 그들과 온전히 의견이 일치했던 사람이다. 하지만 야고보는 율법을 정확히 지키기로 유명했는데, 이는 유대의 믿지 않는 유대인들에게 복음을 전하기 위해서였다. 사실 그것은 예루살렘에 사는 유대인 신사들 사이에 흔히 있던 일이었다. 그들이 유대인들에게 유대인들처럼 산 것은 유대인들을 얻기 위해서였다. 바울도 나중에 그 원리를 지지했다(고전 9:20). 그들이 율법에 순종한 것은 구원받거나 성화되기 위해서가 아니라 자기들이 살고 있던 곳의 문화에 순응하기 위해서였다. 유대인들 앞에 걸림돌을 두지 않으려 한 것이다. 그렇다면 율법을 지키는 이 유대인들은 유대 문화의 정황을 떠나 있을 때는 어떻게 했는가? 예루살렘의 유대인 그리스도인들이 오기 전까지만 해도 베드로는 안디옥의 이방인들과 함께 먹었다. 그것이 그 질문에 대한 베드로의 답이었다. 그러나 상당수의 유대인 친구들이 나타나자 그는 옛 방식으로 돌아갔다.

바울에 따르면 베드로는 "할례자들을 두려워하여" 이방인들에게서 물러나 멀찍이 떨어졌다(2:12). 베드로는 반대 세력 앞에서 담대하기로 유명한 사람이었다. 그런 그가 안디옥에서 율법주의적 유대주의자들이 두려워 위선적으로 행동했다는 사실에 많은 사람들이 의아해한다. 그러나 바울이 예루살렘에 구제 헌금을 전한 때(행 11:27-30, 갈 2:1-10)로부터 베드로가 안디옥에서 위선을 보인 때까지의 정황을 거슬러 올라가보면, 이 용감한 사도에게 영향을 미친 외부의 압력을 조금이나마 이해할 수 있다.

바울과 바나바가 할례받지 않은 디도를 데려온 일로 예루살렘에 긴장이 조성되었고, 그 직후에 헤롯 대제의 손자인 헤롯 아그립바 1세를 통해 예루살렘에 극심한 박해가 일어났다(행 12:1). 공격의 일환으로 헤롯은 첫 열두 사도의 하나이자 요한의 형제인 야고보를 처형했다(12:2). 그러잖아도 교회를 멸하려던 유대인 종교 지도자들은 정부의 지지를 얻게 되어 신이 나자 헤롯의 애국심을 칭송했다. 그러자 헤롯은 더 신이 나서 박해에 열을 올렸다. 그 결과 베드로도 체포되어 옥에 갇혔다(행 12:3-4).

유대인 지도자들은 몇 년 전에 예수께 그랬듯이 베드로를 죽일 수작을 꾸미고 있었을 것이다. 그런데 그때 하나님의 천사가 비밀 구조 작전을 수행하여 간수들의 코앞에서 기적적으로 베드로를 풀어주었다(행 12:6-18). 이런 일들이 있은 지 얼마 되지 않아 바울과 바나바는 요한 마가를 데리고 예루살렘에서 안디옥으로 돌아왔고(12:25), 안디옥 교회는 그들을 1차 전도여행에 파송했다(13:1-28).

그렇다면 바울과 베드로가 충돌한 시점은 언제인가? 성경에 보면 바울과 바나바가 안디옥에 오래 있었다고 했다(행 14:28). 베드로가 안디옥에 온 것은 아마 그 기간 중이었을 것이다. 그는 전도여행의 보고도 듣고 옛 친구들인 바울과 바나바도 만날 겸 해서 그곳에 왔다. 하지만 성경에 보면 또한 그즈음이나 조금 후에 "어떤 사람들이 유대로부터 내려와서 형제들을 가르치되 너희가 모세의 법대로 할례를 받지 아니하면 능히 구원을 받지 못하리라 하니"라고 되어 있다(15:1).

바울은 그 집단을 "할례자들"이라 불렀다(갈 2:12). 여기서 중요하게 짚고 넘어갈 점은 베드로는 그 집단에 속하지 않았다는 것이다. 다만 베드로는 그들의 위세를 두려워하여 위선적 행동으로 떠밀린 것이다. 근년에 예루살렘에서 있었던 일들을 생각해보고 또 이들 유대주의자들과 예루살렘의 막강한 바리새파(행 15:5)의 관계를 생각해볼 때, 베드로는 예루살렘 교회에 다시 박해가 터지지 않도록 막으려 했던 것뿐일 수 있다. 그의 본거지인 그 교회는 이미 잔인한 박해에 시달린 터였다.

예루살렘에서 율법 준수는 믿지 않는 유대인들을 얻기 위한 노력이었다. 사실 초기 역사의 증언에 따르면 예수님의 동생 야고보는 예루살렘의 유대교인들 사이에서조차 "의인"으로 알려져 있었다. 그만큼 유대 민족에게 나무랄 데 없는 신앙을 보여주었기 때문이다.[15] 그래서 야고보가 공적으로 나사렛 예수를 메시아로 고백하자 바리새인들조차 놀랐다는 듯이 "저 의인도 오류에 빠졌다!"라고 공언했다.[16] 이렇듯 예루살렘에서 율법 준수는 구원이나 성화의 수단이 아니라 참된 그리스도인들의 문화적 문제였다. 그러나 안디옥에서 율법을 지키느라 이방인 신자들을 배제한다면 이는 믿는 이방인들을 소외와 혼란에 빠뜨리는 매정한 율법주의가 되었을 것이다. 설상가상으로 그것은 "할례를 받지 아니하면 능히 구원을 받지 못하리라"고 주장하던 골치 아픈 유대주의의 이단에 오히려 맞장구를 쳐주는 꼴이었다.

바리새인들의 위세 앞에서 위선으로 끌리는 힘이 어찌나 강했던지 안디옥의 모든 유대인 신자들이 베드로를 따라했다. 심지어 바울은 "바나바도 그들의 외식에 미혹되었느니라"(갈 2:13)고 시인할 수밖에 없었다. 깊은 회한에 가까운 바울의 실망스런 어조가 귀에 들리는 듯하다. 위선(외식)에 해당하는 헬라어 단어는 "연기(演技)하다, 무엇인 체하다, 가면을 쓰다"라는 뜻이다.[17] 베드로와 바나바는 믿음에 모순되는 행동을 보였다.

이제 바울은 어찌할 것인가? 그냥 편히 앉아서 베드로가 일단의 유대인 그리스도인들을 오도하는 모습을 지켜보고만 있을 것인가? 그들이 마치 복음을 저버리는 것처럼 행동하고 있는데도 말이다. 천만의 말이다! 오히려 바울은 믿음에 모순되는 베드로의 행동을 보고는 유대인과 이방인 할 것 없이 모든 사람 앞에서 담대히 베드로의 잘못을 지적했다(2:14).

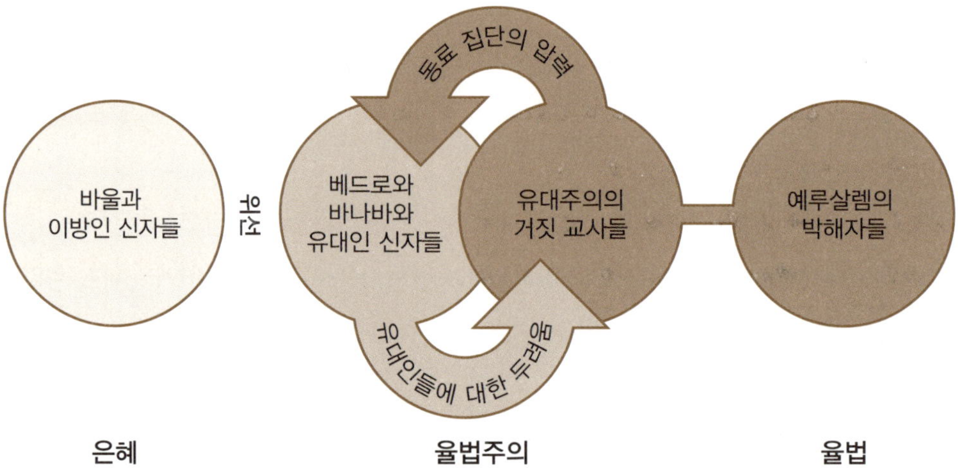

안디옥의 그 상황에는 적어도 세 부류의 사람이 있었다. (1) 바울과 이방인 신자들은 은혜의 교리에 충실했다. (2) 베드로와 바나바와 기타 유대인 신자들은 자신들 및 다른 사람들에게 닥칠 수 있는 박해를 피하려고 은혜를 타협했다. (3) 유대주의의 거짓 교사들은 예루살렘의 유대인들과 끈끈한 연줄을 유지했을 것이고, 율법을 어기는 사람들에게 쉽게 분노를 폭발시킬 수 있었다.

—2:14-21—

그 장면이 머릿속에 선히 떠오른다. 큰 방에 두 개의 탁자가 따로 놓여 있다. 벽에 파인 작은 홈들에 놓인 기름등잔들에서 희미한 불빛이 깜빡거린다. 방의 한쪽에는 베드로가 유대인 그리스도인 친구들과 함께 앉아 모국어인 아람어로 말하고 있다. 그들은 식전에 전통적인 히브리어 기도를 올리고 유대인의 의식에 따라 손을 씻는다. 그러고나서 유대인 메시아 예수아(*Yeshua*)의 이름으로 식탁에 둘러앉아 교제를 나눈다. 기다란 종교적 예복을 완벽하게 갖추어 입은 소수의 바리새인 파견단은 투박한 무리의 이방인 신자들을 시종 경멸의 눈초리로 흘긋거리고 있다. 이방인 신자들은 같은 방의 캄캄한 구석으로 밀려나 "주 예수"(*Kyrios Iēsous*)의 이름으로 "속된" 헬라어 기도를 중얼거린다.

유대인 무리가 보내는 메시지는 분명하다. "너희도 우리 쪽 탁자에 앉고 싶으면 우리처럼 살아야 한다."

이때 바울이 방에 들어와 재빨리 상황을 판단한다. 유대인들과 이방인들을 번갈아 보던 그의 시선이 다시 유대인들에게 멎는다. 눈앞의 광경이 지난밤과 전혀 딴판임을 깨닫는

데 오래 걸릴 것도 없다. 바로 어제만 해도 큰 방에 불을 환히 밝히고 유대인들과 이방인들이 큰 식탁에 둘러앉아 함께 노래하고 기도하고 먹고 웃었다. 말도 다 같이 헬라어를 썼다! 베드로는 자신이 경험한 가장 유명한 이야기들로 신자들에게 감화를 끼쳤다. 특히 기적적으로 감옥에서 풀려나온 최근의 이야기도 빼놓을 수 없었다. 모두가 참된 영적 교제를 경험했다. 진정한 애찬은 성찬식으로 절정에 달했다. 그들은 공동의 주 예수 그리스도를 기억하며 감사를 드렸다.

그런데 지금 바울에게 보이는 모습은 성령으로 연합한 교회가 아니라 이방인과 유대인의 두 분파로 갈라진 교회였다. 마치 온 방 안이 무슨 마법에라도 씐 것 같았다. 심지어 바나바도–하고많은 사람 중에 바나바까지도–충정이 변하여 자신의 옛 스승인 베드로 옆에 앉아 있었다.

최대한 평정을 되찾은 바울은 천천히 방 안을 가로질러 소수의 이방인들 쪽으로 간다. 이방인들은 바울이 다가오는 것을 보며 놀란다. 유대인 식탁의 "할례자들"이 바울의 부당한 행동을 노려본다. 그들은 용케 자신들과 이방인들을 분리하는 벽을 쌓아올렸다. 이방인들을 배제함으로써 유대교식 기독교의 생활방식을 받아들이도록 설득하려 한 것이다. 그런데 이방인들 옆으로 간 바울은 자리에 앉지 않고 탁자를 몇 번 두드리더니 손가락으로 방 저쪽의 베드로를 가리킨다. 나직이 웅얼거리는 소리들 위로 바울의 카랑카랑한 목소리가 울려 퍼진다.

물론 정확히 어땠는지는 알 수 없지만 나는 이 가상의 장면이 사실에 가깝다고 확신한다. 안디옥에 온 예루살렘의 손님들을 환영하는 유쾌한 건배의 자리는 분명히 아니었다. 이어 바울은 명망 있는 사도에게 말로 호된 채찍질을 가한다. 그전까지 이방인 신자들은 베드로의 말을 한 마디도 놓치지 않고 가슴 깊이 새겼다. 그런데 베드로는 그런 그들에게 말 그대로 등을 돌렸다. 바울의 쌀막한 훈계는 로마서의 압축판처럼 들린다. 은혜를 강조하고 율법에는 인색하며, 예수 그리스도의 속죄의 죽음에 중점을 두고 있다. 나는 바울이 베드로에게 한 말을 인용한 부분이 갈라디아서 2장 14절부터 21절까지라고 본다.[18] 바울의 발언은 다음과 같이 몇 가지 부분으로 나누어볼 수 있다.

베드로를 책망한다(2:14).

오직 은혜로 말미암는 칭의를 재확인한다(2:15-16).

방종에 대한 비난을 반박한다(2:17-18).

그분과 맞바꾼 삶을 고백한다(2:19-20).

핵심 이슈로 다시 돌아간다(2:21).

베드로를 책망한다(2:14). 바울은 베드로의 믿음과 행동이 모순되는 것을 보고 대뜸 질타했다. 우선 그는 명백한 모순을 대놓고 지적했다. 베드로와 그의 동지들은 분명히 민망하고 창피했을 것이고, 동석 중이던 소수의 유대주의자들은 노하여 씩씩거렸을 것이다. 바울의 지적대로 베드로는 조금 전까지만 해도 이방인들처럼 살았다. 그들의 관습을 지키고, 그들의 언어로 말하고, 그들의 음식을 먹었다(2:14). 그런 베드로가 이제 거짓말 같은 행동을 하고 있었다. 이방인들도 예루살렘에서 온 방문객들과 함께 그리스도인의 교제를 나누려면 유대인처럼 살아야 한다는 것이었다. 바울은 문제를 애매하게 덮어두지 않고 밝히 드러냈다. 덕분에 방 안의 모든 사람들이 극명한 대조를 보며 베드로의 뻔한 위선을 알아차렸을 것이다.

오직 은혜로 말미암는 칭의를 재확인한다(2:15-16). 이어 바울은 베드로와 바나바와 그 밖의 사람들이 이미 오래전에 인정했던 그 동일한 복음을 재확인한다. 복음이야말로 "친교의 악수"의 기초였고 양측 모두 서로의 사역을 지지한 기초였다(2:9). 이 두 구절의 요지를 다음과 같은 단순한 진리로 요약할 수 있다. 유대인으로 태어난 우리도 알고 있듯이 율법을 지켜서는 구원받을 수 없고 오직 예수 그리스도를 믿어야 한다. 오직 그리스도 안에서 오직 믿음으로 말미암아 오직 은혜로 구원받는 복음을 다시 한 번 진술한 것이다. 이 말 속에 바울이 강조하는 몇 가지 중요한 신학적 진리가 들어 있다. 그것을 문답식으로 정리하여 예시하면 다음과 같다.

결론적으로 하나님이 죄인들을 의롭다고 선포하시는(칭의) 이유는 그들이 율법을 지켜서가 아니라 그리스도를 믿기 때문이다. 사실 율법은 누구도 구원할 수 없다. 율법을 사랑하는 아무리 의로운 유대인이라도 예외가 아니다. 그러니 소위 그리스도인라면서 율법을 지키려고 이방인 신자들을 멀리하는 무리에게 굴복할 까닭이 무엇인가?

방종에 대한 비난을 반박한다(2:17-18). 바울은 베드로의 위선을 드러냄으로써 자신의 명

문답식으로 정리한 바울의 논증

암시된 질문	바울의 답변	확증된 논증
우리 유대인은 이방인과 다른 방식으로 그리스도인이 되었는가?	"우리는 본래 유대인이요 이방 죄인이 아니로되…우리도 그리스도 예수를 믿나니"(2:15-16).	구원의 길은 두 가지가 아니다. 유대인이든 이방인이든 모든 사람은 똑같은 방식으로 구원받는다. 즉, 예수 그리스도를 믿어야 한다.
우리 유대인은 이미 율법이 있는데 왜 예수님을 믿는가?	"이는 우리가 율법의 행위로써가 아니고 그리스도를 믿음으로써 의롭다 함을 얻으려 함이라"(2:16).	우리를 하나님 앞에서 의롭다고 선포한 것(칭의)은 율법이 아니라 예수 그리스도를 믿는 믿음이다.
이 믿음의 기초가 되는 교리적 진리는 무엇인가?	"사람이 의롭게 되는 것은 율법의 행위로 말미암음이 아니요 오직 예수 그리스도를 믿음으로 말미암는 줄 알므로"(2:16).	유대인이든 이방인이든 모든 사람은 율법의 행위가 아니라 예수님을 믿음으로 말미암아 의롭게 된다.
사람이 행위가 아니라 믿음으로 의롭게 되는 이유는 무엇인가?	"율법의 행위로써는 의롭다 함을 얻을 육체가 없느니라"(2:16).	유대인이든 이방인이든 율법이 사람을 의롭게 하는 것은 전혀 불가능한 일이다.

백한 사도적 권위를 바탕으로 복음의 진리를 확증했다. 하지만 율법의 행위를 떠나 은혜와 믿음을 강조하는 그의 답변은 다른 반문을 야기했다. 안디옥에서나 갈라디아에서나 유대주의의 거짓 교사들은 은혜를 역설하는 바울에게 틀림없이 동일한 논리로 그럴 듯하게 맞섰다. 은혜를 너무 강조하면 그리스도를 죄짓게 하는 분으로 만든다는 것이다! 즉, 그리스도를 믿는 신자가 율법을 어떤 식으로든 지키지 않아도 된다면, 칭의를 얻은 죄인들은 계속 죄를 지어도 아무런 탈이 없다는 논리가 된다! 오히려 죄를 더 많이 지을수록 더 많은 "은혜"가 그 죄를 덮어줄 것이다. 이것이 하나님의 구원 방법이라면 하나님은 죄를 조장하시는 분이 되고 만다.

안디옥에 온 유대주의자들의 머릿속에 맴돌고 있던 이런 반론을 바울도 익히 잘 알았다. 사실 그도 그리스도인이 되기 전에는 골수 바리새인이었으므로 동일한 "설득력 있는"

논리로 "무법한" 그리스도인들을 공격했을 것이다. 그러나 이제 그는 은혜로 구원받고 예수 그리스도와 연합한 자로서 다음과 같은 질문을 던진다. "만일 우리가 그리스도 안에서 의롭게 되려 하다가 죄인으로 드러나면 그리스도께서 죄를 짓게 하는 자냐"(갈 2:17). 주석가 존 스토트는 이 질문에 깔린 가정들을 통찰력 있게 짚어냈다.

> 바울을 비판하는 사람들은 이런 논리를 폈다. "율법의 행위를 떠나 그리스도를 믿음으로만 칭의를 얻는다는 당신의 교리는 아주 위험한 교리다. 인간의 도덕적 책임감을 치명적으로 약화시키기 때문이다. 굳이 선행을 하지 않아도 그리스도를 믿기만 하면 받아들여진다면, 그것은 사실상 율법을 어기도록 조장하는 일이며 '반율법주의'라는 악한 이단이다." 오늘날에도 사람들은 비슷한 논리를 들고 나온다. 하나님이 악한 사람들을 의롭다 하신다면 선해질 필요가 무엇인가? 그냥 제멋대로 행동하고 기분 내키는 대로 살아가면 되지 않는가?[19]

바울의 적들은 율법과 의로운 행위를 경시하는 사람들이 "죄인으로 드러"날 거라고 생각했다. 은혜는 무법을 낳고 그 은혜를 공급하시는 분은 그리스도이니 그분은 사실상 죄짓는 생활방식을 조장하시는 셈이다. 그리스도께서 우리의 삶을 의롭게 하시는 게 아니라 오히려 악의 대제사장이 되시는 것이다!

이것이 복음의 메시지에서 도출되는 정당한 결론인가? 복음은 구원의 근거로 믿음과 은혜 외에 아무것도 더하지 않는다. 그러니 그런 결론이 타당해 보이지 않는가? 인간의 논리로 본다면 그 외에 어떤 결론이 가능하겠는가? 하지만 바울은 헬라어의 가장 강경한 부정어로 그런 사고방식을 단호하고 명백하게 물리친다. "결코 그럴 수 없느니라." 오히려 그는 듣는 이들에게 반격을 가한다. 그리스도를 믿음으로 말미암아 은혜로 구원받는 길이 열리기 전까지 율법이 한 역할이라고는 이방인을 하나님의 백성과 분리시키고 우리의 죄성을 정죄하는 것뿐이었다. 유대인이든 이방인이든 우리 중에 율법을 완전히 지킬 수 있는 사람은 아무도 없다. 사도 야고보도 그로부터 몇 년 전에 유대인 신자들에게 이렇게 쓴 바 있다. "누구든지 온 율법을 지키다가 그 하나를 범하면 모두 범한 자가 되나니"(약 2:10).

이렇듯 예루살렘의 지도자 중 한 사람인 야고보가 보기에도 율법은 구원의 수단이 아니라 정죄의 수단이었고, 우리를 더 의롭게 하는 게 아니라 우리의 죄성을 드러내는 역할을 했다. 그런데 도대체 무엇 때문에 바울이 옛날로 돌아가 이방인들의 주위에 다시 율법주의의 벽을 쌓아올리겠는가? 주석가 F. F. 브루스(Bruce)는 바울이 18절에서 한 말을 이렇게 설명했다.

> 갈라디아 교인들은 율법의 유효성을 믿도록 강요당하고 있었다. 율법이 아직 유효하다면 다른 방식으로 구원을 얻으려는 사람들은 율법의 기준으로 범법자가 된다. 반대로 율법이 더 이상 유효하지 않다면-그리스도께서 구속사에서 그분만의 정당한 자리에 오르셨다면-그리스도 안에서가 아니라 다른 모든 방식으로 하나님 앞에서 칭의를 얻으려는 사람들은 아직 의를 얻지 못했다. 다시 말해서 여전히 죄 가운데 있다. 바울은 후자의 경우를 염두에 두고 갈라디아 교인들에게 이 말을 썼다.[20]

바울 시대의 유대주의자들처럼 오늘날에도 율법주의자들은 선행의 삶을 자신들이 구원받은 확신의 근거로 삼으려 한다. 그들은 다른 사람들의 구원의 진정성도 동일한 기준으로 판단한다. 하지만 율법과 행위는 우리를 하나님의 은총으로 인도하는 견고한 계단 같지만, 사실은 발밑에서 부서지는 썩은 나무 사다리에 지나지 않는다. 바울이 설명한 대로 오직 그리스도의 십자가만이 우리에게 구원의 확신을 줄 수 있다. 믿음의 걸음을 내디뎌 참으로 은혜 충만한 삶을 살아가려면 그런 확신이 필요하다.

그분과 맞바꾼 삶을 고백한다(2:19-20). 바울은 자신이 율법과의 옛 관계에서 벗어나 그리스도와의 새로운 관계에 들어간 변화를 죽음과 부활의 은유를 빌려 설명한다. 율법은 바울에게 생명의 길이 되기는커녕 오히려 그의 죄성을 드러냈고, 그리하여 참 길이신 예수 그리스도께로 인도했다. "율법으로 말미암아" 바울은 자신이 하나님 나라에 부적격한 존재임을 깨닫고 복음을 받아들였다. 율법이 의를 위해서 할 수 있는 일은 거기까지다. 이처럼 바울은 율법을 지켜야 할 의무에 대하여 죽었다. 율법은 그에게 어떤 종류의 의도 가져다줄 수 없었다. 하지만 하나님은 그를 죽은 채로 두지 않으시고 그분에 대하여 살아나게 하셨고, 그리하여 그는 율법을 주신 그분 자신과 직접 친밀하고 인격적인 관계를 누리게 되었다(갈 2:19). 몇 년 후에 바울은 로마서 3장 19-22절에도 똑같은 논거를 제시했다.

> 우리가 알거니와 무릇 율법이 말하는 바는 율법 아래에 있는 자들에게 말하는 것이니 이는 모든 입을 막고 온 세상으로 하나님의 심판 아래에 있게 하려 함이라 그러므로 율법의 행위로 그의 앞에 의롭다 하심을 얻을 육체가 없나니 율법으로는 죄를 깨달음이니라 [그러나] 이제는 율법 외에 하나님의 한 의가 나타났으니 율법과 선지자들에게 증거를 받은 것이라 곧 예수 그리스도를 믿음으로 말미암아 모든 믿는 자에게 미치는 하나님의 의니 차별이 없느니라.

바울은 율법을 지켜 하나님을 기쁘시게 하려던 시도를 버렸다. 스스로 의를 이루려는 추구는 저주를 가져올 뿐이지만 예수 그리스도의 은혜는 생명을 준다. 그래서 바울은 그 둘을 맞바꾸었다. 그리스도의 죽음이 그에게 전가되어 그는 옛 삶에 대하여 죽고 그리스도와 함께 부활하여 새로운 삶을 얻었다. 이 새로운 삶을 우리는 어떻게 얻을 수 있는가? 역설적으로 그리스도와 함께 죽으면 된다. 믿음으로 그분과의 영적이고 인격적인 관계 속에 들어가는 것이다. 그 관계가 워낙 친밀하여 하나님은 죄인인 우리의 자아가 그리스도와 함께 십자가에 못 박힌 것으로 간주하신다. 아울러 그리스도께서 죽은 자들 가운데서 부활하신 것처럼 우리도 우리 안에 사시는 그리스도와 함께 거듭난다(갈 2:20). 거듭난 우리는 영적 차원에서 그분과 맞바꾼 삶을 살아간다. 우리는 그리스도께 자신을 드리고 그분은 우리에게 자신을 주신다. 그분이 자신의 무한한 힘으로 우리에게 능력을 주시므로 우리는 그분이 원하시는 대로 살아갈 수 있다. 이것은 무법한 삶이 아니다! 이것은 율법주의의 "하라, 하지 말라"를 초월하는 자유이며, 우리를 참된 사랑과 헌신과 충성의 삶으로 인도한다.

핵심 이슈로 다시 돌아간다(2:21). 그리스도인의 삶이란 내가 최선을 다해 의롭게 살려고 애쓰는 것이 아니라 그리스도께서 친히 나를 통해 그분의 삶을 사시도록 해드리는 것이다. 그렇게 되면 그리스도의 성품과 영광이 내 안에 드러나 모두가 그것을 보게 된다. 은혜를 거부하는 유대주의자들의 메시지와 달리 바울의 복음은 "하나님의 은혜를 폐하지 아니"한다(2:21). 유대주의자들은 인간의 노력으로 의를 얻거나 유지하려 함으로써 하나님의 은혜를 거부했다. 하지만 죄인들이 율법을 지켜 스스로 구원을 얻을 수 있다면 "그리스도께서 헛되이 죽으"신 것이다(2:21). 그분의 죽음은 낭비가 되고 보배로운 피도 헛되이 쏟으신 것이 된다.

'젓가락 행진곡'을 넘어

피아노를 잘 치는 사람이 열 손가락으로 건반을 위아래로 훑으며 아름다운 음악을 창조하는 모습을 볼 때마다 '나도 저렇게 연주해봤으면' 하는 생각이 든다. 솔직히 거기까지도 가지 않는다. 그냥 '피아노를 칠 줄이라도 알았으면' 하는 데서 멈춘다.

사실 나의 피아노 레퍼토리는 '젓가락 행진곡'이 전부다. 당신도 그 곡을 알 것이다. 워낙 단순한 곡이라서 누군가 피아노 뚜껑을 열고 '젓가락 행진곡'을 두드리기 시작하면 즉시 두 가지 결론이 나온다. (1) 저 사람은 피아노를 칠 줄 모른다. (2) 저 사람은 듣는 사람들의 괴로움은 안중에도 없다. 그 곡조는 엉성한 사투리처럼 종일 머릿속에서 떠나지 않는다. 어쨌든 내가 피아노를 치면 음악 소리는커녕 원숭이가 뼈 무더기를 내려치는 소리에 더 가깝다.

하지만 어떤 피아노의 거장이 나를 통해 피아노를 친다고 상상해보라. 예컨대 고인이 된 블라디미르 호로비츠나 위대한 밴 클리번 같은 사람이 내 약하고 서투른 손가락을 통해 자신의 음악적 천재성을 발휘한다면 어떻게 될까? 솔직히 말해서 나는 가끔씩 실제로 그런 상상을 한다. 내 나이가 나이인 만큼 피아노의 검고 흰 건반으로 청중을 고문하지 않고 음악 소리와 비슷한 소리라도 내려면 이제는 그 방법밖에 없기 때문이다. 그러니 내 상상을 이해해주기 바란다.

뛰어난 음악가가 나를 통해 연주한다면 내가 할 일은 하나뿐이다. 아무것도 하지 않는 것이다. 하지만 그 역할을 수행하기란 정말 어려울 것이다! 나는 자신의 의지와 노력을 의식적으로 버리고 실제 연주자가 마음대로 하도록 그에게 맡겨야 한다. 의식적으로 힘을 빼고 권한을 이양하는 한 나는 라흐마니노프나 차이코스프스키는 물론 프란츠 리스트의 곡까지도 연주할 것이다! 하지만 나 자신을 잘 알기에 하는 말이지만 머잖아 이런 생각이 들 것이다. '어, 생각만큼 어렵지 않네. 여기서 약간 변주를 하든지 중간에 조금 즉흥으로 해도 되겠는 걸.' 그런 생각이 끼어드는 순간 나는 즉시 '젓가락 행진곡'으로 돌아갈 것이다.

실없는 예화 같지만 여기에 그리스도인의 삶의 기본 원리가 들어 있다. 예수 그리스도는 내 삶 속에 오셔서 거기 사신다. 내주하시는 성령의 능력으로 내 안에서 역사하시며 "소원을 두고 행하게 하"신다(빌 2:13). 얼마나 놀라운 일인가! 이제 그분의 생명 곧 하나님의 생명이 내 안에 거한다. 그분은 이렇게 말씀하신다. "너는 나를 신뢰하기만 하면 된다. 내가 너를 통해 내 뜻을 이룰 테니 너는 믿음으로 가만히 있으라. 네 힘으로 이것저것 하려 하지 말라. 나를 의지하고 내게 맡겨라. 내가 너를 통해 일하면 우리는 함께 아름다운 음악을 연주할 수 있다."

"이제는 내가 사는 것이 아니요 오직 내 안에 그리스도께서 사시는 것이라 이제 내가 육체 가운데 사는 것은…하나님의 아들을 믿는 믿음 안에서 사는 것이라"(갈 2:20)고 한 바울의 고백이 바로 그런 뜻이다. 그러므로 나는 매순간 단순하지만 더없이 중요한 선택을 해야 한다. 나는 하나님이신 그리스도의 삶이 나를 통해 흘러나오게 하기로 선택할 수 있다. 그분을 신뢰하면서 그분의 은혜에 힘입어 협력하면 된다. 그러면 내 힘으로는 절대 불가능한 일도 능히 할 수 있다.

아니면 나는 '젓가락 행진곡'으로 돌아갈 수도 있다.

만일 누가 우리의 의가 행위로 말미암고 우리 자신의 노력으로 구원을 얻어낸다고 주장한다면, 그 사람은 사실상 그리스도께서 쓸데없이 죽으셨다고 말하는 것이다. 비슷하게 만일 누가 선행으로 구원을 지켜야 한다고 주장한다면, 그 사람은 그리스도께서 십자가에서 완전히 다 이루신 일을 불완전한 미완성으로 간주하는 것이다. 그리스도께서 하신 일에 우리 쪽에서 뭔가를 보태 중간 지점에서 만나야 한다는 뜻이기 때문이다. 아니, 우리의 칭의와 성화와 장래의 영화는 모두 오직 하나님의 은혜의 결과이고, 오직 믿음으로 말미암아 유효해지며, 오직 그리스도께서 다 이루신 일에 근거하고 있다.

요컨대 은혜는 생명을 얻는 길이자 또한 삶을 살아가는 길이다.

주

1. S. Lewis Johnson Jr., "The Paralysis of Legalism," *Bibliotheca Sacra* 120(1963년 4-6월): 109.
2. Donald K. Campbell, "Galatians," *The Bible Knowledge Commentary: New Testament Edition,* John F. Walvoord & Roy B. Zuck 편집(Wheaton, IL: Victor, 1983), 589. (『갈라디아서 에베소서 빌립보서 골로새서-BKC 강해주석 시리즈 26』 두란노)
3. John R. W. Stott, *The Message of Galatians,* The Bible Speaks Today(Downers Grove, IL: InterVarsity Press, 1968), 13. (『갈라디아서 강해』 IVP)
4. 다음 책을 참조하라. H. N. Ridderbos, "Galatians, Epistle to the," *The International Standard Bible Encyclopedia,* Geoffrey W. Bromiley 편집(Grand Rapids: Eerdmans, 1982), 2:379-85.
5. Leon Morris, *Galatians: Paul's Charter of Christian Freedom*(Downers Grove, IL: InterVarsity Press, 1996), 43.
6. Campbell, "Galatians," 591.
7. Josh McDowell & Don Stewart, *Handbook of Today's Religions*(Nashville: Nelson, 1983), 24.
8. 헬라어 원문에 "하나님"이라는 주어가 암시되어 있다.
9. Stott, *The Message of Galatians,* 31.
10. W. R. F. Browning, *Dictionary of the Bible*(Oxford: Oxford Univ. Press, 1996), 372.
11. 같은 책, 36.
12. 이런 재구성이 순전히 추측만은 아니다. 갈라디아서 2장 4-5절에 언급되어 있듯이 이 "거짓 형제들"은 그리스도인들이 그리스도 안에서 누리는 자유를 "엿보"려고 예루살렘 교회에 침투해 들어왔다.
13. Campbell, "Galatians," 593.
14. James Montgomery Boice, "Galatians," *Expositor's Bible Commentary,* Frank E. Gaebelein 편집(Grand Rapids: Zondervan, 1976), 10:440.
15. 다음 책을 참조하라. Eusebius, *Ecclesiastical History* 2.23. (『유세비우스의 교회사』 은성)
16. 같은 책, 2.23.15.

17. Walther Günther, "Lie, Hypocrite," *The New International Dictionary of New Testament Theology,* Colin Brown 편집(Grand Rapids: Zondervan, 1976), 2:467–70.
18. 바울이 베드로를 책망한 말이 어디서 끝나는지는 주석가들과 성경 역본들에 따라 차이가 있다. 인용 부분이 14절에서 끝나는 역본들도 있고(RSV, ESV, NET) 2장 끝까지 다 포함시키는 역본들도 많이 있다(NASB, NIV, NKJV 등). (우리말 개역개정은 14절까지로 되어 있다–역주.)
19. Stott, *The Message of Galatians,* 64.
20. F. F. Bruce, *The Epistle to the Galatians: A Commentary on the Greek Text,* The New International Greek Testament Commentary Series(Grand Rapids: Eerdmans, 1982), 142.

복음의 우월성을 변호함

갈라디아서 3:1–4:31

바울이 보기에 갈라디아 교인들은 베드로보다 한 술 더 떴다.

그들은 율법의 저주에서 풀려났고 종교적 요구를 일삼는 율법의 잔인한 속박에서 해방되었다. 오직 그리스도 안에서 오직 믿음으로 말미암아 주어지는 하나님의 영광스러운 은혜에 참여했다. 그리스도인의 삶의 여정을 잘 시작했다. 그런데 갑자기 모든 것이 달라졌다. 갈라디아의 신자들은 그럴듯한 말에 현혹되었고, 소외와 박해의 위협에 압도되었다. 그래서 거짓인 줄 알면서도 위선의 탈을 쓰고 연기를 시작했다.

갈라디아의 그리스도인들이 다시 율법주의에 빠져들기 시작했다는 말을 들었을 때 바울은 사도 베드로에게서 목격했던 것과 똑같은 정신을 그들 안에서 보았다. 안디옥의 그 사건이 불과 몇 주 전의 일이었을 수도 있다. 그때 베드로는 할례파를 두려워하여 율법 아래로 피했다(2:12). 그를 비롯한 유대인 신자들은 은혜의 복음에 합당하게 행하지 못하고 잠시나마 위선에 빠졌다(2:13-14).

바울은 자신이 안디옥 교회 앞에서 베드로에게 했던 격한 말을 2장 14-21절에 옮겨놓았다. 복음의 진리를 간략히 요약한 이 말에는 단지 역사적 사실을 전하는 것 이상의 의미가 있다. 바울이 베드로를 책망한 내용은 사실 오류에 빠진 갈라디아 교인들이 들으라고 한 말이다. 그들은 본의 아니게 베드로의 전철을 밟아 두려움 때문에 위선을 행했다. 이제부터 바울은 베드로를 제쳐두고 갈라디아 교인들에게 직접 말한다.

그래서 바울은 숨을 고르고 모든 언변을 동원하여 은혜의 복음이 행위의 율법보다 우월함을 변호한다(3:1-4:31). 그는 자유에 이르는 믿음의 지름길을 벗어나 사방이 막힌 율법주의의 광야로 우회하는 것이 어리석다고 지적한다. 믿음으로 시작한 갈라디아 교인들이 무엇 때문에 하나님을 기쁘시게 하려고 행위에 의지하는 길을 택한단 말인가? 히브리인의 조상이자 언약의 시조인 아브라함도 믿음으로 하나님의 의를 받았다(3:6). 율법은 우리를 구원하는 게 아니라 하나님의 기준과 우리의 죄를 보여준다(3:19). 제정신인 사람치고 멀쩡한 차선을 두고 난간을 들이받으며 운전할 사람은 아무도 없다!

교리적 성격이 강한 이번 단락에서 바울은 율법을 "초등교사"에 비유한다(3:24). 율법의 역할은 우리를 인도하여 그리스도를 믿게 하는 것이다. 갈라디아 교인들은 장성하여 율법의 초등학교를 졸업했다. 그런데 왜 돌아가 처음부터 다시 배우려 한단 말인가? 갈라디아 교인들을 하나님의 가족이자 하나님 나라의 공동 상속자가 되게 한 것은 율법이 아니라 은

핵심 용어

ἐπαγγελία [*epangelia*, 에팡겔리아] *(1860)* '약속, 보증'

언약의 정황에서 흔히 쓰이는 이 단어(엡 2:12, 히 6:17, 11:9)는 대체로 신자들이 담대히 소망할 수 있는 하나님의 여러 가지 보증을 가리킨다. 성령(갈 3:14, 엡 1:13)과 영생(딤후 1:1, 요일 2:25)도 그런 약속에 포함된다. 바울은 갈라디아서에 "약속"을 열 번 언급하는데 모두 3장과 4장에 나온다. 여기서는 주로 하나님이 아브라함에게 주신 약속을 지칭한다. 즉, 그와 그의 자손을 복 주시겠다는 약속이다. 약속은 율법과 대비된다. 율법이 할 수 있는 일은 우리의 결점을 드러내는 것뿐이며 구원에 필요한 의를 주지는 못한다.

κληρονόμος [*klēronomos*, 클레로노모스] *(2818)* '상속자, 후계자'

바울 시대에 부자들과 심지어 황제들이 아이나 성인을 입양하여 재산이나 왕위를 이을 상속자로 삼는 일이 드물지 않게 있었다. 이런 상속자들은 친자녀와 대등하게 간주되었다. 집안의 물리적, 정신적 유산이 모두 상속자에게 돌아갔다. 갈라디아서에 세 번밖에 나오지 않지만(4:1, 7, 30) 그리스도 안에서 얻은 우리의 신분에 대한 바울의 논증을 이해하는 데 중요한 단어다. 우리는 입양되어(4:5) 이미 하나님의 아들딸로서 모든 권리와 특권을 받았다.

πίστις [*pistis*, 피스티스] *(4102)* '믿음, 확신, 의지, 신뢰'

종교와 거의 무관하게 쓰이던 일상용어다. 헬라인들은 신들을 숭배하고 경외했지만 신뢰나 확신이나 믿음을 통해 신들과 인격적 관계를 맺지는 않았다. 반면에 바울이 사용한 이 단어의 의미는 구약의 헬라어 역본에서 유래했다. 유대인들에게 *pistis*는 하나님과 관계를 맺는 방편이었다. 그리스도인들에게도 마찬가지다. 기독교적 의미의 믿음이란 사람이 하나님의 자녀가 되어(3:26) 내주하시는 성령을 받는(3:14) 방편이다. 신약적 실체이지만 그 원형은 바로 아브라함이다. 그는 율법이 주어지기 전부터 믿음으로 의롭다 함을 받았다(3:5-9).

혜다(3:28). 이런 깊은 신학적 진리들에 비추어볼 때 바울은 율법주의로 퇴보하는 갈라디아 교인들 앞에서 어이가 없었다. "다시 약하고 천박한 초등학문으로 돌아가"려는 그들이 믿어지지 않았다(4:9). 율법으로 되돌아가는 것은 노예였다가 해방된 사람이 다시 가혹하고 잔인한 주인에게 돌아가는 것이나 다름없다(4:21-31).

바울은 복음에 대한 열정에 이끌려 독자들을 도로 자유로 돌아오게 하려 한다. 그 자유는 오직 믿음으로 말미암아 오직 은혜로 받는 구원의 결과다. 여기서 그가 역설하듯이 죄인은 은혜로 구원받을 뿐 아니라 구원받은 후에도 은혜로 살아간다. 강조되는 핵심 메시지는 이것이다. 은혜는 생명을 얻는 길이자 또한 삶을 살아가는 길이다.

율법주의로 퇴보한 사람들(갈라디아서 3:1-14)

1어리석도다 갈라디아 사람들아 예수 그리스도께서 십자가에 못 박히신 것이 너희 눈 앞에 밝히
보이거늘 누가 너희를 꾀더냐 2내가 너희에게서 다만 이것을 알려 하노니 너희가 성령을 받은 것이
율법의 행위로냐 혹은 듣고 믿음으로냐 3너희가 이같이 어리석으냐 성령으로 시작하였다가 이제는
육체로 마치겠느냐 4너희가 이같이 많은 괴로움을 헛되이 받았느냐 과연 헛되냐 5너희에게 성령을 주
시고 너희 가운데서 능력을 행하시는 이의 일이 율법의 행위에서냐 혹은 듣고 믿음에서냐

6아브라함이 하나님을 믿으매 그것을 그에게 의로 정하셨다 함과 같으니라 7그런즉 믿음으로 말
미암은 자들은 아브라함의 자손인 줄 알지어다 8또 하나님이 이방을 믿음으로 말미암아 의로 정하실
것을 성경이 미리 알고 먼저 아브라함에게 복음을 전하되 모든 이방인이 너로 말미암아 복을 받으리
라 하였느니라 9그러므로 믿음으로 말미암은 자는 믿음이 있는 아브라함과 함께 복을 받느니라

10무릇 율법 행위에 속한 자들은 저주 아래에 있나니 기록된 바 누구든지 율법 책에 기록된 대로
모든 일을 항상 행하지 아니하는 자는 저주 아래에 있는 자라 하였음이라 11또 하나님 앞에서 아무도
율법으로 말미암아 의롭게 되지 못할 것이 분명하니 이는 의인은 믿음으로 살리라 하였음이라 12율법
은 믿음에서 난 것이 아니니 율법을 행하는 자는 그 가운데서 살리라 하였느니라 13그리스도께서 우
리를 위하여 저주를 받은 바 되사 율법의 저주에서 우리를 속량하셨으니 기록된 바 나무에 달린 자마
다 저주 아래에 있는 자라 하였음이라 14이는 그리스도 예수 안에서 아브라함의 복이 이방인에게 미
치게 하고 또 우리로 하여금 믿음으로 말미암아 성령의 약속을 받게 하려 함이라.

가파른 산길을 올라가던 중 갑자기 당신의 자동차가 힘을 잃는다면 기분이 어떻겠는가? 오르막길에서 차가 뒤로 구르기 시작한다. 당신은 안절부절못하며 모든 레버를 잡아당기고 브레이크를 세게 밟는다. 또는 당신이 탄 롤러코스터가 첫 번째 꼭대기를 향해 칙칙폭폭 올라가고 있다고 상상해보라. 그런데 갑자기 롤러코스터가 정상에 서더니 덜컹덜컹 후진하기 시작한다. 또는 당신이 암벽을 타고 있는 모습을 떠올려보라. 당신은 앞쪽의 여러 등반가들에게 자일로 연결되어 있다. 팀원들은 손발을 하나씩 옮겨가며 천천히 전진하고 있다. 그렇게 무사히 잘 가고 있는데 몇 미터 앞에서 바위가 부서지면서 돌멩이들이 구르는 소리가 들린다. 그리고 암벽을 타는 상황에서 결코 듣고 싶지 않은 한 마디가 메아리쳐온다. "추락이다!"

이것은 다 악몽처럼 끔찍한 상황들이다. "퇴보하고" 싶은 사람은 아무도 없다. 얼마나 무서운 단어인가! 아무리 상상해보려 해도 "퇴보"는 어떤 정황에서도 좋은 일이 못 된다.

"퇴보한 사람, 퇴보"라는 단어가 흠정역(KJV)에 여남은 번 나오는데 주로 예레미야서에 쓰였다("퇴보" 대신 "타락"으로 번역되기도 한다-역주). 이 단어는 "배교하다, 돌아서다, 좋은 길에서 후퇴하다, 슬럼프에 빠지다"라는 뜻이다. 퇴보는 중죄의 행위에만 국한되는 게 아니다. 그리스도인들은 또한 거짓된 가르침과 잘못된 극단주의로 퇴보할 수도 있다. 건강하고 균형 잡힌 그리스도인의 삶에서 벗어나는 모든 신념이나 행동이 그에 해당한다.

갈라디아서는 퇴보에 대한 편지다. 갈라디아의 신자들은 부도덕에 빠지거나 이교로 변절한 게 아니다. 그들은 그런 노골적인 배교보다 훨씬 더 엉큼하게 진리를 떠났다. 복음의 은혜로부터 굳이 자진해서 등을 돌린 것이다. 이는 순결과 경건의 옷으로 가장한 영적 반역 행위였다! 한마디로 갈라디아 교인들은 율법주의로 퇴보하는 죄를 지었다.

"율법주의"란 무엇인가? 찰스 라이리(Charles Ryrie)는 "스스로 높아질 목적으로 법을 지키는 육신적 태도"라 정의했다.[1] 갈라디아 교인들의 경우는 "육체의 모양을 내"고 "그리스도의 십자가로 말미암아 박해"를 면하려고 율법 준수에 굴복했다(갈 6:12). 믿음으로 말미암는 은혜의 구원을 저버린 것이다. 지금부터 이에 대한 바울의 반응을 주의 깊게 살펴보자. 그래야 우리는 동일한 오류를 면할 수 있다.

—3:1-5—

기독교계의 율법주의는 음험한 골목에서 자주 튀어나온다. 이는 신자들로부터 칭의와 성화라는 더없이 귀한 두 가지 교리를 앗아가려는 강도와 같다. 칭의에 대한 율법주의의 공격은 이런 식이다. "그리스도께서 십자가에서 이루신 구속 사역에 너도 뭔가 보태야 한다. 그래야 하나님이 그분의 집으로 너를 받아주실 수 있다. 네 쪽에서 은혜에 뭔가를 보태 중간 지점에서 하나님을 만나야 한다. 너 자신에게 그런 능력이 있다. 자력으로 할 수 있다!" 율법주의적 관점의 칭의가 우리의 교회들을 장악한다면 머잖아 우리는 고전 찬송가인 '나 같은 죄인 살리신 주 은혜 놀라워'에 이런 새로운 가사를 붙여 노래하게 될 것이다.

은혜에 행위가 더해지니
얼마나 합리적인가

나 같은 죄인 살리는 데
참 유익한 일이로다.

율법주의적 관점의 성화는 좀 더 교활하다. 공격자들도 우리가 믿음으로 말미암아 은혜로 구원받는 부분은 인정한다. 하지만 일단 구원받았으면 계속되는 그리스도인의 삶에서 열심히 행위를 통해 하나님을 기쁘시게 해야 한다고 주장한다. 그들의 말은 이런 식이다. "하나님은 그분의 몫을 다하셔서 나를 구원해주셨다. 이제 내가 배턴을 넘겨받아 잘 달려야 한다. 내가 선한 행위를 하면 하나님은 웃으시고 내가 실망시켜드리면 그분은 얼굴을 찡그리신다. 그러므로 나의 영적 성장은 내가 최대한 열심히 행위를 통해 그분을 기쁘시게 하는 데 달려 있다." 이런 관점의 성화가 우리의 교회들을 지배한다면 우리는 '주의 은혜로 대속하여서' 대신 이런 찬송을 부르게 될 것이다.

주의 은혜로
꽤 대속했으나
무한히 더 남은 값
내 행위로 갚으리!

율법주의적 칭의와 율법주의적 성화는 둘 다 초점이 자아에 있다. 우리를 구원하시고 그리스도인으로서 성숙하게 살아가게 하시는 능력은 하나님께 있건만 우리는 그분의 능력보다 자신의 힘을 의지한다. 그렇게 되면 거의 언제나 내면의 실체보다 겉으로 드러나는 모습을 강조하게 된다.

갈라디아의 그리스도인들은 이 두 가지 이단의 피해자가 되었다. 그래서 바울은 그리스도인들이 구원이라는 패키지 전체를 오직 그리스도 안에서 오직 믿음으로 말미암아 오직 은혜로 받는다고 역설한다. 우리의 내적 존재를 중생시키셔서 죽어 있던 죄인을 살아 있는 성도가 되게 하시는 분도 성령이시고, 그 뒤로 계속 일하셔서 우리를 변화시키시는 분도 역시 성령이시다. 우리의 의지를 내려놓고 그분의 의지에 맡기면 성령께서 우리를 통해 그분의 삶을 사신다.

하지만 구원의 선물은 거기서 그치지 않는다. 우리는 장차 죽어 천국에 갈 날을 이야기하지만, 사실은 그 영광스러운 경험도 우리 구원의 최종 결말은 아니다. 하나님은 구원의 순간에 우리를 영적 죽음에서 다시 살리신 것처럼 미래의 어느 날 우리의 물리적 몸도 죽음에서 다시 살리실 것이다. 그분은 우리의 썩을 몸을 영광스러운 몸으로 변화시켜 불멸의 상태에 들어가게 하실 것이고, 그리하여 우리는 그리스도의 나라에서 영원히 살 수 있게 된다(고전 15:51-54, 살전 4:16-17). 이렇듯 구원의 모든 차원-과거, 현재, 미래-이 믿음으로 말미암아 은혜로 우리에게 주어진다. 우리가 거기에 참여하는 길은 순순히 받아들이는 것이지 우리 마음대로 보완하는 것이 아니다.

다음의 표는 복음의 이 중대한 진리를 잘 예시해준다. 아주 쉬운 내용이라 누구나 이해하고 기억할 수 있지만, 그래도 가장 중요한 진리 중 하나다. 우리의 구원은 처음부터 끝까지 주권적인 아버지께서 하시는 일이고, 중보자인 예수 그리스도의 인격과 사역을 통해 이루어지며, 성령의 역사에 의해 완성된다. 우리는 수혜자이며 하나님의 은혜와 자비가 베풀어지는 대상이다. 그렇다면 우리의 책임은 무엇인가? 이 값없는 선물을 믿음으로 받아들이는 것이다.

믿음에서 믿음에 이르는 구원의 3가지 측면

칭의	성화	영화
은혜에 의해, 믿음으로 말미암아, 아버지로부터, 아들을 통해, 성령에 의해.	은혜에 의해, 믿음으로 말미암아, 아버지로부터, 아들을 통해, 성령에 의해.	은혜에 의해, 믿음으로 말미암아, 아버지로부터, 아들을 통해, 성령에 의해.

이런 원리들을 기껏 배우고나서 다시 무시하거나 거부하는 것은 바보들이나 할 짓이다. 그만큼 복음의 사실들은 단순하고도 중요하다. 그래서 바울은 인정사정없이 갈라디아 교인들을 엄히 꾸짖는다. "어리석도다 갈라디아 사람들아 예수 그리스도께서 십자가에 못 박히신 것이 너희 눈앞에 밝히 보이거늘 누가 너희를 꾀더냐." 여기 "어리석도다"로 번역된 헬라어 단어(*anoētos*)는 생각이 짧거나 경솔하거나 무지한 행동을 가리킨다. 다시 말해서 갈라디아 교인들이 미치지 않고서야, 친히 제물이 되어 죗값을 단번에 치러주신 그리스도

께 등을 돌릴 수 없다는 것이다! 그리스도의 죽음을 부족하게 여겨 자신들의 희생적 행위로 그것을 보완하려 들다니 얼마나 제정신이 아닌가!

이 신자들을 이렇게 어리석게 율법주의로 퇴보하게 한 원인은 무엇인가? 바울은 누군가가 그들을 "꾀"어서 그렇게 되었다고 말한다. 이 단어에는 주문이나 마법을 건다는 의미가 들어 있다. 바울의 요지는 분명하다. 어떤 영적 세력에 "씌시" 않고는 누구도 믿음으로 말미암아 은혜로 구원받는 교리를 버릴 수 없다는 것이다. 율법주의자들은 아주 강도 높은 속임수로 능히 요술에 해당하는 재주까지 부렸다. 요술쟁이는 날랜 손재주로 청중의 눈을 교묘히 딴 데로 돌려놓고 물건을 서로 바꿔치기한다. 마찬가지로 이 율법주의자들도 갈라디아 교인들의 관심을 구원의 참된 출처인 십자가에서 돌려 전혀 다른 대상인 율법을 바라보게 만들었다.

바울은 갈라디아 교인들을 꾸짖은 후에 여러 개의 반문을 늘어놓아 그들의 율법주의가 어리석기 짝이 없음을 드러낸다. 먼저 그가 상기시키듯 그들이 성령을 받은 것은 율법의 행위로가 아니라 단순히 복음을 듣고 믿음으로 반응한 결과다(3:2). 바울의 모든 독자들은 복음을 믿고 그리스도를 의지하는 순간 그 즉시로 성령을 선물로 받았다. 본인들도 그것을 알고 있었고, 각자가 경험한 구원이 그 증거였다.

이렇듯 성령은 오직 믿음으로 말미암아 은혜로 그들의 삶 속에 들어오셨는데, 바울은 이 사실에 함축된 논리적 귀결로 한 걸음 더 나아간다. 그들의 구원이 성령으로 시작되었다면 육체로 그것을 완성할 수 없다(3:3). 바울의 요지는 성령께서 갈라디아 교인들 안에 오셔서 내주하심이 믿음으로 된 일이라는 것이다. 동일하신 성령께서 지금도 그들 안에서 역사하여 그들을 그리스도인의 삶에서 능히 자라가게 하신다. 그런데 왜 그들은 성령의 일을 자신의 행위로 대신하려 하는가? 왜 자기 힘으로 살아가려 하는가? 바울이 더할 나위 없이 분명히 밝혔듯이 그리스도인의 삶의 지속(성화)도 그리스도인의 삶의 시작(칭의) 못지않게 행위를 떠나 믿음으로 말미암은 은혜의 결과다. 이미 여러 번 말했듯이 은혜는 생명을 얻는 길이자 또한 삶을 살아가는 길이다.

이어 바울은 갈라디아의 신자들이 그리스도를 믿고나서 초기에 경험한 또 다른 일에 호소한다. 그리스도께로 회심한 후로 그들은 박해를 겪었다. 이 박해를 사도행전에서 조금 엿볼 수 있다. 로마의 성(省)인 갈라디아에서 비시디아 안디옥 시의 주변 지역으로 은혜의 복음이 퍼져나가자(행 13:49) "유대인들이 경건한 귀부인들과 그 시내 유력자들을 선동하여 바울과 바나바를 박해하게 하여 그 지역에서 쫓아"냈다(13:50). 바울과 바나바가 도시를 떠난 후에도 공식적인 박해가 지속되었을 뿐 아니라 어쩌면 더 심해졌다고 보아도 무방할 것이다. 그래서 그 지역의 그리스도인들은 바울과 바나바가 권한 대로 "항상 하나님의 은혜 가운데 있"기가 힘들었을 것이다(13:43).

사도들은 갈라디아 성의 이고니온으로 더 깊숙이 들어갔고 거기서 많은 유대인들과 이방인들이 믿었다(행 14:1). 하지만 "순종하지 아니하는 유대인들이 이방인들의 마음을 선동하여 형제들에게 악감을 품게" 했다(14:2). 그래서 어떻게 되었던가? 유대인과 이방인 할 것 없이 그 도시의 지도자들이 공모하여 바울과 바나바를 죽이려 했다(14:5). 틀림없이 그들은 사도들이 떠난 후에도 이고니온의 신자들을 괴롭혔을 것이다. 이뿐 아니라 루스드라에서는 사람들이 바울을 돌로 쳐서 죽은 줄 알고 내버렸다(14:19). 이렇듯 복음이 가는 곳마다 분명히 박해가 따라다녔고, 그 바람에 갈라디아에서 그리스도께로 처음 회심한 사람들도 함께 고난을 당했다. 그래서 바울과 바나바는 갈라디아의 여러 도시를 쭉 다시 돌면서 "제자들의 마음을 굳게 하여 이 믿음에 머물러 있으라 권하고 또 우리가 하나님의 나라에 들어가려면 많은 환난을 겪어야 할 것이라 하"였다(14:22).

이는 믿음으로 말미암아 은혜로 구원받는 복음 때문에 당한 고난이었다. 초기의 이런 환난을 지적하며 바울은 갈라디아의 독자들에게 "너희가 이같이 많은 괴로움을 헛되이 받았느냐"(갈 3:4)라고 따져 묻는다. 갈라디아 교인들이 모든 박해를 당한 것은 바울이 전한 은혜의 메시지를 전심으로 받아들였기 때문이다. 이제 와서 율법 아래로 다시 돌아가면 박해는 멎겠지만 그 대가로 복음을 저버려야 한다!

갈라디아 교인들의 율법주의적 퇴보를 논박하고 있는 바울은 이미 탄탄한 논증에 또 하나의 근거를 더한다. 은혜의 사도들이 그들에게 복음을 전할 때 하나님은 사도들의 손을 통해 놀라운 표적과 기사를 행하셨다. 바울은 그 사실에 호소한다. 사도행전 14장 3절에 보면 "두 사도가 [이고니온에] 오래 있어 주를 힘입어 담대히 말하니 주께서 그들의 손으로 표적과 기사를 행하게 하여 주사 자기 은혜의 말씀을 증언"하셨다고 했다. 보다시피 주님은 사도들의 메시지, 즉 "자기 은혜의 말씀"을 증언하셨다. 그런데 갈라디아 교인들이 이 메시지를 버린다면 그들은 메시지의 진실성을 증언하신 하나님께 대항하는 것이다!

그러니 바울이 갈라디아 사람들을 향해 "어리석도다"라고 한 것도 당연하다!

—3:6-9—

지금까지의 논증도 강력했지만 바울이 율법주의의 도그마라는 괴물을 쓰러뜨리려면 아직 쏘아야 할 특수 탄환이 더 남아 있었다. 율법주의의 마법을 깨려면 율법 애호가들의 홈그라운드인 구약에서 싸워 이겨야 했다. 미혹하는 유대주의자들의 메시지는 모세를 탁월한 유대인으로, 모세 율법을 종교의 표준으로 힘주어 강조했다. 따라서 바울의 속사포 논증에도 구약의 증거가 포함되어야 했다. 그래서 바울은 유대 역사를 모세보다도 더 이전으로 되돌려 아브라함에게까지 거슬러 올라간다. 아브라함은 첫 약속을 받은 최초의 히브리 족장이었고, 나머지 모든 것은 그 약속에 달려 있었다. 바울이 보여주듯이 유대 민족의 조상인 아브라함도 율법을 지켜 구원받은 게 아니라 믿음으로 말미암아 은혜로 구원받았다(갈 3:6).

바울은 창세기 15장 6절을 인용하는데, 거기에 보면 상속자와 무수한 자손을 주시겠다는 하나님의 약속에 대한 아브라함의 반응이 나온다. 늙고 무자한 아브라함은 하나님이 약속대로 행하실 것을 믿었다. 다시 말해서 아브라함은 하나님의 말씀에 단순한 믿음으로 반응했다. 그러자 하나님은 "그것을 그에게 의로 정하셨다"(갈 3:6). 최초의 히브리인도 율법을 지켜서가 아니라 믿음으로 의롭게 되었던 것이다! 하나님이 할례를 제정하신 것은 그로부터 10년도 더 지나서였고(창 17장) 모세가 율법을 받은 것은 400년도 더 지나서였다!

이렇듯 아브라함이 하나님의 은총을 입은 것은 사적인 신앙이나 공적인 의식(儀式)이나 무슨 행위에 힘쓴 결과가 아니다. 그가 이미 행했거나 앞으로 행할 일과 무관하게 오직 믿음으로 말미암아 오직 은혜로 하나님이 그를 의롭다고 선포하셨다. 주석가 도널드 그레이 반하우스(Donald Grey Barnhouse)는 아브라함의 칭의를 이렇게 설명한다.

> 날이 이르러 불경한 아브라함이 하나님의 셈법에 따라 돌연 의롭다고 선포되었다. 아브라함에게는 이 행동을 유발한 요인이 하나도 없었다. 그것은 하나님에게서 기원하여 주권적 은혜로 그에게 주어졌다. 그분의 셈법에 따라 하나님 자신의 의가 죄인

의 의로 계산되고 간주되고 옮겨지고 전가된 것이다. 주권적 사랑에서 비롯된 은혜의 행위로 여호와 하나님이 친히 몸을 굽혀 아브라함에게 불리한 모든 기록을 지우셨고, 대신 자신이 아브라함이라는 사람을 완전하게 여기셨다고 기록하셨다. 아직 아브라함이 불경한 상태에 있던 순간에 하나님이 자신의 의를 전가시켜 그렇게 계산하고 간주하신 것이다. 이것이 칭의다.[2]

이어 바울은 갈라디아 교인들도 유대인과 이방인을 떠나 아브라함의 영적 자손임을 설명한다(3:7). "믿음으로 말미암은 자들"은 아브라함의 참 자손이다. 악을 행하는 자들을 "마귀의 자식"이라 부르고, 경건을 따르는 자들을 "하나님의 자녀"라 부르는 것과 마찬가지다. 믿음으로 말미암아 은혜로 칭의-의롭다는 선포-를 받은 사람들은 믿음의 조상인 아브라함의 자손이다. 사실 바울이 지적하듯 하나님은 이방인들이 장차 믿음으로 말미암아 은혜로 구원받을 것을 창세기 12장 3절에서 이미 예언하셨다. "모든 이방인이 너로 말미암아 복을 받으리라"(갈 3:8). 믿음으로 말미암아 은혜로 의롭게 되는 구원은 갈라디아 사람들에게도 전해졌고, 이로써 아브라함이 받은 복은 과연 그들에게까지 이르렀다(3:9).

요컨대 바울의 논증은 다음과 같다. "너희 갈라디아 교인들은 '유대교식' 기독교를 원하는가? 구약에 뿌리를 둔 복음을 원하는가? 그거라면 너희가 이미 가지고 있다! 너희를 비

바울의 논증: 많은 질문, 하나의 대답

질문	대답
당신은 어떤 복음을 통해 성령을 받았는가?(3:2)	**믿음으로 말미암아 은혜로 구원받는 복음**
당신은 어떤 복음 때문에 박해를 받았는가?(3:4)	**믿음으로 말미암아 은혜로 구원받는 복음**
아브라함은 어떤 복음을 통해 의롭다 함을 받았는가?(3:6-9)	**믿음으로 말미암아 은혜로 구원받는 복음**
그러므로 칭의와 성화를 이루는 참된 복음은 어떤 복음인가?	**믿음으로 말미암아 은혜로 구원받는 복음**

롯하여 믿음으로 그리스도께 오는 모든 사람은 유대인의 조상인 아브라함의 자손이다. 할례와 율법과 바리새인과 유대주의자들은 다 나중에 왔다. 믿음이 먼저 왔다."

결국 결론은 간단하다. 칭의와 성화를 모두 이루는 참된 복음은 어떤 복음인가? 믿음으로 말미암아 은혜로 구원받는 복음이다.

—3:10-14—

어떤 것들은 흑 아니면 백이다. 모든 것이 다 그렇지는 않지만 어떤 것들은 그렇다. 예를 들어 당신은 결혼하지 않았거나 결혼했거나 둘 중 하나다. 미혼이면서 동시에 기혼일 수는 없다. 같은 논리로 당신은 살아 있거나 죽었거나 둘 중 하나다. 죽었으면서 동시에 살아 있을 수는 없다. 당신은 스물한 살 이상이거나 미만이거나 둘 중 하나다. 나이가 그보다 많으면서 동시에 적을 수는 없다. 이렇듯 어떤 것들은 명백히 흑백의 문제다. 기독교 신앙도 마찬가지다. 당신은 그리스도인이거나 그리스도인이 아니거나 둘 중 하나다. 구원받았거나 구원받지 못했거나 둘 중 하나다. 하나님의 가족이면서 동시에 하나님의 가족이 아닐 수는 없다. 간단히 말해서 당신은 믿음으로 말미암아 은혜로 하나님과 관계를 맺거나 아니면 아예 그분과 관계를 맺지 않거나 둘 중 하나다. 흑백의 문제다.

그렇다고 나는 현실과 동떨어져 사는 사람은 아니다. 현실에 초연하여 상아탑으로 물러나는 사람도 아니다. 이런 "흑백 논리"는 인기가 없고 "정치적 공정성"에 어긋남을 나도 안다. 요즘 사람들은 적당히 회색 지대에 머물기를 좋아한다. 매사에 미묘한 뉘앙스를 풍기려 한다. 포스트모더니즘의 세상은 뭔가가 절대적으로 참이라든지 절대적으로 거짓이라는 주장을 견디지 못한다. 모든 진리 주장은 관점의 문제이거나 입증이 불가능하거나 복잡한 현실의 단면일 뿐이라는 것이다. 그래서 오직 그리스도 안에서 오직 믿음으로 말미암아 오직 은혜로 구원받는다는 내 말이 인기가 없는 주장임을 나도 안다.

율법과 은혜도 "양시론"이 아니라 "양자택일"의 문제다. 하지만 나는 은혜와 공로, 믿음과 행위, 자비와 인간의 의를 혼합할 수 있다고 생각하는 사람들을 너무 많이 보았다. 그것은 틀린 생각이다! 행위로 구원받으려는 사람은 태어나는 순간부터 죽는 순간까지 율법 전체를 완벽하게 지켜야 한다. 야고보서 2장 10절에 보면 "누구든지 온 율법을 지키다가 그 하나를 범하면 모두 범한 자가 되나니"라고 했다. 그것으로 게임은 끝나고 낙원은 상실된다. 율법을 어기는 순간 인간은 율법의 심판 아래로 떨어진다. 본문에서 바울은 그것을 "율법의 저주"라 표현했다.

갈라디아서 3장 10절부터 바울은 계속되는 구약의 논증으로 믿음의 삶을 옹호한다. 그의 설명처럼 율법은 구원에 뭔가를 더해주기는커녕 오히려 의를 불가능하게 만든다. 왜 그런가? 율법으로 살려는 사람들은 어쩔 수 없이 "실수가 많"기 때문이다(약 3:2). 구약에도 똑같이 선포되어 있다. "선을 행하고 전혀 죄를 범하지 아니하는 의인은 세상에 없기 때문이로다"(전 7:20). 그러므로 율법은 율법을 따르는 사람들을 완전히 의롭게 하기는커녕 오히려 형벌 아래에 둔다. 사도 바울이 "죄의 삯은 사망"이라고 말한 것과 같다(롬 6:23).

갈라디아서 3장 10절에 바울은 신명기 말씀을 비슷하게 풀어써서 율법 자체가 절대적 의를 요구함을 예시한다. "이 율법의 말씀을 실행하지 아니하는 자는 저주를 받을 것이라"(신 27:26). 보다시피 바울은 이 정죄의 저주를 "무릇 율법 행위에 속한 자들"에게 적용한다(갈 3:10). 유대주의자들처럼 율법을 지켜 하나님을 기쁘시게 할 수 있다고 생각하는 모든 사람은 사실 자기 자신을 정죄하는 것이다. 율법의 전부를 지키지 못하기 때문이다.

요즘 일부 신학 진영에서 모세 율법을 도덕법, 시민법(또는 사회법), 의식법(또는 전례법) 등 셋으로 구분하는 풍조가 있음을 나도 알고 있다. 그들에 따르면 도덕법은 주로 십계명을 가리키며 하나님의 불변하는 도덕적 원리들이 반영된 것이다. 그래서 신자들까지 포함하여 모든 사람이 그것을 지켜야 한다. 모세 율법의 시민법 또는 사회법 부분은 이스라엘이라는 한 나라를 통치하는 규정들을 가리킨다. 예컨대 노예, 외국인, 범죄자를 대우하는 법이 여기에 해당한다. 끝으로 율법의 의식법 또는 전례법은 주로 레위기에 기술된 세부적인 제사 예배에 해당하며 제사장직의 직무를 규정한다. 이렇게 율법을 세 부분으로 나누는 그리스도인들은 율법의 시민법과 의식법 부분이 폐지되었다고 주장한다. 시민법은 이스라엘 특유의 신정(神政) 체제가 끝났기 때문에 폐지되었고, 의식법은 성전 예배가 죄를 위해 단번에 제물로 드려진 그리스도로 대체되었기 때문에 폐지되었다는 것이다. 그러면서 그들은 율법의 도덕적 측면만은 그리스도인들이 여전히 지켜야 한다고 말한다. 사생활과 사회윤리 문제를 지배하는 "하라, 하지 말라"는 계속 유효하다는 것이다.

율법의 이런 3분법에 대한 명백한 가르침은 성경 어디에도 없다. 오히려 앞서 보았듯

묵상의 서재

율법주의의 도끼에 맞선 싸움

1976년에 나는 아내와 함께 미국 독립 200주년을 기념하여 워싱턴 DC를 여행했다. 일행과 함께 우리는 웅장한 토머스 제퍼슨 기념관 안을 둘러보았다. 정말 놀라운 광경이었다! 하지만 기념관보다 더 감동적인 것은 토머스 제퍼슨이 1787년에 윌리엄 S. 스미스(William S. Smith)에게 보낸 편지에 쓴 이 말이다. "자유의 나무에는 수시로 애국자들과 압제자들의 피로 비료를 주어야 한다."[3] 다시 말해서 지금 누리고 있는 정치적 자유를 지키려면 우리는 분연히 일어나 싸워야 하며 자신의 위안과 만족을 희생할 각오를 해야 한다.

영적 자유도 마찬가지다. 그리스도인의 자유의 나무도 우리가 떠받치고 옹호해야 한다. 이 나무를 자라게 하는 천연 비료는 율법주의자들에게 다음과 같이 말하는 하나님 나라의 애국자들이다. "그것은 거짓말이다! 복음이 아니다! 복음은 하나님이 예수 그리스도를 통하여 주시는 값없는 선물이다. 그 외에 다른 어떤 복음도 나는 용납하지 않겠다."

거짓 복음인 행위의 복음을 전하는 사람들이 영적 도끼와 전기톱을 들고 우리 집의 대문을 두드리곤 한다. 그들은 내가 그리스도 안에서 누리는 자유를 마구 잘라 쓰러뜨리려 혈안이 되어 있다. 나는 단 한순간도 그들을 용납하지 않는다. 그때마다 그들은 은혜를 옹호하며 강경하게 맞서는 나에게 약간 놀라는 표정을 짓는다. 그들이 우리 동네의 다른 그리스도인들에게 얼마나 따뜻한 영접을 받았기에 그러는지 의아해진다.

성경을 믿는 교회들에도 싸울 만한 가치가 있는 것들을 잃어버린 그리스도인들이 많이 있다. 그렇다고 그들이 싸움 실력까지 잃어버린 것은 아니다. 아니, 우리에게는 여전히 싸움이 넘쳐난다! 다만 우리는 수고할 가치조차 없는 것들 때문에 잔소리를 하거나 트집을 잡거나 입씨름을 벌인다. 그러면서 정작 단호히 맞서 싸워야 할 것들에는 그냥 굴복한다. 바울이 그 당시에 직면했던 율법주의적 복음도 그중 하나다.

이 율법의 한 부분을 지키는 사람들은 다른 모든 부분도 지킬 의무가 있다는 것이 바울과 야고보의 공통된 주장이다. 우리는 입맛에 맞게 특정한 규칙과 규정만 골라서 지킬 권리가 없다. 그런데 유대주의자들은 바로 그 일을 하고 있었다. 그들은 그리스도를 믿는 믿음과 율법을 혼합함으로써 어떤 것은 택하고 어떤 것은 버렸다. 예컨대 할례는 택하고 동물 제사는 버렸다. **율법은 하나의 완성된 법체계다.** 따라서 율법으로 의를 얻으려면 모든 계명을 완벽하게 지켜야 한다. 가장 작은 명령 하나라도 지키지 못하면 이미 범법자가 되어 율법의 정죄 아래로 떨어진다(갈 3:10, 약 2:10-11).

요컨대 바울의 요지는 이것이다. 율법의 전부를 지키지 못하는 사람들은 모두 임박한 하나님의 심판 아래서 살아가는 것이다. 이것은 율법을 입맛에 맞게 고르는 유대주의자들의 기만적 접근과는 얼마나 다른가! 그들은 율법의 특정한 부분에 힘쓰면 하나님의 은총을 얻을 수 있다고 믿었다. 그러나 그 가르침은 하나님의 은혜와 자비에 대항하여 그분의 심판을 격동시킬 뿐이다.

이렇듯 구약은 율법에 대한 선별적 순종이 어리석은 일임을 보여주며, 율법의 전부를 지키지 못하는 사람들에게 하나님의 심판을 선고한다. 그뿐 아니라 구약은 율법이 주어진 이후에도 칭의가 믿음으로 이루어짐을 지적한다. 바울은 갈라디아서 3장 11절에 하박국 2장 4절 말씀을 인용한다. "또 하나님 앞에서 아무도 율법으로 말미암아 의롭게 되지 못할 것이 분명하니 이는 의인은 믿음으로 살리라 하였음이라."

하박국서의 본래 문맥을 보면 하나님은 남왕국 유다가 바벨론에 의해 망할 것을 이제 막 계시하셨다. 하박국이 이 소식에 깜짝 놀라자 하나님은 바벨론도 형벌을 면할 수 없다며 그를 안심시켜주신다. 잔인한 왕국 바벨론은 한동안은 자기 힘으로 승리하겠지만 궁극적 승리는 하나님께 있다. 주권자이신 하나님은 아무리 암담한 상황 속에서도 그분을 신뢰하는 그분의 사람들을 구원하실 것이다. 바울의 요지는 무엇인가? 국가적 언약인 율법 아래에 살던 구약의 이스라엘도 믿음으로 율법의 저주에서 해방되었다는 것이다! 비슷하게 영생도 교만하게 율법을 지켜 구원받으려는 사람들에게 주어지는 게 아니라 겸손히 의로운 대속자의 필요성을 인정하고 그분을 온전히 신뢰하는 사람들에게 주어진다.

이 대목에서 갈라디아 교인들의 모습이 눈에 떠오를 듯하다. 그들은 팔짱을 끼고 회의적인 눈초리로 바울을 빤히 쳐다보다가 약간 고자세로 대답한다. "좋습니다, 바울. 무슨 말인지 알겠습니다. 하지만 믿음에 행위가 더해지는 게 믿음만 있는 것보다 낫지 않습니까? 은혜에 율법이 더해지면 그리스도인의 삶이 축소되는 게 아니라 오히려 더 향상되지 않습니까? 어차피 율법도 복음처럼 하나님에게서 온 것입니다!"

바울은 믿음으로 말미암아 은혜로 구원받는 복음에 믿음과 율법이 혼합될 수 없음을 분명히 밝힌다. 그 둘은 상호 배타적이다. "율법은 믿음에서 난 것이 아니니"(갈 3:12). "의인은 믿음으로 살리라"고 한 하박국의 말과 반대로 율법은 레위기 18장 5절에 "율법을 행하는 자는 그 가운데서 살리라"(갈 3:12)고 선포한다. 이거야말로 앞서 말한 "흑백"의 문제 중 하나다. 당신은 믿음으로 말미암아 은혜로 구원받거나 율법으로 구원받거나 둘 중 하나다. 둘 다일 수는 없다. 하지만 은혜를 버리고 율법의 길을 택하기 전에 당신이 알아야 할 것이 있다. 우리가 율법의 모든 요구를 완벽하게 충족시킨다는 것은 불가능한 일이며, 따라서 율법의 길을 택하는 사람들은 결국 정죄를 면할 수 없다.

그러므로 믿음으로 말미암아 은혜로 구원받지 않고 다른 길로 구원받으려 하는—사실은 스스로를 구원하려 하는—사람들은 자신을 속이는 것이다. 율법을 지키려 애쓰면 그 결과로 복을 받는 게 아니라 오히려 저주 아래로 떨어진다. 그렇다면 믿음은 어떻게 우리를 율법의 저주에서 건져내는가? 바울의 말대로 그리스도는 **조금도 죄가 없이** 완벽하고 의로운 삶을 사셨지만 **율법의 저주를 받으셨다**(갈 3:13). 예수 그리스도는 "나무에", 즉 나무 십자가에 달려 죽으심으로써, 저주받은 사람이 율법대로 당해야 할 죽음을 경험하셨다. 이 점을 입증하려고 바울은 신명기 21장 22-23절에 나오는 원리를 언급한다.

> 사람이 만일 죽을 죄를 범하므로 네가 그를 죽여 나무 위에 달거든 그 시체를 나무 위에 밤새도록 두지 말고 그 날에 장사하여 네 하나님 여호와께서 네게 기업으로 주시는 땅을 더럽히지 말라 나무에 달린 자는 하나님께 저주를 받았음이니라.

예수 그리스도는 유일하게 율법을 완벽하게 충족시키신 분이지만 저주받은 죄인들이 받아야 할 벌을 자원하여 받으셨다. 그분 자신의 죄 때문이 아니라 실제로 그런 벌을 받아 마땅한 사람들—당신과 나—을 대신하여 죽으신 것이다. 갈라디아서 3장 13절에 바울이 사용한 "속량하셨으니"라는 단어는 헬라어로 *exagorazō*인데, "시장"을 뜻하는 *agora*라는 말이 합성된 이 단어는 사람을 사거나 몸값을 치른다는 뜻이다. 노예 시장에서 노예를 사는 것과 비슷하다. 그동안 우리는 율법에 예속되어 끊임없는 저주 아래에 있었으나 그리스도께서 우리를 대신하여 죽으심으로 값을 치르셨다. 율법의 저주에서 해방시켜 은혜의 새로운 삶으로 그리스도를 섬기게 하신 것이다.

죄가 없고 영광스럽고 거룩하고 영원하신 하나님의 아들이 완전한 천국을 떠나 죄로 물든 세상에 오셨다. 우리가 죄 때문에 마땅히 당해야 할 하나님의 심판을 그분이 자진해서 당하시고 우리에게 하나님 앞에서 의로운 신분을 주셨다. 우리 힘으로는 결코 얻을 수 없는 신분이다. 그분은 왜 그렇게 하셨는가? 바울은 두 가지 이유로 이번 단락을 마무리한다. 그리스도께서 자기 백성을 구원하시려고 값비싼 대가를 치르신 데는 두 가지 이유가 있다. 첫째, 그분이 우리를 구속하신 것은 창세기 12장 3절에서 아브라함에게 약속하신 구원의 복을 우리에게 주시기 위해서다. 둘째, 그분이 우리를 구속하신 것은 믿음으로 말미암아 성령을 선물로 주시기 위해서다.

우리는 비참한 죄인인지라 율법을 어기지 않고는 단 하루도 살아갈 수 없다. 하지만 하

Wikimedia Commons

아테네에 남아 있는 로마식 아고라. "시장"을 뜻하는 아고라는 헬라와 로마의 도시에서 상업의 중심지로서 옷부터 노예까지 무엇이든 살 수 있었다.

나님은 그런 우리를 수용하시기 위해 자신의 완전한 율법을 한 글자도 완화하실 필요가 없었다. 그분의 구원 계획은 달랐다. 오히려 그분은 아들을 보내 율법의 일점일획까지 우리를 위해 충족시키게 하셨고, 율법에 선고된 죽음을 우리를 위해 당하게 하셨다. 그런데 믿음으로 말미암아 은혜로 구원받은 사람이 왜 율법을 지켜 스스로 의를 이루려 한단 말인가? 그리스도께서 이미 율법을 충족시키고 구원을 다 이루셨는데 말이다. 율법주의로 퇴보하는 것은 복음에 맞서 하나님을 대적하는 일이다. 그분만이 은혜로 우리를 구원해주신다.

적용
퇴보를 막기 위한 대책

바울은 은혜를 떠난 퇴보를 신랄하게 비판하고 논박했다. 여기서 우리는 감히 무시해서는 안 될 세 가지 교훈을 배울 수 있다.

첫째, 구원은 값없는 선물이니 노력으로 얻으려 하지 말라. 은혜의 복음에 뭔가를 더하면 문제가 더 복잡해질 뿐이다. 조금이라도 노력으로 구원을 얻으려는 것은 하나님의 영광을 박탈하는 일이다. 은혜는 손을 내밀며 단순히 이렇게 말한다. "선물이니 그냥 받으라. 네가 은혜를 받기 위해 해야 할 일은 하나도 없다. 너는 나에게 빚진 것도 없으니 갚을 것도 없다." 그 말이 사실이니 그대로 받아들이라. 이 선물을 단순한 믿음의 행위로 단번에 받아들이고 또한 날마다 계속 받아들이라. 당신의 구원은 처음부터 끝까지-칭의부터 성화와 영화까지-그분의 손에서 받는 선물이다. 그 진리 위에 견고히 서라. 예수 그리스도께서 다 이루셨으니 전적으로 거기에 의지하라. 그분이 당신을 위해 다 해주셨다.

둘째, 율법주의는 사나운 적이니 그와 친구 하지 말라. 어떤 모양으로든 율법주의가 보이거든 그것을 멀리하라. 율법주의적 구원이든 율법주의적 성화든 모두 피하라. 그것의 말을 들어주지 말라. 율법주의는 합리적으로 접근해올 것이다. 성경 구절들을 (문맥에서 떼어내) 인용하며 율법의 덕과 행위의 선을 칭송할 것이다. 또한 두려움 같은 감정에 호소할 것이다. 그것은 "완전히 자유로운" 삶에 대한 두려움일 수도 있고, 하나님을 기쁘시게 해야 한다는 불안감일 수도 있다. 우리 모두는 율법주의를 멀리하고 성령과 가까이 동행하기로 결단해야 한다.

셋째, 퇴보는 일시적으로 미친 짓이니 변론하려 하지 말라. 바울은 갈라디아 교인들을 향해 "어리석도다"라고 하면서 뭔가가 "꾀"었기에 그들이 은혜를 떠나 퇴보한 것이라고 암시했다(갈 3:1). 내가 평생 동안 거듭 깨닫는 사실인데, 어떤 때는 단순히 오류를 지적하고 뒤로 물러나 나머지는 성령께 맡겨야 한다. 왜 그런가? 미친 짓과 변론하거나 논쟁하는 것은 미친 짓이기 때문이다. 오직 하나님만이 어리석음 대신 지혜를 주실 수 있다. 오직 성령만이 마법을 깨시고 명료히 보게 하실 수 있다. 퇴보한 사람의 사고를 우리는 결코 이해할 수 없다. 그는 은혜에서 떨어져나가 율법주의적 사고방식에 찌들어 있다. 그렇다면 궁극적인 답은 무엇인가? 기도하는 것이다. 당신의 입장을 고수하며 진리를 지적하라. 그다음에는 하나님이 역사하여 변화시켜주시도록 기도하라.

믿을 수 있는 약속(갈라디아서 3:15-22)

15형제들아 내가 사람의 예대로 말하노니 사람의 언약이라도 정한 후에는 아무도 폐하거나 더하
거나 하지 못하느니라 16이 약속들은 아브라함과 그 자손에게 말씀하신 것인데 여럿을 가리켜 그 자
손들이라 하지 아니하시고 오직 한 사람을 가리켜 네 자손이라 하셨으니 곧 그리스도라 17내가 이것
을 말하노니 하나님께서 미리 정하신 언약을 사백삼십 년 후에 생긴 율법이 폐기하지 못하고 그 약속
을 헛되게 하지 못하리라 18만일 그 유업이 율법에서 난 것이면 약속에서 난 것이 아니리라 그러나 하
나님이 약속으로 말미암아 아브라함에게 주신 것이라

19그런즉 율법은 무엇이냐 범법하므로 더하여진 것이라 천사들을 통하여 한 중보자의 손으로 베
푸신 것인데 약속하신 자손이 오시기까지 있을 것이라 20그 중보자는 한 편만 위한 자가 아니나 하나
님은 한 분이시니라 21그러면 율법이 하나님의 약속들과 반대되는 것이냐 결코 그럴 수 없느니라 만
일 능히 살게 하는 율법을 주셨더라면 의가 반드시 율법으로 말미암았으리라 22그러나 성경이 모든
것을 죄 아래에 가두었으니 이는 예수 그리스도를 믿음으로 말미암는 약속을 믿는 자들에게 주려 함
이라.

내가 약속한다. 이보다 더 큰 희망이나 더 큰 실망을 안겨주는 말은 별로 없다. 당신은 가족에게 디즈니월드로 여름휴가를 가기로 약속한다. 가족은 당신을 세상 최고의 부모로 떠받들며 환호한다. 그러다 며칠 후 당신은 휴가가 취소되었음을 알린다. 그럴 때는 미리 피신처를 찾아두는 게 좋을 것이다. 알다시피 사람들은 불과 몇 초 만에 흥분과 기쁨에서

실망과 절망으로 급변할 수 있다. 이 모두는 "내가 약속한다"라는 두 단어를 우리가 어떻게 대하느냐에 달려 있다.

이 두 단어에 그토록 감정이 팽배한 이유는 우리가 약속이 다반사로 어겨지는 세상에 살고 있기 때문이다. 파산과 이혼과 날려버린 기회와 지급 불이행까지 우리 모두는 약속의 부정적 측면을 경험으로 알고 있다. 우리 사회의 전체 피륙은 약속을 지키는 사람들에게 의존하고 있다. 그런데 피륙의 실밥이 갈수록 더 닳아지고 있다. 약속을 어기기 때문에 관계들이 깨지고 인생들이 망가지고 있다. 안타깝게도 사람의 약속은 그의 성품과 능력만큼만 유효하다. 약속을 이행할 역량과 정직한 성품을 겸비한 사람만이 온전한 신뢰의 대상이 될 수 있다. 반대로 성품이 부실하거나 형편상 능력이 부족하면 약속이 깨질 수 있다.

온전한 성품과 확고한 능력을 둘 다 보려면 흠 많고 나약한 인간에게서 눈길을 돌려 흠 없고 능하신 하나님을 보아야 한다. 하나님만이 자신의 사람들에게 약속을 지키실 능력도 있으시고 의향도 있으시다. 우리의 불순종을 포함하여 아무것도 그분의 무조건적인 약속을 무효로 돌릴 수 없다. 갈라디아서 3장 15-22절에 사도 바울은 시간을 초월하는 하나님의 신뢰성이 우리의 구원과 그리스도인의 삶에 미치는 영향을 설명한다. 그 과정에서 그는 우리가 율법주의의 부실한 약속을 거부해야 할 또 다른 이유를 제시한다. 율법주의는 율법을 지킴으로 복을 받는다고 약속한다.

—3:15-18—

지금까지 이 편지에서 바울은 "사람이 의롭게 되는 것은 율법의 행위로 말미암음이 아니요 오직 예수 그리스도를 믿음으로 말미암는"다는 진리로 갈라디아 교인들을 질타했다(갈 2:16). 그는 이 기본 교리를 대적하는 적들을 "저주를 받"은 사람들이라 했고(1:8-9), 이 진리의 명료성을 흐리는 사람들을 향해 "어리석도다"라고 했다(3:1). 갈라디아 교인들은 자신들에게 구원을 준 그 메시지를 어떻게 버릴 수 있단 말인가(3:1-5)? 히브리 민족의 조상인 아브라함도 율법이 아니라 믿음으로 의롭다 함을 얻었다(3:6-9)!

물론 유대주의자들은 매번 대꾸할 말이 있었다. 바울이 믿음의 조상 아브라함을 예로 든 데 대해서도 그들의 반응이 귀에 들릴 듯하다. "좋다, 아브라함은 믿음으로 의롭다 함을 얻었다 치자. 하지만 그것은 시내 산에서 모세 율법이 주어지기 전이었다. 일단 율법이 오고나서는 옛것은 가고 새것이 시작되었다. 이전에 온 모든 것이 율법으로 대체되었다. 아브라함이 믿음으로 구원받았다면 왜 하나님이 말 그대로 수백 가지의 규칙과 규정을 더하여 일을 복잡하게 만드시겠는가?"

이 필연적 질문에 답하고자 바울은 이제 복음과 율법의 관계로 주의를 돌린다. 믿음으로 복을 받는 복음은 아브라함에게 약속된 반면, 율법은 모세에게 주어졌다. 3장 16절에서 바울의 초점은 아브라함의 구원 체험에 있지 않고 그 이상에 있다. 그는 모든 신자의 구원처럼 아브라함의 칭의도 하나님의 무조건적 언약에 기초한 것임을 보여준다. 이 약속은 믿음으로 말미암아 은혜로 죄인들에게 구원을 주시려는 하나님의 영원한 계획이다. 아브라함보다 몇 세기 후에 등장한 모세 율법은 하나님이 세우신 본래의 계획을 결코 폐기할 수 없다. 구원이란 믿음으로 말미암아 은혜로 받는 것이다. 그런데 우리 중 많은 사람들을 괴롭히는 질문이 있다. 그렇다면 율법은 왜 주신 것인가(3:19)? 요컨대 바울은 바로 이 질문에 답하고 있다.

갈라디아서 3장 15-18절에 율법의 부정적 측면, 즉 율법이 할 수 없는 일이 강조된다. 탁월한 교사인 바울은 우선 하나님의 구속 계획에서 율법이 하는 역할을 설명하고자 인간의 언약과 하나님의 언약의 유사점을 지적한다. 성경의 "언약"이라는 말에는 몇 가지 뉘앙스가 있다. 히브리어 단어 "베리스"(*berith*)는 법적 구속력을 갖는 인간의 단순한 "계약"이나 "협약"을 가리킬 수 있다(창 21:27). 그런가 하면 하나님의 무조건적인 약속을 가리킬 수도 있다. 이미 노아와 맺으신 언약에서 그것을 볼 수 있다(창 6:18, 9:9). 언약은 아브라함과 아비멜렉처럼 대등한 두 당사자 사이에 이루어질 수도 있다. 이 경우에는 쌍방이 대등하게 계약의 자기 몫을 지킬 책임이 있으며, 책임을 이행하지 않으면 응분의 대가를 감수해야 한다. 또한 언약은 하나님과 인간처럼 대등하지 않은 두 당사자 사이에 이루어질 수도 있다. 이 경우에는 수여자이신 하나님이 처음부터 이미 결말을 아시는 상태로 계약에 들어가시며, 궁극적으로 모든 책임을 떠맡아 그분의 때에 그분의 방식으로 약속을 지키신다.

그럼에도 언약은 쌍방에게 일정한 의무를 부과하며, 계약을 파기할 경우에 당할 벌칙도 명시된다. 지금과 마찬가지로 그때도 언약은 흔히 엄숙한 의식을 통해 체결되었다. 우리에게는 이상해 보일 수 있으나 아브라함 당시에는 언약을 체결하는 방식 중 하나로 계약의 두 당사자가 동물을 잡아 쪼개놓고 그 가운데로 지나갔다. 어느 쪽이든 언약을 어길 경우에 당할 일을 그렇게 상징적으로 표현한 것이다. 하나님도 아브라함과 언약을 맺으실 때 그런 의식을 행하셨다. "여호와께서 그에게 이르시되 나를 위하여 삼 년 된 암소와 삼 년 된 암염소와 삼 년 된 숫양과 산비둘기와 집비둘기 새끼를 가져올지니라 아브람이 그 모든 것을 가져다가 그 중간을 쪼개고 그 쪼갠 것을 마주 대하여 놓고"(창 15:9-10).

그런데 이 언약을 맺는 과정에서 뜻밖의 일이 벌어졌다. 원칙대로라면 아브라함이 계약의 자기 몫을 지킨다는 다짐의 표시로 동물 사이를 지나가야 했다. 하지만 하나님은 아브라함에게 그것을 명하지 않으시고 자신이 친히 가시적 형태로 임하셔서 언약을 혼자 떠맡으셨다. "해가 져서 어두울 때에 연기 나는 화로가 보이며 타는 횃불이 쪼갠 고기 사이로 지나더라 그 날에 여호와께서 아브람과 더불어 언약을 세워 이르시되"(창 15:17-18).

이렇듯 하나님은 혼자 의무를 지셨고, 아브라함과 그의 자손에게 언약하신 여러 가지 약속들을 일방적으로 지키기로 하셨다. 이 말은 언약의 수혜자인 히브리 민족의 순종이나 불순종과 무관하게 어느 날 하나님이 자신의 약속을 이행하신다는 뜻이다. 그분은 약속을 지키시는 분이다. 물론 아브라함 이후의 각 세대가 언약의 복을 경험하려면 믿음과 순종의 반응을 보여야 한다. 하지만 바울이 로마서 3장 3-4절에 말한 대로 설령 그들이 불신하고 불순종한다 해도 언약 자체를 폐할 수는 없다. "어떤 자들이 믿지 아니하였으면 어찌하리요 그 믿지 아니함이 하나님의 미쁘심을 폐하겠느냐 그럴 수 없느니라."

바울 시대에 헬라어의 언약(*diathēkē*)이라는 단어는 유언의 뜻으로도 쓰였다. 그는 3장 15절에 사람의 예대로 말하면서 언약의 이행이 얼마나 중대한 일인지 지적한다. 여기서 바울은 유대인의 통상적 논법을 써서 소에서 대로 의미를 확장시킨다. 논증은 다음과 같다. 인간들이 계약의 정당한 시행을 그토록 중시한다면 하나님은 얼마나 더 계약의 의무를 이행하시겠는가! 아무도 그 언약을 무시하거나 새로운 조항을 더하거나 어떤 식으로든 수정할 수 없다.

이것을 우리의 경우에 대입하여 생각해보라. 일단 당신이 증인들과 공증인 앞에서 유언장에 서명했으면 당신이나 어느 누구도 그것을 고칠 수 없다. 그냥 수혜자의 이름을 지워 버리거나 기분 내키는 대로 새로운 상속자를 써넣을 수 없다. 유언은 수정될 수 없다. 정식으로 폐기한 후에 전혀 새로운 유언장으로 대체할 수 있을 뿐이다. 물론 그러려면 처음과 같이 모든 공식 절차를 밟아야 한다. 계약과 언약과 협약은 위반되거나 폐기되지 않는 한 철저히 유효하다.

16절에서 바울은 인간의 언약이라는 일반적 예화에서 특수한 약속으로 넘어간다. 이 특수한 약속은 하나님이 아브라함과 맺으신 불변의 언약 속에 들어 있었다. 잊지 말라. 아브라함 언약에 약속된 것은 기본적으로 세 가지, 즉 땅과 자손과 복이었다. 약속의 땅은 아브라함과 그의 자손에게 주어졌다. 이 자손은 언약을 물려받아 다시 그 다음 자손에게 대대로 전수했다. 아울러 이 언약과 더불어 임하게 될 복은 히브리 민족을 넘어 이방인의 모든 나라로 퍼져나간다.

성경에 하나님의 언약이 여러 번 표현되어 있는데 그중에서 바울은 창세기 13장 15절

언약을 지키시는 하나님

성경의 앞부분을 조금만 읽어도 알 수 있듯이 하나님은 언약을 통해 자신의 사람들을 상대하신다. 성경학자들은 흔히 하나님이 맺으시는 언약을 "조건적인" 것과 "무조건적인" 것으로 구분하신다. 이는 계약의 일부를 지켜야 할 인간 쪽의 책임이 어느 정도인가에 따라 달라진다. 예컨대 하나님은 노아에게 다시는 물로 세상을 멸하지 않겠다고 약속하셨는데 여기에는 조건이 없었다. 이 약속이 이행되기 위해 하나님이 노아에게 요구하신 일이 전혀 없었다(창 9:9-11). 반면에 모세 율법의 언약은 명백히 조건적이었다. 이스라엘 백성이 하나님께 복을 받고 불순종으로 인한 저주를 면하려면 모든 명령을 지킬 의무가 있었다(출 24:7). 아브라함 언약도 하나님이 약속 이행의 의무를 혼자 떠맡으셨으므로 무조건적이었다(창 15:17-18). 그래도 언약의 복을 경험하려면 아브라함과 그의 자손이 신뢰하고 순종해야 했다(창 26:4-5).

홍수 이후에 하나님이 인류와 언약을 맺으신 역사를 쭉 보면 모든 언약이 예수 그리스도를 통한 궁극적 성취를 지향하고 있음을 알 수 있다.

- 노아와 맺으신 언약을 통해 하나님은 다시는 홍수로 세상을 멸하지 않겠다고 약속하셨다(창 9:8-17). 택하신 자들을 영적으로 구원하시기 위해 인류를 육적으로 보존하기로 하신 것이다.
- 나중에 하나님은 아브라함에게 그의 자손이 별처럼 많아지게 하실 것과 그에게 약속의 땅을 주실 것과 그를 통하여 모든 민족에게 복을 주실 것을 언약하셨다(창 12:1-3).
- 시내 산에서 모세의 지도 아래 이스라엘 백성은 하나님의 율법에 순종하기로 약속했다. 그분이 규정하신 조건적 언약에 합의한 것이다(출 24:3). 이렇게 한시적으로 제정된 율법은 아브라함 언약의 복이 이루어질 때까지 이스라엘 나라를 존속시키는 역할을 한다.
- 하나님이 다윗과 맺으신 언약은 아브라함 언약을 확장한 것으로, 아브라함에게 약속된 복이 다윗 왕가를 통해 성취될 것을 명시하고 있다(삼하 7:12, 16, 22:51).
- 끝으로 "새 언약"의 중보이신 예수 그리스도께서 오셨다. 지금까지의 언약을 통한 하나님의 모든 약속은 궁극적으로 그분 안에서 성취된다(눅 22:20).

을 인용하여 논증한다. 거기 보면 하나님은 모든 땅을 "내가 너와 네 자손에게 주리니 영원히 이르리라"고 약속하셨다. "자손"으로 번역된 히브리어 단어 *zera*는 영어의 "offspring"(자손)처럼 단수와 복수의 형태가 동일하다. 따라서 문맥에 따라 자손 한 명을 의미할 수도 있고 다수의 자손을 의미할 수도 있다. 바울이 알고 있었듯이 아브라함의 경우 "자손"에 관한 약속의 정확한 성취는 아브라함 이후의 특정한 세대에 따라 달라진다. 예컨대 바로 다음 세대에서는 그의 아들 이삭만이 언약의 복을 받을 단일한 자손이었다. 다음에 이 약속은 이삭의 아들 야곱에게 전수된다. 역시 한 사람의 자손이다. 야곱 이후에 아브라함 언약은 단일한 자손에서 복수의 자손으로 넓어진다. 바로 이스라엘 열두 지파의 족장이라고도 하는 야곱의 열두 아들이다. 이렇듯 "자손"에 대한 약속은 한 명의 자손을 의미할 수도 있고 다수의 자손을 의미할 수도 있다.

바울이 논증하듯 하나님이 아브라함의 "씨" 또는 "자손"과 맺으신 언약의 궁극적 성취는 먼 훗날의 예수 그리스도를 내다보고 있다. 모든 약속과 언약은 아브라함의 궁극적 "씨"이신 그분 안에서 성취된다. 하나님의 관점에서 볼 때 아브라함 언약은 히브리 민족을 약속의 땅에 정착시키시는 데서 끝나지 않는다. 거기에는 민족이나 인종의 혈통과 무관하게 온 땅의 모든 족속을 복 주시는 일까지 포함되어 있다. 그러므로 아브라함의 궁극적 "씨"로 약속되신 오직 한 분 예수 그리스도를 통해 누구나 다 아브라함 언약의 영적 상속자가 될 수 있다.

당신은 예수 그리스도를 믿는 신자로서 자신이 아브라함의 영적 자손임을 알고 있는가? 성령의 세례를 통해 그리스도와 영적으로 연합함으로써 당신도 예수 그리스도와 똑같이 약속의 상속자가 되었다. 그러므로 하나님이 아브라함과 맺으신 언약은 당신에게도 성취되었다. 당신을 하나님의 가족이 되게 한 것은 율법이 아니라 약속이다.

바울은 17-18절에서 요지를 더욱 부각시킨다. 아브라함 언약과 모세 율법 사이에 430년이라는 세월이 흘렀으나 후자가 전자를 대체하거나 무효화한 것이 아니다. 율법은 옛 언약을 폐기하는 새 언약이 아니다(3:17). 하나님의 약속은 무조건적이었다. 말 그대로 아무런 조건도 붙어 있지 않았다. 따라서 율법이 계시되어 하나님의 언약 백성의 "국법"으로 제정된 후에도 율법은 아브라함에게 주어진 약속을 폐기하거나 변개하지 않았다. 둘은 서로 충돌하지 않고 나란히 함께 존재했다. 예를 들어 설명하면 이렇다.

아기를 입양하는 부모는 번복할 수 없는 계약을 맺는다. 부모와 입양 자녀의 관계는 친

자녀의 경우와 똑같이 확고부동하다. 사실 부모는 이런 내용의 무조건적 언약에 서명하는 셈이다. "우리는 너의 부모이고 너는 우리의 자녀다. 그것으로 끝이다." 하지만 입양된 아기가 자라는 동안 가족관계의 질서를 위한 규칙과 규정이 생겨난다. "이렇게 하지 마라. 저것은 안 된다. 방을 치워라. 쓰레기를 버려라. 밤 11시까지 집에 들어와라. 규칙을 지키면 용돈을 받는다. 순종하지 않으면 결과를 감수해야 한다."

어느 가정에나 그런 규칙들이 있지 않은가? 이는 일종의 "조건적 언약" 관계다. "이렇게 하면 저렇게 된다"는 약속이다. 그런데 이 부모가 입양 자녀에게 이렇게 말한다고 생각해보라. "오늘 네가 방 청소를 하지 않으면 우리는 입양 서류를 찢어버리겠다! 11시가 넘어서 집에 들어오면 너는 더 이상 우리의 자녀가 아니다." 이 부모는 서로 다른 언약을 혼동하는 끔찍한 과오를 범하는 것이다. 일상생활에 필요한 집안의 규칙은 가족관계를 형성하는 기본 언약과는 전혀 무관하다.

그것이 갈라디아서 3장 18절에서 바울이 말하려는 요지다. 복을 유업으로 받는 근거는 약속이다. 하나님이 아브라함에게 주신 무조건적 약속을 통해 번복할 수 없는 영원한 관계가 형성되었다. 그런데도 유대주의자들은 유업의 기초가 율법이라고 주장했다! 이는 하나님의 계획과 목적에서 율법이 맡은 기능을 완전히 오해한 결과다.

—3:19-20—

바울의 이 결론은 유대주의자들이 내놓을 수 있는 또 다른 반론에 대한 답이기도 하다. "바울이여, 당신의 가르침은 아브라함과 그리스도를 너무 바짝 붙여놓아 모세와 율법은 비집고 들어갈 틈이 없다. 그렇게 되면 율법은 마치 혼란만 야기하는 이물질처럼 무용지물이 되고만다. 하나님이 괜히 시간만 낭비하셨을 리는 만무하지 않은가? 그러면 율법은 왜 있는 것인가?"

여기서 바울은 율법의 목적을 명확히 밝힌다. 율법은 "범법하므로"라는 분명한 이유 때문에 기존의 언약 관계에 "더하여진 것"이다(3:19). 그것이 율법의 목적이다. 율법에는 실제적 기능과 신학적 기능이 함께 있었다. 첫째, 율법은 혼돈 속에 질서를 이루어냈다. 율법은 신생국 이스라엘이 이집트를 떠난 후로 배교에 빠져들지 않게 하려고 그들에게 더해진 규정이다.

둘째, 율법은 하나님의 백성에게 그분의 의로운 기준을 명확히 보여주었다. 그렇게 그들의 죄성을 드러내 그분의 자비와 은혜에 의지하도록 인도하는 역할을 했다(롬 3:19-20, 5:20-21). 하나님이 본래 율법을 주신 의도는 구원의 방법을 제시하시는 게 아니라 구원의 필요성을 드러내시는 것이었다. 이 두 가지 기능 모두에서 율법은 "약속하신 자손이 오시기까지"로 유효 기간이 정해져 있는 한시적 장치였다(갈 3:19).

바울이 천사들을 언급한 말은 시내 산에서 율법이 주어질 때 "중보자" 모세와 더불어 천상의 존재들도 개입되었음을 강조해준다(출 23:20-23, 20:18-21). 율법이 주어질 때 천사들이 개입된 사실은 다른 본문들에도 언급되어 있다(신 33:2, 행 7:53, 히 2:2). 이것은 바울이 율법을 모욕한다는 이유로 적들이 그를 비난할 수 없는 또 다른 이유다. 그는 율법이 하나님의 위대한 종인 모세를 통해서만 아니라 또한 천사들을 통해 주어졌음을 공공연히 인정했다. 율법의 기원은 하늘이며 따라서 율법은 거룩하고 선한 것이다. 잊지 말라, 바울은 지금 율법을 비방하거나 거부하는 게 아니다. 오히려 하나님의 계획이 성취되는 전체 과정에서 율법을 제자리에 두는 것이다.

갈라디아서 3장 20절에 대해서는 수많은 해석이 존재한다. 나는 이것이 조건적인 모세 율법(두 당사자 사이에 중재자가 있었다는 사실이 그 증거다)과 무조건적인 아브라함 언약(하나님이 단독으로 아브라함과 언약을 맺으셨다는 사실이 그 증거다)을 대비하는 말이라 믿는다.[4] 어느 경우든 바울은 약속이 율법보다 우위에 있음을 재차 강조하고 있다. 약속은 일방적이고 무조건적이지만 율법은 쌍방적이고 조건적이다. 그런데 무엇 때문에 우월하고 영원한 것을 버리고 열등하고 한시적인 것을 택하겠는가?

—3:21-22—

이렇게 바울이 하나님의 계획에서 율법이 차지하는 목적을 밝혔는데도 유대주의자들은 여전히 반론을 제기했을 것이다. 그들은 사도가 율법을 하나님의 선한 약속과 모순되며 따라서 사실상 악한 것이라 가르친다고 그를 비난했을 것이다. 율법과 약속은 서로 반대되는가? 조화를 이루지 못하는가? 서로 무관한가? 경쟁 관계인가?

바울은 율법이 약속을 위해 최선의 역할을 다했다고 말한다. 인간에게는 하나님과 영원히 함께 지낼 자격이 전혀 없음을 율법이 깨우쳐주기 때문이다. 사실 능히 살게 하는 율법이란 주어질 수 없다(3:21). 하나님의 의로운 기준에 문제가 있어서가 아니라 우리에게 근본적으로 문제가 있기 때문이다! 성경에 계시된 율법은 "모든 사람을 죄 아래에 가두었"다(3:22, NASB). 즉, 율법은 우리에 관한 나쁜 소식을 계시해준다. 우리가 죄인이며 선천적으로는 물론(엡 2:3) 본인의 선택을 통해서도(롬 3:23) 거룩하신 하나님과 분리되어 있다는 사실이다.

요컨대 율법은 우리의 죄를 보여주지만 복음은 죄의 형벌에서 벗어나 생명을 얻는 길을 보여준다. 그런 의미에서 율법과 복음은 상호 보완의 관계다. 마치 우리의 시선을 그리스도께로 향하게 해주는 하나님의 양손과도 같다. 존 스토트는 이렇게 썼다.

> 율법이 우리를 쳐서 상하게 해야 비로소 우리는 상처를 싸맬 복음의 필요성을 인정하게 된다. 율법이 우리를 체포하여 옥에 가두어야 비로소 우리는 자신을 해방시켜 주실 그리스도를 갈구하게 된다. 율법이 우리를 정죄하고 죽여야 비로소 우리는 칭의와 생명을 얻고자 그리스도를 부르게 된다. 율법이 우리를 자신에 대한 절망으로 몰아가야 비로소 우리는 예수님을 믿게 된다. 율법이 우리를 지옥에까지 낮추어야 비로소 우리는 자신을 천국으로 올려줄 복음으로 돌아서게 된다.[5]

율법과 복음은 구원의 두 가지 길이 아니라 하나님이 구원의 유일한 길을 우리에게 가리켜 보이시는 두 가지 방편이다. "이는 예수 그리스도를 믿음으로 말미암는 약속을 믿는 자들에게 주려 함"이다(3:22).

적용

단 하루도 지킬 수 없는 율법

율법을 지키기란 정말 불가능한 것일까? 정말 훈련되고 집중되고 헌신되어 있다면 최소한 십계명이라도 지킬 수 있지 않을까? 살인이나 간음이나 거짓 증언이나 심지어 안식일을 범하지 않기란 얼마나 어려운 일일까? 당신의 삶을 생각해보라. 당신은 살인한 적이 있는가? 부부간의 정절을 어긴 적이 있는가? 법정에서 위증한 적이 있는가? 아마 당신은 꽤 깨끗해 보일 것이다.

하지만 예수께서 이런 계명들을 완벽하게 지키는 데 꼭 필요하다고 말씀하신 생활방식을 생각해보자. 마태복음 5장을 펴서 잠시 21-22절과 27-28절을 읽어보라. 예수께서 율법에 대해 뭐라고 말씀하시는가? 율법을 지키려면 그냥 겉으로만 따르면 되는가? 아니면 생각과 동기가 온전히 순결해야 하는가?

이번에는 출애굽기 20장으로 넘어가 1-17절에 나열된 십계명을 읽어보라. 예수께서 설명하신 기준으로 볼 때 당신은 십계명 가운데 몇 개나 지켰는가? 전부 지켰는가? 대부분 지켰는가? 하나도 지키지 못했는가?

솔직해지자. 우리는 십계명을 전부 어겼다. 그중 하나도 마음과 생각으로 완벽하게 지키지 못했다. 우상이 없는 사람은 아무도 없다. 우리는 다 사람과 새물과 급한 일을 하나님보다 중시했고, 거짓말을 했고, 만족을 모른 채 남의 것을 탐했다. 기억나는 죄만 해도 그 정도다! 그러니 죄짓는 줄도 모르면서 생각과 행동으로 지은 모든 죄를 상상해보라.

이쯤 해서 당신은 내가 십계명을 쭉 나열하면서 당신에게 이렇게 권하겠거니 생각할지 모른다. 당신의 성적을 솔직히 평가해서 그중 최악으로 나온 부분들을 열심히 개선하라고 말이다. 하지만 나는 그렇게 권할 생각이 조금도 없다. 오히려 나는 우리 모두가 마침내 율법을 제대로 존중했으면 좋겠다. 율법은 기준이며 그 기준에 대면 우리는 다 미달이다. 그래서 우리는 솔직히 고백해야 한다. 당신과 나는 율법을 지킬 수 없다! 일주일은커녕 단 하루도 지킬 수 없다.

하지만 우리 대신 율법을 지켜주신 분이 계시니 하나님을 찬양하라! 예수 그리스도는 죄가 없으셨고 죄를 알지도 못하셨고 죄를 짓지도 않으셨다. 그분의 모든 생각과 동기와 행동은 하나님의 율법에 부합되었다. 그분은 늘 이 땅의 부모를 공경하셨고 아무것도 하늘 아버지보다 앞세우지 않으셨다. 그분은 안식일을 꼭 지키셨고 한 번도 거짓말을 하신 적이 없다. 우리가 죄 때문에 얻지 못하는 의로운 삶을 예수 그리스도께서 대신 얻어주셨다. 그분의 의로 옷입은 우리는 재판장이신 하나님 앞에 설 때 율법을 완벽하게 지킨 사람들로 서게 된다. 하나님은 우리를 보실 때 아들 예수님의 흠 없는 순종을 보신다. 그리고 그것을 온전히 받아주신다.

책장을 더 넘기기 전에 지금 잠시 율법에서 눈을 돌려 주님을 보라. 당신의 힘으로 이루려던 개혁에서 눈을 돌려 그리스도께서 이루신 구속을 보라. 율법의 정죄에서 눈을 돌려 믿음으로 말미암는 은혜의 구원을 보라.

율법에서 믿음으로: 그리스도 안에서 받은 우리의 새로운 신분 (갈라디아서 3:23–4:11)

23믿음이 오기 전에 우리는 율법 아래에 매인 바 되고 계시될 믿음의 때까지 갇혔느니라 24이같이
율법이 우리를 그리스도께로 인도하는 초등교사가 되어 우리로 하여금 믿음으로 말미암아 의롭다 함
을 얻게 하려 함이라 25믿음이 온 후로는 우리가 초등교사 아래에 있지 아니하도다 26너희가 다 믿음
으로 말미암아 그리스도 예수 안에서 하나님의 아들이 되었으니 27누구든지 그리스도와 합하기 위하
여 세례를 받은 자는 그리스도로 옷 입었느니라 28너희는 유대인이나 헬라인이나 종이나 자유인이나
남자나 여자나 다 그리스도 예수 안에서 하나이니라 29너희가 그리스도의 것이면 곧 아브라함의 자손
이요 약속대로 유업을 이을 자니라

4:1내가 또 말하노니 유업을 이을 자가 모든 것의 주인이나 어렸을 동안에는 종과 다름이 없어서
2그 아버지가 정한 때까지 후견인과 청지기 아래에 있나니 3이와 같이 우리도 어렸을 때에 이 세상의
초등학문 아래에 있어서 종 노릇 하였더니 4때가 차매 하나님이 그 아들을 보내사 여자에게서 나게
하시고 율법 아래에 나게 하신 것은 5율법 아래에 있는 자들을 속량하시고 우리로 아들의 명분을 얻
게 하려 하심이라 6너희가 아들이므로 하나님이 그 아들의 영을 우리 마음 가운데 보내사 아빠 아버
지라 부르게 하셨느니라 7그러므로 네가 이 후로는 종이 아니요 아들이니 아들이면 하나님으로 말미
암아 유업을 받을 자니라

8그러나 너희가 그 때에는 하나님을 알지 못하여 본질상 하나님이 아닌 자들에게 종 노릇 하였더
니 9이제는 너희가 하나님을 알 뿐 아니라 더욱이 하나님이 아신 바 되었거늘 어찌하여 다시 약하고
천박한 초등학문으로 돌아가서 다시 그들에게 종 노릇 하려 하느냐 10너희가 날과 달과 절기와 해를
삼가 지키니 11내가 너희를 위하여 수고한 것이 헛될까 두려워하노라.

우리 모두는 강제 노동 수용소의 죄수로 태어났다. 사회적 신분, 종교적 양육, 인종, 민족, 성별, 지능과 관계없이 당신과 나는 자라날 때부터 발에 족쇄가 채워져 있었고, 등에서 혹독한 감독의 눈길이 떠나지 않았다. 감독은 율법이고 족쇄는 우리의 죄다. 그렇다면 고

된 노역은 무엇인가? 사망과 정죄 속으로 점점 깊이 빠져드는 우리 자신의 노력이다.

갈라디아서 3장 22절에 보면 "성경이 모든 사람을 죄 아래에 가두었으니"라고 했다(NASB). 리안 모리스(Leon Morris)는 이렇게 말한다. "여기 '가두었다'라는 동사는 옥에 갇힌 상태를 의미한다. 이것은 그저 사람들이 해서는 안 될 일을 어쩌다 한 번씩 한다는 뜻이 아니라 아예 죄의 포로라는 뜻이다."[6] 이 딜레마는 "모든 사람"에게 해당된다. 누구도 죄의 속박을 피할 수 없으며 단 한 영혼도 나만은 예외라고 주장할 수 없다. 모든 인간은 영적으로 "옥중에서" 태어났다. 그 상태로 율법은 재판장의 의사봉처럼 이렇게 판결했다. "너는 죄인이다. 유죄가 선고되었다." 그동안 율법의 기준에 따라 자신을 개혁하려던 모든 시도는 헛된 물거품으로 끝났다. 율법의 계명들은 깐깐한 가석방 위원회라도 되는 양, 우리가 자신을 정당화하려 할 때마다 우리의 모든 결점과 위반을 물고 늘어진다.

하지만 갈라디아서 3장 22절은 우리가 죄의 감방에 버려져 썩어가게 두지 않는다. 이 구절은 해방의 희망을 적시에 상기시킨다. 그것은 바로 예수 그리스도를 믿음으로 말미암아 은혜로 받는 구원이다. 이 구절에는 또한 율법의 참된 목적도 강조되어 있다. 율법의 요구가 가차 없음은 "예수 그리스도를 믿음으로 말미암는 약속을 믿는 자들에게 주려 함"이다(3:22). 다음 몇 구절에서 바울은 율법의 목적이 사람을 인도하여 그리스도를 믿게 하는 것임을 또 다른 비유를 통해 설명한다. 본문을 좀 더 자세히 살펴보자.

—3:23–24—

이 두 구절에서 바울은 율법을 간수와 교사에 비유한다. 은혜의 선물인 믿음을 받기 전에 우리 죄인들은 율법 아래에 "매인 바" 되었다. "매인 바"로 번역된 흥미롭고 발음하기 힘든 헬라어 단어 *phroureō*는 군인들이 포로를 감시하는 것처럼 "감시한다"는 뜻이다. 고린도후서 11장 32절에도 바울은 똑같은 단어를 써서 도시를 감시하는 군 병력을 표현했다.

감시원에도 긍정적인 것과 부정적인 것 두 종류가 있다. 긍정적 의미의 감시원은 우리를 보호하도록 배치되는 사람이다. 우리에게 해가 미치지 못하도록 막아주는 보디가드가 그런 경우다. 부정적 의미의 감시원은 우리를 포로로 잡아두도록 배치되는 사람이다. 탈옥을 막는 간수가 그런 경우다. 이 경우 율법은 우리를 막아 참된 자유를 얻지 못하게 한다.

3장 23절에서 바울은 이 단어를 부정적 의미로 썼다. 같은 구절 후반부를 보면 그것이 분명해진다. 율법 아래에 매여 있는 사람들은 “믿음의 때까지 갇혔”다. 물론 율법이 우리를 믿음으로부터 보호해줄 필요는 없었다. 그런데 율법은 우리를 막아, 믿음으로 말미암아 은혜로 구원받을 때 오는 자유를 경험하지 못하게 했다.

바울의 이어지는 비유는 자칫 율법의 긍정적 이미지로 오해되기 쉽다. 바로 “초등교사”의 비유다. 다른 역본에는 *paidagōgos*라는 단어가 “선생”(KJV), “보호자”(ESV), “훈장”(NRSV) 등으로 번역되었다. 그러나 율법을 일반적 교사로 생각해서는 안 된다. 흔히 교사는 우리를 긍정적으로 교육하여 지식이나 행실을 향상시켜주는 사람이다. 하지만 바울은 이 단어를 덜 긍정적이고 덜 건설적인 의미로 썼다. 한 주석가는 이렇게 지적했다. “바울 시대의 *paidagōgos*는 교사(*didaskalos*)와 구별되었다. 전자는 아이를 감독하고 통제하고 훈육한 반면, 후자는 아이를 가르치고 교육했다.”[7] 그러므로 여기서 우리가 떠올려야 할 사람은 등하굣길에 어린아이를 데려다주는 엄격한 훈육 교사다. 그는 대개 매나 회초리를 들고 다니며 행동을 단속했다.[8]

Sarcophagus of Cornelius Statius depicting scenes from the life of a child, Roman/Louvre, Paris, France/The Bridgeman Art Library

부유한 가정들은 *paidagōgos*라는 남종을 따로 두기도 했다. 이 종은 등하굣길에 학생을 데려다주었고, 아이가 스스로 책임질 나이가 될 때까지 행실을 단속했다.

바울의 요지는 이것이다. 믿음이 오기 전에는 율법이 간수처럼 우리를 옥에 가두었고, 믿음이 오기 전에는 율법이 감시인처럼 우리를 엄격하게 훈육했다. 따라서 다시 율법으로 돌아가는 것은 마치 사면된 죄수가 날마다 서둘러 감방으로 돌아가는 것과 같고, 고등학교 졸업생이 화장실에 갈 때마다 유년기의 엄격한 가정교사에게 승낙을 구하는 것과 같다. 하지만 율법은 간수와 초등교사의 역할을 통해 제 본분을 다했다. 우리를 "그리스도께로 인도"하여 "믿음으로 말미암아 의롭다 함을 얻게 하"는 일을 했다(3:24).

—3:25–29—

믿음이 온 후로 우리는 율법 아래의 옛 삶에서 그리스도 안의 새로운 삶으로 옮겨왔다. 하나님과 새로운 관계를 맺었기 때문이다. 이 관계는 그리스도의 속죄의 희생을 바탕으로 성립되었고, 하나님의 주권적 은혜를 통해 유효해졌다. 엄하게 노려보던 초등교사는 퇴출되었고 우리는 더 이상 그의 엄격한 요구 아래에 있지 않다(3:25). 반대로 우리는 은혜로우신 스승의 온유한 교육을 받고 있다. 여기서 바울은 우리가 그리스도 안의 새로운 삶 덕분에 경험하는 세 가지 차이를 제시한다.

첫째, 우리는 하나님의 가족이 되었다(3:26–27). 믿음으로 말미암아 "하나님의 아들"로 입양되었다. 찰스 라이리는 기독교의 입양 교리를 "신자를 하나의 성인(成人)으로 자신의 가정에 들이시는 하나님의 행위"라 정의했다.[9] 바울은 이 개념을 뒤에 더 자세히 설명한다. 일단 여기서 우리가 알아야 할 것이 있다. 하나님의 가족이 되면 이전의 모든 관계는 무효가 된다. 특히 초등교사인 율법과의 관계는 더 말할 것도 없다.

어떻게 우리는 하나님의 가족이 되는가? "하나님의 아들"의 신분을 어떻게 받는가? 그리스도를 우리의 구주로 믿는 순간 성령의 세례가 이루어지면서 그때 우리는 그리스도의 몸의 일부가 되었다(고전 12:13). 그때 우리는 그리스도와 동화되었고 그분과 인격적으로 연합되었다. 우리는 그리스도로 옷 입었으므로(갈 3:27) 또한 그분의 의도 입었다. 그리스도께서 본래 하나님의 유일한 아들이시듯 우리도 은혜로 하나님의 "아들"이 된다. 바울이 말한 옷의 은유를 도널드 캠벨(Donald Campbell)은 이렇게 설명한다.

> 로마 사회에서 청소년이 성년에 이르면 특별한 토가(겉옷)가 주어졌다. 이는 그가 장성한 아들로서 가족과 국민의 권리를 십분 누릴 수 있다는 표시였다. 마찬가지로 갈라디아의 신자들은 율법의 낡은 옷을 버리고 그리스도의 의의 옷을 입었다. 이로써 하나님 앞에 온전히 받아들여졌다. 그런데 다시 낡은 옷을 입고 싶은 사람이 누가 있

겠는가?[10]

둘째, 우리는 그리스도 및 모든 그리스도인과 하나가 되었다(3:28). 28절은 자주 인용되지만 오해될 때가 많다. 율법은 만인 앞에 평등하여 사회적 신분과 무관하게 모든 사람을 죄인으로 만들어 하나님 앞에서 쫓아낸다. 마찬가지로 복음도 인종, 유산, 사회적 지위, 성별과 무관하게 모든 사람을 환영한다.

비록 유대인이 이방인보다 구약성경의 유일하신 하나님을 훨씬 오랫동안 예배하기는 했지만, 후발 주자인 이방인들도 그리스도 안에서 유대인 그리스도인들과 대등한 유업을 받았다. 마찬가지로 믿는 상전도 자기 소유의 믿는 노예보다 영적 지위가 높지 않았다. 둘 다 한 주인이신 예수 그리스도께 똑같이 복종해야 했다. 끝으로 복음은 남자가 여자를 영적으로 열등한 존재로 낮추어 보는 것을 용납하지 않는다. 남녀 모두 똑같이 그리스도를 믿음으로 말미암아 은혜로 구원받는다.

바울의 이 심오한 말은 그동안 정치 사회와 시민 사회의 모든 구별과 질서를 평준화하려는 시도에 오용되곤 했다. 하지만 그것은 본문의 의도를 벗어난다. 바울이 말하는 연합은 "예수 그리스도 안"의 연합이다(3:28). 그는 "사회 안"이나 "가정 안"이나 "업계 안"이나 심지어 "정부 안"이라 말하지 않았다. 존 스토트가 정확히 지적했듯이 바울의 말은 "인종적, 사회적, 성적 구별이 아예 폐지되었다는 뜻이 아니다…그리스도께서 그런 구별을 없애셨다는 말은 구별이 존재하지 않는다는 뜻이 아니라 구별이 중요하지 않다는 뜻이다."[11] 물론 복음은 우리 사회와 문화에 노예제도의 철폐, 인종차별과 성차별의 퇴치 같은 긍정적 변화를 촉발시켰다. 하지만 바울의 일차적 강조점은 사회적 파급 효과가 아니라 영적 실체에 있다. 진정한 사회적 변화가 이루어지려면 먼저 사람들의 마음과 사고가 영적 진리를 통해 변화되어야 하고, 그들을 통해 기독교의 영적 가치관이 세상에 배어들어야 한다.

끝으로, 우리는 약속의 상속자가 되었다(3:29). 우리가 그리스도 안의 새로운 삶 덕분에 경험하는 세 번째 차이는 마치 우리가 아브라함의 물리적 자손인 양 그에게 주어진 약속에 동참한다는 것이다. 그리스도께서 친아들이시므로 받으신 모든 유업을 우리는 단지 그분 안에 있음으로 함께 받는다. 예수 그리스도께서 아브라함의 "씨"로서 약속을 유업으로 받으시기 때문에, 그리스도와 합하여 세례를 받은 우리도 동일한 약속을 유업으로 받는다.

이로써 우리는 한 바퀴를 빙 돌아 다시 본래의 논증으로 돌아왔다. 유대주의자들은 갈라디아 교인들이 구원받기 위해 또는 그리스도인의 새로운 삶을 살아가기 위해 율법을 지켜야 한다고 주장했다. 하지만 그것은 전혀 불필요한 일이었다. 이미 갈라디아 교인들은 하나님이 아브라함에게 주신 약속의 상속자였기 때문이다. 믿음으로 의롭게 된다는 그 약속을 실현하시려고 하나님은 성령을 선물로 주셨다(3:6-9, 14).

—4:1-3—

3장 끝부분(3:23-39)에서 바울이 묘사한 율법은 우리를 가두는 감옥이자 우리를 벌하는 훈육 교사였다. 우리가 그리스도를 믿을 때까지, 즉 믿음으로 "아들"이 되고 "약속대로 유업을 이을 자"가 될 때까지는 그랬다(3:26, 29). 이 유업의 개념이 4장 첫머리에도 이어진다. 바울은 율법의 목적을 다시 설명하지만, 이번에는 종의 신분에서 아들의 신분으로 넘어가는 것으로 비유가 약간 바뀐다.

여기에 나오는 바울의 은유를 이해하려면 이 편지가 기록될 당시의 문화적 정황을 알 필요가 있다. 1세기의 가정에서 "아들은 성년이 되어 아들의 권리를 다 받을 때까지 종으로 취급되었다."[12] 물론 미성년 자녀도 부모의 모든 것을 물려받도록 되어 있었지만, 아버지가 성인의 권리와 특권과 권한을 다 부여할 때까지는 아직 "후견인과 청지기"의 지배 아래 있었다(4:2). 그는 미성년자로 지내는 동안에는 아직 "이 세상의 초등학문"의 지배를 받았다(4:3).

여기 "초등학문"이라는 말은 헬라어 단어 *stoicheia*를 번역한 것이다. 히브리서 5장 12절에는 이 단어가 기독교 신앙의 "초보"를 뜻하는 말로 쓰였다. 그러나 갈라디아서 4장 3절에는 "이 세상의"라는 수식어가 붙어 있으므로 이 말이 기독교의 기본 교리나 구약의 율법을 지칭할 수 없다. 기독교의 기본 교리와 구약의 율법은 둘 다 "세상"이 아니라 하나님에게서 왔다. 그보다 바울이 골로새서 2장 8절에 쓴 똑같은 말은 "철학과 헛된 속임수…사람의 전통"을 가리킨다. 골로새서 2장 20절에서도 이 말은 율법 자체가 아니라 인간이 만들어 율법에 보탠 율법주의적 군더더기를 가리킨다. 그러므로 이 말은 또한 악한 영적 세력-귀신들-을 가리킬 수도 있다. 그 세력이 한시적으로 세상을 지배하며 온갖 기만을 일삼고 있다(요 12:31, 14:30). 구원받지 못하고 율법의 정죄 아래에 있던 때에 우리는 헛된 철학, 인간이 만들어낸 도덕률, 율법에 대한 율법주의적 해석, 절망과 낙심만 안겨준 귀신 휘하의 종교들 등에 예속되어 있었다.

—4:4-11—

하지만 하나님은 우리를 굴레 아래에 두지 않으셨다. 그분을 우리를 구하시려고 구주를 보내셨다! 우리가 죄와 사망과 저주의 굴레 아래에 있을 때 영광의 주께서 천국을 떠나 역사 속에 들어오셨다. 정확히 적시에, 즉 성부 하나님의 계획과 목적에 따라 정해진 날에 성자 하나님이 오셨다. 그분은 "여자에게서 나"셨다. 하나님이 육신을 입고 우리 가운데 오셔서

때가 차매

사람들은 자주 머리를 긁적이며 의아해한다. "예수님이 구원에 그토록 중요하다면 왜 그분은 그렇게 오래 기다렸다 오셨는가?" 즉, 왜 그분은 가인과 아벨이 아직 제사 문제로 입씨름하던 때에, 또는 하나님이 홍수로 지면의 인류를 다 쓸어버리셨어야 하기 전에, 또는 이스라엘 나라가 막 율법을 우롱하기 시작하던 때에 오지 않으셨느냐는 것이다.

그런가 하면 정반대의 논리를 펴는 사람들도 있다. "예수님의 죽음과 부활의 메시지가 구원에 절대적이라면 왜 그분은 대중매체가 도래할 때까지 기다렸다 오지 않으셨는가? 그러면 그분을 따르는 사람들이 그분의 말씀과 행적을 누구도 반박할 수 없는 버전으로 만들어 최대 다수의 사람들에게 선포할 수 있었을 텐데 말이다." 즉, 그분의 부활을 고대의 기록이 아닌 동영상으로 알렸다면 사람들이 꼼짝없이 믿게 하기가 더 쉬웠으리라는 것이다.

바울은 그리스도께서 오신 타이밍에 대한 이 두 가지 반론에 답한다. 4장 4절의 "때가 차매"라는 말은 4장 2절의 "아버지가 정한 때"에 상응한다. 즉, 예수 그리스도는 역사의 사건들을 주관하시는 하나님의 무한한 지혜와 섭리 가운데서 정확히 적시에 오셨다. 단 하루도 너무 이르거나 너무 늦지 않으셨다. 한 주석가는 예수님이 오신 완벽한 타이밍에 대해 이렇게 말했다.

> 이 "때"에 로마 문명이 이룬 평화와 도로 체계는 여행을 용이하게 했고, 헬라 문명이 남긴 언어는 제국의 공용어로 채택되어 있었으며, 유대인들을 통해 지중해 세계의 많은 회당에 유일신 사상과 메시아에 대한 희망이 선포되어 있었다.[13]

이렇듯 인류 역사의 완벽한 교차점에서 예수 그리스도는 인류 역사의 구심점이 되셨다. 종교와 정치와 문화와 경제가 제대로 맞물린 지점에서 기독교는 영적 혁명으로 그 모든 분야에 영향을 미쳤고, 그것이 이후 수천 년 동안 세상을 바꾸어놓았다.

사셨다. 그분은 또한 "율법 아래에 나"셨다. 이 말은 그분이 유대인으로 태어나 구약 언약의 율법에 종속되셨을 뿐 아니라 율법을 완벽하게 실천하셨음을 강조한다(4:4).

그리스도께서 오신 목적은 "율법 아래에 있는 자들을 속량"하시기 위해서다(4:5). 여기 "속량하다"라는 말은 노예를 사서 풀어준다는 뜻이다. 예수님은 자신의 흠 없는 삶과 희생적 죽음을 통해 우리를 율법의 노예 시장에서 사셨다. 이제 우리는 더 이상 노예가 아니라 하나님의 아들딸이다.

하나님의 자녀라는 새로운 관계는 신분적인 차원을 넘어 또한 체험적인 것이다. 하나님은 우리를 의롭다고 선포하셨고, 비유컨대 호적에 자녀로 등재하시고 서명하셨다. 그뿐 아니라 그분은 성령을 주셔서 우리를 자녀로 인 치셨고, 기도할 때 하나님을 사랑의 아버지라 부를 수 있는 권한도 주셨다(4:6-7). 아람어의 "아빠"(Abba)라는 말은 우리말의 "아빠"와 비슷하게 어린아이가 아버지를 부르는 애칭이다. 신약의 다른 곳에 쓰인 이 단어를 보면 흥미롭게도 그리스도께서 친히 하나님 아버지를 "아빠"라 부르셨다(막 14:36). 우리 또한 "그리스도 안에" 있고 입양을 통해 그분처럼 "아들"이 되었다. 그렇기 때문에 우리도 하나님을 "아빠"라 부를 수 있고, 성령을 통해 하나님과 친밀하고 인격적인 관계를 누릴 수 있다(롬 8:15).

바울이 여기에 성령을 언급함으로써 또 하나 확증하는 사실이 있다. 우리를 노예 상태로부터 구속하여 자녀로 입양하시는 일에 삼위일체 하나님-성부, 성자, 성령-이 모두 관여하셨다는 것이다. 하나님은 우리를 가족으로 삼으시고자 자신의 전부를 주셨다. 아버지는 아들을 보내셨고, 아들은 우리를 죄에서 구속하셨으며, 성령은 오셔서 우리와 함께 사신다. 삼위일체 하나님의 이 모든 복은 우리가 더 이상 종이 아니라 상속자라는 실상을 확증해준다(4:7).

그렇다면 우리가 하나님의 아들딸로서 "유업을 받을" 것은 무엇인가? 바울이 에베소서에서 설명했듯이 하나님은 "그리스도 안에서 하늘에 속한 모든 신령한 복을 우리에게 주"셨다(엡 1:3). 여기에는 칭의, 완전한 죄 사함, 아버지와의 직접적이고 무조건적인 교제, 그리스도의 교회에 소속됨, 성령의 내주하심, 영생의 약속, 미래의 몸의 부활 등이 포함된다(몇 가지만 꼽자면 그렇다).

그 정도면 대단한 유업이다. 게다가 전부 값없이 거저 주신다! 그중에 우리가 자격이 있어 받는 것은 하나도 없지만, 그래도 하나님은 "은혜에 의하여 믿음으로 말미암아"(엡 2:8) 그 모두를 우리에게 주신다. 갈라디아의 그리스도인들도 거기까지 왔다. 한때 하나님을 모른 채 우상숭배의 노예로 살던 그들(갈 4:8)이 하나님의 은혜로 그분을 인격적이고 친밀하게 알게 되었다. 그런데 왜 "약하고 천박한 초등학문"으로 돌아가 다시 노예가 되려는 것인가(4:9)? 그게 바울의 의문이다.

유대주의자들은 그리스도인의 삶에 율법주의적 처방을 내렸고, 갈라디아 교인들은 그 처방을 받아들여 노예 생활로 "돌아가"고 있었다. 유대주의자들은 그들에게 할례 외에도 유대교의 종교력을 엄수하도록 강요하려 했다(4:10). 일찍이 하나님은 율법에 안식일과 각종 절기와 기념일을 주셔서 유대 민족이 그분을 중심으로 살아가게 하셨다. 본래 이것은 그들이나 어느 누구를 구원하기 위한 것이 결코 아니었다! 그런데 유대주의자들은 갈라디아의 이방인 신자들에게 그것을 지킬 것을 요구했고 이로써 믿음에 행위를 더했다. 하나님의 새 언약에 옛 언약을 혼합한 것이다.

바울은 갈라디아 교인들에게 너무 화가 나서 그동안 자신이 전도와 제자훈련에 쏟은 모든 노력이 헛수고였을 수도 있다는 의구심마저 들었다(4:11). 이 말은 그리스도를 참으로 믿은 갈라디아 교인들이 구원을 잃을 위험에 처했다는 뜻이 아니다. 바울은 그렇게 생각하지 않았다. 그보다 갈라디아 교인들이 율법주의로 "퇴보"했다는 것은 바울이 제자훈련을 사실상 다시 시작해야 한다는 뜻이었다. 복음 메시지의 기본–은혜는 **생명을 얻는** 길이자 또한 **삶을 살아가는** 길이라는 사실–을 그들에게 다시 가르쳐야 한다는 뜻이었다.

우리는 갈라디아 교인들의 어리석음을 본받아서는 안 된다. 더 이상 아버지의 인정을 얻어내려 애쓰지 말라. 그분은 그리스도 예수 안에서 이미 우리를 받아주셨고 자녀로 입양하셨다. 율법주의의 걸림돌을 담대히 걷어치우고 "아빠 아버지!"를 외쳐 부르라. 두려움에 찬 무명의 노예가 아니라 감사로 가득한 아들과 딸로서 그리하라.

적용

전능자와 나누는 친밀한 교제

오래전에 자녀양육 전문가들은 부모들이 자녀와 "질적으로 알찬 시간"을 보내야 한다고 말했다. 그런데 바쁜 부모들이 때로 그 말을 이렇게 해석했다. "아이와 하루에 10-15분만 함께 지내도 괜찮다. 그 시간이 질적으로 알차기만 하면 된다." 하지만 머잖아 전문가들은 "질적으로 알찬 시간"의 개념을 보완할 관련 사실을 내놓았다. 질적으로 알찬 시간은 양적으로 많은 시간을 보내는 중에 찾아온다는 것이다.[14]

이 사실은 부모와 자녀의 관계에만 해당될 뿐 아니라 하늘 아버지와 영적 자녀의 관계에도 적용된다. 세상이 워낙 속전속결로 돌아가다보니 우리도 전속력으로 치닫는 경향이 있다. 심지어 그리스도인의 삶에서도 우리는 가속 페달을 밟고, 더 빨리 달리고, 무리하게 밀어붙인다. 그러다보니 하나님과 동행하는 우리의 삶은 얄팍하고 피상적인 수준을 벗어나지 못한다. 마땅히 우리는 하나님께 말씀드리고, 그분의 음성을 듣고, 그분의 임재 안에 말없이 앉아 있고, 그분 말씀의 진리들을 묵상하고, 그분 안에서 가족 된 다른 사람들과 의미 있는 관계를 누려야 한다. 그런데 그런 일에는 별로 시간을 내지 않는다.

갈라디아서 3장 23절-4장 11절은 우리가 하나님의 자녀로 입양되었음을 상기시켜준다. 우리는 하나님이 요구하시는 목록대로 종교적 허드렛일이나 고역스런 신앙생활을 할 당받은 노예가 아니다. 오히려 우리는 전능하신 하나님과 친밀한 관계를 누리도록 부름받았다. 우리는 하늘 아버지를 거리낌 없이 "아빠"라 부를 정도로 그분과 가까운 사이다. 하지만 육신의 부모와도 그렇듯이 하나님과 마음으로 통하는 이 관계도 더 깊어지고 무르익으려면 시간이 요구된다.

당신은 그 시간을 어떻게 보내는가? 그리스도와 아버지의 인격적 관계를 보면 몇 가지 중요한 태도와 행동이 보인다. 이를 통해 우리도 전능하신 아빠와 의미 있고 친밀한 교제를 누릴 수 있다. 내가 50년 가까이 사역을 해보니 그것은 결국 몇 가지 필수 요소로 압축된다. 우리와 하나님의 인격적 관계에 생명을 불어넣어주는 필수 요소는 다음과 같다.[15]

- 단순한 생활방식: 평소 우리의 삶과 머릿속에서 하나님께 집중하지 못하게 막는 산만한 것들을 치운다.
- 침묵과 고독: 속도를 늦추어 우리의 일정 속에 하나님의 자리를 만든다.
- 순복: 우리의 관심을 하나님으로부터 앗아가는 것들을 손에서 놓는다.
- 기도: 찬양과 감사와 간구로 하나님께 부르짖는다.

- 겸손: 우리의 삶 전체를 하나님의 뜻 앞에 내려놓는다.
- 절제: 우리의 선호와 우선순위를 버리고 하나님의 우선순위에 따른다.
- 희생: 하나님이 내게서 바라시는 것들을 내어드린다.

이런 활동 때문에 우리가 하나님의 자녀가 되는 것은 아니다. 그것으로 하나님의 은총을 얻거나 우리의 공로를 쌓을 수는 없다. 이런 행동에 대해 조금이라도 율법주의적 태도를 취해서는 안 된다. 하지만 아버지와의 의미 있고 친밀한 교제를 가꾸며 거기에 투자하면 우리도 그리스도의 모본을 따라 질적으로 알찬 시간을 경험할 수 있다. 이 땅에서 사역하실 때 예수님은 어려움에 처한 사람들에게 떠밀리고 쫓기시는 와중에도 늘 고독과 침묵과 기도의 시간을 내셨다.

지금 잠시 시간을 내어 당신이 하나님과 얼마나 친밀하게 지내는지 점검해보라. 몇 가지 질문에 답해보라. 당신이 매일 하나님과 함께 보내는 시간은 얼마나 되는가? 당신은 그분께 제대로 말씀드리는가, 아니면 그냥 무의미한 말을 몇 마디 중얼거리고 마는가? 침묵과 고독의 시간에 한동안 멈추어 그분의 음성을 듣는가? 말씀을 읽고 깊이 생각하는가? 아니면 스케줄에 정신이 팔려 형식적으로 서둘러 읽고 마는가? 당신의 삶은 단순한 편인가? 순복과 절제의 삶인가? 아니면 온갖 방해거리들로 삶이 늘 어수선한가? 이런 까다롭고 구체적인 질문에 솔직히 답해야 한다.

점검해본 결과 당신이 지금 하나님과 맺고 있는 관계가 불만족스럽게 느껴질 수 있다. 만일 그렇다면 솔직히 인정하고 변화의 대책을 세우라! 아버지와 더 깊고 의미 있는 시간을 보내고 싶은 굶주림과 갈급함이 당신에게 있기를 바란다. 권하기는 그분과 더 가까이 동행하고 더 담대히 대화하라. 그분의 말씀을 마지막 한 단어까지 꼭 붙잡고 의지적으로 침묵 속에 기다리라. 이렇게 충분한 시간 동안 전능자와 친밀한 교제를 경험할 때에만 우리는 참으로 약속의 상속자처럼 살아갈 수 있다. 그 결과는 무엇인가? 그분을 "아빠"라고 부르는 것보다 더 즐거운 일은 없을 것이다.

사랑하기에 진리를 말한다(갈라디아서 4:12-20)

12형제들아 내가 너희와 같이 되었은즉 너희도 나와 같이 되기를 구하노라 너희가 내게 해롭게 하
지 아니하였느니라 13내가 처음에 육체의 약함으로 말미암아 너희에게 복음을 전한 것을 너희가 아는
바라 14너희를 시험하는 것이 내 육체에 있으되 이것을 너희가 업신여기지도 아니하며 버리지도 아니
하고 오직 나를 하나님의 천사와 같이 또는 그리스도 예수와 같이 영접하였도다 15너희의 복이 지금
어디 있느냐 내가 너희에게 증언하노니 너희가 할 수만 있었더라면 너희의 눈이라도 빼어 나에게 주
었으리라 16그런즉 내가 너희에게 참된 말을 하므로 원수가 되었느냐 17그들이 너희에게 대하여 열심
내는 것은 좋은 뜻이 아니요 오직 너희를 이간시켜 너희로 그들에게 대하여 열심을 내게 하려 함이라
18좋은 일에 대하여 열심으로 사모함을 받음은 내가 너희를 대하였을 때뿐 아니라 언제든지 좋으니라
19나의 자녀들아 너희 속에 그리스도의 형상을 이루기까지 다시 너희를 위하여 해산하는 수고를 하노
니 20내가 이제라도 너희와 함께 있어 내 언성을 높이려 함은 너희에 대하여 의혹이 있음이라.

"머리만 뜨겁고 가슴은 차갑다." 이는 타협 없이 단호하게 진리를 옹호하는 목사들과 교사들에게 흔히 퍼붓는 익숙한 비난이다. 너무 지적이고 완고하고 엄격하고 호전적이고 귀에 거슬리고 독단적이고 고자세라는 것이다. 사도 바울에게도 똑같은 말들을 퍼부을 수 있다. 특히 교리적 순수성을 부르짖는 부분을 보면 그렇다. 그것이 지금까지의 편지 내용이었다. 하지만 갈라디아서의 이번 단락에 이르면 그런 인상이 무너져버린다.

여기서 보듯이 바울은 열정적으로 은혜를 전하고 타협 없이 단호하게 진리를 가르치는 사람일 뿐 아니라 또한 사랑으로 양을 치는 목자다. 앞서 바울은 갈라디아 교인들을 향해 "어리석도다"라고 하며 거짓 가르침으로 퇴보하는 그들을 질책했다. 그것만 보면 자칫 그들을 향한 바울의 깊은 사랑과 애틋한 마음을 놓치기 쉽다. 하지만 갈라디아서 4장 12-20절이 균형을 잡아준다. 편지가 이 부분에 이르면 독자들을 향한 바울의 호소가 교리 강론에서 흉금을 터놓는 대화로 바뀐다. 지금까지 교사였던 그가 이제 따뜻하고 자상하고 솔직하고 연약한 목사로 비쳐진다.

갈라디아서 4장의 한복판에 끼어 있는 이 단락은 복음을 열정적으로 옹호하는 모든 사람에게 다음과 같은 사실을 상기시켜준다. 우리는 진리를 사랑하는 것 못지않게 사람들을 사랑해야 한다. 우리가 전하는 복음도 결국은 사람들에게 전하는 것이다. 그중에는 복음을 처음 듣는 사람들도 있을 것이고 이미 받아들인 사람들도 있을 것이다.

- 우리는 사람들이 율법주의의 굴레에서 벗어나 자유롭게 살아가기를 원한다.
- 우리는 사람들이 그리스도인의 삶을 온전히 누리기를 원한다.
- 우리는 사람들을 사랑하기에 그들의 귀에 거슬리더라도 진리를 말한다.

결국 복음을 옹호하는 일은 논증에 이기고 지는 문제가 아니라 하나님의 사람들이 자유를 얻느냐 잃느냐의 문제다.

—4:12—

갈라디아서의 첫 석 장에서 바울은 성경적, 역사적, 신학적, 체험적 무기고를 총동원하여 유대주의자들의 거짓 복음을 논박했다. 그의 목표는 무엇인가? 자신의 사도직에 대한 그들의 비난을 잠재우는 한편 율법으로 칭의와 성화를 얻는다는 그들의 거짓 교리를 드러내는 것이었다. 그런데 4장에 오면 그의 어조가 바뀌면서 변호에서 권면으로, 도전에서 칭찬으로, 반박에서 회상으로 넘어간다. 정력적인 변증자 바울이 자상하고 애정 어린 목사 바울로 바뀐다. 주 안에서 자신의 영적 자녀인 갈라디아의 신자들에게 그는 그들이 전에 받아들였던 진리로 다시 돌아올 것을 호소한다.

첫 소절을 보면 왠지 바울이 무릎을 꿇고 두 손을 모으고 독자들에게 자신의 말을 귀담아 들으라고 간청하는 모습이 떠오른다. 이 감정적 호소는 갈라디아 교인들을 향한 바울의 애정은 물론 과거와 현재의 헌신을 보여준다. 그들도 "나와 같이 되기를" 바란다는 바울의 부탁은 편지의 정황으로 보아 그들도 바울을 본받아 그리스도인의 자유를 누렸으면 하는 바람의 표현이다. 사도는 한때 열성파 유대교인으로 율법을 열심히 엄수했으나 이제 그런 육신적 열심을 다 버리고 하나님을 열심히 추구하고 있었다. 빌립보 교인들에게 보낸 편지에 바울은 그 변화를 생생히 묘사했다. 그의 말을 천천히 읽으면서 이 놀라운 변화를 머릿속에 그려보라!

> 만일 누구든지 다른 이가 육체를 신뢰할 것이 있는 줄로 생각하면 나는 더욱 그러하리니 나는 팔일 만에 할례를 받고 이스라엘 족속이요 베냐민 지파요 히브리인 중의 히브

> 리인이요 율법으로는 바리새인이요 열심으로는 교회를 박해하고 율법의 의로는 흠이 없는 자라 그러나 무엇이든지 내게 유익하던 것을 내가 그리스도를 위하여 다 해로 여길뿐더러 또한 모든 것을 해로 여김은 내 주 그리스도 예수를 아는 지식이 가장 고상하기 때문이라 내가 그를 위하여 모든 것을 잃어버리고 배설물로 여김은 그리스도를 얻고 그 안에서 발견되려 함이니 내가 가진 의는 율법에서 난 것이 아니요 오직 그리스도를 믿음으로 말미암은 것이니 곧 믿음으로 하나님께로부터 난 의라(빌 3:4-9).

바울이 갈라디아 교인들처럼 되었다는 말은 무슨 의미인가? 아마 이것은 복음의 문을 열기 위하여 "여러 사람에게 여러 모습이 된"다는 바울의 관례를 가리키는 말일 것이다(고전 9:22). 바울은 유대인들에게는 유대인이 되었고, 율법이 없는 사람들에게는 그들처럼 되었고, 약한 자들에게는 약해졌다. 이 모두가 복음을 위해서였다(9:19-23). 그래서 갈라디아에 처음 갔을 때도 바울은 베드로가 안디옥에서 그랬던 것처럼 그들과 밀찍이 떨어져 있지 않았다. 그는 갈라디아의 이방인들과 동화되어 많은 관습을 따랐다. 그들의 언어로 말하고, 그들의 음식을 먹고, 그들의 문화를 존중했다. 그들의 자리에서 그들을 만난 것이다. 게다가 그가 함께 있는 동안 그들도 그를 괴롭히지 않았다. 그의 사랑과 희생에 그들도 사랑으로 반응했다. 그래서 바울의 머릿속에 나쁜 기억이 들어설 여지가 없었다. (모든 사역자와 선교사들이 따라야 할 얼마나 귀한 모본인가!) 그런데 결과는 어떻게 되었는가? 바울은 변하지 않았는데 갈라디아 교인들이 변했다.

이러한 바울의 접근은 세상에 나가 그리스도를 전하는 우리에게 교훈을 준다. 오늘날 우리의 교회들 안에 양극단이 존재한다. 하나는 의미 있는 접촉이 아예 없을 정도로 비그리스도인들과 동떨어져 살아가는 것이고, 또 하나는 사실상 구별이 안 될 정도로 비신자들과 너무 깊이 동화하는 것이다. 우리는 그 둘 사이에 균형을 이루고자 힘써야 한다. 바울이 모범을 보여준다. 그는 유대인들과 함께 있을 때는 기독교에 저촉되지 않는 한 유대인의 관습들을 받아들였다. 최대한 많은 유대인들을 구원하기 위해서였다(행 16:1-3, 18:18, 21:20-26, 고전 9:20). 마찬가지로 이방인들과 함께 시간을 보낼 때는 그는 기독교와 무관한 문제들에서 그들처럼 되었다. 역시 복음으로 그들을 얻기 위해서였다(갈 2:11-21, 고전 9:21). 우리도 바울을 본받으면 전도의 효율성이 훨씬 높아진다. 아울러 우리가 그리스도의 영원한 나라로 많은 시민들을 새로 인도하는 데 쓰임받는 것은 하나님의 은혜다.

—4:13-16—

갈라디아 교인들을 향한 이전의 사역을 언급한 바울은 내친 김에 좀 더 과거에 머문다. 바울이 상기시키듯 그때 그들은 바울과 그의 메시지를 기쁘게 받아들였다. 바울에게 전혀 해를 끼치지 않은 정도가 아니라(4:12) 몸이 아픈 바울을 돕기까지 했다. 사실 바울은 자기가 처음에 그 병으로 말미암아 그들에게 복음을 전했다고 말한다(4:13).

바울에게 그것은 특히 잊지 못할 일이었다. 갈라디아에 처음 도착했을 때나 그 직후에 그가 병으로 고생했기 때문이다. 바울은 무슨 병을 앓았던 것일까? 여러 질병의 가능성이 제기되었다.[16] 바울이 밤빌리아에서 말라리아에 걸려 몸을 회복하려고 갈라디아의 더 높은 지대로 올라갔다고 보는 사람들도 있다. 바울이 어떤 악귀의 영향으로 간질을 앓았다고 하는 사람들도 있다(고후 12:7-10). 어떤 주석가들은 바울에게 눈병이 있었다고 본다. 15절에 나오는 바울의 말에 비추어-"너희가 할 수만 있었더라면 너희의 눈이라도 빼어 나에게 주었으리라"-바울이 눈이 나빠 고생했다고 결론짓는 사람들도 많이 있다. 바울이 자기 손으로 "큰 글자로" 썼다고 말한 이유도 나쁜 시력으로 설명될 수 있다(갈 6:11).

바울의 병이 무엇이었든 아마 남들이 보기에 민망했던 모양이다. 그의 병은 갈라디아 사람들에게 "시험"이었고, 따라서 웬만한 사람들이라면 그를 자연히 "업신여기"거나 "버"렸을 것이다(4:14). 하지만 그들은 바울을 영접하되 천사나 심지어 예수님께 하듯 존중하며 친절히 대했다. 사역 초기에 바울은 그들에게 그런 따뜻하고 너그러운 영접을 받았다. 그때 그들은 복음에 마음이 열려 있었다. 그리고 은혜로 변화의 능력을 체험한 사람들답게 사랑과 자비가 흘러넘쳤다.

그런데 이제 사정이 달라졌다. 갈라디아 교인들은 처음에 바울을 향해 품었던 "복"을 잃어버렸다(4:15). 바울을 천사처럼 대하던 그들이 이제 그를 원수로 여겼다. 유대주의자들의 사악한 율법주의가 침투해 들어오면서 갈라디아 교인들과 바울의 아름답던 관계에 금이 갔다. 율법에서 해방되었다는 진리를 전한 바울은 이제 율법에 의지하는 갈라디아 교인들의 원수가 되었다.

바울의 상황은 오늘의 우리에게도 그대로 적용된다. 성경을 가르치려면 종종 진리를 듣지 않으려는 사람들에게도 진리를 전해야 한다. 심지어 당신의 가르침을 고맙게 받던 사람들도 그런 이유로 당신을 대적하며 미워할 수 있다. G. 월터 한센(Walter Hansen)은 이렇게 말했다.

> 바울을 향한 갈라디아 교인들의 따뜻한 영접은 싸늘한 냉대로 확 돌아섰다. 이는 목사들과 교회들 양쪽 모두에게 엄숙한 경종을 울린다. 목사들은 자신이 일관되게 진리를 가르치기만 하면 언제나 따뜻한 영접을 받을 것이라고 너무 순박하게 생각해서는 안 된다. 오히려 진리를 가르치면 언제나 일부 사람들을 소외시킬 위험이 따른다. 교인들도 조심해야 한다. 진리를 가르치는 목사에게 처음에 긍정적으로 반응하던 교인들도 진리가 양날 검처럼 베면 어려운 시험에 빠질 수 있다. 그렇게 잘못을 지적받을 때일수록 교인들은 목사에게 충절을 지켜야 한다. 귀에 거슬리는 진리임에도 목사가 용기를 내어 전해주었기 때문이다.[17]

—4:17-20—

진리를 위해 가슴으로 호소한 바울과 반대로 유대주의자들은 교활하고 거짓된 속셈을 품고 있었다. 그들은 갈라디아의 어린 회심자들을 열심히 꾀어내면서도 상류층인 자기네 할례파에 "들어오기 어렵게" 만들었다(4:17). 부재중인 바울을 공공연히 공격한 것 외에도 유대주의자들은 갈라디아 교인들에게 엉큼한 아첨과 칭찬을 늘어놓았다. 동기만 바르다면 바울도 칭찬을 좋게 보았다(4:18). 하지만 이 율법주의자들은 자신들을 부각시키고 갈라디아 사람들을 자기들의 율법 아래에 예속시키려고 그렇게 했다.

그래서 바울은 자상한 목사의 마음으로 설명한다. 언제나 그의 동기는 그들 안에 그리스도의 형상을 이루기까지 그들을 섬기는 데 있었다(4:19). 산모가 힘들여 진통하듯이 바울도 그들의 믿음의 위기로 인한 이 고통을 감내하려 했다. 그들의 삶 속에 그리스도의 형상이 이루어질 수 있을 때까지 말이다. 바울은 처음에 그들에게 복음을 전할 때 한 번 "해산하는 수고"를 했다. 이제 그는 그들이 그리스도 안에서 성장하여 거짓 교사들로부터 해방되는 모습을 보고자 다시 산고를 겪는다. 참된 목사의 일은 결코 전도로 끝나지 않는다. 그것은 멀고 험한 제자훈련의 삶으로 계속된다. 부모라면 누구나 알듯이 부모가 되기는 쉬워도 부모 노릇을 하기란 훨씬 어렵다.

모든 애정 어린 부모처럼 바울도 갈라디아 교인들과 멀리 떨어져 있기보다 그들과 함께 있고 싶었다(4:20). 바울은 그들의 퇴보를 전해 듣고 의혹을 느꼈는데, 직접 만났다면 의혹을 푸는 데 도움이 되었을 것이다. 그들의 병을 진단하고 적절한 약을 처방하여 건강을 회복시키는 일을 더 잘할 수 있었을 것이다. 그러자면 필연적으로 바울의 어조가 책망에서 사랑의 권면으로 바뀌었을 것이다(저자가 사용하는 NASB와 헬라어 원문에는 "언성을 높이려 함"이 "어조를 바꾸려 함"으로 되어 있다-역주). 하지만 출혈을 멎게 하려는 응급조치가 때로는 환자에게 통증을 유발할 수 있다. 갈라디아 교인들의 경우에는 진리가 고통을 안겨주었다. 예수께서 20여 년 전에 하신 말씀을 바울도 분명히 들어보았을 것이다. "진리를 알지니 진리가 너희를 자유롭게 하리라"(요 8:32).

갈라디아 교인들은 그리스도인의 삶이라는 행로에서 큰 위기에 봉착해 있었다. 그런 그들에게 지금 필요한 것이 있다면 바로 자유였다. 하지만 자유를 얻으려면 진리를 듣고 그대로 사는 길밖에 없었다.

적용

진리는 고통을 거쳐 치유를 가져다준다

솔직해지자. 때로 우리는 진리를 듣고 싶은 마음이 전혀 없다. 특히 진리가 나의 영적 결함을 드러낼 때는 더하다. 설령 나를 깊이 아껴주는 사람이 사랑으로 말한다 해도 진리는 우리를 화나게 할 수 있다. 우리는 자신에 대한 나쁜 소식을 들으면 원한과 분노와 앙심을 품을 수 있다. 그래서 우리는 진리를 말하는 사람에게 오히려 비난을 퍼붓곤 한다. 진리에 마주서는 고통을 피하고 변화를 피하기 위해서다.

하지만 우리 중에는 인생을 오래 살아 참된 지혜를 존중할 줄 아는 사람들도 있다. 더 나은 삶의 열쇠를 쥔 사람은 만물박사가 아니라 하나님의 사람이다. 그런 사람은 그동안 진리에 온전히 순복했으며, 기꺼이 진리를 듣고 수용하고 실천하고 전수할 마음이 있다.

진리가 고통을 안겨줄 때도 말이다. 진리는 우리를 고약하게 만들거나 아름답게 만들거나 둘 중 하나다. 그것을 명심해야 한다.

진리를 통해 우리는 자신의 약점을 직시할 수 있고 삶을 변화시키는 그리스도의 능력을 의지할 수 있다. 최근에 당신을 사랑하는 사람에게서 당신의 삶에 대한 직언을 들은 적이 있는가? 진리가 고통을 주었는가? 어떤 내용이었는가? 도움이 되었는가? 잠시 시간을 내서 상대방이 어떤 말을 어떻게 했는지 생각해보라. 진리의 하나님이 당신에게 원하실 반응이 무엇일지도 생각해보라.

그 진리를 듣고서 조금이라도 도움이 되었다면-하다못해 생각이라도 하게 되었다면-지금 좀 특별한 일을 해보면 어떨까? 잠시 시간을 내서 당신에게 그 정보를 알려준 사람에게 쪽지를 써보라. 사랑하기에 직언해준 그 사람에게 감사를 표하라.

대체로 당신은 진리에 어떻게 반응하는가? 정직하게 평가해줄 사람들을 찾아가는가, 아니면 피하는가? 과거에 직언으로 당신을 짜증나게 하거나 불쾌하게 했던 사람들이 있을 것이다. 이제부터 그들의 말을 좀 더 감사하는 마음으로 좀 더 주의 깊게 들어보라.

율법 아래에 있고자 하는 자들에게(갈라디아서 4:21-31)

21내게 말하라 율법 아래에 있고자 하는 자들아 율법을 듣지 못하였느냐 22기록된 바 아브라함에
게 두 아들이 있으니 하나는 여종에게서, 하나는 자유 있는 여자에게서 났다 하였으며 23여종에게서
는 육체를 따라 났고 자유 있는 여자에게서는 약속으로 말미암았느니라 24이것은 비유니 이 여자들은
두 언약이라 하나는 시내 산으로부터 종을 낳은 자니 곧 하갈이라 25이 하갈은 아라비아에 있는 시내
산으로서 지금 있는 예루살렘과 같은 곳이니 그가 그 자녀들과 더불어 종 노릇 하고 26오직 위에 있
는 예루살렘은 자유자니 곧 우리 어머니라 27기록된 바

잉태하지 못한 자여 즐거워하라
산고를 모르는 자여 소리 질러 외치라
이는 홀로 사는 자의 자녀가 남편 있는 자의 자녀보다
많음이라 하였으니

28형제들아 너희는 이삭과 같이 약속의 자녀라 29그러나 그 때에 육체를 따라 난 자가 성령을 따
라 난 자를 박해한 것 같이 이제도 그러하도다 30그러나 성경이 무엇을 말하느냐 여종과 그 아들을
내쫓으라 여종의 아들이 자유 있는 여자의 아들과 더불어 유업을 얻지 못하리라 하였느니라
31그런즉 형제들아 우리는 여종의 자녀가 아니요 자유 있는 여자의 자녀니라.

흔히 우리는 기독교, 이슬람교, 힌두교, 불교 등 "세계의 주요 종교"에 대해 말한다. 하지만 사실 규모만 다를 뿐 종교는 말 그대로 수천 가지에 달한다. 세계의 종교에 대한 학과목을 듣는다면, 나중에 더 지혜로워지리라는 보장은 없어도 주제의 방대함과 복잡성에 현기증이 날 것만은 분명하다. 인간의 종교를 연구하는 "과학적" 또는 "사회학적" 접근들 중에는 두 가지 경향이 주를 이룬다. (1) 모든 종교의 공통점을 강조하며 세상 모든 인간이 공유하고 있는 "종교성"에 집중한다. (2) 전 세계의 종교적 전통들이 언어와 문화와 경험으로 인해 서로 다르기 때문에 종교의 엄청난 다양성을 강조한다.

그러나 얽히고설킨 매듭을 하나의 관점에서 풀어보면 사실 세상에 종교는 딱 두 가지밖에 없다. 첫 번째 종교는 인간의 노력과 공로에 기초한 종교다. 이 종교는 무수히 많은 형태와 규모로 존재한다. 이 종교를 신봉하는 사람들은 인간이 구원이나 복을 받으려면 일정한 요건을 만족시켜야 한다고 믿는다. 즉, 인간 쪽에서 뭔가를 행하거나 충족시키거나 이루거나 얻어내야 한다. 두 번째 종교는 하나님의 은혜와 자비에 기초한 종교다. 이 종교를 신봉하는 사람들은 자신의 공로를 버리고 전적으로 하나님의 은혜로운 공급에 의지한다. 신앙의 기초는 우리가 행한 일이 아니라 하나님이 우리를 위해 행하신 일에 있다. 이 종교에서 우리가 할 수 있는 일은 믿고 수용하고 신뢰하고 인정하는 것뿐이다.

언뜻 생각하면 은혜와 자비의 종교에 회심자들이 넘쳐날 것 같다. 하나님이 다 해주시는 종교가 인간이 인간의 몫을 해야 하는 종교를 이길 것 같다. 하지만 하나님을 의지하기보다 자신의 행위로 구원을 이루려는 사람들이 이상하게 훨씬 많다. "세상에 공짜란 없다"라는 해묵은 철학이 우리의 사고를 지배한다. 우리는 무료를 불신하고, 선물을 되갚고, 호의에 보답한다. "자업자득"을 외치는 우리 문화는 "자격 없이 거저 받는다"라는 기독교 신학을 배격한다.

목사인 나에게 바울의 갈라디아서가 난감하게 다가오는 부분은 독자들이 행위의 의식구조에 빠져 있었다는 사실이 아니다. 세상의 대다수 사람들이 그 상태로 살아간다. 그보다 갈라디아 교인들은 한때 은혜의 메시지를 받아들였으면서도 다시 행위의 메시지로 돌아가기로 작정했다! 사실 바로 앞 단락은 "너희에 대하여 의혹이 있음이라"며 답답한 심정을 호소하는 바울의 절규로 끝을 맺었다(4:20).

이번 단락인 4장 21-31절에는 율법주의적 유대주의자들에 대한 바울의 마지막 논박이

나온다. 노련한 변호사처럼 그는 유대주의자들 자신의 논법과 성경 해석을 통해 그들의 입장을 반증한다. 바울은 질문으로 시작하여(4:21) 아브라함의 삶에서 역사적 배경을 제시한다(4:22-23). 이어 유대인들이 사용하는 방식의 전형적 비유를 들고(4:24-27) 끝으로 그 비유를 갈라디아 교인들의 상황에 적용한다(4:28-31). 그리스도인의 자유를 빼앗으려는 강도들에게 이렇게 마지막 적시타를 날린 후에야 바울은 논고를 마친다.

—4:21—

우선 바울은 어쩌면 빈정대는 투로 날카롭고 예리한 질문을 던진다. "내게 말하라, 율법 아래에 있고자 하는 자들아. 율법을 듣지 못하였느냐." 아직도 긴가민가한 독자들에게 하는 말이다. 많은 사람들이 아직도 악착같이 율법을 움켜쥐고 있었다. 그들은 소신이나 교만을 버릴 마음이 없었다. 바울의 질문은 이런 것이다. "좋다, 너희 유대주의자들과 그들의 말을 듣는 모든 갈라디아 사람들아. 조심하라! 율법으로 사는 게 정말 살 길이라고 생각하는가? 좋다! 그렇다면 율법이 하는 말을 들으라!" 논증을 위해 바울은 적들의 전제를 인정하고 들어간다. 그 전제란 우리가 율법의 전부를 지킬 의무가 있다는 것이었다. 이어 그는 바로 그 전제로 그들을 논박한다. 시쳇말로 바울은 "그들을 혼내줄" 채비를 하고 있다.

갈라디아서 3장 6-22절에서도 바울은 비슷한 접근을 취하여 적들의 논거를 바탕으로 자신의 요지를 증명했다. 사실 사역을 하는 내내 바울은 복음을 전할 때마다 상대방이 처한 자리에서 시작했다. 유대인들과 함께 있을 때는 그들이 신봉하는 진리의 주요 원천인 구약을 인용했고(행 17:1-3), 이교도들과 함께 있을 때는 그들의 우상과 시인과 예언자를 활용했다(행 17:22-23, 28, 딛 1:12). 바울이 실천한 이러한 선노 선략을 오늘날 많은 그리스도인들이 무시하고 있다. 그는 먼저 공통 기반을 다진 뒤 그 위에 공통되지 않은 메시지를 쌓아올렸다.

오늘날의 정황에서 그렇게 하려면 우리는 의견이 완전히 상충되는 사람들의 말도 경청하고, 그들이 썼거나 읽은 책들을 읽고, 그들의 관점이 아무리 혼미하고 왜곡되어 있을지라도 시간을 들여 그것을 이해해야 한다. 지금은 고인이 되었지만 이 문제에 대한 조셉 올드리치(Joseph Aldrich)의 생각을 곱씹어볼 만하다.

> 우리는 구원받지 못한 사람들을 원수 마귀의 피해자가 아니라 우리의 적으로 볼 때가 많다. 또한 신앙을 구원받지 못한 사람들과 분리되는 것으로 본다. 새로 믿은 그리스도인에게 우리는 그와 구원받지 못한 동료들 사이에 "공통점이 하나도 없다"고 말해준다. 하지만 솔직히 나는 그들과 공통점이 많다. 주택 융자금, 자동차 할부금, 버릇없는 자녀, 잔디 깎는 일, 세차, 완전하지 못한 결혼생활, 뱃살, 그들이 즐기는 스포츠나 취미 활동에 대한 관심 등 아주 많다. 예수님의 별명이 "죄인의 친구"였음을 잊지 말라. 그분은 죄인들의 친구이셨다.[18]

바울은 결코 자신의 믿음을 타협하지 않았다. 그러나 그는 편협함이라는 함정에서 벗어나기 위해, 또는 사람들이 처해 있는 상태로 내려가기(또는 올라가기) 위해 자신의 안위를 주저 없이 버렸다. 그래서 바울은 신약에서 논쟁이라는 방법을 거의 사용하지 않는다. 뿐

비유적 해석

성경을 어떻게 해석할 것인가? 오랜 역사 동안 유대교와 기독교는 이 문제로 씨름했다. 성경 자체에는 해석의 원리들을 구체적으로 밝혀놓은 서문이 없다. 그래서 그동안 이 질문에 대해 많은 답들이 제시되었다. 하지만 역사 속에서 주를 이루게 된 성경 읽기의 두 가지 경향이 있다. 문자적 해석과 비유적 해석이다. 존 어데어(John Adair)는 이 두 가지 접근을 이렇게 설명했다.

> 시리아의 안디옥에 중심을 둔 한 부류는 성경 읽기의 문자적 접근을 강조했다. 그들은 성경 본문에서 구체적인 역사적 사실을 이끌어내는 것을 중요하게 여겼다. 그들은 성경 역사의 사건을 사건 그대로로 가르쳤고, 문학적 정황과 역사적 정황에 특별한 주의를 기울였다. 두 번째 부류는 비유적 해석으로 기울었다. 이 신자들은 역사적 사실의 배후에 있는 영적 의미를 강조했다. 독자들은 그 의미를 통해 교회의 교리를 배우게 된다.[19]

비유적 해석이란 "숨어 있거나 은밀한 의미를 찾는 작업이며, 이 배후의 의미는 본문의 문자적 의미와는 거리가 멀거나 아예 무관하다"라고 정의된다.[20] 이 방법은 유대교의 해석자들 사이에 인기를 끌었다. 그들은 구약을 현대 생활에 적합하게 만들려 했고, 난처한 이야기들이나 심지어 성경의 어떤 책들 전체를 그런 식으로 설명했다. 예컨대 아가서는 연인 사이의 로맨틱한 관계를 나타내지만 비유적 해석자들은 그것을 하나님과 이스라엘의 "사랑" 관계를 나타내는 것으로 재해석했다.

알렉산드리아의 유대교 저작과 후기 기독교 저작에는 과도하고 심지어 괴상한 비유적 해석까지 볼 수 있다. 거기에 비하면 갈라디아서 4장에 나오는 바울의 간략한 비유는 단순해 보인다. 어쨌든 논증의 정황 속에서 바울은 비유를 통해 독자들의 관심을 끈 다음 그들에게 익숙한 해석 방법으로 그들을 논박한다.[21]

만 아니라 성경을 설명하기 위해 그의 청중에게 익숙한 방법인 비유적 해석을 사용한다.

—4:22-27—

유대인들은 자신들이 아브라함의 자손이라고 교만하게 자랑했고, 하나님 앞에서 자신들의 영적 신분을 보장하는 증거로 족보를 내세웠다. 예수님 당시의 유대인들도 그런 주장을 폈었다. "우리가 아브라함의 자손이라 남의 종이 된 적이 없거늘 어찌하여 우리가 자유롭게 되리라 하느냐"(요 8:33). 바울도 예수님이 그러셨듯 참된 자유는 육신의 조상에게서 오는 게 아니라 예수님의 진리를 받아들일 때 온다고 역설한다(요 8:31-47).

바울 시대의 대다수 유대인들은 아브라함과의 물리적 관계 때문에 하나님 앞에서 자신들의 신분이 보장된다고 믿었다. 자신들이 아브라함의 씨라는 물리적 산물이므로 하나님의 약속과 복을 받게 될 상속자인 줄로 알았다. 안타깝게도 "모태 신앙"이나 교회에서 "자라난" 많은 그리스도인들에게서도 그런 동일한 사고방식을 볼 수 있다. 그들은 부모의 후광에 편승하거나, 조부모의 월계관을 칭송하거나, 대대로 군건했던 위대한 신앙 유산을 가리켜 보인다. 하지만 이보다 더 잘못된 일은 없다. 인간은 나면서부터 그리스도인이 아니라 그리스도인이 되는 것이다.

바울은 혈통으로 구원받는다는 믿음에 치명타를 날린다. 아브라함이 하갈과 사라를 통해 낳은 두 아들의 이야기가 그것이다(4:22-23). 한 아들 이스마엘은 "육체를 따라 났"다. "기적이나 하나님의 약속이 필요 없이 생리적으로" 태어났다는 뜻이다.[22] 창세기 16장 1-4절, 15-16절에서 그 기사를 볼 수 있다. 아브라함은 하나님을 도와드리려고 사라의 여종인 이집트 사람 하갈을 통해 상속자를 낳았다. 하나님은 아기를 낳을 수 없는 노년의 사라를 통해 아브라함에게 아들을 주시겠다고 간단명료하게 약속하셨다. 하지만 아브라함에게는 그것이 너무 가팔라 오르지 못할 산처럼 보였다. 그래서 그는 약속을 명령으로 눈갑시켜 그 일을 자기가 떠맡아 "육체를 따라" 이스마엘을 낳았다.

반면 이삭은 "자유 있는 여자", 즉 아브라함의 아내인 사라에게서 "약속으로 말미암"아 났다(4:23). 다시 말해 이삭은 아브라함이 100세이고 사라가 90세일 때 태어난 기적의 아들이었다. 하나님은 생리적으로 불가능한 상황에서 사라의 태를 여시고 이삭을 낳게 하셨다! 사실 이삭의 기적적 출생은 하나님의 약속이 성취된 결과였다(창 15:4, 17:15-16, 18:10, 21:1-3).

바울은 이 역사적 사실의 깊이를 측량하면서 하나의 영적 비유를 지적한다. 유대주의자들은 하나님의 약속을 율법주의적으로 물려받으려 했으나 그러한 접근의 태생적 약점이 이 비유를 통해 드러난다. 바울이 대비한 율법과 은혜의 차이점을 표로 정리하면 다음과 같다.

율법	은혜
하갈, 여종	사라, 자유 있는 여자
"육체를 따라 난" 이스마엘	"성령을 따라 난" 이삭
시내 산에서 주어진 율법의 옛 언약	그리스도께서 주신 은혜의 새 언약
지상의 예루살렘	하늘의 예루살렘
율법의 노예	그리스도 안의 자유
유대교	기독교

바울의 예화에서 하갈과 사라는 두 언약을 상징한다. 하갈은 시내 산에서 모세가 받은 옛 언약을 상징한다. 이 협약에 따라 이스라엘 민족-지상의 예루살렘 시민-은 지상의 축복인 약속의 땅을 받기 위해 율법의 규례와 제사와 형벌에 속박되어야 했다(신 28:1-14). 옛 언약 아래의 삶은 엄격하고 위태로워 결국은 재앙을 불러온다(신 29:15-28). 그래서 바울은 하갈과 옛 언약을 자기 시대의 예루살렘에 비유한다. 당시의 예루살렘은 정치적으로는 로마에 예속되어 있었고, 종교적으로는 엄격한 율법주의에 예속되어 있었다.

반면 사라로 상징되는 새 언약은 하나님의 율법이 아니라 하나님의 약속에 기초한 것이다. 그리스도께서 갈보리에서 이 약속을 체결하시고 자신의 피로 인을 치셨다(히 9:11-28). 누구든지 오직 그리스도 안에서 오직 믿음으로 말미암아 이 언약에 들어오는 사람은 아브라함의 영적 자손이 되고 하늘에 있는 예루살렘의 상속자가 된다(갈 4:26-27). 사라로 상징되는 "위에 있는 예루살렘"은 구속받은 백성이 장차 거하게 될 천상의 예루살렘을 가리킬 수도 있고(계 3:12, 21:2), 은유적으로 우주 교회-그리스도 안에서 구속받아 시민권이 하늘에 있는 모든 사람(빌 3:20)-를 가리킬 수도 있다. 어느 경우든 이 "예루살렘"은 그리스도를 믿음으로 말미암아 구원받은 사람들, 율법의 압제와 저주로부터 해방된 사람들을 의미한다.

바울은 은혜가 율법보다 우월하다는 논증을 부연하려고 이사야 54장 1절을 인용한다. 이는 잉태하지 못하던 여자의 풍성한 결실을 선포하는 환희의 노래다(갈 4:25-27). 본래 이사야가 이 말을 한 대상은 바벨론에서 포로로 살고 있던 유대인들이었다. 이 말로 이사야는 그들의 예속 상태가 영원히 계속되지 않는다며 그들을 안심시켰다. 그들은 장차 고국으로 돌아와 이전보다 수가 더 많아질 것이다. 항상 하나님은 혜택받지 못한 사람들, 겉보기에 버림받은 사람들, 하나님의 복의 반경에서 벗어나 있는 듯한 "잉태하지 못한" 사람들을 옹호하는 분이시다. 그 사실을 지적하려고 바울은 위의 말씀을 인용했을 것이다. 갈라디아 교인들의 상황에서 이 신학은 유대교의 주장을 정면으로 반박했다. 유대주의자들은 하나님이 율법의 옛 언약에 참여하는 사람들에게만 복을 주신다고 주장했다.

—4:28-31—

갈라디아 교인들처럼 당신도 그리스도를 믿는 사람이라면 자유 있는 여자인 사라의 자녀요 약속의 자녀다(4:28). 이삭이 하나님의 약속의 결과로 초자연적으로 태어났듯이 모든 그리스도인도 하나님의 약속-아브라함을 통해 모든 족속이 복을 받으리라 하신 약속(창 12:3, 22:18)-의 결과로 "거듭난다."

하지만 바울이 마지막으로 제시하는 이삭과 이스마엘의 근본적 대비가 있다. 이것은 갈라디아의 상황에 직결되며 율법주의에 맞서는 우리의 싸움에도 직결된다. 그리스도께서 다시 오실 때까지 자유의 지녀는 이복형제인 율법주의의 박해를 받을 것이다. 이스마엘이 이삭을 놀리고 조롱한 것처럼(창 21:8-9) 율법주의자들도 신자들을 박해할 것이다(갈 4:29).

고금을 마론하고 언제나 그랬다. 우선 예수님 자신이 박해를 당하셨다. 당시의 종교 지도자들은 아브라함의 참 씨이신 그분을 대적하고 조롱하고 정죄하고 죽였다. 유대주의자들은 바울을 위시하여 은혜로 주어지는 자유를 옹호하는 모든 사람의 삶을 생지옥으로 만들었다. 중세 말기와 종교개혁 시대의 개신교도들은 교황들과 충성스런 천주교 신자인 황제들과 왕들로부터 잔인한 박해를 당했다. 믿음으로 말미암아 은혜로 구원받는다는 교리를 옹호했다는 이유로 말이다. 우리 시대에도 율법주의적 그리스도인들은 그리스도인의 삶을 비참하게 만들 수 있다. 은혜의 달콤한 해방을 맛본 적이 없는 그들은 "하라, 하지 말라"의 끝없는 목록으로 신자들을 가차 없이 위압할 수 있다.

바울의 최종 변론은 은혜의 쿠데타로 절정에 달한다(4:30). 그가 창세기 21장 10절과 12절을 인용하여 지적하듯이 아브라함은 결국 하갈과 그녀의 아들 이스마엘을 내쫓았다. 양립할 수 없는 이스마엘과 이삭의 차이 때문이었다. 바울의 요지는 분명하다. 그리스도인들은 율법주의를 배격해야 하고 그것을 가르치는 사람들을 논박해야 한다. 유대인들은 이 구절을 해석할 때 이방인들을 거부해야 한다는 명령으로 보았겠지만 바울은 형세를 역전시킨다. 그는 유대주의자들을 여종과 연결시키고, 유대인과 이방인을 통틀어 모든 그리스도인을 자유 있는 여자와 연결시킨다(4:31). 믿음으로 그리스도를 받아들인 사람들은 모두 자유인이다! 재판은 이미 끝났고 죗값이 치러졌다. 사건이 종료되었다.

주

1. Charles C. Ryrie, *Balancing the Christian Life*(Chicago: Moody Press, 1969), 159.
2. Donald Grey Barnhouse, *Romans,* 제3권, God's Remedy(Grand Rapids: Eerdmans, 1954), 208.
3. Thomas Jefferson, "Letter to Colonel William S. Smith," 1787년 11월 13일자. William B. Parker & Jonas Viles 편집, *Letters and Addresses of Thomas Jefferson*(Buffalo, NY: National Jefferson Society, 1903), 65.
4. 다음 책을 참조하라. James Montgomery Boice, "Galatians," *Expositor's Bible Commentary*, Frank E. Gaebelein 편집(Grand Rapids: Zondervan, 1976), 10:465.
5. John R. W. Stott, *The Message of Galatians,* The Bible Speaks Today(Downers Grove, IL: InterVarsity Press, 1968), 93. (『갈라디아서 강해』 IVP)
6. Leon Morris, *Galatians: Paul's Charter of Christian Freedom*(Downers Grove, IL: InterVarsity Press, 1996), 116.
7. G. Walter Hansen, *Galatians,* The IVP New Testament Commentary Series, Grant R. Osborne 편집(Downers Grove, IL: InterVarsity Press, 1994), 107-8.
8. Stott, *The Message of Galatians,* 97.
9. Charles C. Ryrie, *Basic Theology*(Wheaton, IL: Victor, 1986), 306. (『평신도 신학 입문』 두란노)
10. Donald K. Campbell, "Galatians," *The Bible Knowledge Commentary: New Testament Edition,* John F. Walvoord & Roy B. Zuck 편집(Wheaton, IL: Victor, 1983), 600. (『갈라디아서 에베소서 빌립보서 골로새서-BKC 강해주석 시리즈 26』 두란노)
11. Stott, *The Message of Galatians,* 100-101.

12. Hansen, *Galatians,* 114.

13. Campbell, "Galatians," 601.

14. 다음 책을 참조하라. Steve Farrar, *Point Man: How a Man Can Lead His Family*(Sisters, OR: Multnomah, 2003), 29. (『포인트 맨』 IVP)

15. 이런 영적 훈련들에 대한 더 자세한 내용은 다음 책을 참조하라. Charles R. Swindoll, *So, You Want to Be Like Christ? Eight Essentials to Get You There*(Nashville: W Publishing Group, 2005).

16. 다음 책을 참조하라. F. F. Bruce, *The Epistle to the Galatians: A Commentary on the Greek Text,* The New International Greek Testament Commentary Series, I. Howard Marshall & W. Ward Gasque 편집(Grand Rapids: Eerdmans, 1982), 208-9.

17. Hansen, *Galatians,* 135.

18. Joseph C. Aldrich, *Life-Style Evangelism: Crossing Traditional Boundaries to Reach the Unbelieving World*(Portland, OR: Multnomah, 1981), 20. (『생활 전도』 생명의 말씀사)

19. John Adair, "What's the Meaning of This? A History of Interpretations," *Insight's Bible Handbook: Practical Helps for Bible Study*(Plano, TX: IFL, 2007), 60.

20. Roy B. Zuck, *Basic Bible Interpretaion*(Wheaton, IL: Victor, 1991), 29.

21. 바울이 든 비유에 대해서는 다음 책들을 참조하라. E. Earle Ellis, *Paul's Use of the Old Testament* (Grand Rapids: Baker, 1981). Colin Brown, "Parable, Allegory, Proverb," *The New International Dictionary of New Testament Theology,* Colin Brown 편집(Grand Rapids: Zondervan, 1976), 2:747-48,754-56.

22. Campbell, "Galatians," 603.

복음의 자유를 실천함

갈라디아서 5:1–6:18

때는 1934년 1월 17일, 남아프리카공화국에서 있었던 일이다.

가난한 다이아몬드 채굴업자 자코버스 종커(Jacobus Jonker)는 연이은 허탕에 낙심했다. 그래서 유난히 춥고 바람이 많이 불던 그날은 그냥 집에 있기로 했다. 전날 밤에 폭우가 쏟아져 그러잖아도 아무 성과 없이 그의 구역에 쌓여 있던 진흙 더미를 싹 쓸어가버렸다. 그날 아침에 그는 폭우가 남기고 간 잡동사니 부유물 따위나 치울 기분이 아니었다. 그래서 아들 거트(Gert) 종커와 고용인 몇 사람을 대신 일터로 내보냈다.

오후에 요란한 소리가 나서 보니 아들 거트가 미친 사람처럼 전속력으로 차를 몰고 와서는 급정거하고 뛰어내렸다. 뭔가 나쁜 일이 벌어진 게 분명했다. 혹시 누가 다치거나 죽기라도 한 것일까? 그런데 거트는 당황한 표정이 아니라 희색이 만면했다. 자코버스가 아들의 난폭한 운전을 혼내려고 입을 떼려는데 거트가 아버지의 손에 달걀만 한 크기의 돌멩이를 올려놓았다.

상태가 거칠기는 했지만 726캐럿의 다이아몬드 원석이 햇빛을 받아 반짝거렸다. 갑자기 자코버스의 다리에 힘이 쭉 빠졌다. 눈물을 글썽이며 털썩 무릎을 꿇은 그는 기적처럼 보물을 찾게 해주신 하나님께 감사를 드렸다. 그 정도면 그와 일곱 자녀가 상상을 초월하는 부자가 될 수 있었다. 족히 5백만 달러도 더 나갈 다이아몬드였다.[1] 드디어 그들에게도 좋은 날이 찾아왔다. 하지만 과연 그랬을까?

유명한 종커 다이아몬드의 실화는 무궁한 명성과 재산으로 끝나지 않았다. 자코버스 종커는 불과 몇 년 만에 다시 무일푼이 되었다. 돈을 다 탕진한 그는 다시 보물을 찾아 한밑천 잡아보려고 흙을 파헤치는 신세가 되었다.[2]

재산이 날아갔다. 보화가 탕진되었다. 값진 보석이 허비되었다. 갑자기 일확천금을 했다가 몇 달 또는 몇 년 만에 친구와 가족과 명성과 재산을 다 날려버린 사람들의 기막힌 사연들이 세상에 넘쳐난다. 대부분의 사람들은 횡재를 다룰 줄 모른다. 거금에 딸려오는 책임을 어찌할 줄 모른다.

갈라디아의 그리스도인들도 다를 바 없었다. 바울과 바나바가 예수 그리스도의 복음을 전했을 때 그들은 값진 선물을 받아들였다. 믿음으로 말미암아 조건 없이 은혜로 구원받았다. 그런데 불과 몇 주 만에 그들은 잔인한 강도들과 고약한 사기꾼들이 신앙을 약탈해가도록 그냥 두었다. 율법주의적 유대주의자들은 갈라디아 교인들이 누리던 영광스럽고 풍

핵심 용어

ἐλευθερία [*eleutheria*, 엘류테리아] *(1657)* '자유'

고린도후서 3장 17절에 "주는 영이시니 주의 영이 계신 곳에는 자유가 있느니라"고 했다. 바울이 갈라디아서에서 자유의 개념을 설명하는 방식도 이와 비슷하다. 그리스도께서 성령을 통해 우리를 율법의 저주로부터 해방시키셨다. 우리는 율법을 하나님과의 언약의 일부로 지킬 의무가 없다. 바울이 말하는 자유란 우리가 율법의 숨 막히는 규정들에 예속된 상태로부터 해방되었다는 뜻이다. 하지만 이 자유를 빌미로 죄와 방종에 빠져서는 안 된다(5:13). 오히려 그 자유로 구주를 즐거이 섬겨야 한다. 그리스도 안에서 신자들은 모세 율법의 준수와 관련된 죄책감, 수치심, 의무에서 해방된 것이지 성령의 능력으로 실현되는 사랑의 법에서 해방된 것이 아니다.

ἐπιθυμία σαρκός [*epithymia sarkos*, 에피튀미아 사르코스] *(1939, 4561)* '육체의 욕심, 육체의 정욕'

"육체의 정욕"은 육체적 쾌락을 만족시키는 죄의 충동과 관계되며 타락한 인간 본성의 산물이다. "육체"(*sarx*)라는 말이 이렇게 부정적 맥락에서 쓰이면 물리적 육신이 아니라 우리의 죄성과 타락한 본성을 의미한다. 우리의 죄에 대한 형벌은 그리스도께서 없애주셨지만 죄의 세력과 유혹은 여전히 남아 있다. 갈라디아서는 물론 다른 곳에서도(롬 6:1–14) 바울은 독자들에게 육신의 행위를 죽이라고 권고한다. 이는 성령의 능력으로 죄로부터 돌아서는 능동적 과정을 암시하는 말이다.

σταυρόω [*stauroō*, 스타우로오] *(4717)* '십자가에 못 박다'

십자가의 죽음은 고통과 수치와 공포를 극대화한 상태로 명줄을 끊어놓는 로마의 잔인한 처형 방법이었다. 바울에게 이 단어는 그런 문자적 의미일 수도 있고 은유적 의미일 수도 있다. 은유적으로는 신자의 삶에 이루어진 변화의 극적인 이미지를 연상시키는 말이다. 갈라디아서 앞부분에 고백했듯이 바울은 "그리스도와 함께 십자가에 못 박"혀 자아에 대해 죽었고 내주하시는 그리스도를 통해 다시 살아났다(갈 2:20). 그리스도 안에서 거듭난 신자들은 누구나 다 그렇다. 그들의 옛 자아는 "십자가에 못 박혔다." 이제 그들에게는 그리스도를 위해 살려는 새로운 열망이 있다.

요로운 은혜를 앗아가고 대신 비참한 행위의 종교를 던져주려 했다.

이렇게 유대주의자들이 강탈을 일삼는 곳에 바울의 갈라디아서가 끼어들어 피해를 최소화한다. 첫 넉 장에서 바울은 자신의 사도적 권위와 이신칭의의 교리를 변호했다. 이로써 그는 제정신을 잃은 유대주의자들의 약탈을 확실히 논박했고, 갈라디아 교인들의 교리적 다이아몬드를 제자리에 복원시켰다. 이제부터 바울은 부자에게 재테크를 가르치는 재정 설계사처럼 갈라디아 교인들에게 영적 거금을 책임감 있게 쓰는 실제적인 방법들을 가르친다.

이번 마지막 단락에서 바울의 목표 중 하나는 유대주의자들의 근거 없는 주장에 대응하는 것이다. 그들은 은혜의 삶이 도덕적으로 해이한 생활방식을 부추긴다고 주장했다. 하지만 바울이 분명히 가르치듯이, 그리스도로 말미암아 해방된 갈라디아 교인들은 이제 "굳건하게 서서 다시는 종의 멍에를 메지 말"아야 한다(5:1). 만일 그들이 다시 율법 아래로 퇴보하거나 죄의 삶으로 돌아선다면 이는 그리스도의 죽음과 부활을 통해 공급된 영적 재산을 탕진하는 것이다. 오늘날의 모든 신자들과 마찬가지로 갈라디아의 신자들이 해방된 것은 서로 사랑하고 섬기기 위해서이고(5:13–14) 그리스도를 닮은 성품을 보이기 위해서다(5:22–23). 그렇게 하여 신자들은 율법 조문의 배후에 깔린 본연의 취지를 참으로 성취하게 된다. 거짓 교사들은 십자가 대신 할례를 자랑했지만(6:12–13) 바울은 오직 "주 예수 그리스도의 십자가"만 자랑한다(6:14).

바울은 오직 믿음으로 말미암는 은혜의 복음이 독자들에게 의로운 삶을 살아갈 자유를 준다고 가르친다. 그리하여 은혜는 생명을 얻는 길이자 또한 삶을 살아가는 길이라는 진리를 재차 확증한다.

자유, 믿음, 사랑, 진리(갈라디아서 5:1–12)

1그리스도께서 우리를 자유롭게 하려고 자유를 주셨으니 그러므로 굳건하게 서서 다시는 종의 멍
에를 메지 말라

2보라 나 바울은 너희에게 말하노니 너희가 만일 할례를 받으면 그리스도께서 너희에게 아무 유
익이 없으리라 3내가 할례를 받는 각 사람에게 다시 증언하노니 그는 율법 전체를 행할 의무를 가진
자라 4율법 안에서 의롭다 함을 얻으려 하는 너희는 그리스도에게서 끊어지고 은혜에서 떨어진 자로
다 5우리가 성령으로 믿음을 따라 의의 소망을 기다리노니 6그리스도 예수 안에서는 할례나 무할례나
효력이 없으되 사랑으로써 역사하는 믿음뿐이니라

7너희가 달음질을 잘 하더니 누가 너희를 막아 진리를 순종하지 못하게 하더냐 8그 권면은 너희를
부르신 이에게서 난 것이 아니니라 9적은 누룩이 온 덩이에 퍼지느니라 10나는 너희가 아무 다른 마
음을 품지 아니할 줄을 주 안에서 확신하노라 그러나 너희를 요동하게 하는 자는 누구든지 심판을 받
으리라 11형제들아 내가 지금까지 할례를 전한다면 어찌하여 지금까지 박해를 받으리요 그리하였으면
십자가의 걸림돌이 제거되었으리니 12너희를 어지럽게 하는 자들은 스스로 베어 버리기를 원하노라.

학자들은 갈라디아서를 "논쟁"(polemic)의 서신이라 부른다. 이 단어는 "전쟁, 적대"를 뜻하는 헬라어 단어에서 왔다. 이는 적대 세력을 저돌적으로 공격한다는 뜻이고, 거짓을 향해 모든 수사적 무기를 휘둘러 전면적 공격을 감행한다는 뜻이다. 그야말로 갈라디아에 꼭 맞는 표현이다!

이 편지에서 바울은 율법주의의 거짓된 가르침을 공공연히 드러내고 과감히 공격한다. 이번 5장 1–12절은 명령으로 시작되어(1절) 12절까지 쭉 두 개념이 대비된다. 하나는 할례의 행위에 기초한 종교이고(율법), 또 하나는 오직 예수 그리스도께 의지하는 새로운 삶이다(은혜). 율법과 은혜라는 두 생활방식은 상호 배타적이므로 바울은 갈라디아 교인들에게 "어느 쪽인지 마음을 확실히 정하라!"고 열변을 토한다.

—5:1—

우선 그는 "그리스도께서 우리를 자유롭게 하려고 자유를 주셨으니"라는 단언으로 시작한다. 중복되는 말처럼 들리지 않는가? 사실 바울은 단순한 직설화법으로 자신의 요점을 분명히 밝힌다. 헬라어 원문의 어순을 보면 바울의 강조점이 목적에 있다. 이 말을 이렇게 번역할 수 있다. "**자유를 위해** 그리스도께서 우리에게 자유를 주셨으니." 그리스도는 아무런 목적도 없이 공연히 우리를 해방시키신 게 아니다. 그렇다고 주변에 포진하고 있는 율법주의자들의 노예가 되거나 멋대로 방탕하고 부도덕한 삶에 빠지라고 우리를 해방시키신 것도 아니다. 그리스도께서 우리에게 자유를 주신 목적은 우리가 구원의 모든 혜택을 만끽하면서 죄책감이나 정죄 없이 그리스도 안의 자유를 실천하게 하시기 위해서다.

이 자유는 우리에게 새로운 생활방식을 가져다준다. 이제 우리는 능히 성령의 능력으로 살아갈 수 있다. 자유로이 하나님께 순종하며 즐거이 그분의 뜻을 행할 수 있다. 서로 사랑하고 섬길 수 있다. 기도로 주님의 임재 안에 들어가 그분과의 친밀하고 인격적인 관계를 누릴 수 있다. 구원받기 전에는 이런 혜택을 하나도 누릴 수 없었다. 우리는 무일푼이었고 죄의 한심한 노예였다. 그러나 이제는 풍요로운 자유인으로서 모든 혜택을 온전히 누릴 수 있다. 그리스도께서 우리에게 자유를 주신 목적은 **자유를 누리게** 하시기 위해서다.

바울은 이런 명령으로 자유의 선언에 쐐기를 박는다. "그러므로 굳건하게 서서 다시는 종의 멍에를 메지 말라." 종의 멍에란 동물을 농기구나 수레에 달아맨 멍에와 비슷하게 노예의 몸놀림을 제한하거나 노예끼리 서로 잡아매는 도구였다. 나무로 된 것도 있고 쇠로 된 것도 있었지만 어쨌든 기능은 똑같았다. 노예를 강제로 복종시켜 정해진 반경 내에서 주어진 일을 하게 하는 것이었다.

율법주의의 멍에는 "할지니라, 하지 말지니라"는 불변의 조항들이 하나님께 인정받고 정결함을 지키는 가장 확실한 길이라고 꼬이며 우리를 속박한다. 율법주의의 멍에를 멘 신자들은 늘 그 짐을 함께 질 짝을 물색한다. 갑갑한 족쇄에 꽁꽁 묶인 그들은 노예 생활로 개종할 사람들을 계속 더 충원한다. 한 사슬에 줄줄이 묶인 율법주의자들이 더 많을수록 좋다. 그것이 그들의 사고방식이다. 그러나 바울은 자유를 반납하지 말고 목숨을 다해 사수하라고 권고한다. 그 말로 그는 우리의 목을 조이는 율법주의의 멍에를 꺾어버린다.

—5:2–6—

이어 바울은 율법주의를 이미 받아들이기 시작한 사람들에게 말한다. 기만자들에게 속아 넘어간 사람들이 많이 있었다. 그들은 가혹한 종의 멍에가 자기 목에 슬며시 씌워지도록 그냥 두었다. 그들이 나사를 꽉 조여 영영 사슬에 묶이기 전에 바울은 그들에게 잘못된 율법주의를 버리고 은혜의 삶으로 돌아오라고 권고한다.

그들이 율법을 지키겠다는 언약의 표시로 할례를 받는다면 이는 자신을 율법에서 해방시키신 예수 그리스도 자신을 몰아내는 일이다(5:2). 여기서 우리가 알아야 할 것이 있다. 바울이 말하는 할례라는 유대인의 의식은 유대주의자들의 생활방식 전체를 가리킨다. 세례는 율법에 대해 죽고 새로운 자유의 삶에 대해 살아난다는 표시이지만 할례는 거꾸로 율법에 복종한다는 표시다. 할례는 사실상 세례를 뒤집고 번복하는 행위다!

할례의 의식을 통해 율법주의의 생활방식에 들어가면 바울의 말대로 세 가지 결과가 따른다.

그리스도께서 우리에게 아무런 유익이 되지 못한다(5:2).

우리는 율법 전체를 행할 의무가 있다(5:3).

우리는 하나님의 은혜에서 떨어진 자가 된다(5:4).

첫째, 할례를 받아들임으로써 갈라디아 교인들은 예수께서 십자가에서 죽으신 희생이 자기들을 구원하거나 성화시키는 데 부족하다고 말한 셈이다(5:2). 그래서 그들은 그분이 치르신 죗값에 뭔가를 더하려 했을 것이다. 그들은 행위로 의롭게 된다는 개념을 받아들였고, 이로써 그리스도께서 이루신 일과 그분이 믿음으로 말미암아 주시는 의를 거부했다. 율법주의적 관점에서 보면 그리스도께서 아예 오지 않으시는 게 더 나았다. 그들이 율법으로 돌아선 것은 곧 그리스도께 등을 돌린 행위였다.

둘째, 할례를 받아들임으로써 갈라디아 교인들은 율법 전체를 지키기로 스스로 언약했다(5:3). 사람이 혼인 서약을 통해 남편이나 아내로서 언약 관계에 들어가듯 할례를 받은 사람은 할례에 수반되는 생활방식을 따라야 할 의무가 있다. 갈라디아 교인들은 율법의 작은 부분 하나만 고를 수 없었다. 율법을 어느 하나라도 택했으면 곧 전체를 택한 것과 같다.

셋째, 할례를 받아들임으로써 갈라디아 교인들은 스스로 그리스도의 은혜에서 떨어져 나갔다(5:4). 율법을 구주와 주님으로 택하는 순간 그들은 참 구주요 주님이신 그리스도와의 고리를 잘라낸 것이다. 이 말은 갈라디아 교인들이 처음 믿을 때 받은 영생을 실제로 잃었다는 뜻인가? 전혀 그렇지 않다! 바울이 지금 말하는 율법과 은혜는 두 개의 정반대되는 생활 원리다. 보다시피 바울은 그들이 구원에서 떨어진 자라고 말하지 않는다. 그들 중 율법주의적 생활방식을 택한 사람은 은혜의 생활방식과 그에 따른 모든 혜택에서 떨어진 자가 된다. 그들은 하나님과 사람들 앞에서 육체의 능력으로–은혜의 도움 없이 자력으로–행위를 통해 의롭게 되고자 했다. 믿음으로 말미암아 은혜와 성령의 능력으로 하려 하지 않았다. 요컨대 우리가 육체의 횃불을 들면 성령의 역사는 소멸된다!

육체의 삶과 믿음의 삶은 어떻게 다른가? 첫째, 의롭게 되는 길이 다르다. 우리 자신의 공로대로 살아간다면 이는 거룩해지는 일이 순전히 우리 자신이 져야 할 책임이라고 믿는 것이다. 그 결과 우리는 의에 도달하고자 피땀 흘려 행위에 힘쓸 수밖에 없다. 그러나 믿음으로 살아간다면 이는 우리의 의가 그리스도 안에 이미 확보되어 있다는 진리를 믿는 것이다. 또한 성령께서 우리를 그리스도의 형상대로 빚으시고자 날마다 역사하고 계심과, 온전한 거룩함은 그리스도께서 장차 우리를 영화롭게 하실 때에만 이루어진다는 사실을 믿는 것이다(5:5).

믿음의 삶이 육체의 삶과 다른 두 번째 큰 차이는 우리 삶의 특징이 율법이 아니라 사랑이 된다는 것이다. 육체를 지향하는 삶의 필수 연료는 행위이지만 그리스도가 중심이 된 삶의 필수 연료는 사랑으로 표현되는 믿음이다(5:6). 비슷하게 야고보도 참된 믿음은 선행으로 표현되며 그 동기는 다른 사람을 향한 진정한 사랑이라고 강조했다(약 1:27, 2:14-17). 믿음과 율법은 상호 배타적이지만 믿음과 사랑은 불가분의 관계다. 참으로 은혜에 기초하여 성령의 능력을 입는 삶에는 반드시 믿음과 사랑이 나타나게 되어 있다.

—5:7-12—

실족한 신자들을 향한 바울의 뜨거운 사랑과 진실한 애정은 갈라디아서 5장 7-12절에서 빛을 발한다. 여기에서 늦는 자들을 향한 그의 낙관적 희망이 표출된다. 그들을 잘못된 길로 이끈 사람들을 호되게 비난할 때와는 다르다.

우선 바울은 운동선수들의 세계에서 빌려온 생생한 은유로 시작한다. 그들은 그리스도인의 삶이라는 마라톤을 시작할 때는 "달음질을 잘" 했다(5:7). 그런데 중간에 누가 그들을 막아 온전히 "진리를 순종하지 못하게" 했다. 그래서 그들은 믿음과 은혜라는 복음의 진리에 합당하게 살지 못했다. 중간에 누가 다리를 걸어 그들을 비틀거리게 만들었다. 여기 "막아"라는 말은 "끼어든다"는 뜻이다. 유대주의자들은 노상에 장애물을 놓아 갈라디아 교인들을 넘어뜨리고 진보를 가로막았다.[3] 그들은 멍들고 깨진 채로 경로를 벗어나 자신의 발목과 가슴에 율법의 무거운 쇳덩이를 묶었다. 바울은 그들이 범하고 있는 터무니없는 과오를 깨우쳐준다. 그들은 생명의 면류관을 향해 자유롭게 달린 게 아니라 러닝머신 위에서 힘들게 헐떡거리며 헛수고만 하고 있었다.

하나님은 처음에 갈라디아 교인들을 은혜로 부르셨다(1:6). 그렇다면 논리적으로 지금의 새로운 방향 전환은 그분에게서 비롯된 것이 아니었다(5:8). 유대주의자들은 본래의 순수한 은혜의 복음 속에 이질적인 율법주의의 가르침을 들여놓았고, 그리하여 그리스도의 사도들이 전한 메시지 전체를 멸하려 했다. 바울은 율법의 이러한 해악을 온 덩이에 영향을 미치는 누룩에 비유했다(5:9). 누룩을 조금만 넣어도 전체에 퍼져 결국 반죽 덩이가 크게 부풀어 오르듯이, 거짓 가르침은 갈라디아 교인들이 받아들인 믿음을 완전히 말살시키려 위협했다.

하지만 아직 희망이 있었다! 바울은 갈라디아 교인들이 노상의 장애물과 덩이의 누룩을 치우고 다시 하나님의 값진 은혜의 생활방식으로 돌아올 것이라는 자신의 확신을 표현했다(5:10). 그들 대부분이 바울의 우려를 마음에 새기고 율법주의자들을 멀리하리라고 바울은 그렇게 믿었다. 아직도 긴가민가한 신자들은 바울의 다음 말을 보면 결정적으로 마음이 돌아설지도 몰랐다. 바울은 유대주의자들이 심판을 받을 것이라며 성가신 율법주의자들의 운명을 예고했다(5:10). 율법으로 사는 사람들은 율법으로 정죄당하게 되어 있다(롬 3:20). 율법주의는 심판으로 이어진다.

이것이 이생에서 경험하는 심판인지 그리스도의 보좌 앞에서 받을 심판인지 우리는 모른다. 둘 다일 수 있다. 그 율법주의자들이 정말 신자라면 분명히 그리스도의 심판석에서 상을 잃을 것이다(고전 3:15). 왜 그런가? 감히 율법의 교사로 행세하면서 자신이 무엇을 가르치는지조차 몰랐기 때문이다(딤전 1:7). 야고보는 교사들에게 엄중한 경고를 발한다. 자칭 교사라면 누구나 이 말 앞에 주춤할 수밖에 없다. “내 형제들아 너희는 선생 된 우리가 더 큰 심판을 받을 줄 알고 선생이 많이 되지 말라”(약 3:1). 그 거짓 교사들이 누구이고 그들의 영적 상태가 어떠했든 간에 하나님은 그분의 때에 그분의 방식으로 그들을 징계하실 것이다.

끝으로 바울은 다음과 같은 가상의 질문에 답한다. “내가 할례를 전한다면 어떻게 되겠는가? 은혜를 전하는 사도인 내가 말이다. 믿음으로 말미암아 은혜로 구원받는 내 복음에 할례를 끼워 맞출 수 있겠는가?” 물론 우리는 알고 있다. 바울도 특별한 경우에는 문화적 이유로 그리스도인들의 할례를 지지했다. “그 지역에 있는 유대인으로 말미암아” 디모데에게 할례를 준 것도 그런 경우였다(행 16:1–3). 바울이 디모데의 할례를 허락한 시점은 갈라디아서를 쓴 이후이자 예루살렘 공의회가 있은 이후였다. 그렇다면 다른 경우들에도 할례를 허락했으리라는 추론이 가능해진다. 바울을 비판하던 무리는 이 사건을 바울의 언행이 모순된다는 증거로–또는 바울이 사실은 할례에 대한 자신들의 입장을 지지한다는 증거로–내세웠을 수 있다.

그러나 바울은 자신이 때로 문화적 이유로 할례를 허락했다 해서 “할례를 전한” 것은 아님을 분명히 밝힌다(5:11). 할례를 전했다면 이 모든 논쟁이 왜 필요하겠는가? 은혜의 복음은 인간의 본성에 어긋난다. 무엇이든 자력으로 얻을 수 있다고 믿는 우리의 알량한 자존심 때문이다. 그리스도를 의지해야 한다는 메시지로 그 자존심을 짓밟는 사람은 누구나 한바탕 오만하고 살벌한 분풀이를 당하게 마련이다. 바울이 유대주의자들에게 괴롭힘을 당하고 있다는 사실 자체가 그가 그들 편이 아니었다는 증거다. 오히려 그의 메시지가 정말 자유의 복음이었다는 증거다.

진리를 향한 바울의 열정과 갈라디아 교인들을 향한 뜨거운 사랑은 12절에 가장 생생히 드러난다. 그는 "너희를 어지럽게 하는 자들은 스스로 베어 버리기를 원하노라"고 일갈한다. 얼마나 매서운 말인가! 그 샌님들의 심기를 건드릴 만한 말이었다. 바울은 해롭게 할례를 요구하는 율법주의자들에게 질려, 차라리 그들이 갈 데까지 가서 스스로 거세해버렸으면 좋겠다고 했다. 그렇게 해서라도 그들의 미친 짓이 끝나기를 바란 것이다.

이것은 유대주의자들을 향한 극단적이고 심지어 야비한 반응처럼 들린다. 하지만 우리 모두도 은혜의 복음을 변호하는 일에 바울만큼 열정이 있다면 모든 수사적 표현을 동원하여 그것을 수호할 것이다. 우리의 자유를 심령의 가장 깊은 창고에 간직할 것이고, 거짓 교사들의 공격에 맞서 격렬히 사수할 것이다.

적용
자유를 향한 열정의 자가진단

바울은 5장에서 강경하고 무뚝뚝한 표현은 물론 고통을 주는 표현까지 사용한다. 그 이유가 무엇인가? 그리스도 안에서 누리는 우리의 자유야말로 사수할 만한 가치가 있음을 제대로 보았기 때문이다. 감히 우리는 그 자유를 흐지부지 잃거나 남이 빼앗아가게 두어서는 안 된다. 유진 피터슨(Eugene Peterson)이 적절히 말했다. "날마다 우리는 다시 자유의 자세를 취해야 한다. 일부러 의지적으로 그렇게 하지 않으면 자유를 잃고 만다."[4] 우리도 바울의 열정을 본받으려는 자세로 자신에게 몇 가지 실제적인 심층 질문을 던져보자. 자유를 향한 자신의 열정을 평가하는 데 도움이 될 것이다.

나는 그리스도 안에서 누리는 자유를 얼마나 중시하는가? 그 자유가 내게 돈이나 집이나 가정이나 친구나 직장이나 평판보다 더 의미가 있는가? 나는 교회에서나 그리스도인 친구들 사이에서나 직장에서 외톨이가 되지 않으려고 그리스도인의 자유를 타협하는가? 나는 양극단으로 치닫는가? 방종에 빠져 부정한 삶에 굴하는가? 율법주의에 예속되어 인간이 만든 규칙과 규정에 굴하는가?

나는 자유를 빼앗기지 않으려고 얼마나 강하게 저항하는가? 나를 영적으로 옭죄는 규정들에 굴하는가? 그것이 그리스도인으로서 나의 성장을 막거나 심지어 역행하게 하는데도 말이다. 그동안 교회나 가정이나 다른 곳에서 내게 주입된, 기독교의 용인된 "규범들"이 있다. 나는 그것이 옳은지 정말 따져보는가? 내가 율법주의에 맞서 단호한 입장을 보인 것이 마지막으로 언제인가?

나는 다른 그리스도인들과 그들이 구사하는 자유를 얼마나 용납하는가? 이견의 여지가 있는 문제들에서 동료 신자들에게 내 취향을 따르라고 우기는가? 또는 양심이 연약한 사람들 앞에서 내 자유를 과시하는가?

자유를 향한 자신의 열정을 철저히 점검해보았으면 이제 자유를 구사해야 한다! 하루하루가 우리에게는 그리스도께서 주신 자유를 호흡하고 살아낼 새로운 기회다. 당신의 자유를 잃지 말라. 갈라디아 교인들처럼 덥석 내주지 말라. 율법주의적 행동이나 방임적 행동에 빠지지 말라. 은혜가 당신의 생활방식이 되게 하라.

자유 안에서 행하는 법을 배움(갈라디아서 5:13–25)

13형제들아 너희가 자유를 위하여 부르심을 입었으나 그러나 그 자유로 육체의 기회를 삼지 말고
오직 사랑으로 서로 종 노릇 하라 14온 율법은 네 이웃 사랑하기를 네 자신 같이 하라 하신 한 말씀에
서 이루어졌나니 15만일 서로 물고 먹으면 피차 멸망할까 조심하라

16내가 이르노니 너희는 성령을 따라 행하라 그리하면 육체의 욕심을 이루지 아니하리라 17육체의
소욕은 성령을 거스르고 성령은 육체를 거스르나니 이 둘이 서로 대적함으로 너희가 원하는 것을 하
지 못하게 하려 함이니라 18너희가 만일 성령의 인도하시는 바가 되면 율법 아래에 있지 아니하리라
19육체의 일은 분명하니 곧 음행과 더러운 것과 호색과 20우상 숭배와 주술과 원수 맺는 것과 분쟁과
시기와 분냄과 당 짓는 것과 분열함과 이단과 21투기와 술 취함과 방탕함과 또 그와 같은 것들이라 전
에 너희에게 경계한 것 같이 경계하노니 이런 일을 하는 자들은 하나님의 나라를 유업으로 받지 못할
것이요 22오직 성령의 열매는 사랑과 희락과 화평과 오래 참음과 자비와 양선과 충성과 23온유와 절

제니 이같은 것을 금지할 법이 없느니라 [24]그리스도 예수의 사람들은 육체와 함께 그 정욕과 탐심을 십자가에 못 박았느니라

[25]만일 우리가 성령으로 살면 또한 성령으로 행할지니.

예루살렘의 검푸른 하늘로 첫새벽의 희붐한 빛줄기가 퍼져나간다. 예수님은 이미 성전에서, 새벽부터 일어나 열심히 모여든 사람들을 가르치시는 중이다. 물건을 사고파는 사람들이 온종일 승강이를 벌이겠지만 아직은 그 불협화음이 아침의 서늘한 적요(寂寥)를 흩어놓기 전이다. 멀리서 재잘거리는 몇 마리의 새 소리와 더불어 예수님의 확신에 찬 음성만이 허공으로 부드럽게 울려 퍼진다.

이때 불쑥 서기관들과 바리새인들이 끼어든다.

그들의 거칠고 독선적인 비난의 소리가 고요를 깨뜨린다. 그들은 절망적인 여자 하나를 거칠게 다루어 예수님의 발 앞으로 빌어뜨린다. 그러고는 보란 듯이 여자에게 정죄의 손가락질을 하며 나사렛의 자수성가한 랍비에게 미리 준비한 질문을 쏘아붙인다. “선생이여, 이 여자가 간음하다가 현장에서 잡혔나이다. 모세는 율법에 이러한 여자를 돌로 치라 명하였거니와 선생은 어떻게 말하겠나이까.”

일단 예수님은 아무 말씀이 없으시다. 그냥 몸을 굽혀 땅에 뭐라고 쓰신다. 그들이 무례하게 끼어들기 전에 시작하셨던 교훈을 아마 계속하셨는지도 모른다. 투덜거리는 율법 전문가들의 무리는 예수님의 답변이 없이는 좀처럼 떠날 기세가 아니다. 그제야 예수께서 일어나 지혜의 일성으로 정곡을 찌르신다. “너희 중에 죄 없는 자가 먼저 돌로 치라”(요 8:7).

예수님은 등을 돌리고 구부려 앉아 다시 모래 위에 뭐라고 쓰신다.

험상궂은 얼굴로 고발하던 온 무리가 침묵 속에 하나씩 사라진다. 머잖아 예수님과 옷차림이 헝클어진 여자, 두 사람만 남는다. 예수께서 다시 일어나 주변을 둘러보시며 여자에게 물으신다. “여자여, 너를 고발하던 그들이 어디 있느냐 너를 정죄한 자가 없느냐”(요 8:10).

여자는 떨리는 목소리로 대답한다. “주여, 없나이다.” 여자의 뺨으로 눈물이 주르르 흘러내린다.

그때 예수께서 아주 부드럽게 여자에게 자유를 주신다. "나도 너를 정죄하지 아니하노니 이제 가서 무엇이든 너 좋은 대로 하라. 흥을 깨는 저 불쾌한 작자들이 다시는 너의 삶을 심판하지 못하게 하라! 그냥 너의 마음을 따라가라. 너 자신을 믿고 어떤 삶이든 스스로 선택하라. 너는 이제 자유롭다! 남에게 피해를 주지 않는 한 너한테 좋은 길로 가면 된다. 하나님은 네가 행복하기를 원하신다! 로마인들의 말마따나 오늘 하루를 놓치지 말라(carpe diem)! 인생은 한 번뿐이니 최대한 누리라. 좋은 시절을 맞이하라!"

잠깐, 이게 무슨 말인가? 그게 정말 사실인가? 그리스도의 자비와 은혜의 이야기가 정말 그렇게 끝났는가? 간음하다 잡혀와 그리스도의 용서를 받은 여자는 자기 마음대로 아무렇게나 살 수 있는 자유를 얻었는가? 물론 아니다!

그 장면을 다시 뒤로 돌려 예수께서 정말 뭐라고 말씀하셨는지 보자.

그때 예수께서 아주 부드럽게 여자에게 자유를 주신다. "나도 너를 정죄하지 아니하노니 가서 다시는 죄를 범하지 말라"(요 8:11).

요한복음 8장 1–11절을 풀어쓴 이 이야기에 중대한 요점이 들어 있다. 하나님이 생각하시는 신적 자유와 인간이 생각하는 인간적 자유는 반드시 일치하지 않는다. 흔히 우리는 자유를 〈007 영화〉에 나오는 "살인 면허"와 비슷한 것으로 생각한다. 우리가 무슨 짓을 하더라도 하나님의 은혜로 무마된다면, 이 자유를 받아들이고 삶을 최대한 누리면 그만이다! 온갖 제약일랑 훌훌 벗어던지고 마음껏 흥청망청 즐기라. 누구의 말도 들을 필요가 없다.

이런 인생철학이 자유를 가져다주리라 생각한다면 당신은 50년 넘게 목회를 해보지 않은 사람이다. 나는 사람들이 방종한 삶을 살다가 오히려 노예가 되는 것을 수없이 보았다. 자신이 선택한 죄와 미련한 행위의 결과에 지배당하는 것이다. 때로는 그 영향이 극에 달하여 상처가 평생 가기도 한다. 정말이지 "네 마음대로 하라"는 인생관은 자유가 아니라 또 다른 형태의 속박일 뿐이다.

지금까지 우리는 율법주의라는 과오에 강경히 맞서는 바울을 보았다. 이제 갈라디아서 5장 13–25절에서 그는 반대쪽 극단인 방종을 바로잡는다. 차차 보겠지만 율법적 삶과 무법한 삶의 중간에서 균형을 잡으려면 지혜와 절제가 필요하며, 무엇보다 중요하게 성령의 능력을 힘입어야 한다.

—5:13-15—

그리스도의 죽음과 부활이 우리를 해방시켰다. 여기까지는 대다수 신자들이 적어도 어느 정도는 알고 있다. 하지만 자신이 무엇으로부터 해방되었는지만 알고 무엇을 위해 해방되었는지는 모르는 사람들이 너무 많다. 우리는 새장에서 나온 새처럼 아무데로나 마음대로 날아가라고 풀려난 게 아니다. 그렇다고 편의시설만 약간 더 좋은 다른 감옥에서 평생을 보내라고 감방에서 풀려난 것도 아니다. 우리가 그리스도 안에서 누리는 자유는 참된 자유이되 목적이 있는 자유다. 그리스도께서 옥문을 여시고 우리의 족쇄와 굴레를 벗기셨다. 우리는 그분의 손에 이끌려 그분을 따라 밖으로 나왔다. 그분은 우리를 우리 자신으로부터 해방시켜 이제부터 그분께 순종할 수 있게 하셨다.

우리는 무엇으로부터 해방되었고 무엇을 위해 해방되었는가? 잠시 그것을 생각해보면 자유를 더 잘 이해할 수 있다. 이 두 가지 자유를 다음 표로 정리해보았다.

소극적 자유와 적극적 자유

우리는 이런 것들로부터 해방되었다	우리는 이런 것들을 위해 해방되었다
하나님의 진노와 정죄(롬 5:9, 8:1)	의와 소망(롬 6:18, 15:3, 고후 5:21)
유혹과 죄의 지배(롬 6:22)	다른 사람들을 향한 풍성한 아량과 관심 (고전 12:25, 고후 9:6-11)
사탄과 귀신들의 세력(골 1:13, 요일 4:4)	하나님의 뜻을 따름(벧전 4:2, 요일 2:17)
율법의 저주(갈 3:13)	하나님 및 사람들과의 화목한 관계 (고후 5:18-20)
하나님 앞에서의 공포와 두려움 (엡 3:12, 히 4:16)	진정한 공동체 생활 (롬 12:4-5, 엡 4:16)
다른 사람들의 무도한 율법주의적 요구 (고전 10:29, 31)	그리스도의 형상을 닮아가는 변화 (롬 8:29, 12:2)

하나님이 우리를 죄의 옛 삶에서 해방시켜 의의 새로운 삶으로 인도하신 데는 위대한 목적이 있다. 그런데 우리는 참된 자유가 무엇인지 너무도 빨리 망각한 채 세상적 개념의

자유로 돌아간다. 이렇게 우리는 자신이 무엇으로부터 해방되었고 무엇을 위해 해방되었는지 잊어버리기 일쑤다. 그래서 바울은 갈라디아서 5장 13–15절에 그것을 더할 나위 없이 분명히 밝힌다.

갈라디아 교인들은 "자유를 위하여 부르심을 입었으나"(5:13) 이 자유는 유대주의자들이 생각하던 자유가 아니었다. 그들은 바울과 그의 동료들이 은혜를 빌미로 방종을 전한다고 비난했다. 오늘날의 율법주의자들처럼 유대주의자들도 율법이라는 생활 원리가 없으면 사람들이 무법해질 것을 우려했다. 거기에 답하여 바울은 갈라디아 교인들에게 다음 사실을 일깨워준다. 그리스도인의 자유는 악하고 이기적인 육체의 욕심에 빠져도 된다는 면허증이 아니다. 바울이 사용하는 "육체"라는 말을 주석가 존 스토트가 잘 정의했다. "사도 바울의 언어에서 '육체'라는 말은 우리의 뼈를 싸고 있는 살이 아니라 우리 인간의 타락한 본성을 가리킨다…그것은 자기중심적으로 비뚤어져 있으며 따라서 죄를 짓기 쉽다."[5]

바울이 독자들에게 경고하듯이 우리는 자유를 남용할 "기회"를 우리 육체–죄로 끌리는 본능적 성향–에 주어서는 안 된다. "기회"로 번역된 헬라어 단어 *aphormē*는 "구실"을 뜻한다. 다시 말해서 하나님의 은혜를 죄의 구실로 이용해서는 절대로 안 된다. 결코 오해하는 일이 없도록 반복해서 말한다. 하나님의 은혜를 유혹과 죄에 굴하는 구실로 이용해서는 절대로 안 된다.

나도 은혜와 자유를 믿고 전하는 사람인지라 간혹 무법과 방종을 전한다는 비난을 듣곤 한다. 그보다 더 잘못된 말은 없다. 바울은 우리가 죄의 세력으로부터 해방되었다고 말한다(나도 전심으로 동의한다). 하나님은 죄 가운데 살던 우리의 생활방식을 용서하셨다. 다시

"다시…종의 멍에를 메"는 것 (갈 5:1)

"자유를 위하여 부르심을 입"은 우리 (갈 5:13 상)

"육체의 기회" (갈 5:13 하)

그리로 돌아간다면 이는 노예 생활로 돌아가는 것이나 같다. 어둡고 수치스러운 죄의 압제로부터 해방된 우리는 오히려 사랑으로 서로 섬기라는 참된 부르심을 받아들여야 한다(5:13). 자유의 결과는 율법주의나 방종이 아니라 사랑이어야 한다.

사랑으로 다른 사람들을 섬기면 우리 자신의 자기중심성으로부터 해방된다. 우리의 교만이 꺾인다. 사랑은 우리를 예수 그리스도의 형상으로 변화시키는 능력이 있다. 사랑하면 우리의 삶을 향한 하나님의 목적이 온전히 이루어진다. 사실 사랑은 "하라, 하지 말라"는 율법을 초월하여 그것을 무의미하게 만든다. 또 사랑은 죄로 끌리는 우리의 본능적 성향을 제한하여 그것을 무력하게 만든다. 사랑으로 섬기는 삶을 살면 율법주의와 방종 둘 다를 피하게 된다.

그래서 바울은 14절에 "온 율법은 네 이웃 사랑하기를 네 자신 같이 하라 하신 한 말씀에서 이루어졌나니"라고 말한다. 아주 단순하고 기초적인 사실인데도 우리는 그것을 너무 쉽게 잊어버린다! 이웃을 희생적으로 사랑한다는 개념은 워낙 기본인지라 여기 인용된 레위기 19장 18절 말씀이 신약성경 도처에 등장한다. 우선 예수님은 이르시기를 우리의 전 존재로 하나님을 사랑해야 한다는 계명 외에 이것이 가장 큰 계명이라 하셨다(막 12:31). 야고보는 이것을 "최고의 법"이라 표현했다(약 2:8). 비슷하게 사도 요한도 하나님을 사랑할 뿐 아니라 또한 형제를 사랑해야 함을 강조한다(요일 4:21). 로마서에서 바울은 구약 율법의 모든 명령이 "그 말씀 가운데 다 들었느니라"고 했다(롬 13:9). 여기서 바울이 생각하는 사랑은 일시적 감정에 기초한 시시한 애정이 아니다. 보답을 바라는 사랑도 아니다. 바울이 말하는 사랑은 하나님이 우리에게 자기 아들을 주심으로 표현하신 그 사랑이다(요 3:16). 이 아가페 사랑은 돌아오는 보답이 전혀 없어도 계속 주고 또 준다.

끝으로 바울은 이기적이고 자기중심적인 방종의 삶을 살아가는 사람들에게 경고한다. 그런 삶은 아가페 사랑의 정반대다. 그렇게 우리가 사람들의 어려운 처지를 외면한 채 서로 이용하면 온 교회가 살벌한 경쟁과 신랄한 비난의 장으로 전락하고 만다(5:15). 서로를 죄다 먹어치워 결국 발라낸 뼛조각만 남을 것이다. 육체를 따르는 삶은 얼마나 끔찍한가! 지금부터 바울이 그 삶을 그려낸다.

—5:16-18—

앞서 보았듯이 그리스도인의 참된 자유란 율법주의와 방종 사이에서 균형을 잡는 일이다. 율법주의의 해답은 그리스도의 죽음이 율법의 편만하고 압제적인 지배로부터 우리를 해방시켰다는 사실이다. 방종의 해답은 성령께서 육체의 편만하고 압제적인 욕심으로부터 우리를 해방시키실 수 있다는 사실이다. 이번 세 구절에서 바울은 우리의 죄성과 성령의 활동 사이에 벌어지는 치열한 싸움을 드러낸다. 가망 없이 악한 우리의 죄성은 불의로 치닫지만 성령은 우리를 순종과 의의 길로 부르신다.

그리스도 없이 살던 우리의 옛 사람(육체)은 여전히 우리의 새로운 삶 속에 거점을 확보하여 우리를 넘어뜨리려 한다. 옛 본성은 우리를 구습에 빠뜨리려 유혹하고, 성령의 주관에 맡기지 않고 옛 방식을 의지하게 한다. 우리는 그리스도 안에서 자유롭지만 육체는 계속 그 자유에 도전한다. 그러므로 그리스도 안에서 성장하려면 육체의 가차 없는 요구에 의지적인 행동으로 맞서야 한다.

5장 16절의 "성령을 따라 행"한다는 말은 "성령을 따라 살아간다, 당신의 행실이 성령의 지배를 받는다"는 말과 같다.[6] 이것은 통제권의 문제이며 해답은 순복이다. 우리의 악한 소욕과 성령의 소욕은 영원히 서로 조화를 이룰 수 없다. 사실 이것은 내면의 전쟁에 더 가깝다. 성령의 능력으로 살면 우리는 육체에 빠지지 않는다. 그러나 육체에 빠지면 우리의 삶이 성령의 통제를 벗어난 것이다(5:16-17). 개신교의 위대한 종교개혁가인 장 칼뱅이 이것을 잘 표현했다. "싸움이 없이는 영적 삶이 유지될 수 없다…인간의 본성 전체에는 성령께 불순종하고 반항하는 마음이 팽배해 있다. 그러므로 성령께 순종하려면 전력을 다하여 수고하고 싸워야 한다. 우선 자기를 부인해야 한다."[7] 예수께서 우리에게 그분을 어떻게 "따라"야 할지 일러주실 때 먼저 "자기를 부인"하라는 말씀부터 하신 것은 당연한 일이다(눅 9:23).

이생에 사는 동안은 우리의 악한 육신과 성령의 치열한 전면전을 피할 수 없다. 그 둘은 서로 적이고 원수이며 불굴의 투사다. 이 싸움이 어찌나 맹렬한지 우리는 하나님을 기쁘시게 하기 위해 진심으로 하고 싶은 일들조차도 육체에 막혀 하지 못한다(5:17). 이 끝없는 죄와의 싸움 때문에 자신의 구원을 의심하는 그리스도인들이 많이 있다. 당신도 그렇다면 더 이상 의심하지 말라! 당신이 이 싸움 때문에 고민하고 있다는 사실 자체가 성령께서 당신 안에서 역사하여 "자기의 기쁘신 뜻을 위하여 너희에게 소원을 두고 행하게 하"고 계시다는 증거다(빌 2:13). 성령께서 당신을 위해 싸우고 계시지 않다면 당신은 죄와의 싸움 따위에 털끝만큼도 관심이 없을 것이다.

균형을 잃고 방종으로 흐르는 성향은 방금 말한 성령과 육체의 충돌로 설명된다. 그러나 바울은 또 다른 극단인 율법도 다룬다. 우리는 육체를 물리치려고 율법주의에 빠지기가 얼마나 쉬운가! 우리는 양심의 가책 때문에 외형적 규칙과 규정을 지킬 때가 많다. 그러면서 그것을 성령께서 우리 안에서 역사하여 소원을 두고 행하게 하시는 것으로 해석할 때가 얼마나 많은가. 바울이 지적하듯이 성령의 인도를 받는다는 것은 곧 우리가 속에서부터 완전히 변화된다는 뜻이다. 그 결과로 우리의 태도와 행동이 둘 다 율법을 초월하게 된다. "너희가 만일 성령의 인도하시는 바가 되면 율법 아래에 있지 아니하리라"(5:18).

—5:19-23—

마치 전쟁터에서 마주 대한 양편의 군대를 묘사하듯이 바울은 극명한 대조를 이루는 두 개의 그림을 우리 앞에 내놓는다. 하나는 "육체의 일"이고(5:19-21) 또 하나는 "성령의 열매"다(5:22-23). 여기에 구분된 악과 의를 서로 나란히 놓고 보면 이렇다.

육체의 일 대 성령의 열매

육체의 일	성령의 열매
음행, 더러운 것, 호색, 우상숭배, 주술, 원수 맺는 것, 분쟁, 시기, 분냄, 당 짓는 것, 분열, 이단, 투기, 술 취함, 방탕함	사랑, 희락, 화평, 오래 참음, 자비, 양선, 충성, 온유, 절제

첫눈에 보다시피 육체의 일이 성령의 열매보다 가짓수가 더 많다. 바울은 육체의 일에

해당하는 구체적인 예를 열다섯 가지로 제시한 뒤 "또 그와 같은 것들이라"는 말로 마무리한다(5:21). 얼마든지 더 나열할 수도 있었다는 뜻이다. 여기서 굳이 시간을 들여 각 단어를 일일이 살펴보지는 않겠다. 바울의 취지는 그게 아니었다. 그의 목적은 죄에 물든 다양한 생활방식의 무서운 실상을 개괄하는 것이었다. 타락한 우리의 유전자 속에 그것들이 들어 있다. 바울이 나열한 죄들을 네 가지 굵직한 주제로 나눌 수 있다.

- **성적 죄.** 무절제한 정욕, 간음, 음행, 동성애 행위, 매매춘, 포르노 등.
- **종교적 죄.** 비교(秘教), 잘못된 종교들, 뉴에이지 영성, 미신, 물질의 우상화 등.
- **사회적 죄.** 우리의 가정과 교회와 공동체에 해를 끼치는 죄들로 비방, 험담, 원한, 앙심, 복수, 운전 중의 분노, 용서하지 않는 마음, 불의하거나 불필요한 소송, 구타, 욕설 등.
- **개인적 죄.** 자기 몸에 짓는 죄들로 마약 중독, 일중독, 알코올 중독, 술집을 전전함, 식탐, 기타 여러 가지 자해 행위 등.

바울은 이런 육체의 일을 "하는" 사람들은 "하나님의 나라를 유업으로 받지 못할 것"이라고 했다(5:21). 이 말은 참된 신자라도 이런 죄에 빠지면 구원을 잃는다는 뜻인가? 결코 그렇지 않다! 그리스도는 과거와 현재와 미래를 통틀어 우리의 모든 죄를 위해 죽으셨다. 아무리 성숙한 그리스도인이라도 죄 없는 사람은 없다. 나를 포함해서 우리 모두는 바울의 흉측한 목록에 들어 있는 죄의 행위들로 날마다 씨름하고 있다.

바울의 말은 이런 뜻이다. 육체의 일에 빠져 그것이 삶의 습성처럼 지속적인 생활방식으로 나타나는 사람들은 그 속에 하나님의 영이 없다.[8] 하나님의 영이 없는 사람들은 영생도 없다. 바울은 지금 질투의 문제가 있는 성도, 욱하는 기질이 있는 아버지, 처방약에 중독된 일하는 어머니에 대해 말하는 게 아니다. 생활방식 자체가 육체의 일에 고질적으로 지배당하는 사람들을 말하는 것이다. 바울은 이런 추한 일의 목록을 사람이 구원받았는지 여부를 가리는 기준으로 삼을 뜻이 없었다. 우리도 실패한 날이나 주나 달에 발각된다면 모두 그런 시험에 탈락할 것이고, 다른 사람들은 그런 우리를 하나님 나라의 바깥에 있다고 판단할 것이다.

그보다 바울의 요지는 이것이다. 그런 죄의 생활방식은 그리스도를 모르는 사람들의 전형적인 모습이다. 그러니 이미 성령과 관계를 맺은 우리는 얼마나 더 그런 습성을 삼가야 하겠는가! 성령을 모신 우리는 나쁜 일을 삼가는 정도가 아니라 전혀 다른 종류의 특성을 보여야 한다. 바로 "성령의 열매"다(5:22-23).

바울은 이런 선한 행위들을 "성령의 일들"이라 하지 않고 "성령의 열매"라고 단수로 표현했다. 우리 삶 속에서 행하시는 성령의 일을 이렇게 단수로 표현한 데는 중요한 의미가 있다. 제임스 보이스는 그것을 이렇게 지적했다. "이 단수 형태는 두 가지를 강조해준다. 우선 이런 특성들은 별개의 과일 조각들이 아닌 한 송이의 포도처럼 하나의 단일체다. 또한 이런 특성들은 모든 그리스도인에게 나타나야 한다. 그런 점에서 이것은 '성령의 은사들'과 다르다. 은사는 교회의 필요에 따라 사람마다 다르게 주어진다."[9] 그리스도인이 성령의 능력으로 행하면 이런 특성들이 마음으로부터 일제히 흘러나온다. 신자의 마음에 성령께서 내주하시기 때문이다. 성령 안의 삶이란 가장 내면의 태도와 감정으로부터 가장 외면의 관계와 책임에 이르기까지 모든 부분에서 성령의 지배를 받는 삶이다.

이런 성령의 열매를 "금지할 법이 없"다(5:23). 다시 말해 우리가 성령으로 살아가면 율법이 우리를 정죄할 수 없다. 삶의 매순간에 이런 덕으로 임하면 상황마다 늘 규칙과 규정을 찾아볼 필요도 없다.

—5:24-25—

이렇게 성령의 열매를 말하다보면 자연히 "어떻게?"라는 질문이 따라 나온다. 성령 안에서 행하려면 어떻게 해야 하는가? 육체를 막아 거점을 확보하지 못하게 하려면 어떻게 해야 하는가? 우리의 삶으로 하나님의 선하심을 일관되게 나타내려면 어떻게 해야 하는가? 바울이 이 질문의 답으로 우리에게 상기시키듯이 그리스도께 속한 사람들(모든 신자들)은 육체와 함께 그 정욕과 탐심을 죽였다(5:24). 이것은 과거에 이미 벌어진 일이다. 우리의 옛 본성은 그리스도와 함께 십자가에 못 박혔다(롬 6:6). 바울이 몇 장 앞에서 고백한 말과 같다. "내가 그리스도와 함께 십자가에 못 박혔나니 그런즉 이제는 내가 사는 것이 아니요 오직 내 안에 그리스도께서 사시는 것이라"(갈 2:20).

묵상의 서재

성령의 열매는 쉽지 않다!

나는 지금 1만 미터 상공에서 이 글을 쓰고 있다. 시간은 토요일 오후 5시 45분이다. 사실은 4시 15분이어야 한다. 비행기가 1시간 반이나 늦게 이륙했다. 사람들은 기분이 언짢아져 있다. 화가 부글부글 끓어오르는 사람들도 있다. 승무원들이 사과하고 있다. 기분을 달래주려고 술을 한잔씩 더 제공하겠다는 약속도 빼놓지 않는다. 설상가상으로 통로 저편의 일본인 신사가 심하게 코피를 흘리고 있다. 사람들이 딱한 그를 도와주려 하지만 그는 영어를 한 마디도 할 줄 모른다!

식사까지 덩달아 늦어지고 있다. 내 왼쪽의 부인은 감기에 걸려 재채기를 하는데(시간을 재 보니 90초 간격이다) 소리가 어마어마하다. 우박에 맞아 죽어가는 송아지나 한 다리가 덫에 걸린 수놈 무스의 소리 같다. 아, 한 가지가 더 있다. 스포츠 시합을 보여주던 비디오마저 방금 고장 났다. 그 바람에 기내에 탄 남자들 중 절반이 거의 미칠 지경이다.

그야말로 아수라장이다!

이 모두의 발단은 이륙이 지연된 때문이었다. 항공사 측은 "기계 결함"이라 했지만 몇몇 승객들은 "그게 말이 되느냐"고 되받았다. 솔직히 나로서는 승무원들이 1만 미터 상공에서 대책을 결정해야 하는 상황보다는 이륙 전에 결함을 고치는 쪽이 더 낫다. 하지만 우리는 기다리는 것을 싫어한다. 일이 지연되면 짜증나고 화나고 신경이 곤두선다. 그래서 우리는 늘 조바심치며 따진다. 좀 추하다고까지 할 수 있다. 우리는 자신이 원하는 것이 지금 당장 눈앞에 있어야 직성이 풀린다. 누구도 일이 지연되는 것을 쉽게 받아들이지 못한다.

이런 상황 속에서는 바울이 말한 "성령의 열매"가 결코 쉽지 않다! 만사가 순조롭고 세상이 나를 부당하게 대하지 않을 때에야 그런 덕들이 흘러넘칠 만도 하다. 하지만 제대로 되는 일이 하나도 없을 때는 어떻게 그렇게 살 수 있단 말인가? 이것을 지금의 혼란스러운 기내 상황에 적용해보자.

사랑…이 부인이 자꾸 내 쪽으로 재채기를 하는데?
희락…유일한 오락 매체마저 고장 나 버렸는데?
화평…사람마다 당황하여 어쩔 줄 모르는데?
오래 참음…이미 되돌릴 수 없이 지연되었는데?
자비…다들 신경이 날카롭고 배까지 고픈데?
양선…한바탕 퍼붓고 싶은 마음밖에 없는데?
충성…무조건 군중 심리에 휩쓸리고 싶은 상황인데?

온유…승무원이 나를 노려보는데?
절제…이미 마음속으로 절제를 잃었는데?

그렇다, 기독교는 삶의 그런 상황들 속에서 진가가 시험된다. 지상에서나 상공에서나 다를 바 없다. 우리의 신앙은 그럴 때 소위 "육화되어" 나타난다. 그리스도인으로서 내 성품이 가장 잘 시험되는 곳은 조용한 서재가 아니라 일상의 사건들 속이다. 따스한 햇살이 비쳐드는 창가에서 책과 침묵과 구수한 커피에 둘러싸여 있을 때는 누구나 승리할 수 있다. 하지만 지연되는 이륙, 슈퍼마켓의 긴 줄, 북적대는 식당, 교통 체증 따위가 문제다! 그럴 때 성령의 열매는 삶의 냉혹한 현실에 부딪힌다.

우리는 지연이나 실망을 받아들일 수 있는가? 걸림돌에 부딪힐 때 씩 웃으며 유쾌한 마음으로 이해하고 넘어갈 수 있는가? 주변 사람들이 욕하는 상황에서도 우리는 냉정을 유지할 수 있는가? 여느 때와 달리 나는 오늘만은 비행이 지연되었다는 이유로 안달복달하지 않기로 했다. 침착함과 활기와 느긋함과 생기를 잃지 않게 해달라고 하나님께 기도했다. 어떻게 되었는지 아는가? 그분은 정말 그대로 해주셨다. 알약이나 술이 필요 없었고, 중얼중얼 투덜대지도 않았다. 오직 성령의 능력에 의지하여 그분 안에서 안식했을 뿐이다.

그렇다고 다른 사람들이 이해해주리라는 보장은 없다. 사실 "육체의 일"이 예상되는 상황에서 성령의 열매는 약간 이상해 보인다. 이제 나에게 다른 문제가 생겼다. 이륙한 이후로 줄곧 나는 승무원들을 격려해주고 싶어 미소를 지어 보였다. 그런데 그중 한 사람이 하는 말이 방금 내 귀에 얼핏 들린 것 같다. "안경 낀 저 사람을 조심하세요. 술을 너무 많이 마셨나봐요."

즉, 우리가 처음 믿은 순간 성령께서 우리에게 세례를 주어 그리스도의 몸의 일부가 되게 하셨다. 우리의 죄를 가져가시고 그분의 의를 대신 주셨다. 우리 안에 오셔서 내주하시는 성령은 또한 우리의 죄를 영원히 깨끗하게 하셨고, 우리를 그리스도와 연합시키셨으며, 장래의 구속(救贖)의 약속으로 우리를 인 치셨다. 우리는 "그리스도와 함께 살리"신 바 되었다(엡 2:5). 우리는 "성령으로 살"기에 또한 "성령으로 행"해야 한다(갈 5:25). 꾸준히 변화를 선택하고 그 헌신을 끝까지 실천해야 한다는 뜻이다. 알다시피 그런 의지와 능력의 출처는 우리가 아니라 그분이다(빌 2:13). 그러므로 우리는 이렇게 해야 한다.

- 일관되고 용기 있게 의지적으로 죄를 거부하라.
- 자신이 그리스도 안에서 어떤 존재인지 거듭 상기하라.
- 어떤 대가도 마다하지 않고 그분이 뜻하시고 원하시고 부르시는 대로 힘써 따르라.
- 자신의 연약함에 연연하지 말고 그분의 능력에 의지하라.

구주의 손길로 해방을 경험한 우리는 자신이 무엇으로부터 해방되었고 무엇을 위해 해방되었는지 잊어서는 안 된다. 그리스도는 간음하다 잡혀온 여인을 율법의 저주와 정죄로부터 해방시켜주셨다. 그 여인처럼 우리도 그리스도의 권고에 귀 기울여야 한다. "가서 다시는 죄를 범하지 말라"(요 8:11).

적용

쓰레기 내놓기

근년 들어 "강박적 사재기"라는 병이 대중의 의식 속에 들어왔다. 내가 어렸을 때만 해도 그것은 병이 아니었고 "강박적 사재기"라 불리지도 않았다. 그냥 모으기 좋아하는 사람들이나 수집가들이 물건을 어수선하게 잔뜩 쌓아두었을 뿐이었다. 지금은 알다시피 그들 중 일부는 본격 강박장애나 불안한 애착 심리나 기타 중독으로 고생하고 있다. 그래서 필요도 없는 쓰레기들을 계속 쟁이고 또 쟁인다. 결국은 삶이 거기에 완전히 지배당해 절망과 낙심에 빠지고 만다.

그런 사람들이 집 안 가득한 쓰레기에서 벗어나려면 어떻게 해야 할까? 그들은 할 수 없다. 적어도 혼자 힘으로는 안 된다. 외부에서 누군가가 그 잡동사니 속으로 들어가 문을 열고 블라인드를 올려야 한다. 그들을 데리고 다니며 그들이 쌓아올린 혼돈을 보여주어야 한다. 그러면 그들이 작은 결정들을 통해 하나씩 차례로 정리할 수 있고, 그리하여 마침내 오랜 세월 축적해온 쓰레기를 바깥에 내놓을 수 있다.

평생에 걸쳐 쌓아온 육체의 일을 마침내 버리는 일도 마찬가지일 수 있다. 육체의 일은 악의 없는 작은 불평으로 시작된다. 불평은 잔소리가 되고, 잔소리는 싸움이 되며, 싸움은 폭언이 되고, 폭언은 이혼으로 끝난다. 육체의 일은 별 뜻 없이 이성을 흘긋 보는 작은 눈짓으로 시작될 수도 있다. 눈짓은 응시가 되고, 응시는 공상이 되고, 공상은 추파와 접근으로 발전한다. 그러다 자기도 모르는 사이에 우리의 이력에 "간음"이라는 글자가 평생 따라붙게 된다.

누구도 예외 없이 우리 보두는 삶의 문을 열고 성령의 바람이 통하게 해야 한다. 성령께서 알려주셔야 우리는 쓰레기를 치울 수 있다. 바울이 갈라디아서 5장 19-23절에 말한 육체의 일과 성령의 열매가 유익한 출발점이 될 수 있다. 성령께 맡기면 그분이 우리 삶에 쌓인 쓰레기를 버리는 과정을 시작하신다.

지금부터 구체적으로 들어가보자. 사실은 당신이 해야 할 일이다. 지난 며칠, 몇 달, 몇 년 동안 당신이 수집하거나 쌓아올리거나 심지어 강박적 사재기를 한 육체의 일들을 낱낱이 조사하는 것이다. 그다음에는 성령의 열매로 시선을 돌려, 당신의 삶에 쌓인 쓰레기를 치우는 데 도움이 될 덕들을 찾아내야 한다. 그 덕들은 성령으로 말미암아 가능해진다.

갈라디아서 5장 19-21절을 주의 깊게 읽으라. 당신을 가장 힘들게 하는 육체의 일은 무엇인가? 당신의 삶에서 당신이 특정한 죄의 습성을 쌓아놓고 간수해둔 방은 어디인가? 부적절한 성적 욕망과 행동인가? 우상숭배인가? 하나님의 정당한 자리를 다른 무엇이나 사람에게 내주고 있는가? 급한 성미는 어떤가? 아내와 싸우거나 자녀에게 소리를 지르는가? 과식인가? 과음인가? 하나만 정해서 이름을 써보라. "내가 힘들어하고 있는 문제는 ____________이다."

이번에는 갈라디아서 5장 22-23절을 읽으라. 성령의 열매 중 위에 쓴 문제와 직결되는 부분은 무엇인가? 여럿일 수도 있다. 예컨대 성적 유혹과 죄를 청소하는 데는 양선과 충성과 절제가 다 큰 도움이 된다. 분노 폭발을 퇴치하려면 사실상 성령의 열매 전부가 필요하다. 우상숭배를 물리치는 데는 하나님을 향한 사랑과 충성이 좋다. 당신의 삶에 너무 오랫동안 방치해둔 더러운 구석들이 있다. 그것을 청소하는 데 도움이 될 성령의 덕들을 찾아보라.

거기까지 했으면 이제 비켜나라. 강박적 사재기에 빠진 사람들은 산더미 같은 쓰레기를 악착같이 움켜쥐고 있는 손을 놓아야 한다. 마찬가지로 당신도 그것을 하나님께 넘겨드려야 한다. 성령께서 기적의 청소 작업을 하시도록 그분께 맡겨야 한다. 이렇게 육체의 일을 버리려면 처음의 결단도 필요하지만 지속적인 재헌신이 필요하다. 성령 안에서 행하기로 아침마다 다짐하라. 당신이 힘들어하고 있는 문제인 __________을 그분의 주관에 넘겨드리라.

실패할 때도 있고 완전히 나자빠질 때도 있을 것이다. 성령께 넘겨드린 통제권을 애써 도로 찾아왔다가 다시 넘어져 대가를 치르기도 할 것이다. 그래도 계속하라. 성령 충만한 다른 신자들에게 조언과 도움을 구하라. 몇몇 가까운 친구들에게 기도 지원을 부탁하라. 갈라디아서 5장 16절에 바울을 통해 주신 약속을 믿음으로 굳게 붙들라. "너희는 성령을 따라 행하라 그리하면 육체의 욕심을 이루지 아니하리라."

성령 안에서 더불어 살아가는 삶(갈라디아서 5:26–6:10)

26헛된 영광을 구하여 서로 노엽게 하거나 서로 투기하지 말지니라

6:1형제들아 사람이 만일 무슨 범죄한 일이 드러나거든 신령한 너희는 온유한 심령으로 그러한 자
를 바로잡고 너 자신을 살펴보아 너도 시험을 받을까 두려워하라 2너희가 짐을 서로 지라 그리하여
그리스도의 법을 성취하라 3만일 누가 아무 것도 되지 못하고 된 줄로 생각하면 스스로 속임이라 4각
각 자기의 일을 살피라 그리하면 자랑할 것이 자기에게는 있어도 남에게는 있지 아니하리니 5각각 자
기의 짐을 질 것이라

6가르침을 받는 자는 말씀을 가르치는 자와 모든 좋은 것을 함께 하라 7스스로 속이지 말라 하나
님은 업신여김을 받지 아니하시나니 사람이 무엇으로 심든지 그대로 거두리라 8자기의 육체를 위하
여 심는 자는 육체로부터 썩어질 것을 거두고 성령을 위하여 심는 자는 성령으로부터 영생을 거두리
라 9우리가 선을 행하되 낙심하지 말지니 포기하지 아니하면 때가 이르매 거두리라 10그러므로 우리
는 기회 있는 대로 모든 이에게 착한 일을 하되 더욱 믿음의 가정들에게 할지니라.

신약의 가장 큰 명령 중 하나는 "성령으로 충만함을 받으라"(엡 5:18)이다. 단순하면서도 중요한 이 명령은 우리 삶의 통제권이 우리 자신에게서 살아 계신 주님께로 넘어간다는 뜻이다. 그러나 성령 충만은 혼자만의 세계나 신비 체험으로 끝나지 않는다. 방언을 말하거나 표적과 기사를 행하는 것도 관건이 아니다. 심지어 어떤 감정 반응이 생겨나거나 주님을 깊이 만나는 것도 아니다.

성경적으로 말해서 성령 충만은 주로 대인관계에 영향을 미친다. 사랑 안에서 진리를 말하고, 그리스도 안의 빗나간 형제자매를 온유하게 바로잡아주며, 슬퍼하는 사람을 위로하고, 곤경에 처한 사람을 격려하고 도와주는 것-이런 것들이 성령 충만한 사람의 표지다.

개인주의적인 우리 사회가 부추기는 것들과는 반대로 영적 삶은 독립적 신앙이나 개인적 체험 훨씬 이상이다. 내 말을 오해하지 말라. 그리스도와의 개인적 관계가 없다면 영적 삶이라 할 수 없다. 하지만 그것은 출발점일 뿐이다. 그것이 종착점이라면 우리는 요지를 놓친 것이다. 성령에 힘입어 성자 예수님으로 말미암아 성부 하나님과 누리는 수직적 관계는 우리 주변 사람들과의 수평적 관계에 영향을 미치도록 되어 있다. 사랑하는 지친들, 교회 가족들, 이웃들은 물론 전혀 모르는 사람들과의 관계에도 마찬가지다.

아직도 확신이 없는가? 개인주의와 개인적 체험의 한계를 지적하는 내 말이 아직도 마음에 걸리는가? 그렇다면 성경이 하는 말을 직접 들어보라. 바울과 기타 저자들이 우리가 마땅히 살아야 할 그리스도인의 삶을 묘사할 때 "서로"라는 말을 얼마나 자주 쓰는지 보라.

- 서로 사랑하라(요 15:12, 살전 4:9, 벧전 1:22).
- 서로 세워주라(롬 14:19).
- 서로 받아주라(롬 15:7).
- 서로 돌보아주라(고전 12:25).
- 서로 섬기라(갈 5:13).
- 서로 짐을 져주라(갈 6:2).
- 서로 친절하게 하라(엡 4:32).
- 서로 위로하라(살전 4:18).
- 서로 격려하라(살전 5:11, 히 3:13).

그 밖에도 "서로"에게 주는 명령은 신약에 얼마든지 많이 있다. 여기서는 바울의 관점에 초점을 맞추자. 그는 우리가 성령의 능력으로 "서로" 더불어 살아가야 한다고 말한다. 차차 보겠지만 성령 안의 삶은 은혜로 맛들인 삶이며, 은혜가 생명을 얻는 길이자 또한 삶을 살아가는 길임을 실증해준다.

—5:26—

다른 사람들을 성령 안에서 대하려면 우리가 해서는 안 될 일도 알아야 한다. 갈라디아서 5장 19-23절에서 바울은 육체의 일과 성령의 열매를 날카롭게 대비했는데, 이제 5장 26절부터는 그 두 생활방식이 우리의 대인관계에 미치는 영향으로 넘어간다. 바울은 독자들에게 자랑과 도발과 시기를 멀리하라고 권면한다(5:26). 이것이 강조해주는 사실이 있다. 육체의 삶은 늘 자기중심적이기 때문에 자기에게 집중하여 자기만족을 구한다. 반면에 성령의 삶은 다른 사람들에게 역점을 둔다.

"헛된 영광을 구"한다는 말은 "자랑할 것도 없는데 자랑한다"는 뜻이다.[10] 이는 갈라디아 교인들이 가지고 있는 율법주의라는 배경에 잘 어울릴 만한 경고다. 율법주의는 언제나 자아를 추켜세우고 다른 사람들을 깎아내린다. 자신의 힘으로 이룬 자신의 업적을 과시한다. 이 경우 헛된 영광을 구하는 사람들은 자신이 은혜를 받았음을 망각한다.

바울은 또 갈라디아 교인들에게 "서로 노엽게 하"지 말라고 경고한다. 이 동사는 사람을 "앞으로 불러내" 도전하다, "도발하여" 노하게 하다는 뜻이다.[11] 경쟁심이 강해서 무슨 일이든 가만히 두지 못하는 사람을 가리키는 표현이다. 이런 사람은 아무런 의견 차이에나 급히 끼어들며, 늘 당장이라도 시비를 걸고 모든 권위에 도전하려 한다. 항상 자신이 옳아야 하고 최종 결정권을 가져야 한다. 이 경우 노엽게 하는 사람들은 다른 사람들에게 은혜를 베풀지 못한다.

끝으로 바울은 "서로 투기하지 말"라고 경고한다. 이 죄의 뿌리는 열등감과 불안감이다. 그래서 재산과 능력과 업적이 주요 관심사가 되고 남에게 뒤지지 않으려는 허세가 생활방식이 된다. 그 결과 우리는 그리스도 안에서 받은 확실하고 고귀한 신분에 편안히 자족하지 못한다. 이 경우 투기하는 사람들은 자신의 존재와 소유에 만족하지 못하므로 자기

내면 깊은 곳의 은혜를 보여주지 못한다. 얼마나 비참한 생활방식인가!

—6:1–6—

앞 절에서 육체로 행하는 삶을 잠깐 보여준 바울은 이제 성령 안에서 서로를 대하는 법을 예시한다. 대인관계와 관련하여 그는 신자들을 위한 네 가지 구체적인 명령을 제시한다.

- 넘어지는 자들을 회복시켜주되 당신은 유혹에 빠지지 말라(6:1).
- 그리스도의 법에 따라 서로 짐을 져주라(6:2–3).
- 겸손히 자신의 책임을 다하라(6:4–5).
- 당신의 교사들을 후히 지원하라(6:6).

지금부터 하나씩 자세히 살펴보기로 하자.

넘어지는 자들을 회복시켜주되 당신은 유혹에 빠지지 말라(6:1). 우선 바울은 하나님과 그분의 말씀에 순종해야 할 동료 신자들이 그 길에서 벗어날 때, 우리가 어떻게 그들에게 은혜 중심의 성령 충만한 반응을 보여야 하는지 설명한다. 물론 율법주의자들이라면 그들을 정죄할 것이다. 또는 그들의 목에 짤막한 줄을 매 그들을 마음대로 끌고 다닐 것이다. 또는 "거봐, 내 말대로 됐잖아"라고 떠벌이며 자신의 영적 우월성을 과시할 것이다. 하지만 성령 충만한 신자는 그렇지 않다.

바울의 말대로 신령한(영적인) 사람들은 곁길로 빠진 사람을 "온유한 심령으로"(6:1) 바로잡는다(회복시킨다). 그리스도의 몸 안에서 신자들은 서로를 돌보는 관계이므로 서로에게 책임이 있다. 형제나 자매가 실족하여 죄에 빠질 때 우리는 그냥 외면하거나 고개를 떨굴 수 없고, 그의 실족을 지적하는 일이 목사의 책임인 양 행세할 수도 없다. 그렇다고 손가락질하거나 쯧쯧 혀를 차거나 그 사람을 위험인물 명단에 올려서도 안 된다. 이런 양극단은 성경적이지 못하다. 바울은 진정한 영적 회복이 어떻게 이루어지는지 설명한다.

첫째, 사람의 죄가 "드러나거든" 회복이 필요하다. 이 표현에는 죄인이 연약하여 세상의 유혹에 걸려들었다는 의미가 암시되어 있다. 그는 그냥 죄의 가해자가 아니라 유혹의 피해자다. 이런 식으로 생각하면 피해자를 보는 관점이 새로워지고 회복에 대한 관심이 생겨난다. 그렇다고 죄를 가볍게 여기려는 것은 아니다. 죄는 단지 실수나 과실이 아니라 어디까지나 말 그대로 죄다. 하지만 동시에 우리가 알아야 할 것이 있다. 우리 중 누구라도 덫에 직방으로 걸려 무참하게 넘어질 수 있으며, 거기서 빠져나오려면 다른 사람의 도움이 필요하다. 바로 거기서부터 회복이 시작된다.

둘째, 바울은 "신령한" 사람들만이 이 일을 할 수 있다고 선을 긋는다. 이들은 자신의 죄를 이미 근절하고 기적처럼 순결하게 살아가는 영적 거인들이 아니다. 완벽한 성인(聖人)만이 영적 회복을 맡을 수 있다면 우리는 영원히 기다려야 할 것이다. 문맥상 "신령한" 사람이란 주어진 특정한 상황 속에서 영적 사고방식을 받은 사람이자, 관계적으로 그럴 만한 위치에 있는 사람을 가리킨다. 상황을 보는 그의 시각은 도덕적으로 명료하며, 회개하지 않는 죄인들처럼 양심이 무디어져 있지 않다.

그렇다면 "바로잡"는다는 말은 무슨 뜻인가? *Katartizō*라는 단어는 구약의 헬라어 역본에서 허물어진 벽을 다시 쌓을 때 쓰였다(스 4:12). 신약에서는 찢어진 그물을 기울 때 이 단어가 쓰였다(마 4:21). G. 월터 한센은 이렇게 말했다. "여기 '바로잡다'라는 동사는 영적 치유를 뜻한다. 몸 된 교회의 망가진 지체가 다시 제대로 작동하여 몸 전체의 유익을 위해 요긴한 기능을 다하게 하는 것이다."[12] 실족한 신자를 회복시키는 정황에서 바울은 이 단어를 성령의 열매 중 온유와 연결시킨다. 영적인 사람들만이 회복이라는 어려운 일을 수행할 수 있다는 그의 말은 어쩌면 당연한 것이다.

내 인생에도 그런 일이 몇 번 있었다. 정말 잘못에 빠진 나를 누군가가 지적해주어야 했다. 매번 나를 가장 사랑하는 사람들이 온유하게 그 일을 해주었다. 시간을 내서 내게 진실을 말해준 그들이 워낙 애정과 우려에 차 있었으므로 나도 취지를 파악했다. 내 영혼이 창에 찔려 으스러지지 않고도 말뜻을 알아들은 것이다. 그들은 나를 혼자 두지 않고 넘치는 사랑으로 나의 회복 과정을 도와주었다. 관심을 갖고 "사랑 안에서 참된 것"을 말해준(엡 4:15) 그들에게 지금도 고마움을 느낀다.

당신도 아마 실족한 사람을 알고 있을 것이다. 어쩌면 당신은 이 일이 싫겠지만, 그 사람을 도와 바른 길로 돌아오게 하는 것이 당신을 향한 하나님의 부르심일 수도 있다. 이 일을 피하지 말라. 그렇다고 잘못을 지적하는 일에 지나치게 열을 올려서도 안 된다. 이 일이 당신의 몫으로 떨어지거든 언제나 온유하게 하라.

끝으로, 회복시키는 사람 자신도 유혹에 빠지지 않도록 자신을 돌아보아야 한다(6:1). 죄를 지적할 때마다 우리는 눈을 크게 뜨고 자신의 연약함과 취약점을 예리하게 인식해야 한다. 우리에게 닥칠 수 있는 유혹이 우리가 회복시켜주려는 사람의 경우와 반드시 똑같지는 않을지 몰라도, 대신 교만이나 가혹한 태도나 험담이나 율법주의나 심지어 방종이 우리를 유혹할 수 있다.

그리스도의 법에 따라 서로 짐을 져주라(6:2-3). 혼자 힘으로 살아도 되는 사람은 없다. 저마다의 짐이 없는 사람도 없다. 바울은 자력으로도 충분하다는 기만적인 교만을 3절에서 이렇게 경고한다. "만일 누가 아무 것도 되지 못하고 된 줄로 생각하면 스스로 속임이라." 사실 삶은 모든 사람이 어깨 위에 일의 스트레스, 개인적 상실, 죄와의 씨름, 외로움, 신체적 고통, 질병, 이혼, 학대, 중독 등 온갖 짐을 쌓아올린다. 짐을 일일이 다 꼽자면 한이 없다. 그리스도인의 삶에는 "나한테 상관하지 말라"든지 "나 혼자서도 괜찮다" 따위가 들어설 자리가 없다. 조언과 수용과 위로를 베풀어줄 사람이 우리 모두에게 필요하다.

"주님께 다 맡기면 된다"는 식으로 지나치게 영적인 태도를 취해서도 안 된다. 그런다고 다른 사람들에게 의지하지 않아도 되는 것은 아니다. 하나님이 우리의 짐을 져주시는 것은 맞다. 하지만 대부분의 경우 그분의 방법은 사랑으로 돌보는 성령 충만한 신자들을 주변에 두어 우리를 돕게 하시는 것이다. 물론 성령께서 우리에게 위로와 조언을 베푸신다. 하지만 대부분의 경우에 그분의 방법은 그분의 뜻에 순복하는 성령 충만한 사람들에게 능력을 입혀주시는 것이다.

서로의 짐을 질 때 우리는 그리스도의 법을 성취한다. 이것은 구약의 율법이나 십계명을 가리키는 말이 아니다. "그리스도의 법"이란 그리스도를 닮아간다는 원리를 가리키며, 서로 사랑하라는 구주의 명령 속에 압축되어 있다(5:14). 예수님은 "새 계명을 너희에게 주노니 서로 사랑하라 내가 너희를 사랑한 것 같이 너희도 서로 사랑하라 너희가 서로 사랑하면 이로써 모든 사람이 너희가 내 제자인 줄 알리라"(요 13:34-35)고 말씀하셨다. 바울의 말은 유대주의자들이 내세우던 율법주의적 신학의 정곡을 찌른다. 기독교의 핵심은 모세 율법과 거기에 담긴 엄격한 정의의 원리가 아니라 그리스도의 법과 거기에 담긴 자비와 은혜의 원리다. 성령께서 사랑이라는 열매를 맺으시기에 우리는 그 초자연적 능력에 힘입어 온유하고 겸손하게 서로의 짐을 질 수 있다.

겸손히 자신의 책임을 다하라(6:4-5). "자랑할 것이 자기에게는 있어도"라는 바울의 말은 언뜻 보기에 "헛된 영광을 구하"지(자랑하지, 5:26, NASB) 말라는 그의 명령과 모순되어 보인다. 또한 "각각 자기의 짐을 질 것이라"는 5절의 결론도 "너희가 짐을 서로 지라"는 2절의 명령과 정면으로 위배되어 보인다. 이것을 어떻게 설명할 것인가?

F. F. 브루스는 이렇게 썼다. "여기서 바울이 강조하는 것은 개인적 책임이다. 한 그리스도인이 다른 그리스도인의 사역을 평가하거나 판단하는 게 아니라 각자 하나님 앞에서 자신의 사역을 책임져야 한다."[13] 전체 문맥으로 보면 바울의 말은 이런 뜻이다. 만일 자랑하려면 우리가 "자랑할 것"은 하나님이 성령의 능력으로 우리를 통해 하시는 일이다. 나의 영적 삶이 내가 보기에 다른 사람들보다 얼마나 뛰어난가를 자랑하는 게 아니다. 여기서 관건은 비교다. 바울은 5장 26절에서 처음 대두된 문제를 또다시 언급한다. "서로 노엽게 하거나 서로 투기하지 말지니라." 기본 개념은 다음과 같다. "내가 남들보다 낫다고 자랑할 것도 없고 남들보다 못하다고 그들을 시기할 것도 없다. 하나님 앞에서 내 삶은 내 책임임을 알아야 한다. 주변의 모든 사람에 대해서는 걱정하지 말라."

하지만 5절은 어떻게 되는가? 우리는 누구의 짐을 져야 하는가? 자기의 짐인가, 다른 사람의 짐인가? 내 짐을 내가 져야 한다면 왜 다른 사람에게도 내 짐을 지라고 명하는가? 주석가 G. 월터 한센은 바울이 쓴 두 헬라어 단어의 차이를 지적했다. 6장 2절의 짐은 *baros*라는 단어이고, 6장 5절의 짐은 *phortion*이라는 단어다.

> 다른 문맥들에서는 이 두 단어가 사실상 동의어로 쓰이지만 이 문맥에서 명사가 바뀐 것은 지시 대상이 바뀌었음을 나타낸다. 2절은 다른 사람들이 죄의 결과라는 무거운 짐을 질 수 없을 때 우리가 그들을 도와야 함을 가리킨다. 5절은 주께서 우리에게 맡기신 일을 가리킨다. 그분을 섬기라고 주신 여러 기회와 재능을 어떻게 사용했는지 우리는 그분 앞에 보고해야 한다.[14]

당신의 교사들을 후히 지원하라(6:6). 내가 아는 교사들을 비롯하여 대부분의 교사들은 돈에 대해 말하거나 설교하는 것을 불편해한다. 돈을 달라고 청하는 것은 특히 더 말할 것도 없다. 하지만 성경에 재정 문제가 자주 등장하므로 우리도 그것을 피할 수 없다. 그런데 대부분의 보통 사람들은 목사에게 월급을 주는 일과 성령 충만한 삶이 어떤 관계가 있는지 잘 모른다. 바울은 이 문제를 정면으로 다룬다.

6절에서 그는 말씀을 가르치는 사람들을 지원할 책임을 독자들에게 상기시킨다. 이것은 갈라디아 교인들에게 특히 중요한 권고였을 것이다. 유대주의자들은 복음의 싹을 잘라내려 하고 있었다. 이런 환경 속에서 진리를 옹호하는 교사들에게는 마땅히 재정적 지원이 필요하다. 이 일을 소홀히 하면 복음이 원천적으로 봉쇄된다. 세움받은 교사나 안수받은 설교자가 활동에 제약을 받기 때문이다.

하나님의 말씀을 연구하고 가르치려면 시간이 필요하고 훈련을 거쳐야 한다. 전임 목사들이 먹고살기 위해 두 직업을 갖는 것이 필수가 되어서는 안 된다. 주일마다 설교하는 목사이든 사역 단체를 이끄는 목사이든 행정직에서 섬기는 목사이든 마찬가지다. 신학교 교수가 가족을 부양하느라 매주 달진해서는 안 된다. 지금 나는 사치스러운 생활을 말하는 게 아니다. 바울도 그것을 부추긴 것은 아니다. 하지만 그가 분명히 말하는 것이 있다. 교회에서 열심히 일하는 사람들을 물질적으로 풍성히 지원하는 것은 신자가 져야 할 영적 책임의 일부다(딤전 5:17–18). 목사가 양 떼에게 영적 부를 나누어주듯이 양 떼는 그에게 재물을 나누어야 한다. 은혜 중심의 성령 충만한 교회에서는 목사와 회중이 서로 돌보며 사랑으로 서로의 짐을 진다.

—6:7–10—

삶의 불가피한 현실 중 하나는 인과의 법칙이다. 어떤 행동이 있으면 다른 일도 뒤따르게 마련이다. 인간의 법이든 하나님의 법이든 법을 무시하거나 어기면 결과를 당하게 되어 있다. 흔히들 이것을 가리켜 심은 대로 거두는 원리라 말한다. 나는 이것을 "수확의 법칙"이라 부른다. 당신도 들어보았을 것이다. 이 불변의 보편 원리에서 많은 속담이 나왔다. "콩 심은 데 콩 나고 팥 심은 데 팥 난다." "아니 땐 굴뚝에 연기 나랴." "베푼 대로 받는다." "자업자득이다." 이 원리는 워낙 확고부동하여 하나님도 그것을 뒤집지 않으신다. 왜 뒤집지 않으시는가? 그분이 세우신 원리이기 때문이다.

수확의 법칙을 다음과 같이 기억하기 쉬운 네 가지 원리로 요약할 수 있다.

1. **심은 것과 같은 종류를 거둔다.** 봄에 수박씨를 심었다면 가을에 포도 수확을 바라지 말라. 그러므로 수박이 싫거든 처음부터 심지 말라.
2. **심은 때와 다른 계절에 거둔다.** 농부는 씨앗을 심자마자 바구니를 들고 의자에 앉아 수확을 기다리는 게 아니다. 파종부터 수확까지 가려면 계절이 바뀌어야 한다.
3. **심은 것보다 더 많이 거둔다.** 식물 한 그루에 열매가 하나씩만 달리고 그 속에 씨앗도 하나뿐이어서 앞으로 자랄 새로운 식물도 하나뿐이라면 농부의 좌절이 이만저만이 아닐 것이다. 하나님이 지으신 식물은 번식하여 풍성한 열매를 맺도록 되어 있다.
4. **과거의 수확일랑 잊어버리고 미래를 위해 오늘의 파종에 집중해야 한다.** 추수철마다 오곡백과가 풍성한 것은 아니다. 흉작이라 실망스러울 때도 있고 풍작을 이룰 때도 있다. 그럼에도 우리는 지난날의 수확으로 미루어 앞날의 소출을 내다볼 수 있다. 미래의 수확을 위해 현재의 파종에 집중해야 한다.

이미 짐작했겠지만 이는 단지 농사에 대한 말만은 아니다. 수확의 법칙은 식물에 못지않게 영적 삶에도 똑같이 적용된다. 죄가 되는 생각과 행동을 심으면 그대로 그 결과를 거둔다. 반면 인내심을 가지고 충실하게 자기 삶 속에 하나님의 말씀이라는 씨앗을 심는 사람들은 나중에 지혜와 평안과 기쁨의 복을 거둔다. 다시 말해서 육체를 위하여 심는 사람은 성령의 복을 받기를 바라서는 안 된다.

이것이 바울이 갈라디아서 6장 6–10절에 말하는 요지다. 앞에서 육체의 방식(5:19–21)과 성령의 방식(5:22–23)을 독자들 앞에 제시한 바울은 이 두 가지 생활방식에 각각 심판과 보상이 따른다는 것을 강조한다. 우리는 자신을 속일 수 있다. 육체를 위하여 심으면서 왠지 나만은 수확의 법칙을 피해 갈 수 있다고 착각한다. 하지만 하나님은 속지 않으신다. 믿음으로 말미암아 은혜로 구원받은 신자들에게도 반드시 결과가 따른다. 이것은 그들의 확고한 구원과는 별개의 문제다. 신자들은 그리스도의 나라에 힘을 쏟아야 할 책임이 있다. 그 책임을 저버리는 사람들에게 바울은 고린도전서 3장 13–15절에서 이렇게 강력히 경고한다.

> 각 사람의 공적이 나타날 터인데 그 날이 공적을 밝히리니 이는 불로 나타내고 그 불이 각 사람의 공적이 어떠한 것을 시험할 것임이라 만일 누구든지 그 위에 세운 공적이 그대로 있으면 상을 받고 누구든지 그 공적이 불타면 해를 받으리니 그러나 자신은 구원을 받되 불 가운데서 받은 것 같으리라.

수확의 법칙은 양방향으로 모두 작용한다. 성령을 위하여 심으면 풍성한 수확을 거둔다(6:8). 우리가 기회를 드리면 성령께서 우리 삶 속에 그분의 열매를 나타내신다. 잘 기르려면 잘 심어야 한다. 그리스도인들 앞에는 두 개의 밭이 있다. 우리는 씨앗을 육체의 밭에 심을 수도 있고 성령의 밭에 심을 수도 있다.

그렇다면 육체를 위하여 심는다는 말은 무슨 뜻인가? 아주 간단하다. 자아를 만족시키는 생각과 행동에 빠진다는 뜻이다. 5장 19–21절에 열거된 육체의 일이 여기에 포함된다. 반면에 성령을 위하여 심는다는 말은 그리스도를 기쁘시게 하는 생각과 행동에 힘쓴다는 뜻이다. 예배, 기도, 경건의 시간, 말씀 공부를 통해 하나님을 향한 사랑을 표현하는 것도 이에 해당한다. 사람들을 향한 사랑의 표현으로 그들을 돌보고, 필요를 채워주고, 격려해주고, 잘못을 지적해주는 삶도 이에 해당한다. 이것은 성령의 열매를 구체적으로 표현하는 일에 능동적으로 참여한다는 뜻이다. 하나님이 친히 우리 안에서 역사하여 씨앗을 자라게 하심을 알기 때문이다. 그 결과로 우리는 이생과 내세에서 풍성한 복을 거두게 된다(6:9–10).

적용
잡초 제거와 수확

갈라디아서 6장 1–10절에 아주 분명한 사실이 하나 있다. 영적 삶은 결코 수동적이지 않다. 우리의 삶은 밭과 같아서 좋은 씨를 심어 풍성한 복을 거둘 수도 있고, 나쁜 씨를 심어 타락의 잡초를 거둘 수도 있다. 모든 그리스도인의 삶에는 잡초가 알곡과 함께 자란다. 나쁜 식물은 좋은 식물의 성장을 방해한다. 시기심은 자비를 앗아가고 탐욕은 후한 마음에 제동을 건다. 정욕은 부부간의 정절을 약화시키고 분노는 온유함을 몰아낸다.

성령의 열매를 계속 키워 그 복을 거두는 한 가지 방법은 우리 삶의 밭에서 계속 잡초를 뽑아내는 것이다. 그러려면 우리의 태도와 생각과 행동을 늘 살펴야 한다. 동료 신자들에게도 솔직해져야 한다. 우리를 사랑하는 그들이야말로 필요할 때 까다로운 질문으로 잘못을 지적해줄 사람들이다. 또한 김을 매주고 가지를 쳐주어야 한다. 유혹과 죄와 악습의 형태로 찾아오는 온갖 장애물과 걸림돌을 제거해야 한다.

제초 과정에 착수하려면 먼저 자신의 밭에 침투해 들어온 잡초들을 알아내는 것이 중요하다. 다음 그림에 보면 여러 가지 확연한 성령의 열매에 "육체의 잡초"가 아무렇게나 섞여 있다. 시간을 내서 이 잡초를 하나씩 깊이 생각해보라. 당신의 삶 속에서 그것이 고질적인 문제가 되고 있는지 점검해보라. 집중해서 뽑아내야 할 잡초들에 가위표를 해보라. 아울러 그런 기생 식물들을 제거할 경우 긍정적 영향을 입게 될 성령의 열매에 동그라미를 쳐보라.

다 하고나면 고린도전서 3장 6-8절을 연구하라. 그리고 주님이 성장시켜주시는 동안 당신은 성실히 애쓸 수 있도록 계속 힘을 부어달라고 기도하라.

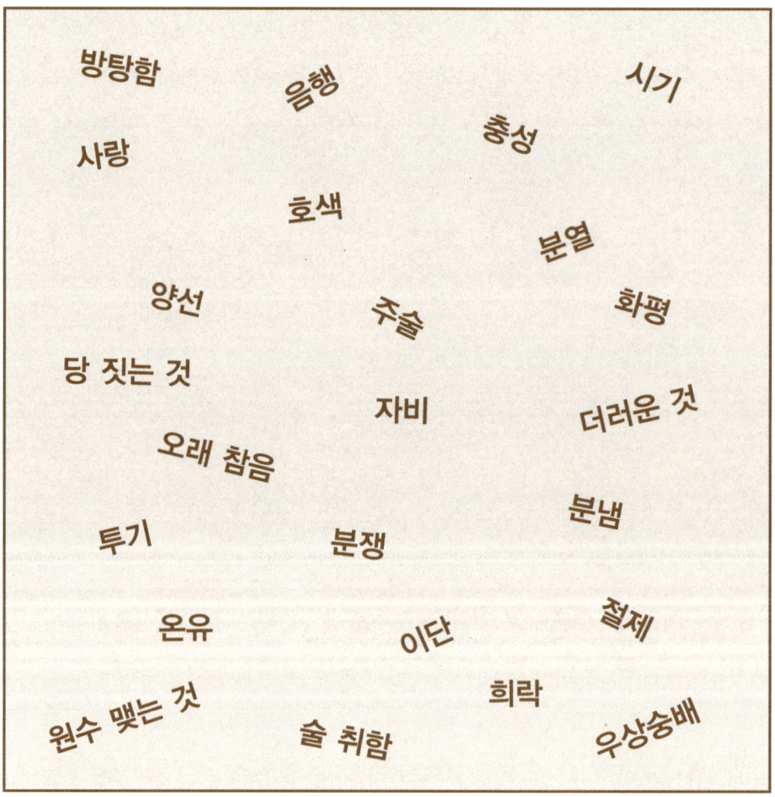

간략한 반복과 직설적 책망(갈라디아서 6:11–18)

11내 손으로 너희에게 이렇게 큰 글자로 쓴 것을 보라 12무릇 육체의 모양을 내려 하는 자들이 억
지로 너희에게 할례를 받게 함은 그들이 그리스도의 십자가로 말미암아 박해를 면하려 함뿐이라 13할
례를 받은 그들이라도 스스로 율법은 지키지 아니하고 너희에게 할례를 받게 하려 하는 것은 그들이
너희의 육체로 자랑하려 함이라 14그러나 내게는 우리 주 예수 그리스도의 십자가 외에 결코 자랑할
것이 없으니 그리스도로 말미암아 세상이 나를 대하여 십자가에 못 박히고 내가 또한 세상을 대하여
그러하니라 15할례나 무할례가 아무 것도 아니로되 오직 새로 지으심을 받는 것만이 중요하니라 16무
릇 이 규례를 행하는 자에게와 하나님의 이스라엘에게 평강과 긍휼이 있을지어다
17이 후로는 누구든지 나를 괴롭게 하지 말라 내가 내 몸에 예수의 흔적을 지니고 있노라
18형제들아 우리 주 예수 그리스도의 은혜가 너희 심령에 있을지어다 아멘.

방 안에는 정적만이 감돌고 있다. 어느새 황혼이 물러가고 어둠이 내려앉았다. 등잔 불빛이 은은히 새어나오는 안디옥 시가의 수많은 창들에 하늘의 총총한 별들이 아른거린다. 야간에 시력이 약해지는 바울에게는 모든 것이 흐릿하고 희미할 뿐이다. 그래도 그는 창가에 서서 생각에 잠긴 채 실피오스 산에서 불어오는 산들바람을 느끼고 있다.

바울이 구술 중인 편지의 마지막 단락을 바나바가 다시 소리 내어 읽는다. 하나라도 빠뜨린 부분이 없도록 확인하는 것이다. 편지는 곧 갈라디아의 여러 도시로 먼 길을 떠날 것이다. 전달할 사람은 이미 정해져 있었다. 아침이면 그가 출발할 것이다.

바울은 한숨을 내쉬며 동지의 얼굴을 향해 고개를 돌린다. "마지막 문장을 다시 한 번 읽어주시오."

바나바는 두루마리를 둘둘 펴서 바울의 말이 끝난 부분을 찾아낸다. 그러고는 제일 가까이 있는 기름등잔을 양피지 옆에 바짝 갖다놓고 마지막 문장을 읽는다. "그러므로 우리는 기회 있는 대로 모든 이에게 착한 일을 하되 더욱 믿음의 가정들에게 할지니라."

"지면이 얼마나 남아 있소?" 바울이 묻는다.

"조금밖에 남지 않았소." 바나바가 대답한다.

바울은 돌아서서 절뚝절뚝 탁자 쪽으로 다가온다. 탁자 위에는 바나바의 필기도구들이 흐트러져 있다. 바울이 손을 뻗어 붓을 청하자 바나바는 붓을 그에게 넘겨주고 탁자 위의 양피지 두루마리도 그쪽으로 밀어준다. 바울은 애써 마지막 단을 훑어보고, 바나바는 등잔

과 촛불을 여러 개 모아 지면을 밝혀준다. 바울은 고갯짓으로 감사를 표한 뒤 끝줄에서 조금 떼어 친필로 쓰기 시작한다.

"내 손으로 너희에게 이렇게 큰 글자로 쓴 것을 보라."

갈라디아 교인들을 향한 바울의 마지막 말은 그렇게 시작된다. 이 종결부에 그는 편지 전체의 요점들을 요약하면서 강조한다.

이 부분을 집중해서 살펴볼 만한 가치가 충분히 있다.

—6:11—

지금까지 갈라디아서 전체에서 바울은 미지의 필생 내지 "비서"에게 자신의 생각을 구술했

친필로 요점을 밝히던 관습

바울이 붓을 들어 친필로 끝인사 부분을 쓴 것은 사실 로마 세계의 편지글에서 흔히 통용되던 관습을 따른 것이다. 대개 공적인 통신문은 철자와 문법과 문체와 필체에 숙련된 "필생" 내지 비서가 작성했다. 그러면 글을 읽기 쉬우면서도 값비싼 지면을 아끼는 효과가 있었다. 바울도 여러 번 이런 비서를 기용했다. 더디오는 로마서의 기록을 도왔고(롬 16:22), 실루아노와 디모데는 단지 필생만이 아니라 데살로니가전서와 데살로니가후서의 공동 저자로 거명된다(살전 1:1, 살후 1:1). 헬라어 문체가 약간씩 다른 기타 몇몇 서신도 비슷하게 작성되었을 수 있다. 갈라디아서를 비롯한 일부 서신에 바울은 끝인사를 자신이 친필로 썼음을 독자들에게 분명히 밝혔다(고전 16:21, 골 4:18, 살후 3:17). 비서의 붓을 넘겨받은 그는 정서체가 아닌 글씨로 메시지를 흘려 썼다.

하지만 이 끝인사는 발신자를 확증해주는 데서 그치지 않고 또한 편지 내용을 요약하고 핵심 요점을 강조해주었다. W. 월터 한센이 밝힌 역사적 배경을 보면 바울이 편지를 쓰던 관행을 더 잘 이해할 수 있다.

> 바울 시대에 기록된 수천 통의 편지를 세심히 연구한 결과, 대부분의 서신이 두 가지 필체로 되어 있음이 밝혀졌다. 편지의 몸통 부분은 숙련된 비서의 깔끔한 필체로 되어 있고 종결부는 저자의 평이한 필체로 되어 있다…저자는 몇 줄만 직접 써서 편지를 끝맺었다. 저자의 친필로 된 종결부에 대개 편지의 핵심 요지가 압축되어 있다.[15]

갈라디아서를 친필로 끝낼 때도 바울은 당시에 통용되던 관습을 따랐을 것이다. "큰 글자"(6:11)로 쓴 의도는 지금부터 자신이 직접 쓴다는 사실을 입증하려는 것도 있었지만, 구원이 오직 믿음으로 말미암아 은혜로 주어진다는 요지를 다분히 강조하기 위한 것이었다.

다. 이 책 서론 부분에 내 상상력을 구사하여 바나바가 그 역할을 한 것으로 추정하기는 했지만, 실제로 누가 바울의 말을 받아 적었는지는 알 길이 없다. 하지만 11절에서 바울이 붓을 넘겨받아 자신의 마지막 생각을 크고 굵은 글씨로 전한 것만은 분명하다.

종결부의 친필은 갈라디아의 그리스도인들에게 이 편지의 발신자가 과연 바울임을 의심의 여지없이 확인해주었을 것이다. 그가 큰 글자로 쓴 이유를 약한 시력 때문이라고 보는 사람들도 있다(4:15). 또는 바울의 서체가 그에게 뽑힌 필생의 깔끔한 필적과 달랐을 수도 있다. 또는 우리가 요점을 강조할 때 고딕체를 쓰는 것과 비슷하게 바울도 자신의 핵심 논지를 강조하려는 의도에서 그랬는지도 모른다. 그래서 글씨를 쓰는 사람이 갑자기 바뀐 사실이 주목을 끌었을 수도 있다. 그의 핵심 요지는 곧 구원을 율법의 행위로 받는 게 아니라 오직 그리스도 안에서 오직 믿음으로 말미암아 오직 은혜로 받는다는 것이다.

그래서 바울은 마지막으로 한 번 더 십자가를 높이 쳐들어, 갈라디아의 그리스도인들에게서 믿음을 노략질하려는 악한 해적의 무리에게 최후의 책망을 발한다. 바울이 강조한 내용을 보면, 그의 논증의 간략한 반복과 아울러 유대주의자들을 향한 직설적 책망이 함께 나온다.

—6:12-13—

서두에서 바울은 내면의 실체 대 외관상의 종교라는 문제를 다시 거론한다(6:12-13). 갈라디아의 유대주의자들은 새 신자들의 마음과 생각을 강탈하려고 몰래 들어왔다. 그들은 "육체의 모양을 내려"고 억지로 신자들에게 할례를 받게 했다. 할례는 옛 언약의 율법에 입문하는 의식이었다. 유대주의자들은 누구에게 잘 보이려고 했던 것일까? 바울은 그들이 난지 박해를 피하려 했다고 말한다. 당시 박해의 주체는 유대인 아니면 로마인이었다. 그리스도인들이 할례의 관습을 유지하면 양쪽 모두의 달갑지 않은 분노를 면하는 데 도움이 되었다.

유대인들이 생각하던 의미대로 하자면, 이방인 그리스도인들은 할례를 받으면 경쟁 관계의 신앙으로 개종하는 게 아니라 옛 질서에 자원하여 순복하는 것이었다. 오랜 전통의 규칙과 규정과 제약과 랍비 아래로 들어오는 것이었다. 한편 로마인들에게는 할례를 받은 이방인들이 유대인으로 간주되었다. 로마가 유대교를 제국 내의 합법적 종교로 용인했기 때문이다. 그래서 그들은 법적 관용의 혜택을 누렸다. 반면에 할례를 거부하고 "그리스도인"이라는 이름을 취하는 사람은 불법적 종교의 추종자로서 박해의 대상이 되었다. 그러므로 적어도 이 점에서는 유대주의자들이 옳았다. 할례를 받으면 박해를 받을 소지가 줄어들었다.

하지만 그 결과로 그들의 종교는 새 언약의 중보이신 그리스도를 배신했을 뿐 아니라 알맹이가 없는 겉치레만 남았다. 왜 그런가? 할례를 "박해 면제용"으로 내세웠기 때문이다. 바울은 할례를 받은 그들이 정작 "율법은 지키지 아니"한다고 말했다(6:13). 그들은 옛 질서의 유대교 지도자들에게 자랑하려고 자신들의 변질된 유대교적 기독교 쪽으로 개종자들을 모으려 했을 뿐이다.

첫 유대주의자들이 사라진 지 2천 년이 지났지만 육체로 자랑하고 싶은 유혹은 지금 우리에게도 여전하다. 세례 받는 사람들이 늘어나면 우리는 그 숫자를 전도 활동의 대단한 성과로 내세운다. 정규 예배와 주일학교와 특별 행사의 참석자 수를 꼼꼼히 계산한다. 숫자놀이야말로 교회가 할 수 있는 가장 육신적인 놀이 중 하나다.

우리가 하는 또 다른 놀이는 현란한 겉치레 놀이다. 주일 아침의 "공연"이 거창하고 번지르르할수록 우리는 예배가 최고조에 달했다는 느낌을 받는다. 하지만 진정한 알맹이가 없다면 환한 조명과 요란한 밴드와 대규모 예산과 거대한 무리와 유도된 감정의 반응은 아무런 의미가 없다. 내면의 실체 대신 외관상의 행동에 치중하여 "육체로" 자랑하기가 얼마나 쉬운가.

—6:14-16—

유대주의자들은 인간적 노력의 가시적 성과를 자랑했지만 바울은 우리의 자랑의 참된 구심점으로 다시 돌아간다. 그것은 바로 구원과 성화의 유일한 통로인 주 예수 그리스도의 십자가다. 기독교에서 중요한 것은 우리의 성취가 아니다. 우리가 하나님을 위해 할 수 있는 일이 아니라 하나님이 우리를 위해 해주신 일이다. 사실 우리를 위한 예수 그리스도의 구원 사역을 제대로 이해하면 우리 자신의 공로에 대한 자랑은 완전히 배제된다. 바울은 다른 곳에서 이것을 분명히 밝혔다. "너희는 그 은혜에 의하여 믿음으로 말미암아 구원을 받았으니 이것은 너희에게서 난 것이 아니요 하나님의 선물이라 행위에서 난 것이 아니니 이는 누구든지 자랑하지 못하게 함이라"(엡 2:8-9).

하나님은 우리를 선택하셨고(엡 1:4), 아들을 보내 우리를 위해 죽게 하셨으며(갈 4:4), 우리의 힘으로는 결코 얻어낼 수 없는 새 생명을 주셨다(벧전 1:3). 그분의 능력과 은혜만이 우리를 구원했고, 지금 성화시키고 있으며, 앞으로 영화롭게 할 것이다. 예수 그리스도의 인격과 사역 외에 우리는 아무것도 자랑할 게 없다. 우리의 존재와 소망에 대한 모든 공로는 갈보리에 있고 거기서 죽으신 구주께 있다.

십자가는 우리 자신을 자랑할 근거를 완전히 없앨 뿐 아니라 또한 명확한 선을 그어 신자와 세상을 구분한다. 따라서 유대주의자들의 줏대 없는 기회주의는 그리스도인의 삶에 들어설 자리가 없다. 바울은 14절에서 십자가에 못 박혔다는 은유를 썼는데 존 스토트는 그것을 이렇게 설명했다. "이전에 우리는 세상의 호감을 사려고 안간힘을 썼다. 그러나 이제 우리는 자신이 죄인이며 그리스도께서 우리의 죄를 지시고 십자가에 못 박히셨음을 알기에 세상이 우리에 대해 어떻게 생각하거나 말하든 또는 우리에게 어떻게 행하든 신경 쓰지 않는다."[16]

여기에는 아주 깊은 실제적 의미가 함축되어 있다. 그리스도와 그분이 이루신 일에 집중할수록 그만큼 우리는 세상과 자신의 성취에 덜 집중하게 된다. 십자가가 우리의 모든 것이 되면 세상은 빛을 잃고 만다. 옛 복음성가의 가사와 같다.

> 눈을 주님께 돌려
> 그 놀라운 얼굴 보라
> 주님 은혜 영광의 광채에
> 세상 근심은 사라지네.[17]

사실 그리스도인의 삶에서 중요한 것은 "새로 지으심을 받는 것"뿐이다(6:15). 종교적 의식과 헌신적 행위와 육신적 공로는 다 그리스도 안에서 아무것도 아니다. 그분이 우리를 위해 모든 것을 이미 이루셨다. 하나님의 자녀가 되려면 새로운 피조물이 되어야 한다(롬

2:29, 고후 5:17). 새로운 피조물이 되는 유일한 길은 그리스도를 믿는 것이다. 그분을 신뢰하면 그분이 우리의 죄를 용서하시고, 우리를 거룩하고 의롭게 만들어 하나님 앞에 드리신다.

이어 바울은 "무릇 이 규례를 행하는 자"에게 평강과 긍휼이 임하리라고 말한다. 여기서 이 규례란 십자가의 그늘 아래서 살아가는 새로운 삶의 표준을 말한다. 불안과 진노를 낳는 율법과 달리 하나님의 은혜는 신자의 삶에 설명할 수 없는 깊은 평안이 넘치게 하고, 죄를 용서받고 형벌을 면했다는 의식이 충만하게 한다. 더 이상 우리는 죄책감과 두려움의 어두운 구덩이에 갇혀 살지 않는다.

바울이 "평강과 긍휼"의 복을 빈 대상은 십자가의 원리를 받아들이는 모든 이들만 아니라 또한 "하나님의 이스라엘"이다. 그동안 성경학자들은 이 말을 다양하게 해석했다. 우선 "하나님의 이스라엘"을 "무릇 이 규례를 행하는 자"에 대한 부연설명이자 동격으로 보는 사람들이 있다. 그렇다면 이 말은 그리스도 안의 모든 신자들–유대인과 이방인을 통틀어–을 가리킨다. 믿음의 자녀는 곧 아브라함의 참 자녀라는 의미에서(갈 3:6–9), 모든 신자는 "영적 이스라엘"의 일원이기 때문이다. 반면에 "하나님의 이스라엘"이 믿지 않는 이스라엘을 가리킨다고 보는 사람들도 있다. 그렇다면 이는 바울의 간절한 소원을 표현하는 말이 된다. 비록 지금은 그들이 십자가의 원수일지라도 앞으로 평강과 긍휼의 복을 유업으로 받게 되기를 바라는 마음을 그렇게 표현한 셈이다(롬 9:3–4 참고). 그런가 하면 "하나님의 이스라엘"을 유대인 그리스도인들로 보는 시각도 있다. 그들은 물리적으로 이스라엘 민족의 참된 일원이었지만, 자신들이 갇혀 있던 문화적, 종교적 굴레를 초월하여 예수님을 메시아로 받아들였다. 율법 대신 은혜로 살기로 선택한 것이다. 바울 자신도 이 범주에 해당된다(빌 3:4–11).

성경에 "하나님의 이스라엘"이라는 말이 이곳에만 나오기 때문에 바울의 말뜻이 정확히 무엇인지 알 길이 없다. 그럼에도 원리는 건재하다. 모든 사람이 평강과 긍휼을 갈망할지라도 정작 그것을 받을 사람들은 오직 그리스도와 그분의 구속 사역을 믿는 사람들뿐이다.

—6:17–18—

갈라디아서의 마지막 두 절에 이르면 바울은 지치고 기진해 있다. 은혜의 복음을 변호하느라 진이 빠진 듯한 모습이다. 그럼에도 바울은 갈라디아 교인들에게 더 이상 율법주의자들에게 져서 자신을 "괴롭게 하지" 말라고 촉구한다. "괴롭게"로 번역된 단어(*kopos*)는 "힘든 수고"라는 뜻으로 정신적 긴장, 정서적 스트레스, 나아가 신체적 고생을 의미한다. 이는 분명히 바울이 겪은 고뇌를 가리킨다. 그는 갈라디아 교인들의 영적 건강을 염려하느라 고뇌했고, 그들을 속박의 위협으로부터 해방시키려고 열심히 편지를 쓰느라 고뇌했다. 그들이 이 편지에 귀를 기울인다면 바울은 한시름 놓게 될 것이다.

갈라디아 교인들은 왜 유대주의자들의 말이 아니라 바울의 말을 들어야 하는가? 결국 그것은 바울이 몸에 지니고 있던 진정성의 표식으로 귀결된다. 유대주의자들이 내세운 몸의 표식은 할례였지만 바울은 "예수의 흔적"을 지적했다. 헬라어로 흔적(*stigmata*)은 "노예나 소에게 찍던 것 같은 소유권을 뜻하는 낙인"을 뜻한다.[18] 고린도후서 11장 24-28절에서 바울은 자신이 사역 중에 받은 *stigmata*의 일부를 이렇게 나열한다.

> 유대인들에게 사십에서 하나 감한 매를 다섯 번 맞았으며 세 번 태장으로 맞고 한 번 돌로 맞고 세 번 파선하고 일 주야를 깊은 바다에서 지냈으며 여러 번 여행하면서 강의 위험과 강도의 위험과 동족의 위험과 이방인의 위험과 시내의 위험과 광야의 위험과 바다의 위험과 거짓 형제 중의 위험을 당하고 또 수고하며 애쓰고 여러 번 자지 못하고 주리며 목마르고 여러 번 굶고 춥고 헐벗었노라 이 외의 일은 고사하고 아직도 날마다 내 속에 눌리는 일이 있으니 곧 모든 교회를 위하여 염려하는 것이라.

역설적이게도 바울은 유대주의자들이 피하려 하던 박해를 복음의 참 전파자의 표지로 여겼다. 이는 예수님의 말씀과 일치한다. "내가 너희에게 종이 주인보다 더 크지 못하나 한 말을 기억하라 사람들이 나를 박해하였은즉 너희도 박해할 것이요"(요 15:20).

율법주의자들에게 마지막 일제 사격을 퍼붓고난 바울은 시작할 때와 똑같이 은혜의 기조로 편지를 마무리한다. "형제들아 우리 주 예수 그리스도의 은혜가 너희 심령에 있을지어다 아멘." 사실 이 서신 전체가 은혜를 중심으로 돌아간다.

• 은혜: 구원받는 순간 그리스도께서 영혼에게 은혜를 아낌없이 부어주신다.

• 은혜: 우리는 성령의 성화 사역을 통해 은혜를 실천하여 그리스도께 영광을 돌린다.
• 은혜: 예수 그리스도의 복음의 핵심은 은혜다.

이처럼 바울이 기독교 신앙의 기초인 은혜에 간절히 호소한 덕분에, 곁길로 빠졌던 독자들이 진리의 길로 돌아왔다. 우리가 사랑으로 그리스도를 섬기는 자유에서 벗어나 율법주의나 방종의 양극단으로 흐를 때도 은혜가 똑같은 역할을 할 수 있다. 바울이 역설하듯이 죄인은 은혜로 구원받을 뿐 아니라 구원받은 후에도 은혜로 살아간다. 그가 전한 다음과 같은 핵심 메시지는 당시 갈라디아 교인들 못지않게 오늘의 우리에게도 그대로 해당된다.

오직 은혜만이 생명을 얻는 길이자 또한 삶을 살아가는 길이다.

주

1. 이 다이아몬드는 일차로 31만 2천 달러에 팔렸다. 인플레이션을 감안하면 현 시세로 약 5백만 달러에 해당하는 값이다. J. Willard Hershey, *The Book of Diamonds: Curious Lore, Properties, Tests, and Synthetic Manufacture*(New York: Hearthside, 1940), 101. 다음 웹사이트를 참조하라. http://data.bls.gov/cgi-bin/cpicalc.pl.
2. 다음 책의 내용을 다듬은 것이다. Victor Argenzio, *Diamond Eternal*(New York: David McKay, 1974), 50-52.
3. John R. W. Stott, *The Message of Galatians,* The Bible Speaks Today(Downers Grove, IL: InterVarsity Press, 1968), 135. (『갈라디아서 강해』 IVP)
4. Eugene Peterson, *Traveling Light: Reflections on the Free Life*(Downers Grove, IL: InterVarsity Press, 1982), 145. (『자유』 IVP)
5. Stott, *The Message of Galatians,* 140.
6. F. F. Bruce, *The Epistle to the Galatians: A Commentary on the Greek Text,* The New International Greek Testament Commentary(Grand Rapids: Eerdmans, 1990), 243.
7. John Calvin, *Commentaries on the Epistles of Paul to Galatians and Ephesians,* William Pringle 번역(재판, Grand Rapids: Baker, 1996), 162-63.
8. 헬라어의 능동태 현재 분사는 언제나 지속적 속성이 있어 사람의 삶을 특징짓는 지속적 행위를 묘사한다. 아울러 바울이 여기에 쓴 "하는"이라는 동사는 그냥 "한다"(do)는 뜻이 아니라 "습관적으로 행한다"(practice)는 뜻이다. 일회적 행동이 아니라 생활방식을 염두에 둔 표현이다.
9. James Montgomery Boice, "Galatians," *Expositor's Bible Commentary,* Frank E. Gaebelein 편집(Grand Rapids: Zondervan, 1976), 10:498.
10. Bruce, *The Epistle to the Galatians,* 257.
11. Walter Bauer, *A Greek-English Lexicon of the New Testament and Other Early Christian Literature,* Frederick W. Danker 개정 편집, 3판(Chicago: Univ. of Chicago Press, 2000), 871.

12. G. Walter Hansen, *Galatians,* The IVP New Testament Commentary Series, Grant R. Osborne 편집(Downers Grove, IL: InterVarsity Press, 1994), 185.
13. Bruce, *The Epistle to the Galatians,* 262.
14. Hansen, *Galatians,* 191–92.
15. 같은 책, 197.
16. Stott, *The Message of Galatians,* 180.
17. Helen H. Lemmel, "Turn Your Eyes upon Jesus," *The Hymnal for Worship and Celebration*(Waco, TX: Word Music, 1986), no. 335.
18. Donald K. Campbell, "Galatians," *The Bible Knowledge Commentary: New Testament Edition,* John F. Walvoord & Roy B. Zuck 편집(Wheaton, IL: Victor, 1983), 611. (『갈라디아서 에베소서 빌립보서 골로새서–BKC 강해주석 시리즈 26』 두란노)

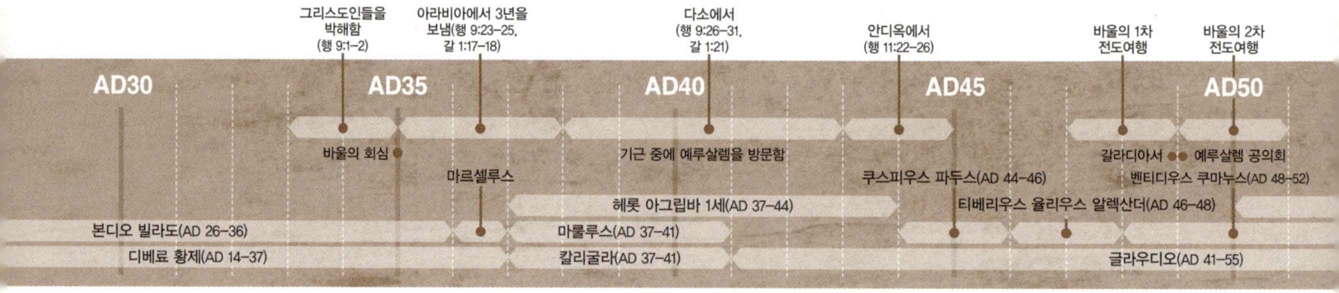
그리스도인들을 박해함 (행 9:1-2)
아라비아에서 3년을 보냄(행 9:23-25, 갈 1:17-18)
다소에서 (행 9:26-31, 갈 1:21)
안디옥에서 (행 11:22-26)
바울의 1차 전도여행
바울의 2차 전도여행
AD30
AD35
AD40
AD45
AD50
바울의 회심
기근 중에 예루살렘을 방문함
갈라디아서
예루살렘 공의회
마르셀루스
쿠스피우스 파두스(AD 44-46)
벤티디우스 쿠마누스(AD 48-52)
헤롯 아그립바 1세(AD 37-44)
티베리우스 율리우스 알렉산더(AD 46-48)
본디오 빌라도(AD 26-36)
마룰루스(AD 37-41)
디베료 황제(AD 14-37)
칼리굴라(AD 37-41)
글라우디오(AD 41-55)

마 게 도 냐
트 라 케
흑 해
비 두 니 아 와 본 도
빌립보
데살로니가
베뢰아
비잔티움
마르마라 해
에피루스
갈 라 디 아
드로아
다른 경로?
앗소
레스보스 섬
미둘레네
버가모
두아디라
아 시 아
갑 바 도 기 아
아가야
에게 해
기오 섬
서머나
사데
빌라델비아
브 루 기 아
비시디아 안디옥
아테네
고린도
사모 섬
에베소
라오디게아
이고니온
루스드라
더베
밀레도
밧모 섬
타우루스 산맥
길리기아 관문
밤 빌 리 아
길 리 기 아
고스 섬
고스
로데
루시아
앗달리아
다소
안디옥
바다라
로데 섬
수 리 아
그레데 (크레타)
구브로 (키프로스)
바보
오론테스 강
지 중 해
두로
베니게(페니키아)
돌레마이
가이사랴
팔레스타인
예루살렘
아 라 비 아
요한이 편지를 보낸 아시아의 일곱 교회(계 1-3장)로 그중 일부는 바울이 개척했다.
에그나티아 길
[비잔티움(현재의 이스탄불)에서 로마까지 연결된 로마 시대의 도로로 바울 일행이 3차 전도여행 때 이 길의 일부를 지나갔다-역주]
0 50 km.
0 50 miles

바울의 3차 전도여행

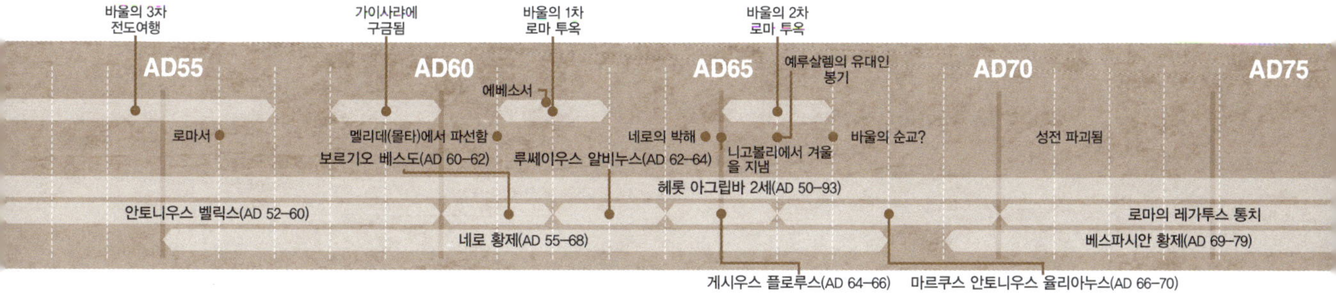

에베소서

서론

1942년 3월 11일, 일본 제국에 맞선 태평양 전쟁이 한창일 때 더글러스 맥아더 장군은 "다시 돌아오겠다!"는 고별의 맹세를 남기고 필리핀 군도를 떠났다. 3년쯤 후 맥아더는 약속대로 필리핀에서 적군을 섬멸했고, 이로써 그의 짤막한 맹세의 말은 유명해졌다.

그로부터 약 1,900년 전에 사도 바울도 에베소에서 훨씬 더 겸손하게 똑같은 약속을 했다. "만일 하나님의 뜻이면 너희에게 돌아오리라"(행 18:21). 복음으로 낚을 "고기"가 에베소에 가득 예비되어 있었지만 당시에는 형편상 그 대도시에 오래 머물 수 없었다. 분명 머물고 싶은 마음이 간절했겠지만 바울은 고린도에서 배에 올라 안디옥으로 돌아가던 중이었다. 그래서 에베소에는 그 먼 귀향길에 잠시 들렀을 뿐이다.

에베소에 처음 들른 그때에 바울은 회당에 들어가 "유대인들과 변론"했다(행 18:19). 그 중 일부가 그에게 더 오래 있기를 청했으나 그것은 불가능한 일이었다. 바울은 안디옥의 본부로 돌아가 자기를 선교사로 파송해준 교회에 보고해야 했다. 하지만 바울은 에베소에 한 유대인 부부 팀을 남겼다. 그가 고린도에서 주께로 인도했던 브리스길라와 아굴라였다(행 18:2). 바울처럼 천막을 만드는 생업에 종사했던 그들은 바울이 배를 타고 떠난 뒤로 에베소에 남았다(18:21).

한눈에 보는 에베소서

단락	주권과 은혜: 우리 믿음의 기초	화해와 평안: 하나님이 베푸신 은혜의 결과
주제	오직 믿음으로 말미암아 은혜로 받는 구원	교회의 비밀이 계시됨
	교리적 기초	
핵심 용어	비밀…사랑…은혜	
	예정하다 구원하다	외인과 나그네 영광
본문	1:1–2:10	2:11–3:21

행함과 성장: 신자의 생활방식	따름과 복종: 본받는 자의 길	전투와 승리: 전사의 전략
그리스도의 몸 안에서 새로운 삶	성령 충만한 삶	하나님의 갑주로 사탄을 이기는 승리
실천적 적용		
비밀…사랑…은혜		
연합 행하나	이듬 복종하나	서다 기도와 간구
4:1–32	5:1–6:9	6:10–6:24

핵심 용어

γαπή [*agapē,* 아가페] *(26)* '사랑, 자비'

성경 밖에서는 거의 볼 수 없는 헬라어 단어다. 헬라 문화는 남녀간의 충동적이고 도취적인 사랑인 에로스(*erōs*)를 예찬했다. 또한 깊은 우정의 따뜻하고 숭고한 감정인 필리아(*philia*)를 존중했다. 그러나 아가페란 이타적이고 무조건적인 사랑이며, 애정과 자비를 베풀되 아무런 보상도 바라지 않는 사랑이다. 특히 이 단어를 동사형으로 쓰면 인간을 향한 하나님의 사랑은 물론 그 사랑으로 다른 사람들을 대해야 하는 그리스도인의 책임이 완벽하게 표현된다(엡 2:4, 5:2, 25, 28, 6:24).

μυστήριον [*mystērion,* 뮈스테리온] *(3466)* '신비, 비밀, 밝혀지지 않은 것'

"소리를 죽이다"라는 뜻의 헬라어 동사에서 파생된 이 명사는 일반적으로 비밀을 가리킨다. 이교의 예배에서 "신비"에 속하는 은밀한 지식은 특정한 신을 위해 기꺼이 희생하거나 복잡한 의식을 행하거나 헌신적 환난을 당하는 소수의 사람들에게 국한되었다. 그러나 히브리 저작과 기독교 저작에서 "비밀"이란 이전에 인류에게 계시되지 않았던 하나님의 진리를 뜻한다. 바울 서신에 이 단어가 열여덟 번 쓰였는데 그중 여섯 번이 에베소서에 나온다. 에베소서에서 이 단어는 잃어진 인류에게 새롭게 계시된 복음의 메시지를 가리킨다.

σῶμα [*sōma,* 소마] *(4983)* '물리적 몸, 교회 공동체"

이 단어는 물리적 인체의 의미로 쓰일 때도 있지만(롬 6:12) 바울이 에베소서에서 말하는 "몸"은 거의 매번 "그리스도의 몸"인 교회를 지칭한다. 이는 유대인과 이방인을 두루 아우르는 새로운 공동체다(엡 2:15–16). 그리스도인은 거대한 기계의 톱니바퀴가 아니라 살아 성장하는 유기체의 일원이다. 이 사실을 바로 인식해야 한다. 그리스도의 몸을 구성하는 지체마다 각기 은사와 역할이 있다. 모두가 협력하여 본분을 다하면 세상에 복음을 알리고 복음의 원리들을 실천하게 된다.

χάρις [*charis,* 카리스] *(5485)* '은혜, 자격이나 공로 없이 받는 호의, 기쁨의 원인'

일반 문헌에서 이 단어는 "기쁨"과 밀접한 관계가 있다. 즉, 온정이나 호의나 기쁨이나 즐거움을 가져다주는 것이 곧 카리스다. 신약에서도 이 단어는 대체로 그런 평이한 일반적 의미로 쓰인다. 그런데 바울은 구약의 헤세드(*chesed*)를 새 언약으로 표현할 때 이 단어를 썼다. 헤세드란 하나님이 자원하여 선민(選民)에게 베푸시는 선(善), 영원불변한 그분의 사랑, 백성의 불순종에도 불구하고 언약을 지키시는 그분의 신실하심 등을 뜻한다. 따라서 신약의 "은혜"는 특히 하나님이 자격 없는 사람들에게 부어주시는 초자연적 복을 가리킨다.

바울은 1년 동안 휴가를 보내며 가이사랴와 안디옥의 교회들에 선교 보고를 한 후(행 18:22) 곧 3차 전도여행에 올라 갈라디아 지역을 지나(행 18:23) 다시 에베소로 향했다(19:1).

사도행전 19-20장에 보면 바울의 에베소 사역은 기간도 길고 열매도 많았지만 논쟁과 충돌도 없지 않았다. 다음의 굵직한 사건들을 생각해보라.

- 그는 세례 요한의 추종자들을 만나 그들에게 예수 그리스도의 온전한 복음을 전했다(19:1-7).
- 그는 석 달 동안 에베소의 회당에서 유대인들과 변론하며 하나님 나라에 대해 권면했다(19:8).
- 그는 두 해 동안 "두란노 서원"에서 날마다 소아시아 전역에서 온 유대인들과 이방인들에게 하나님의 말씀을 가르쳤다(19:9-10).
- 그는 하나님의 능력으로 놀라운 기적을 행하여 병자들을 고치고 귀신들을 쫓아냈다(19:11-17).
- 그가 기적을 행한다는 명성은 유대인 퇴마사들에게까지 영향을 미쳤다. 그들도 바울의 방법으로 귀신을 쫓아내려 했으나 실패했다(19:13-16).
- 그의 설교는 전직 주술사들의 회개를 부채질했다. 그들은 수십억 원 값어치의 주술 서적들을 불살랐다(19:18-20).
- 그는 은장색 데메드리오의 노여움을 샀다. 사람들이 에베소의 여신인 아데미의 신상 모형을 더 이상 사지 않는 바람에 데메드리오는 생업을 잃었다(19:23-27).
- 그의 설교가 에베소에 폭동을 불러일으켜 결국 그는 그곳을 떠나 마게도냐와 헬라로 갔다(19:28-20:2).

얼마나 놀라운 사역인가! 바울의 설교를 통해 무수히 많은 회심자들이 구원받았다. 그들은 바울의 가르침을 통해 일취월장으로 성장했다. 그가 2차 전도여행의 말미에 심었던 몇 개의 씨앗이 3차 전도여행의 첫 2년 동안 풍성한 열매를 맺었다.

하지만 이 수확에는 고난이 뒤따랐다. 몇 달 후 바울은 에베소 교회의 장로들을 근처 밀레도로 불러 자별 인사를 하면서 그들에게 계속 사역에 충실할 것을 권면했다(행 20:17-38). 바울이 에베소의 장로들에게 한 말을 보면 그의 에베소 사역을 좀 더 자세히 알 수 있다.

> 아시아에 들어온 첫날부터 지금까지 내가 항상 여러분 가운데서 어떻게 행하였는지를 여러분도 아는 바니 곧 모든 겸손과 눈물이며 유대인의 간계로 말미암아 당한 시험을 참고 주를 섬긴 것과 유익한 것은 무엇이든지 공중 앞에서나 각 집에서나 거리낌이 없이 여러분에게 전하여 가르치고 유대인과 헬라인들에게 하나님께 대한 회개와 우리 주 예수 그리스도께 대한 믿음을 증언한 것이라(행 20:18-21).

에베소서의 기본 정보

- **누가 기록했는가?** 사도 바울이 기록했다(엡 1:1).
- **어디서 기록했는가?** 바울이 가택 연금되어 있던 로마에서 기록했다(행 28:16, 30-31).
- **누구에게 기록했는가?** 소아시아 서부의 에베소 도시에 있던 성도들에게 기록했다(엡 1:1).
- **언제 기록했는가?** 바울이 로마에서 가택 연금되어 가이사 앞에서 심문받기를 기다리던 중인 AD 61년경에 기록했다(행 28:16-31).
- **왜 기록했는가?** 에베소 신자들의 교리와 실천을 굳건히 해주고자 기록했다.
- **기본 주제는 무엇인가?** 신자들은 그리스도를 통해 새 생명을 얻었으므로 성령을 통해 새로운 삶을 살아야 한다.

긴 세월, 눈물, 시험, 가르침, 증언-바울의 에베소 사역은 그런 것들로 압축되었다. 하지만 그거야말로 이 대도시에서 펼쳐진 풍성한 사역의 필수 요소들이었다.

사도행전 20장 36-38절에서 보듯이 바울은 에베소 교회의 장로들과 오랫동안 눈물의 포옹을 나누었다. 아마 그중 많은 이들에게 이때가 그들의 영적 아버지를 본 마지막 때였을 것이다(바울은 6년쯤 후에 잠깐 에베소에 갔을 수도 있다, 딤전 1:3 참고). 하지만 밀레도 해변에서 들은 말이 그들이 바울에게서 들은 마지막 말은 아니었다. 몇 년 후에 바울은 로마에서 가택 연금되어 가이사 앞에서 심문받기를 기다리던 중에 에베소 교인들에게 이 편지를 썼다.

편지의 개관

에베소서의 기본 메시지는 이것이다. **신자들은 그리스도를 통해 새 생명을 얻었으므로 성령을 통해 새로운 삶을 살아야 한다.** 이 메시지는 크게 두 부분으로 되어 있다. 1-3장의 내용은 그리스도께서 죽음과 부활과 높아지심을 통해 우리를 하나님과 화목하게 하셨고, 유대인과 이방인을 교회라는 "한 몸" 안에 연합시키셨다는 것이다(2:16). 그리스도와 연합한 우

바울 당시의 에베소

지금은 에베소가 사람이 살지 않는 곳이며 웅대한 유적만 자랑하고 있지만, 1세기 중엽에만 해도 에베소는 소아시아 서부에서 가장 중요한 도시였고 정치적, 경제적, 종교적 활동의 중심지였다.[1] 정치적인 면에서는 아시아 총독이 대부분의 집무를 에베소에서 수행했다.[2] 경제적인 면에서 에베소는 항해 선박들의 첫 통관 항구였고 따라서 주요 무역로들이 만나는 전략적 요충지였다. 덕분에 에베소에는 시장이 번창했고 여러 종족들이 모여들어 인구가 많았다.[3] 종교 생활에서 이 도시는 다산의 여신 아르테미스(아데미) 또는 다이아나에게 바쳐진 거대한 신전을 자랑하고 있었다. 이 여신의 신전은 고대의 불가사의 가운데 하나다. 그 밖에도 에베소에는 황제 숭배가 성행하여 그 용도로 지어진 신전이 여러 군데 있었다.[4]

바울이 에베소서를 쓰던 AD 61년경에는 네로가 로마 제국을 통치하고 있었다. 미치광이 독재자인 그는 결국 가학적 집착으로 그리스도인들을 박해했다. 에베소서가 기록된 지 몇 년 후에 네로는 도시를 자기 방식대로 재건할 꿈을 이루려고 로마에 불을 질렀다. 그러고는 그 화재를 그리스도인들 탓으로 돌려 살벌한 박해를 단행했다. 그 바람에 베드로와 바울을 비롯한 수많은 신자들이 목숨을 잃었다. 바울이 에베소에서 사역할 때나 나중에 그곳의 신자들에게 편지를 쓸 때는 아직 그 화약고가 터지기 전이었지만, 신흥 기독교 신앙을 용인하지 않던 황제의 엉뚱한 화풀이는 이후의 수많은 폭발로 이어졌다. 분명히 에베소의 성도들에게도 박해의 열기가 느껴졌을 것이다.

바울 당시의 에베소 교인들이 황제의 압력을 느낀 것 외에도 이 대도시는 훨씬 중대하고 긴박한 도전에 부딪혀 있었다. 에베소는 이교 신앙으로 유명했고 그 본산인 아데미 여신의 신전이 시내에 으리으리하게 서 있었다. 한 저자는 그것을 이렇게 설명했다. "이 신전은 세계의 7대 불가사의 중 하나다. 그 특징으로 기둥을 빼놓을 수 없다. 기둥은 모두 127개였는데 하나하나마다 왕이 내린 하사품이었다. 전부 대리석으로 만들어졌고 그중 일부에는 보석을 박고 금을 입혔다."[5]

에베소에는 물리적으로든 영적으로든 경제적으로든 그 신전의 그림자를 피하여 설 수 있는 곳이 아마 없었을 것이다. 신전이 거대하다보니 순례자들과 예배자들이 모여들었고, 이는 현지의 상인들에게 엄청난 재정적 수입원이 되었다(행 19:23-30 참고). 1세기에 에베소에서 살던 그리스도인의 관점에서 볼 때 그 도시는 그들에게 적대적 환경이었다. 바울도 그곳에서 3년 동안 사역할 때 직접 그것을 경험했다. 그래서 그는 이 요충 도시에 남아 있는 사람들에게 무엇이 필요한지 알았다. 바울은 그리스도 안에서 받은 그들의 신분을 상기시키면서, 부르심에 합당하게 행하기로 한 그들의 헌신을 일깨워주었다(엡 4:1).

에베소의 유적

리는 더 이상 죄와 사망에 지배당하지 않고 용서와 새 생명을 받았다(1:1–2:10). 한때 우리를 하나님과 갈라놓았던 모든 장애물은 폐기되었고, 이로써 우리는 하나님 및 그분의 사람들과 바른 관계에 들어섰다(2:11–3:21). 이 앞부분은 주로 교리적이며, 믿음으로 말미암아 그리스도 안에서 은혜로 높아진 우리의 신분을 계시해준다.

뒷부분인 4–6장은 우리 신자들에게 그리스도 안에서 받은 새로운 정체성에 맞게 살아가는 법을 가르친다. 우리는 이전의 생활방식대로 허물과 죄 가운데 행해서는 안 되며 "부르심을 받은 일에 합당하게" 행해야 한다(4:1). 모든 신자는 구원받는 순간 이미 성령의 인치심을 받았는데(1:13) 이제 그것이 신자의 삶 속에 성령 충만으로 나타나야 한다(5:18). 그 결과는 신실하고 겸손한 삶, 하나님의 능력으로 선을 행하는 삶이다. 이 뒷부분은 주로 실천적이며, 하나님이 우리를 통해 그분의 일을 이루어가시는 방식을 설명해준다.

편지 전체를 다섯 단락으로 구분할 수 있는데, 처음 두 단락은 교리적 부분이고 나머지 세 단락은 실천적 부분에 해당한다. 이 중요한 다섯 단락을 좀 더 자세히 살펴보면 다음과 같다.

주권과 은혜: 우리 믿음의 기초(1:1–2:10). 첫 단락에는 하나님이 우리를 위해 행하신 일이 계시된다. 영적 곤경을 해결하기 위해 손가락 하나 까딱할 수 없던 사람들에게 은혜를 베푸신 하나님의 주권이 강조된다(1:3–14). 에베소 교인들에게 영적 깨달음을 주시기를 구하는 바울의 강력한 기도가 중간에 삽입된다(1:15–23). 아울러 그가 독자들에게 상기시키듯 하나님이 그들에게 영적 부활을 주셔서 사망에서 생명으로 옮기신 것은 오직 예수 그리스도를 믿는 믿음으로 말미암아 은혜로 된 일이다(2:1–10).

화해와 평안: 하나님이 베푸신 은혜의 결과(2:11–3:21). 두 번째 단락에서 바울은 이미 이루어진 화해를 생생히 묘사한다. 여기에는 유대인과 이방인의 화해, 멀어졌던 죄인들과 하나님의 화해가 모두 포함된다(2:11–20). 화해의 결과는 하나님과의 평안과 서로간의 평안이며, 이는 새로 형성된 그리스도의 몸 안에 연합을 이루는 기초가 된다(2:15–16). 이어 바울은 새로 열린 교회 시대의 놀라운 독특성을 강조한다. 이전 시대까지 비밀로 감추어져 있던 신비가 신약의 사도들과 선지자들에게 알려졌다는 사실이다. 이 새 시대에는 이방인들도 복음으로 구원받아 한 몸을 이룬다(3:1–13). 이 교리적 부분에 느낌표라도 붙이듯이 바울은 또 다른 웅장한 기도와 송영으로 단락을 마무리한다. 그는 독자들이 그리스도의 사

랑을 알게 되고 "하나님의 모든 충만하신 것"으로 충만하게 되도록 기도한다(3:19). 끝으로 그는 우리 안에서 능력으로 역사하시는 하나님을 찬양한다(3:14-21).

행함과 성장: 신자의 생활방식(4:1-32). 교리적 기초를 든든히 다진 바울은(1-3장) 이제 실천적 적용으로 넘어간다(4-6장). 적용은 세 단락으로 나누어진다. 그리스도 안에서 받은 신자의 새로운 신분에 비추어 바울은 독자들에게 부르심에 합당하게 행할 것을 당부한다(4:1). 신앙의 이런 첫걸음에는 겸손, 온유, 오래 참음, 용납, 사랑, 하나 됨, 평안, 소망이 포함된다(4:1-6). 이런 것들을 비롯한 신앙의 다른 덕목들에서 계속 자라가려면 어떻게 해야 하는가? 이 물음에 대한 답으로 바울은 우선 사도, 선지자, 복음 전하는 자, 목사, 교사의 사역을 설명한다. 그리스도께서 그들을 교회에 주셔서 신자들을 신앙 안에서 세우게 하셨다(4:7-16). 이어서 바울은 영적으로 성장하는 삶을 설명한다. 신자들은 "옛 사람"과 악한 습성을 벗어버리고, 성령께서 의와 거룩함으로 새롭게 해주신 "새 사람"을 입는다(4:17-32).

따름과 복종: 본받는 자의 길(5:1-6:9). 계속해서 다음 단락에는 그리스도를 본받는 자의 삶이 묘사된다. 전에 육체에 빠져 어둠 속에서 행하던 사람들에게 바울은 이제 빛의 자녀들처럼 행하며 순전함과 의로움과 진실함과 지혜를 추구할 것을 촉구한다(5:1-17). 이런 변화는 어떻게 이루어지는가? 신자의 삶 속에서 역사하시는 성령께 의탁하면 된다(5:18). 성령께서 신자에게 능력을 주시면 그분의 역사가 우리의 진실한 예배(5:19-20)를 통해서만 아니라 가정(5:21-6:4)과 일터(6:5-9)에서의 겸손과 복종을 통해서도 나타나게 되어 있다. "피차 복종"함으로써(5:21) 우리는 예수 그리스도의 발자취를 따라간다(5:1-2).

전투와 승리: 전사의 전략(6:10-24). 바울은 영적 전투에 대한 활기찬 말로 에베소서를 맺으면서, 독자들에게 견고히 서서 사탄의 공격에 맞설 것을 촉구한다(6:10-17). 또한 그들에게 영적 무기의 일환으로 기도하고 간구할 것을 권면하고(6:18), 자기가 복음을 담대히 전하도록 기도를 부탁한다(6:19). 편지 서두에도 그랬듯이 바울은 개인적 안부와 끝인사로 편지를 마무리할 때도 평강과 은혜의 복을 빈다(6:21-24).

바울이 에베소서를 쓸 때 염두에 둔 포괄적 주제는 이것이다. 신자들은 그리스도를 통해 새 생명을 얻었으므로 성령을 통해 새로운 삶을 살아야 한다.

적용

믿음과 실천의 양 날개

단순한 구조로 이루어진 에베소서에는 믿음과 실천의 관계, 서술과 처방의 관계, 교리의 든든한 기초와 믿음의 실제적 걸음의 관계가 명확히 나와 있다. 바른 교리와 바른 실천을 곧게 뻗은 길의 양쪽 난간이라 상상해보라. 이 영적 여정의 길에서 아주 오랫동안 정중앙으로 걷는 그리스도인을 나는 별로 보지 못했다. 머잖아 그들은 양극단 중 하나로 치우쳐 난간에 긁히며 온갖 피해를 야기한다.

이 길에서 당신은 어느 자리에 있는가? 기본적으로 네 가지 상태가 가능하다.

1. **지식으로 인한 교만(고전 8:1).** 어쩌면 당신은 성경적, 신학적, 역사적 지식을 얻는 데 시간과 에너지와 자원을 바치고 있을 수 있다. 엄격하게 훈련된 당신의 경건의 시간은 인격체이신 주님을 사랑하여 그분과 함께 친밀한 시간을 보내기보다 차라리 시험공부에 더 가까워 보인다. 반면에 신앙을 실제로 표현하는 출구는 별로 없다. 설령 있다 해도 교리를 가르치거나 토론하거나 논증하거나 변론하는 경우가 전부다. 당신이 여기에 해당한다면 어떻게 해야 할까? 전도서 12장 12절, 고린도전서 8장 1–3절, 야고보서 1장 22–25절을 묵상하라. 이 본문들은 신학적 지식만 있고 실천적 적용이 없는 극단에 대해 어떻게 말하고 있는가?
2. **지식 없는 열정.** 어쩌면 당신은 반대쪽 극단으로 치닫고 있는지도 모른다. 지성적 신앙을 경계하여 체계적 공부를 피하고 신앙의 "체험"을 찾는다. 아마 당신이 수용할 수 있는 신학은 "실천 신학"뿐일 것이다. 당신은 거의 한평생 책 속에 파묻혀 살아온 신학교 교수에게 배우기보다 비록 교육받지 못했어도 다년간의 현장 경험을 쌓은 목사에게 훨씬 더 배우고 싶을 것이다. 실천적 사역에 목마른 당신은 늘 곤경에 처한 사람들의 삶에 뛰어든다. 하지만 하나님에 대한 깊고 난해한 질문들에 답하는 부분에서는 어디서부터 시작해야 할지 전혀 모른다. 당신이 여기에 해당한다면 어떻게 해야 할까? 에스라 7장 10절, 디모데전서 4장 13절, 디모데후서 2장 15절을 묵상하라. 이 본문들은 실천적 생활만 있고 교리적 지식이 없는 극단에 대해 어떻게 말하고 있는가?

3. **중단 또는 탈진**(히 5:11). 어쩌면 당신은 지식이나 실천적 체험 중 어느 쪽도 추구하고 있지 않을 수 있다. 당신의 정신적, 영적, 정서적, 신체적 에너지는 탈탈거리다 결국 멈추어버렸을 것이다. 그리스도인으로서 당신의 삶에는 더 이상 진보가 없다. 히브리서의 "둔하"여진 사람들처럼 당신도 길 위에 주저앉아버렸다. 지금쯤이면 이미 기독교의 교리와 실천에 한참 진전을 이루었어야 할 당신이 오히려 다시 아기 음식이나 먹어야 할 처지가 되었다(히 5:11-14). 당신이 이 상태에 해당한다면 어떻게 해야 할까? 갈라디아서 6장 9-10절과 히브리서 5장 11-14절을 묵상하라. 이 본문들은 어떻게 당신에게 다시 일어나 그리스도인의 삶에 진보를 이루라고 권고해주는가?
4. **꾸준한 전진**(벧후 1:8). 어쩌면 그리스도와 동행하는 당신의 삶은 풍성하고 생산적인 계절을 지나는 중일 수 있다. 성경적 지식과 실천적 적용 사이에 건강한 균형을 유지하면서 말이다. 당신은 자신의 은사를 구사하여 그리스도의 몸 된 교회를 세우고 있고, 반대로 당신의 믿음도 세움받고 있다. 죄를 지었을 때는 화해에 힘쓰며, 범사에-성령의 능력으로-힘써 주님을 구한다. 당신이 이 온전한 상태에 해당한다면 어떻게 해야 할까? 디모데후서 3장 14-17절, 베드로후서 1장 5-8절, 요한계시록 3장 10-13절을 묵상하라. 이 본문들은 당신에게 똑바른 길로 계속 가라고 어떻게 격려해주는가?

당신이 이 네 가지 시나리오 중 어디에 해당하든 결코 잊지 말아야 할 것이 있다. 그리스도인의 삶이란 본래 믿는 것이자 또한 실천하는 것이다. 그래서 우리는 교리적 진리와 실천적 삶 둘 다를 지킬 책임이 있다. 뜻깊은 신학적 진리를 바탕으로 일상을 살아가야 하는 것이다.

주

1. G. L. Borchert, "Ephesus," *The International Standard Bible Encyclopedia,* Geoffrey W. Bromiley 외 편집(Grand Rapids: Eerdmans, 1982), 2:115.
2. Edward M. Blaiklock, "Ephesus," *The New International Dictionary of Biblical Archaeology,* R. K. Harrison & David R. Douglass 편집(Grand Rapids: Zondervan, 1983), 181.
3. Borchert, "Ephesus," 115.
4. E. M. B. Green & C. J. Hemer, "Ephesus," *New Bible Dictionary,* 2판; J. D. Douglas 외 편집

(Wheaton, IL: Tyndale, 1982), 337.

5. William Barclay, *The Letters to Timothy, Titus, and Philemon,* 개정판, The Daily Study Bible (Philadelphia: Westminster, 1975), 89. (『바클레이 성경주석 9 – 디모데전후 · 디도 · 빌레몬』 기독교문사)

주권과 은혜:

우리 믿음의 기초

에베소서 1:1-2:10

프랜시스 베이컨 경은 "어떤 책은 맛보아야 하고 어떤 책은 삼켜야 하지만 천천히 씹어 소화시켜야 할 책도 더러 있다"고 썼다.[1] 요즘의 책들은 대부분 오락을 추구한다. 정신적, 영적 양분은 거의 없고 감정적 즐거움뿐이다. 사탕처럼 달콤한 이런 글은 어차피 그 수명이 당대를 넘을 수 없다. 물론 매년 간행되는 소수의 책은 기성 학계나 대중문화에 강한 인상을 남기기도 한다. 그러나 이런 서적은 "간식" 정도의 가치는 있을지 모르지만 결국은 대부분의 다른 것들처럼 시간이 가면서 그 영향력이 기억 속에서 지워진다.

하지만 어쩌다 한 번씩은 명작이 탄생한다. 이런 작품은 처음 시장에 나올 때부터 선풍을 일으키지는 않을지 몰라도 모든 픽션과 논픽션 중에 군계일학으로 살아남는다. 그리하여 불멸의 지위를 획득한다. 이런 소수의 책이 갖는 위대성은 기발한 마케팅 수법이나 설명할 수 없는 대중적 열광의 결과가 아니라 전적으로 타의 추종을 불허하는 작품의 질 때문이다. 우리 세대의 작품이지만 천 년 후에도 읽힐 책은 아마 한손에 꼽힐 것이다. 이런 명작이야말로 천천히 씹어 소화시키고, 곰곰이 생각하고, 공부하고, 노론하고, 외워서 낭송하고, 우리의 삶 속에 통합시켜야 할 책이다.

의심의 여지없이 성경은 우리 마음과 머릿속에 온전히 흡수할 가치가 있는 소수의 작품에 속한다. 성경은 우리를 이 세상 너머의 실체로 인도하고, 하나님이 친히 차려주시는 하늘의 영적 양식을 우리에게 선사한다. 성경은 단지 그것을 기록한 인간 저자들의 말이 아니라 하나님의 말씀이다. 성경의 책들은 "하나님의 감동으로" 된 것이므로 인간 저자들이 기록한 말도 사실은 하나님 자신의 입으로부터 우리에게 온다(딤후 3:16). 따라서 하나님이 우리에게 성경을 주신 것은 우리 마음과 머릿속에만 아니라 영과 혼에 양분을 주시기 위해서다.

에베소서도 예외는 아니다. 사실 이 편지는 가벼운 전채 요리를 건너뛰고 곧장 영적 잔치의 메인 코스로 직행한다. 처음 몇 구절만 읽어도 금방 알게 되듯이 이 책은 요기용으로 입맛을 돋우는 가벼운 섬심이 아니라 최고의 요리사께서 차려주시는 신학적 진리의 진찬이다.

첫 단락의 제목을 "주권과 은혜: 우리 믿음의 기초"라고 붙였다. 이번 단락에서 바울은 하나님이 우리를 구원하기 위해 하신 일을 계시한다. 철저한 타락으로부터 스스로를 구원할 수 없던 사람들에게 베푸신 하나님의 주권적 은혜가 강조된다(1:3-14, 2:1-10). 이 논고

핵심 용어

προορίζω [*proorizō*, 프로오리조] *(4309)* '예정하다, 미리 정하다'

이 동사는 에베소서에 두 번밖에 나오지 않지만(1:5,11) 편지의 첫 단락에 "예정"의 개념이 두드러지게 나타난다. 문자적으로 "미리 정하다"는 뜻의 이 단어는 "창세 전에" 그리스도 안에서 자신의 사람들을 택하신 하나님의 주권적 선택을 가리킨다(1:4). 하나님의 예정 교리를 통해 우리 신자들은 그리스도 안에서 받은 확실한 구원에 대한 믿음을 굳건히 해야 한다. 예정 교리를 빌미로 안일이나 우월감이나 특권 의식에 빠져서는 안 된다.

σῴζω [*sōzō*, 소조] *(4982)* '구원하다, 구하다'

헬라어로 이 동사는 물리적 위험이나(마 8:25) 죄와 그 결과로부터(마 1:21) 구원받는다는 뜻일 수도 있고, 에베소서에서처럼 신자들이 그리스도를 믿음으로 말미암아 은혜로 영원히 구원받는다는 뜻일 수도 있다(엡 2:5,8). 이 구원에는 하나님의 진노하심에서 건짐받는다는 의미는 물론(롬 5:9) 이런 해방을 통해 소망과 선행의 새로운 삶 속으로 들어간다는 의미가 다 포함된다(롬 8:24, 엡 2:10).

의 한가운데에 영적 깨달음을 구하는 바울의 강력한 기도가 나오는데(1:15–23), 이 기도는 우리에게 기독교 신앙의 가장 기본적인 신학적 진리 몇 가지를 일깨워준다. 지금부터 이 풍성한 잔칫상을 천천히 훑어나가면서 그것이 전해주는 심오한 진리를 느긋하게 음미해보자.

쏟아지는 신학적 보화(에베소서 1:1–14)

1하나님의 뜻으로 말미암아 그리스도 예수의 사도 된 바울은
에베소에 있는 성도들과 그리스도 예수 안에 있는 신실한 자들에게 편지하노니 2하나님 우리 아
버지와 주 예수 그리스도로부터 은혜와 평강이 너희에게 있을지어다
3찬송하리로다 하나님 곧 우리 주 예수 그리스도의 아버지께서 그리스도 안에서 하늘에 속한 모
든 신령한 복을 우리에게 주시되 4곧 창세 전에 그리스도 안에서 우리를 택하사 우리로 사랑 안에
서 그 앞에 거룩하고 흠이 없게 하시려고 5그 기쁘신 뜻대로 우리를 예정하사 예수 그리스도로 말미
암아 자기의 아들들이 되게 하셨으니 6이는 그가 사랑하시는 자 안에서 우리에게 거저 주시는 바 그
의 은혜의 영광을 찬송하게 하려는 것이라 7우리는 그리스도 안에서 그의 은혜의 풍성함을 따라 그의
피로 말미암아 속량 곧 죄 사함을 받았느니라 8이는 그가 모든 지혜와 총명을 우리에게 넘치게 하사
9그 뜻의 비밀을 우리에게 알리신 것이요 그의 기뻐하심을 따라 그리스도 안에서 때가 찬 경륜을 위

하여 예정하신 것이니 [10]하늘에 있는 것이나 땅에 있는 것이 다 그리스도 안에서 통일되게 하려 하심
이라 [11]모든 일을 그의 뜻의 결정대로 일하시는 이의 계획을 따라 우리가 예정을 입어 그 안에서 기업
이 되었으니 [12]이는 우리가 그리스도 안에서 전부터 바라던 그의 영광의 찬송이 되게 하려 하심이라
[13]그 안에서 너희도 진리의 말씀 곧 너희의 구원의 복음을 듣고 그 안에서 또한 믿어 약속의 성령으로
인치심을 받았으니 [14]이는 우리 기업의 보증이 되사 그 얻으신 것을 속량하시고 그의 영광을 찬송하
게 하려 하심이라.

삶을 변화시키는 편지를 쓰려면 삶이 변화된 사람이 필요하다. 사도 바울은 분명히 그 적임자였다.

사울은 다소 출신의 독실한 유대인이었다(행 9:11, 21:39, 22:3). 다소는 소아시아 남부의 길리기아 성에 있던 중요한 도시였다. "로마의 치하에서 여러 문명이 평화롭게 공존하던" 다소는 요즘 식으로 표현하자면 국제도시나 다문화 도시라 할 수 있다.[2] 바울은 또한 로마 시민으로 태어났다(행 22:25-28). 오늘날 대부분의 나라에서 시민권은 권리의 문제지만 사울 시대에는 특권이었다. 로마 시민권을 얻으려면 대개 황제에게 큰 공을 세우거나 거금을 치러야 했다. 이로 미루어 사울의 유대인 부모가 부자였음을 알 수 있다.[3]

다소의 사울은 엄격한 근본주의 유대교 가정에서 자랐다. 모세 율법대로 생후 8일 만에 할례를 받은 그는 성인기에 이를 때까지 율법을 엄수하며 살았다(갈 1:14, 빌 3:5-6). 사실 교육받을 때가 되자 사울은 다소를 떠나 예루살렘으로 가서 바리새파의 가장 저명한 랍비였던 가말리엘 밑에서 수학했다(행 22:3). 요즘 식으로 말하자면 사울은 유력하고 영향력 있는 바리새인들 사이에서 큰 인재로 길러지고 있었다.

하지만 하나님은 유대교의 이 떠오르는 별을 향해 다른 계획을 갖고 계셨다. 분명히 사울은 자신의 총명한 지성, 각광받는 평판, 강력한 리더십을 활용하여 율법을 떠받들려던 참이었다. 그런데 예수께서 그의 계획을 바꾸어놓으셨다. 하나님의 교회를 박해하러 가던 그를 그분이 노상에서 막아 세우셨다(행 9:3-5). 다소의 사울은 그 순간 다메섹 도상에서 "죽었다." 그는 유대교 지도자들의 보냄을 받아 그 고대 도시에서 자라나던 교회를 멸하러 가던 길이었다. 동시에 하나님은 그를 다시 살려 새 생명을 주셨고 전 세계에 그리스도의 교회를 세우도록 보내셨다. "사도"란 헬라어로 "보냄 받은 사람"이라는 뜻이다. 유대교 바리새인이었다가 기독교 선교사가 된 사도 바울에게 하나님은 예수 그리스도의 구원의 복

음을 열방에 전하는 일을 맡기셨다.

그래서 사도 바울은 에베소서의 서두를 열면서 복음의 신학적 깊이를 되짚는다. 하나님의 주권과 은혜에 대한 진리들을 쏟아낸다. 그는 그것이 진리임을 알았을 뿐 아니라 회심을 통해 직접 체험했다.

—1:1-2—

바울의 에베소서는 당시에 통상적이었던 서간문의 형식으로 시작된다. 우선 그는 "하나님의 뜻으로 말미암아 그리스도 예수의 사도 된 바울"이라는 말로 필자인 자신을 밝힌다(1:1). 이 인사말은 고린도전서, 고린도후서, 골로새서, 디모데후서의 경우와 비슷하다. 매번 바울은 자신이 "하나님의 뜻으로 말미암아" 사도로 부름받았음을 명시했다. 이 말은 하나님께서 주권적 선택으로 친히 그를 대사로 뽑으셨음을 힘주어 강조하는 표현이다.

이어 바울은 에베소 교인들을 수신자로 밝히면서 "성도들"과 "신실한 자들"이라는 신학적 의미가 풍부한 두 문구로 그들을 칭한다(1:1). 신약에서 "성도"(saint)는 하나님이 택하시고 구별하신 모든 사람을 가리킨다. 탁월한 주석가 제임스 보이스는 성도의 본래 의미를 이렇게 약술했다.

> 모든 그리스도인은 성도이고 모든 성도는 그리스도인이다. 나아가 모든 참된 그리스도인은 어떤 의미에서 세상으로부터 분리되었다. 우리를 세상 밖으로 데려가셨다는 뜻이 아니다. 하나님은 그런 식으로 일하지 않으신다. 다만 이 말은 우리가 더 이상 세상에 속하지 않았다는 의미에서 세상과 격리되었다는 뜻이다. 우리가 참으로 그리스도의 것이라면 우리는 새로운 속성과 충성해야 할 새로운 대상 그리고 새로운 목표를 받았다.[4]

에베소의 성도들은 "구별된" 무리가 되었을 뿐 아니라, 몇 년 전에 처음 그리스도께 믿음을 고백한 이후로 계속 그분을 의지하며 그분 안에서 성장했다. 보다시피 바울은 신실한 그들의 소속을 "그리스도 예수 안에"라는 말로 묘사했다. 이 문구는 그에 상응하는 "그의 안에서," "그리스도 안에서," "주 안에서" 등과 함께 에베소서에 서른아홉 번 나온다.[5] 이런 문구에는 많은 사람들이 신약을 읽으면서 흔히 놓치는 심오한 신학적 진리가 담겨 있다. 모든 신자는 오직 그리스도 안에서 오직 믿음으로 말미암아 오직 하나님의 은혜로 "그리스도 안으로" 통합된다. 즉, "하나의 영적 몸 안에서 그리스도와 연합되어 그분의 모든 것이 우리의 것이 된다"는 뜻이다.[6] 존 스토트가 이 중대한 신학적 진리를 명확히 짚어냈다.

> "그리스도 안에" 있다는 말은 그리스도와 불가결하게 인격적으로 연합되어 있다는 뜻이다. 그리스도와 그리스도의 사람들의 관계는 포도나무와 가지의 관계, 몸과 지체의 관계와 같다. 그리스도의 몸의 일부인 사람이 머리 되신 그분과 다른 지체들에게 붙어 있지 않기란 불가능하다…신약과 특히 바울에 따르면 그리스도인이란 본질상 "그리스도 안에" 있는 사람이다. 그분과 하나가 되고 그분의 사람들과 하나가 된 사람이다.[7]

이렇듯 에베소의 성도들은 거룩하게 구별되었고, 믿음과 삶으로 신실하게 순종했으며,

"에베소에 있는" 성도들에게 쓴 편지인가?

일부 학자들은 에베소서의 명칭이 잘못 붙여졌다고 본다. "에베소에 있는" 성도들에게 보낸 편지가 아니라 사실은 소아시아 지역의 모든 교회를 위한 "회람용 편지" 내지 "공개서한"이었다는 것이다. 왜 이런 견해가 나왔을까?

에베소서의 일부 고대 헬라어 사본들에는 1장 1절의 "에베소에 있는"이라는 말이 없고 그냥 "신실한 성도들에게"로 되어 있다. 그렇다면 이 편지는 본래 특정한 도시의 특정한 교회에 보낸 것이 아니라 "동일하게 보배로운 믿음을 우리와 함께 받은 자들에게" 보낸 베드로후서처럼(벧후 1:1) 모든 성도를 위한 것이라는 뜻이 된다. 일부 학자들이 지적하는 것이 또 하나 있다. 바울과 에베소 성도들의 깊은 인격적 관계를 고려할 때 바울의 말투와 문체가 너무 딱딱해 보인다는 점이다. 바울은 그들을 여러 해 동안 알았고 그들과 깊은 정이 들었다(행 19–20장). 그렇다면 말투에 훨씬 더 친근감이 배어 있어야 하지 않겠는가?

그러나 에베소서가 본래 "회람용 편지"였다는 결론은 두 가지 이유에서 가능성이 희박하다. 첫째, 고대 헬라어 사본들을 전부 비교하여 양쪽의 가능성을 저울질해보면 1절에 "에베소에 있는"이라는 문구가 있다는 증거가 압도적으로 많다.[8] 둘째, 딱딱해 보이는 문체를 보완해주는 사실이 있다. 바울은 자신을 대신하여 두기고를 보냈다. 그를 통해 사적인 안부를 전하고, 자신의 근황을 교회에 알리고, 에베소의 신자들을 격려했다.[9] 물론 바울은 이 편지가 그 지역의 다른 교회들에서도 읽히기를 기대했을 수 있다(골 4:16 참고). 하지만 이 편지의 일차 수신자는 유명하고 영향력 있던 에베소 교회였다.

예수 그리스도를 통해 하나님 및 동료 신자들과 연합했다. 이 모든 주제가 에베소서의 나머지 부분에 자세히 전개된다.

본인과 수신자를 밝힌 바울은 자신이 으레 하는 인사말대로 하나님 아버지와 주 예수 그리스도로부터 "은혜"와 "평강"이 있기를 빈다(1:2).[10] 에베소서에도 갈라디아서처럼 이 두 가지 주제가 일정한 깊이로 전개된다. 우선 은혜는 처음 석 장에 두드러지게 나타난다. 이 부분에서 바울은 하나님이 자격 없는 죄인들에게 베푸시는 호의, 즉 믿는 자들에게 값없이 주시는 구원의 선물을 묘사한다. 또한 우리는 그리스도 안에서 하나님과 화목해졌고 동료 신자들과 화목해졌다. 이 평강의 실체는 2장에서 두드러지게 나타난다.

—1:3–6—

"송덕"(eulogy)이라는 말을 들을 때 얼른 떠오르는 것은 최근에 사별한 고인을 기리는 가까운 친구나 친지의 말이다. 하지만 사실 이 영어 단어는 "찬양, 좋은 말, 축복"을 뜻하는 헬라어 단어 *eulogia*에서 왔다.[11] 바울은 에베소서에 이 헬라어 단어(또는 그에 상응하는 동사형)를 세 번 썼는데, 놀랍게도 그 세 번이 모두 한 구절에 나온다. "**찬송하리로다** 하나님 곧… 아버지께서 그리스도 안에서 하늘에 속한 모든 신령한 **복으로** 우리에게 복 **주시되**"(엡 1:3, 개역). 삼위일체 하나님을 향한 바울의 깊고 아름다운 찬양은 이렇게 시작되어 14절 끝까지 길게 이어진다.

성부	"그 기쁘신 뜻대로 우리를 예정하사 예수 그리스도로 말미암아 자기의 아들들이 되게 하셨으니 이는 그가 사랑하시는 자 안에서 우리에게 거저 주시는 바 그의 은혜의 영광을 찬송하게 하려는 것이라"(1:5–6).
성자	"그리스도 안에서…모든 일을 그의 뜻의 결정대로 일하시는 이의 계획을 따라 우리가 예정을 입어 그 안에서 기업이 되었으니 이는 우리가 그리스도 안에서 전부터 바라던 그의 영광의 찬송이 되게 하려 하심이라"(1:10–12).
성령	"그 안에서 또한 믿어 약속의 성령으로 인치심을 받았으니 이는 우리 기업의 보증이 되사 그 얻으신 것을 속량하시고 그의 영광을 찬송하게 하려 하심이라"(1:13–14).

이 찬양의 음악회에 세 번의 "송영", 즉 하나님께 올리는 영광의 찬송이 간간이 울려 퍼진다. 바울이 보기에 하나님은 모든 일을 그분의 영광과 명예를 위해 하신다. 신학자들은 이것을 가리켜 하나님이 계획하신 "목적이 찬송에 있다"고 표현한다. 잘 보면 1장 6절과 12절, 14절에 나오는 세 번의 송영은 각각 삼위일체 하나님 중 성부, 성자, 성령의 사역과 관계된다.

여기서 내게 떠오르는 옛 송영이 하나 있다. 대부분의 찬송가에 들어 있지만 서글프게도 대다수의 현대 교회들에서 잊힌 노래다. 하지만 신학적 의미가 풍부한 신앙의 찬송을 중시하는 많은 전통 교회들은 지금도 이 노래를 자주 부른다.

만복의 근원 하나님
온 백성 찬송 드리고
저 천사여 찬송하세
찬송 성부 성자 성령.[12]

1장 3-14절에 나오는 바울의 어조를 보면 넘치는 찬송이 귀에 들릴 듯하다. 그는 모든 주의를 위쪽으로 집중시켜 우리에게 무수히 많은 복을 주신 삼위일체 하나님을 송축한다. 사실 이 찬양의 본문 속에 바울은 삼위일체 하나님을 찬송해야 할 이유를 적어도 열 가지나 언급한다. 그것을 하나씩 자세히 살펴보도록 하자.

첫째, 우리가 하나님을 찬송함은 그분이 모든 신령한 복으로 우리에게 복 주셨기 때문이다(1:3). 우리에게 복 주시는 하나님의 "좋은 말"은 사람들이 가볍게 건네는 "복을 빈다"는 말과는 무한대의 차이가 있다. 하나님이 하시는 말씀은 헛되이 돌아오지 않고 진정한 변화를 촉발한다(사 55:11). "복 주다"라는 동사는 구약에서만 해도 수백 번이 나오는데 거의 매번 복수형으로 쓰였다. 그만큼 하나님이 당신의 백성에게 수없이 계속 복 주기를 즐거워하신다는 뜻이다. 그러나 바울은 구체적으로 "신령한"(영적인) 복을 염두에 두고 그분을 찬양하고 있다(1:3). 이는 구주 예수 그리스도와의 친밀한 관계 덕분에 이미 신자들에게 주어진 모든 혜택을 뜻한다. 그리스도께서 인 치셔서 천국에 예비해두신 이 복은 그 누구도 우리에게서 빼앗아갈 수 없다.

둘째, 우리가 하나님을 찬송함은 그분이 우리를 택하셨기 때문이다(1:4). 바울은 하나님이 예수 그리스도 안에서 우리를 "창세 전에" 택하셨다고 말한다. 아무것도 존재하기 전에 하나님이 우리를 생각하셨다. 땅이 창조되기 전에, 아담과 하와가 빚어지기 전에, 인류가 타락하기 전에, 물론 당신과 내가 첫 숨을 쉬기 전에, 하나님은 이미 우리를 그분 앞에 "거룩하고 흠이 없게" 하기로 예정하셨다(1:4).

이 구절을 해석한 책들이 그동안 많이 나왔다. 하나님의 복에 대한 설명보다 훨씬 많은 내용이 이 속에 담겨 있기 때문이다. 이 구절은 우리의 구원에 영향을 미치는 하나님의 주권적 뜻이라는 포괄적 교리-즉, 선택의 교리-의 기초를 이룬다. 사실 바울은 긴 찬송을 끝내기 전에 선택을 여러 번 언급한다. 성경은 우리에게 선택의 자초지종, 선택과 자유 의지가 맞물리는 방식, 하나님이 이 사람 대신 저 사람을 택하시는 이유 따위를 이해하라 하지 않는다. 하나님의 무한한 생각과 지혜와 광대하심을 이해하려 하거나 그분의 선하심을 의심하려 든다면 우리는 미치고 말 것이다. 대신 우리는 믿음으로 그것을 받아들이며 하나님을 찬양해야 한다. 당신이 마지막으로 그렇게 한 때가 언제인가? "주님, 저를 택해주셔서 감사합니다."

하지만 바울의 목적은 이 심오한 진리를 믿고 하나님을 찬양하는 차원을 넘어 우리가 "부르심을 받은 일에 합당하게 행하"는 것이다(4:1). 선택에 대한 우리의 반응은 빅토리아 여왕이 자기가 훗날 왕위에 오를 것을 알았을 때 보인 반응과 같아야 한다.

> 빅토리아가 어렸을 때는 그녀가 영국의 차기 군주라는 사실을 아무도 그녀에게 알리지 않았다. 그것을 알면 버릇없이 오만해질까 우려했기 때문이다. 드디어 교사의 허락으로 그녀는 자신이 훗날 영국 여왕이 될 것을 알았다. 그때 빅토리아는 이렇게 반응했다. "그럼 내가 선해져야겠네요!"[13]

하나님은 그리스도 안에서 우리를 택하여 구원하셨다. 이 사실에 대한 반응으로 우리는 자랑하는 게 아니라 오히려 겸손해져야 한다. 삶이 해이해지는 게 아니라 오히려 "선해져야" 한다. 즉, 그분 앞에서 거룩하고 흠이 없게 처신해야 한다(1:4).

셋째, 우리가 하나님을 찬송함은 그분이 우리를 입양하셨기 때문이다(1:5-6). "예정하사"

로 번역된 헬라어 단어 *proorisas*는 "미리 정하다, 사전에 결정하다"라는 뜻이다. 그렇다면 하나님은 신자들을 어떻게 하시기로 예정하신 것인가? 예수 그리스도로 말미암아 아들들로 입양하기로 예정하셨다(1:5). 바울은 지금 로마법을 배경으로 이 글을 쓰고 있는데, 로마법에 따르면 입양 자녀가 누리는 권리와 특권은 친자녀와 동일했다.[14] 마찬가지로 그리스도께서 본래부터 아버지와 누리던 친밀한 "아빠"의 관계[15]가 신자들에게도 은혜로 똑같이 주어진다. 생각해보라! 빈민굴에서 구제되어 왕의 집에 입양된 무일푼의 거지처럼 우리도 하나님의 집에 입양되었다.

여기서 몇 가지 의문이 생겨난다. 우리가 하나님의 집에 입양된 시점은 언제인가? 처음 믿은 순간이다. 그 시점부터 우리는 하나님의 자녀로서 모든 약속–영원한 생명, 아버지와 나누는 교제, 부활의 약속, 그리스도와 함께 통치하는 보상 등–의 상속자가 되었다.

우리가 저항하며 물리칠 수도 있었을까? 택함받았다면 그럴 수 없다. 하나님이 우리의 삶 속에서 불가항력적으로 역사하셔서 우리를 향한 그분의 주권적 계획이 성취될 것을 보장하셨다. 우리가 특별하거나 남다르거나 나머지 타락한 죄인들보다 뛰어나서가 아니다. 하나님은 순전히 그분의 자비로 우리를 택하여 구원하셨다.

하나님이 택하셨다면 우리는 믿지 않고도 입양될 수 있었을까? 그럴 수 없다. 구원은 믿음으로 받는 것이기 때문이다. 우리 쪽에서 자원하여 복음의 메시지에 인격적인 반응을 보여야 한다. 믿음이 없으면 하나님이 주시는 구원이 우리에게 적용되지 못한다.

하지만 하나님의 주권적 선택과 우리가 자유 의지로 내리는 결정은 어떻게 서로 맞물리는가? 답은 간단하다. 나는 모른다. 아무도 모른다! 사실 우리는 일부 신학적 진리들을 그냥 긴장 상태로 둘 줄 알아야 한다. 하나님이 우리를 예정하신 주권적 선택과 우리가 인격적으로 믿어야 할 책임은 서로 완벽한 평행선을 이루는 두 진리다. 두 레일이 하나의 기찻길을 만들어낸다. 양쪽의 레일은 결코 만나지 않는 평행선이다. 그중 하나를 없애거나 둘을 바짝 붙이거나 간격을 더 벌리면 기차는 도랑으로 빠지고 만다. 진리가 앞으로 나아가려면 두 레일이 모두 필요하다.

하늘의 하나님의 무한한 관점에서 보면 모든 것이 이미 계획되어 있다. 우리가 믿는 하나님이 전지전능하신 분이니 어찌 그렇지 않겠는가? 하지만 이 땅에서 살아가는 우리의 유한한 관점에서 보면 누가 믿고 누가 믿지 않을지 우리는 모른다. 그래서 우리의 역할은 최대한 많은 사람들에게 복음을 전하는 것이며, 성령으로 죄를 깨우치시고 구원하시는 일은 하나님께 맡기면 된다. 우리의 전도는 매력과 호소력이 있어야 하지만 하나님의 역사는 주권적이고 불가항력적이다.

—1:7-12—

7절에서 성부 하나님의 사역은 이음매 없이 성자 하나님의 사역으로 넘어간다. 하나님은 아들을 통해 계획을 이루셨다. 여기에 바울은 하나님을 찬양해야 할 다섯 가지 이유를 더 추가한다.

넷째, 우리가 하나님을 찬송함은 그분이 우리를 속량하셨기 때문이다(1:7). "속량"이라는 말은 예속된 상태로부터 값을 치르고 산다는 뜻이다. 구약에 쓰인 단어 *geullah*는 사람을 종의 의무로부터 해방시키려고 치르던 속전을 가리킨다(레 25:47-54). 그에 상응하여 에베소서 1장 7절에 쓰인 헬라어 단어 *apolytrōsis*도 의미가 비슷하다. 즉, 사람을 예속된 상태로부터 사서 부과되었던 의무를 벗겨준다는 뜻이다. 바울이 쓴 이 단어는 하나님이 신자들을 속량하여 죄의 족쇄로부터 해방시키셨다는 사실을 지적해준다. 하지만 그러려면 값이 치러져야 했다. 하나님은 어떻게 값을 치르셨는가? 은이나 금으로 하지 않으시고 아들 예수 그리스도의 보배로운 피로 하셨다(벧전 1:18-19).

다섯째, 우리가 하나님을 찬송함은 그분이 우리를 용서하셨기 때문이다(1:7). 우리는 그리스도의 피로 속량되었을 뿐 아니라 한없이 풍성한 그분의 은혜로 빚을 탕감받았다. 이는 그분이 더 이상 우리의 죄를-과거와 현재와 미래의 어떤 죄도-우리에게 돌리지 않으신다는 뜻이다. 그래서 시편 기자는 "동이 서에서 먼 것 같이 우리의 죄과를 우리에게서 멀리 옮기셨으며"(시 103:12)라고 고백했다. 에베소서 1장 7절에 "죄"로 번역된 단어 *paraptōma*는 "발을 헛디딤, 선을 넘어감"이라는 뜻이다. 지정된 길을 벗어나 금지구역으로 들어서는 것과 비슷한 개념이다. 그러나 "우리는 다 양 같아서 그릇 행하여 각기 제 길로 갔거늘"(사 53:6) 하나님은 우리 모두의 죄악을 그리스도께 담당시키셨다. 그분이 십자가에 죽으심으로 우리의 모든 죄를 사하셨다.

여섯째, 우리가 하나님을 찬송함은 그분이 우리에게 은혜를 넘치게 하셨기 때문이다(1:7-8).

이 구절에 내가 가장 좋아하는 어휘 중 둘이 들어 있다. 하나는 "은혜"이고 하나는 "넘치게 하다"이다. 이 둘이 만나면 아름다운 그림이 나온다. "은혜"는 "공로 없이 받는 호의"라는 뜻이다. 더 쉽게 말하면 "자격도 없이 뭔가 좋은 것을 얻는다"는 뜻이다. 사실 우리는 정죄와 진노 외에는 하나님께 아무것도 받을 자격이 없다. 그런데 그분이 우리를 속량하셨고 용서하셨으므로 이제 그분은 우리에게 복을 주실 수 있다. 이 복은 우리가 얻어낸 것이 아니며 앞으로도 결코 얻어낼 수 없다. 그런데도 우리는 이 값진 은혜를 받는 정도가 아니라 넘치게 받는다. 그것은 하나님이 우리에게 복을 넘치게 하시기 때문이다. 그리스도께서 그분의 구원을 받아들이는 자들에게 친히 약속하신 말씀과 같다. "내가 온 것은 양으로 생명을 얻게 하고 더 풍성히 얻게 하려는 것이라"(요 10:10).

일곱째, 우리가 하나님을 찬송함은 그분의 뜻의 비밀을 우리에게 알리셨기 때문이다(1:8-10). 헬라어 단어 *mystērion*은 한때 숨겨져 있다가 지금 알려진 비밀을 가리킨다. 신약에서 이 단어는 구약에 확실히 계시되지 않았다가 신약에 와서 밝히 드러난 하나님의 구속 계획에 대한 진리들을 가리킨다. 사실 예수 그리스도 안에서 계시된 하나님의 계획은 대다수 유대교인들의 허를 찔렀다. 그들은 위대하고 막강한 군사적 승리자를 고대하고 있었다. 그는 로마를 무찔러 이방인의 모든 압제에서 동족을 구해내고 이스라엘을 회복할 사람이었다. 이처럼 유대인들이 생각한 메시아의 구속은 범위가 좁고 민족주의적이었다. 하지만 하나님의 계획은 "다 그리스도 안에서" 통일하시는 것이었다(1:10). 이는 단지 이스라엘이나 중동 지역만이 아니라 온 지구상의 모든 것을 말한다. 사실 하나님은 "하늘과 땅의 모든 권세를" 그리스도께 주셨다(마 28:18).

그러나 현재까지는 아직 만물이 그분의 우주적 권위에 복종하지 않고 있다(히 2:8). 그리스도께서 행사하실 온전한 통치는 "그리스도 안에서 때가 찬 경륜"을 내다보고 있다(엡 1:9). 장차 재림하셔서 정당한 보좌에 앉아 이스라엘뿐 아니라 열방을 다스리실 그때까지 그리스도는 유대인과 이방인으로부터 그분의 나라 안으로 공동 상속자들과 공동 통치자들을 모집하시는 중이다. 구약에 계시되지 않았던 이 "비밀"이 구원의 복음을 통해 만인에게 공개되었다. 민족적 정체에만 관심이 있던 유대인들에게는 이런 뜻밖의 반전이 미련하게 보였을 것이다. 하지만 바울은 이 비밀이 "지혜와 총명" 가운데 계시되었다고 명시했다(1:8). 간단히 말해서 하나님의 타이밍은 완벽하고, 그분의 계획은 흠이 없으며, 그분의 목적은 완전무결하다.

여덟째, 우리가 하나님을 찬송함은 그분이 영원한 기업을 주셨기 때문이다(1:10-12). 하나님은 당신의 뜻에 따라 주권적으로 우리를 예정하시고 택하셨고, 그것을 근거로 신자들에게 영원불변의 유업을 주셨다. 이제 우리는 그리스도 안에서 받은 신분 때문에 그분과 공동 상속자가 되었다. 그분이 장차 오셔서 궁극적 유업-모든 창조세계를 다스리시는 우주적 통치-을 누리실 때 우리도 그분과 함께 다스릴 것이다(계 20:6). 그리스도를 믿은 우리는 용서, 화해, 성령의 내주 같은 영적 복을 받을 뿐 아니라 사후에 천국에서 그리스도와 함께 산다는 약속까지 받았다(고후 5:8-10). 하지만 거기서 끝나지 않는다! 그분이 이 땅에 재림하여 나라를 세우실 때 우리도 새롭고 영화로운 몸으로 살아나 하늘과 땅의 영원한 기업을 그분과 함께 누릴 것이다(살전 4:15-17, 계 20:6).

—1:13-14—

하나님을 찬송해야 할 처음 세 가지 이유는 성부의 사역과 관계가 있고, 다음 다섯 가지 이유는 우리가 성자를 통해 받은 복과 관계가 있다. 이제 마지막 두 가지 이유는 성령의 사역과 관계가 있다.

아홉째, 우리가 하나님을 찬송함은 그분이 성령으로 우리를 인 치셨기 때문이다(1:13). 하나님은 우리를 인 치심으로 영원불변히 자신의 소유로 삼으셨다. "인 치다"(*sphragizō*)라는 동사는 "일을 확정짓는다"라는 뜻이며,[16] 인 자체는 소유권이나 승인이나 종결을 의미한다.[17] 바울이 말하는 순서를 잘 보라.

- 먼저 진리의 메시지를 듣는다.
- 그리고 구원의 복음을 믿는다.
- 그후에 약속의 성령으로 인 치심을 받는다.

이는 누구든지 듣고 믿은 사람-오직 그리스도를 구원의 길로 의지한 사람-은 영원히 인 치심을 받았다는 뜻이다. 내가 신자의 영원한 안전을 절대적으로 확신하는 한 가지 이유가 바로 이 본문 때문이다. 내가 하나님의 선물을 버리고 그분이 이루신 일을 축소시킨다는 것은 불가능한 일이다. 바울의 말은 이 이상 분명할 수 없다. 누구든지 구원의 복음을 믿은 사람은 인 치심을 받았다. 거래는 종료되었다. 성령 자신이 약속이시다. 결혼반지가 남편이 아내에게 정절을 지키겠다는 상징이듯 성령은 하나님이 구원의 은혜에 변함없이 신실하신 분임을 보여주시는 인(印)이다.

바울이 에베소서 1장 3-14절에 제시한 하나님을 찬송해야 할 10가지 이유

1. 그분은 우리에게 무한한 복을 주셨다.
2. 그분은 우리를 무조건적으로 선택하셨다.
3. 그분은 우리를 사랑으로 입양하셨다.
4. 그분은 우리를 너그러이 속량하셨다.
5. 그분은 우리를 완전히 용서하셨다.
6. 그분은 우리에게 은혜를 넘치게 베푸셨다.
7. 그분은 지혜로 그분의 비밀을 계시하셨다.
8. 그분은 우리에게 영원한 기업을 주셨다.
9. 그분은 우리를 영원히 인 치셨다.
10. 그분은 우리의 구원을 직접 보증하셨다.

열째, 우리가 하나님을 찬송함은 그분이 우리의 기업을 보증하시기 때문이다(1:14). 해럴드 호너(Harold Hoehner)에 따르면 이 구절에 "보증"으로 번역된 헬라어 단어 *arrabōn*은 "잔금의 지불을 보장하는 보증금"을 뜻한다.[18] 본문의 문맥에서 보증금은 구체적으로 신자들 안에 내주하시는 성령의 임재를 가리킨다. 성령은 지금 우리 안에 계셔서 책망하시고(요 16:8), 위로하시고(행 9:31), 죄를 이기며 살도록 능력을 주시고(엡 3:16), 우리가 하나님의 자녀라는 확신을 주신다(롬 8:16). 그런데도 현재 우리가 경험하는 성령은 장차 누릴 차원에 비하면 예고편에 지나지 않는다.

"그 얻으신 것을 속량하시고"라는 말은 장차 신자들이 하나님의 자녀로서 완성된 기업-우리 몸의 부활과 영화(榮化)-을 받게 될 그때를 가리키는 표현으로 보인다. 바울은 로마서 8장 23절에 이렇게 썼다. "그뿐 아니라 또한 우리 곧 성령의 처음 익은 열매를 받은 우리까지도 속으로 탄식하여 양자 될 것 곧 우리 몸의 속량을 기다리느니라." 또 고린도후서 5장 4-5절에는 이런 말씀이 나온다. "참으로 이 장막에 있는 우리가 짐진 것 같이 탄식하는 것은 벗고자 함이 아니요 오히려 덧입고자 함이니 죽을 것이 생명에 삼킨 바 되게 하려 함이라 곧 이것을 우리에게 이루게 하시고 보증으로 성령을 우리에게 주신 이는 하나님이시니라."

바울이 데살로니가전서 4장 15-17절과 고린도전서 15장 51-54절에서 말했듯이 그리스도께서 재림하시면 이미 죽은 신자들은 새롭고 영화로운 몸으로 부활하고, 아직 살아 있는 신자들은 불멸의 몸을 받는다. 그제야 비로소 구원이 완성된다. 하나님은 보증금을 살려 약속을 지키신다. 지금 성령을 우리 삶 속에 임재하시게 하여 보증하신 그것을 그때가 되면 완불하신다. 얼마나 영광스러운 축제의 날이 될 것인가!

적용

은혜를 받고 영광을 돌리라

에베소서 1장 전반부에서 돋보이는 두 가지 주제는 은혜와 영광이다. 하나님을 찬송하는 이번 문단 전체를 이 두 기둥이 단단히 떠받치고 있다. 그리스도를 믿는 신자들은 은혜를 받았으므로 은혜를 주신 하나님께 영광을 돌린다. 보다시피 이번 장에 묘사된 모든 복은 아버지의 영원한 뜻을 따라 그리스도의 죽음과 부활을 통해 성령의 능력으로 주어진다. 이렇듯 전능하신 삼위일체 하나님께서 은혜로 하늘에서 내려오셔서 공로 없는 우리에게 호의를 베푸신다. 그분의 동기는 측량할 수 없는 사랑이다. 잃어진 영혼에게 구원은 처음부터 끝까지 믿음으로 말미암아 은혜로 주어지며 거기에 아무것도 더해지지 않는다.

일단 하나님이 베푸신 복의 넓이와 깊이를 깨닫기 시작하면 우리는 선물 자체에 너무 마음을 빼앗겨 그것을 주신 분을 잊어버리기 쉽다. 그래서 우리가 기억해야 할 것이 있다. 바울은 성부 성자 성령께서 우리 삶 속에서 행하시는 은혜로운 사역을 송영 속에 담아 묘사했다. 마음에서 우러나 하나님을 찬송한 것이다.

적용의 실습으로 에베소서 1장 3–14절을 다시 읽으라. 아무런 표시도 되어 있지 않은 성경이면 더 좋다. 하나님이 신자들에게 주신 복을 표현해주는 단어에 전부 밑줄을 긋거나 표시해보라. 그런 다음 잠시 멈추어 그중 당신의 삶에 의미 있는 복 몇 가지를 묵상해보라. 그 진리들은 어떻게 당신에게 힘이나 격려가 되었는가? 그것들이 당신의 삶 속에 구체적으로 어떻게 나타났는가? 이런 복들은 모든 그리스도인에게 공통된 것이지만 그것을 경험하는 방식은 신자마다 다르다.

이어 당신도 바울을 따라 그동안 받은 수많은 복을 인해 하나님을 찬양하라. 옛 찬송가의 가사처럼 "받은 복을 세어보아라."[19] 복의 내용을 하나님께 그대로 아뢰라. 전반적으로 공급해주신 사실에 대해서보다 구체적으로 표현해주신 복들에 대해 감사를 드리라.

여기서 한 걸음 더 나아갈 것을 권하고 싶다. 다음번에 공예배를 준비할 때는 지난 한 주간 동안 받았던 복들을 되돌아보라. 하나님이 행하신 구체적인 일들을 염두에 두고 예배 시간을 맞이하라. 공예배 시간에 그런 구체적인 복들을 생각하면서 찬미와 기도와 찬양으로 하나님께 반응하라. 그렇게 하면 하나님이 예수 그리스도를 통해 주신 풍성한 복들을 묵상하지 않고 그냥 예배에 들어갈 때보다 예배 시간이 훨씬 더 풍성하고 의미 있고 진지해질 것이다.

우리의 기도와 그리스도의 지위(에베소서 1:15-23)

15이로 말미암아 주 예수 안에서 너희 믿음과 모든 성도를 향한 사랑을 나도 듣고 16내가 기도할
때에 기억하며 너희로 말미암아 감사하기를 그치지 아니하고 17우리 주 예수 그리스도의 하나님, 영
광의 아버지께서 지혜와 계시의 영을 너희에게 주사 하나님을 알게 하시고 18너희 마음의 눈을 밝히
사 그의 부르심의 소망이 무엇이며 성도 안에서 그 기업의 영광의 풍성함이 무엇이며 19그의 힘의 위
력으로 역사하심을 따라 믿는 우리에게 베푸신 능력의 지극히 크심이 어떠한 것을 너희로 알게 하시
기를 구하노라 20그의 능력이 그리스도 안에서 역사하사 죽은 자들 가운데서 다시 살리시고 하늘에서
자기의 오른편에 앉히사 21모든 통치와 권세와 능력과 주권과 이 세상뿐 아니라 오는 세상에 일컫는
모든 이름 위에 뛰어나게 하시고 22또 만물을 그의 발 아래에 복종하게 하시고 그를 만물 위에 교회의
머리로 삼으셨느니라 23교회는 그의 몸이니 만물 안에서 만물을 충만하게 하시는 이의 충만함이니라.

그리스도인이자 목사로서 내 경험으로 볼 때 우리가 그리스도인의 삶에서 가장 습득하기 힘든 훈련 중 하나는 기도다. 사실 많은 그리스도인들은 대표 기도자로 뽑힐까봐 두려워하며 살아간다. 내가 오랫동안 해보아서 알지만 대표 기도는 힘든 일이다! 하지만 더 많은 그리스도인들이 더 힘들어하는 일이 있다. 개인 기도에 늘 집중하며 헌신하는 것이다. 하루에 세 시간씩 무릎을 꿇었다는 교회사의 훌륭한 성도들에 대한 글을 나도 읽어보았다. 그런데 우리 중에는 3분만 기도해도 한 시간처럼 느껴지는 사람들이 있다!

물론 우리는 의무적으로 짤막한 식사 기도도 하고, 잠자기 전에 일정한 문구를 중얼거리기도 하며, 아침에 잠이 덜 깬 상태로 몇 마디 읊조리기도 한다. 하루 중에 가끔씩 진지하게 "오 사랑의 주님, 이 곤경에서 구해주소서"라고 기도할 수도 있다. 아울러 교회에 다니는 우리는 강단에서 대표로 기도하는 소리를 듣지만, 그 시간 동안 자신의 역할이 무엇

인지는 잘 모른다. 어떤 사람들에게는 "아멘"이 "나도 저렇게 기도를 잘하면 얼마나 좋을까"라는 뜻이다. 또 어떤 사람들에게는 기도 내용에 동의할 때 하는 말이다. 하지만 솔직해지자. 일부 소수의 사람들에게 "아멘"은 잠에서 깨어나 나머지 예배에 집중하라는 신호다.

이렇게 "무늬만 기도인 중얼거림"은 마음에서 우러난 진실한 기도와는 거리가 멀다. 진심으로 기도하려면 "기도용 말투"를 버려야 한다. 하나님 앞에 마음을 열고 가식을 버린 채로 그분께 집중해야 한다. 지금 자신이 하나님의 임재 안에 들어가고 있음을 참으로 믿어야 한다. 일상 속의 대화 상대들이 우리의 말을 듣듯이 하나님도 우리의 말을 들으신다. 안타깝게도 어떻게 기도하는지, 무엇을 위해 기도하는지, 왜 기도하는지 모르는 그리스도인들이 대단히 많다.

하지만 에베소서의 저자는 정말 기도할 줄 알았던 사람이다. 웅장하고 수려한 찬송(1:3–14)에 뒤이어 바울은 독자들을 위한 뜻깊은 중보 기도로 방향을 튼다. 그가 들려주는 기도 내용에는 그들로 인한 진심 어린 감사와 하나님께 올리는 깊은 간구가 들어 있다. 에베소 교인들을 위한 바울의 기도를 읽노라면 그의 깊은 열정을 놓칠 수 없다. 바울은 진심으로 기도했고, 그리하여 우리에게 진정한 기도의 훌륭한 선례를 많이 남겼다.

—1:15–16—

바울이 에베소의 그리스도인들로 인해 감사하고 간구하는 내용은 15절에서 시작되어 1장 끝까지 계속된다.[20] 첫 두 구절에는 감사가 나오고, 17–19절에는 에베소 교인들을 위한 바울의 기도 제목이 나온다. 끝으로 20–23절에서 보듯이 바울의 기도의 원동력은 부활하여 승천하신 주님이시다.

바울은 기도할 때마다 에베소의 형제자매들을 언급하며 하나님께 올려드리기를 그치지 않았다(1:16). 로마 제국의 수많은 곳에 그가 개척한 교회들을 생각하면, 그의 기도 제목에 올랐을 도시들과 지역들과 가정들의 긴 목록이 가히 상상이 된다. 바울은 기도에 헌신한 사람이었다! 아버지 앞에 무릎 꿇고 기도할 때마다 으레 그의 입에서 "에베소"라는 이름이 떠나지 않았다. 여기에서 바울이 하는 말은 "참, 너희를 위해 기도하고 있다"라는 인사치레 정도가 아니다. 그보다 더 깊이 들어가 자신이 기도하는 내용을 구체적으로 밝힌다.

15절에 바울의 감사 제목이 나오는데, 그것은 바로 에베소 교인들의 소문난 믿음과 그들이 기독교 공동체에 베푼 사랑이다. 바울이 여기에 언급한 믿음은 그들의 첫 회심을 뜻하는 말이 아니다. 그는 이미 그들을 그리스도의 참 신자로 여기고 있다(1:13). 바울은 에베소 교인들과 오래 함께 지냈기 때문에 그리스도를 처음 믿은 그들의 믿음이 진정한 것임을 잘 알았다. 여기서 그가 말하는 것은 그들의 믿음의 상태다. 에베소 교인들은 그동안 그리스도 안에서 성장했다. 시간이 갈수록 믿음이 꾸준히 더 굳건해진 것이다. 그들은 바울을 비롯한 사역자들이 놓은 기초 위에 건물을 잘 지었다(고전 3:10). 그리하여 그들의 믿음에 대한 소문이 바울의 귀에까지 들려왔다. 유명해진 자녀의 성공 소식을 들으며 대견해하는 아버지처럼 바울도 에베소 교인들의 영적 성장을 인해 하나님께 감사를 드렸다.

오늘날 많은 그리스도인들이 마치 살얼음을 딛듯 대단히 조심스럽게 그리스도인의 삶을 살아간다. 그들은 넘어질까 두려워하고 행여 믿음의 길을 걷다가 위험에 빠지지 않을까 불안해한다. 낯선 소리가 들리면 위축되고, 어둠이 밀려오면 주저하고, 길에 장애물이 나타나면 당황한다. 에베소 교인들은 그렇지 않았다. 그들은 믿음의 등불을 들고 강하고 담대하게 전진했다. 영적 성년기를 향하여 그리스도인의 삶에 진보를 이루었다.

이처럼 그들은 흔들림 없이 예수께 충성했고 그분을 신뢰했다. 하지만 바울의 감사 제목은 그것만이 아니다. 바울은 "모든 성도"를 향한 그들의 사랑을 인해서도 하나님께 감사했다(1:15). 바울은 그들이 가족이나 절친한 친구나 소그룹이나 심지어 에베소의 동료 그리스도인들만 사랑했다고 말하지 않는다. 그들은 모든 성도에게 너그러운 사랑을 베풀었다. 어떻게 그렇게 했을까? 아마 길손들을 환대하고, 유민들에게 거처를 마련해주며, 먼 곳에서 고생하는 그리스도인들에게 구호물자를 보냈을 것이다. 그뿐 아니라 소아시아 서부에 우후죽순처럼 생겨난 교회들 중 다수가 에베소의 지교회로 시작되었을 것이다. 다시 말해 그들의 믿음은 전도와 제자훈련에서도 진정한 사랑의 행위로 표출되었다.

흔히 간과되고 있지만 여기서 내가 꼭 강조할 부분이 있다. 성경을 믿는 교회들은 진리에 충실할 뿐만 아니라 동료 교회들을 무조건적으로 사랑해야 한다. 믿음의 본질에 대한 교리적 순결을 버리지 않는 상태에서 우리는 교회들 간의 연합과 성경을 믿는 교단들 간의 연합에 힘써야 한다. 전 세계에 흩어져 있는 전체 그리스도의 몸의 머리는 그리스도시다(1:22-23). 따라서 그분을 향한 우리의 충성심은 서로를 향한 실제적이고 가시적인 사랑으로 표출되어야 한다. 진리만 있고 사랑이 없는 교회는 교회가 아니라 거대한 성경 강습반이다. 이런 단체는 파벌을 조장하고, 당파심을 유발하며, 이단처럼 교만과 우월감과 배타적인 태도를 낳는다. 이제 이런 모습은 사라져야 한다. 우리는 성경을 믿는 다른 교회들을 위해 기도해야 하고, 같은 신앙을 가진 사람들과 제휴해야 하며, 다른 배경을 가진 복음적인 교사들로부터 배워야 한다. 다시 말해서 우리도 에베소 교인들을 본받아 "모든 성도"에게 사랑을 보여야 한다.

—1:17-19—

지난번에 당신이 누군가를 위해 간절히 기도했던 때를 떠올려보라. 하나님께 무엇을 구했는가? 상대방을 위해 어떻게 중보했는가? 시련에서 구해달라고 기도했는가? 병을 고쳐달라고 기도했는가? 힘든 재정적 위기를 헤쳐 나가게 해달라고 기도했는가? 취직을 위해 기도했는가?

우리의 전형적인 중보 기도를 17-19절에 나오는 바울의 기도 제목과 비교해보면 웬만한 사람은 부끄러워지지 않을 수 없다. 지금까지 에베소 교인들의 믿음과 사랑을 인해 하나님께 감사하던 바울은 이제 하나님께 몇 가지 구체적인 내용을 간구한다. 이는 우리의 전형적인 기도 제목들과는 다르다. 우리의 기도는 현세적이고 물질주의적인 내용이 주를 이룬다. 하지만 바울이 구한 것은 무엇인가? 그 내용을 잘 보라.

바울의 기도 제목

하나님이 그들에게 지혜와 계시를 주셔서
그분을 친밀하게 알게 해주시도록…

또한 그들의 속사람이 하나님의 조명을
받아 다음 사실을 알게 되도록…

1. 그분의 부르심의 소망
2. 그분의 기업의 영광의 풍성함
3. 신자들에게 베푸신 능력의
   지극히 크심

에베소 교인들은 분명히 하나님을 알았고 그것이 믿음과 사랑으로 입증되었다. 하지만 바울은 하나님을 아는 그들의 지식이 그분의 지혜와 계시를 통해 더욱 깊어지도록 기도했다(1:17). 보다시피 지혜와 계시는 "하나님을 알게 하"기 위한 것이다. 이는 하나님을 친밀하고 깊게 인격적으로 안다는 뜻이다. 해럴드 호너는 이렇게 설명했다.

> 따라서 가장 중요한 것은 하나님에 관한 정보가 아니라 그분을 인격적으로 친밀하게 아는 것이다. 누구나 뉴스 매체를 통해 국가 지도자에 대해 많은 정보를 알 수 있다. 하지만 이것은 그의 가족이 아는 것처럼 그를 인격적으로 아는 것과는 전혀 다르다. 그러므로 하나님을 알려면 성경의 정보도 필요하지만 또한 성령께서 통찰과 깨달음을 주셔서 하나님 자신을 알게 해주셔야 한다.[21]

이런 의미에서 "지혜"란 하나님에 관한 깊은 신학적 진리들을 취하여 일상생활에서 부딪히는 상황에 적용할 수 있는 능력을 말한다. 하나님의 측량할 수 없는 속성-선하심, 은혜, 자비, 전지전능, 무소부재, 사랑, 정의, 진노, 인내 등-을 누리며 살아가는 것이 곧 지혜다. 하나님이 "위로부터" 지혜를 주시면 그것이 "첫째 성결하고 다음에 화평하고 관용하고 양순하며 긍휼과 선한 열매가 가득하고 편견과 거짓이 없"게 표출된다(약 3:17).

다음으로 계시의 영은 핵심을 간파하는 깊은 통찰을 가리킨다. 즉, 하나님이 계시하신 진리들의 의미를 깨닫는 능력이다. 이것이 있으면 삶과 상황을 보시는 그분의 시각을 이해하고, 자연계 이면에 숨어 있는 초자연적 의미를 볼 수 있다. 또 세상을 돌보시는 하나님의 섭리와 우리의 삶 속에서 일하시는 그분의 주권적 손길을 분별할 수 있다.

이렇듯 지혜와 계시를 통해 우리는 하늘 아버지를 더 깊이 알게 된다. 그렇게 되면 우리는 더 이상 삶 속에서 무지하고 무분별하게 상황의 피해자가 되지 않는다. 대신 상황을 속까지 꿰뚫어보게 된다. 세상을 보시는 하나님의 시각을 비로소 깨닫는 것이다. 그 결과는 무엇인가? 우리는 열심을 다하여 하나님의 권위에 복종하고 그분의 약속을 신뢰하게 된다.

지혜와 계시를 통해 하나님을 더 깊이 알게 해달라는 기도와 아울러 바울은 그 지식의 궁극적 결과를 위해서도 기도한다. 그것은 바로 마음의 개안(開眼)이다(1:18). 바울이 말한 "마음의 눈"이란 무슨 뜻인가? 통찰력 있는 한 주석가는 이렇게 설명했다. "성경에서 '마음'

은 감정만이 아니라 사고와 도덕적 판단력의 중추부다. 성령께서 이렇게 내면 깊은 곳에 빛을 비추어주시면 신자는 하나님이 자신에게 허락하신 모든 것을 깨닫게 된다."[22]

구체적으로 바울은 에베소 교인들이 속사람으로 세 가지 사실을 알기 원했다. 이는 그들의 신앙의 핵을 이룬 세 가지 영적 실체다. 그것을 차례대로 하나씩 살펴보자.

첫째, 바울은 에베소 교인들이 **하나님의 부르심의 소망**을 알기 원했다(1:18). 우리는 부르심을 사역의 직분이나 직업에 적용시켜 개인적 차원에서 생각하는 경향이 있다. 그러나 여기서 말하는 부르심의 의미는 훨씬 넓고 모든 그리스도인에게 적용된다. 존 스토트는 이렇게 썼다.

> 하나님은 우리를 그리스도께로 부르셨고 또한 거룩함과 자유와 평안과 고난과 영광으로 부르셨다. 간단히 말해서 우리는 전혀 새로운 삶으로 부름받았다. 그 삶 속에서 우리는 그리스도를 알고 사랑하고 순종하고 섬기며, 그분과 그리고 서로와 교제를 나누고, 현재의 고난을 넘어 장차 계시될 영광을 바라본다.[23]

둘째, 바울은 에베소 교인들이 그분의 **기업의 영광의 풍성함**을 알기 원했다. 이 기업에는 우리가 구원받을 때 하나님이 예수 그리스도의 인격과 사역을 통해 우리에게 주신 모든 것이 포함된다. 앞 단락에서 이미 보았듯이 신자들은 내주하시는 성령을 보증금으로 받았다. 나머지 완불은 재림하실 그리스도를 대면하여 보는 날 우리에게 넘치게 주어질 것이다. 베드로는 여기에 대해 "썩지 않고 더럽지 않고 쇠하지 아니하는 유업을 잇게 하시나니 곧 너희를 위하여 하늘에 간직하신 것이라"(벧전 1:4)고 말했다. 영원한 기업을 향유할 영광의 그날 우리의 모든 인간적 한계, 몸의 질병과 장애, 정서적 짐, 모든 고생과 악조건은 영원히 사라질 것이다.

셋째, 바울은 에베소 교인들이 **하나님의 능력의 지극히 크심**을 알기 원했다. "능력"에 해당하는 헬라어 단어(*dynamis*)는 "뭔가를 할 수 있는 힘"을 뜻한다. 그것만으로는 약간 밋밋해 보이지만 거기에 "지극히 크심"을 뜻하는 헬라어 단어(*hyperballō*)가 보태지면 "상상을 초월하는 능력"이 된다. 하나님의 능력은 우리 힘으로 해낼 수 있는 일과는 완전히 차원이 다르다. 이 능력은 죽은 자를 살리고(2:1-5), 불신을 믿음으로 바꾸며(2:8-9), 전에 악하게 살던 사람들에게 선한 뜻과 행위를 깨닫게 한다(2:10, 빌 2:12-13).

하나님의 능력은 어떻게 우리 삶 속에 그토록 많은 일을 이룰 수 있을까? 그리스도를 죽은 자들 가운데서 다시 살려 하늘에 앉히신 그 동일한 능력이 오늘 신자들 안에서 역사하기 때문이다(1:19). 20-23절에 바울이 그 내용을 설명한다.

—1:20-23—

일부 주석가들은 이 부분을 새로운 문단으로 나누지만, 헬라어 문법상 19절과 20절이 관계대명사로 연결되어 있어 여기서 끊을 수 없다. 20절 서두의 관계대명사는 19절의 "능력"을 선행사로 받는다. 따라서 1장의 마지막 넉 절은 신자들을 향한 그분의 "능력의 지극히 크심"을 입증하는 내용이다. 이 부분은 바울의 강력한 기도의 웅장한 피날레를 이루는데, 자세히 보면 거기에 네 가지 증거가 나온다. 이런 증거에 기초하여 우리는 우리를 그리스도의 형상으로 변화시켜주실 하나님의 능력을 확신할 수 있다. 이 변화는 이생에서 부분적으로 이루어지다가 내세에 완성된다. 이 능력을 우리가 가져다 쓰기만 하면 그것이 얼마든지 우리의 삶을 변화시킬 수 있다.

첫째, 하나님의 지극히 크신 능력은 그리스도를 죽은 자들 가운데서 다시 살리심으로 나타났다(1:20). 흔히 우리는 "그리스도께서 우리 죄를 위하여 죽으시고 부활하셨다"라는 신앙 고백을 속사포처럼 빨리 쏟아낸다. 잠시 멈추어 이 이상한 고백을 생각해보라. 나사렛 예수는 구타와 고문과 결박과 조롱과 부당한 재판을 당하셨고, 가시관을 쓰신 채 십자가에 못질 되어 공중에 매달려 계시다가 끝내 흉부를 창에 찔리기까지 하셨다. 그리고 미라처럼 친친 감겨 무덤에 뉘어졌다. 현대의 모든 소생술을 동원해도 심장 모니터에 삐 소리 한 번 나지 않을 것이다. 하물며 약초와 연고가 고작이던 고대의 의술에 대해서는 더 말해 뭐하겠는가! 그런데 며칠 후에 예수님은 말 그대로 무덤에서 걸어 나오셨다. 건강이 회복되신 정도가 아니라 영화로운 부활의 몸으로 필멸의 상태를 뛰어넘으셨다. 하나님의 능력이 얼마나 놀랍게 예시된 사건인가!

둘째, 하나님의 지극히 크신 능력은 그리스도를 자기의 오른편에 앉히심으로 나타났다(1:20). 부활하신 메시아는 열방에 복음을 전하도록 제자들을 가르치시고 훈련하시는 일을 죽음에서 기적적으로 살아나신 지 40일 후에 다 마치셨다. 그러자 하나님은 제자들이 지켜보는 가운데 그분을 우주에서 가장 높고 영예로운 자리인 당신의 오른편으로 높이셨다(행 1:1-10, 2:33).[24]

창세 전부터 그리스도는 성부 하나님과 동일한 하늘의 영광을 공유하셨다(요 1:1-2, 17:5, 빌 2:6). 그런데 큰 능력과 권위의 자리를 자원하여 내려놓으시고 온전한 인간이 되어 종이자 죄의 제물로 낮아지셨다(요 1:14, 빌 2:7-8). 하지만 이야기는 거기서 끝나지 않는다. 그분이 부활하신 후에 "하나님이 그를 지극히 높여 모든 이름 위에 뛰어난 이름을 주"셨다(빌 2:9). 그분은 온전하고 철저한 인성-이제는 영화로워진 불멸의 인성-을 지니신 채 천국으로 가셔서 다시 높아지셨다. 그리하여 하나님과 사람 사이에 완벽한 중보자가 되셨다(딤전 2:5). 하나님의 장엄한 능력이 얼마나 신기하게 나타난 사례인가!

셋째, 하나님의 지극히 크신 능력은 만물을 그리스도께 복종하게 하심으로 나타났다(1:21-22). 예수님은 지금부터 영원까지 천지를 다스리시는 어마어마한 권세를 받으셨다. 그분의 이런 지위는 오래전 다윗 왕이 시편에 예언한 대로다. "여호와께서 내 주에게 말씀하시기를 내가 네 원수들로 네 발판이 되게 하기까지 너는 내 오른쪽에 앉아 있으라 하셨도다"(시 110:1). 아버지의 오른쪽에 앉으셨다는 말에는 그리스도께서 성육신 이전의 영광의 지위를 되찾으셨다는 의미만 있는 것이 아니라, 온전한 인간이자 다윗의 후손으로서 권위를 갖추셨다는 의미도 있다. 예수 그리스도는 다윗의 왕위에 앉아 통치하도록 예정되신 완전한 인간으로서(눅 1:32) "그의 노하시는 날에 왕들을 쳐서 깨뜨리"시고 "뭇 나라를 심판하"실 것이다(시 110:5-6). 그리스도는 이 땅의 통치자들보다 높아지셨을 뿐 아니라 또한 천사와 귀신을 통틀어 하늘의 모든 권세 위에 앉으셨다(엡 1:21, 6:12). 하나님이 승리하신 우리 구주께 능력을 주신 얼마나 가슴 벅찬 광경인가!

넷째, 하나님의 지극히 크신 능력은 그리스도를 만물 위에 교회의 머리로 주심으로 나타났다(1:22-23). 그리스도는 죄와 사망과 무덤을 이기고 부활하셨다. 이 땅의 유한한 실존을 초월하여 하늘에 오르셨다. 권위의 자리에 앉아 지금부터 영원까지 천지 만물을 다스리신다. 그런데 바울은 하나님이 그리스도를 교회의 머리로 삼으셨다는 사실을 따로 지적한다. 교회는 그분이 지상에서 이루신 사역의 온전한 결정체이자 그분의 신비로운 몸이다. 이 몸을 그분이 통치하시고 목양하시고 인도하신다.

그것이 성령의 세례 사역을 통해 교회에 연합된 신자들에게 가져다주는 놀라운 혜택을 생각해보라(고전 12:12-13)! 우주의 왕위에 앉으신 통치자께서 또한 우리의 형제시며 아버지 앞에서 우리의 중보자시다(롬 8:29, 딤전 2:5, 히 9:15). 이것은 단지 비유적 표현이 아니라 그보다 훨씬 깊은 실체다. 그리스도께서 이루신 일이 그분께 연합된 성도들에게 적용되었다. 마치 그들이 말 그대로 그분 안에 있는 것과 같다. 그래서 바울은 다음 장에 하나님이 신자들을 "그리스도와 함께 살리셨고…또 함께 일으키사 그리스도 예수 안에서 함께 하늘에 앉히시니"(엡 2:5-6)라고 표현했다. 우리가 그리스도의 몸의 지체라면 그분이 이루신 일이 온전히 우리의 것이 되었다. 하나님의 능력이 얼마나 불가해하게 실현된 것인가!

이렇듯 바울은 찬송(1:1-14)과 감사(1:15-16)와 간구(1:17-23)를 통해 심오한 진리들을 파도처럼 연달아 쏟아낸다. 이런 진리들을 다 이해하기는 어렵다. 하나님의 은혜는 워낙 방대하고 우리 삶에 다방면으로 적용되기 때문에 이런 실체들의 깊이와 약속을 이해하려면 평생이 걸려도 모사랄 것이다.

적용
하나님의 능력을 드러내는 삶

우리에게는 무엇에도 비할 수 없는 하나님의 능력이 필요하다. 그것만은 논쟁의 여지가 없는 신학적 진리다. 그런데 수많은 그리스도인들이 자신의 지혜와 통찰과 지식과 힘에 의지하여 살아간다. 성령께서 그리스도를 통해 우리에게 하나님의 능력을 주신다. 그 무한한 능력이 절실히 필요한데도 우리는 그것을 가져다 쓰지 못할 때가 많다. 왜 그럴까? 모든 것의 유일한 참 출처이신 그분과 스스로 단절되기 때문이다.

종종 우리는 하나님의 능력이 필요 없을 만큼 자신이 자랐다는 착각에 빠진다. 이 정도의 힘든 상황쯤이야 내 힘으로 해결할 수 있다고 생각한다! 그동안 쌓인 경험과 기술과 훈련이 있으니 이제 일을 망쳤을 때에만 주님을 불러도 된다는 것이다. 그렇다면 우리는 냉엄한 현실에 눈떠야 한다. 에베소서 1장 15-23절을 바탕으로 우리가 하나님의 능력에 대해 기억해야 할 것은 무엇인가?

첫째, 능력의 가장 큰 증거는 변화임을 기억하라. 자신이 하나님의 능력과 연결되어 있는지 어떻게 아는가? 물질세계에서도 힘은 결과를 낳는다. 무엇이든 운동과 발전과 성장을 보일 때 우리는 거기에 에너지와 기운과 생명이 있음을 안다. 영의 세계도 마찬가지다. 삶 속에 성령의 열매가 나타날 때 우리는 하나님이 역사하고 계심을 안다. 하나님의 능력은 우리 마음속에서 역사하여 우리를 변화시킨다. 이 능력을 더 잘 이해하려면 다음 본문들을 읽어보라. 신자들 안에 변화를 일으키는 능력에 주목하라. 원인은 무엇이고 결과는 무엇인가?

사도행전 1:8 ______________________________

로마서 15:13 ______________________________

디모데후서 1:7 ______________________________

둘째, 하나님의 능력은 우리의 연약함을 통해 가장 잘 드러남을 기억하라. 솔직히 인정하자. 자력으로 이룬 성공은 자신감을 부추기고, 자신감은 교만을 낳고, 교만의 끝은 패망이다. 우리가 더 똑똑하거나 강하거나 운이 좋거나 재주가 뛰어나서 복을 받았다는 말은 거짓말이다. 이 거짓말을 믿기 시작하면 우리는 하나님이 능력을 드러내실 수 있는 조건을 완전히 놓치게 된다. 우리 삶 속에서 일하시는 하나님을 드러내줄 가장 비옥한 땅은 역경이라는 거친 땅이다.

바울도 "육체에 가시"가 있어 고생했다(고후 12:7). 그것이 그를 괴롭히며 기력을 빼놓았다. 하지만 그 가시 때문에 그는 하나님의 능력을 의지하지 않을 수 없었다(12:9). 그 결과 이 은혜의 사도는 자신의 연약함을 자랑했다. 질그릇처럼 깨지고 금이 간 자녀들을 통해 하나님의 영광이 찬란하게 빛날 수 있음을 알았기 때문이다. 우리도 하나님의 능력에 접속되려면 자신의 연약함을 인정해야 한다. 그래야만 그분의 능력이 막힘없이 우리를 통해 흐를 수 있다. 하나님의 능력이 우리의 연약함 속에서 온전해진다는 개념을 더 잘 이해하려면 다음 본문들을 읽어보라. 하나님이 인간의 연약함을 통해 일하실 때 나타나는 결과에 주목하라.

고린도전서 1:26-29 ______________________________

고린도후서 12:9 ______________________________

고린도후서 13:4 ____

우리도 믿음과 사랑으로 행하려면 그 누구도 아닌 하나님에게서 힘을 얻어야 한다. 그분은 예수님을 죽은 자들 가운데서 다시 살려 하늘에 앉히신 분이다. 탁월한 설교자 찰스 해돈 스펄전(Charles Haddon Spurgeon)이 자기 교인들에게 전했던 설교에 이것이 잘 압축되어 있다.

> 사랑하는 형제자매 여러분, 집에 가셔서 절대로 주님께 자신을 강하게 해달라고 구하지 마십시오. 대단한 존재가 되게 해달라고 구하지 마시고 아무것도 아닌 존재로 자족하십시오. 자신의 삶 속에 그분의 능력이 들어설 여지가 있게 해달라고 구하십시오. 그리하여 아무것도 아닌 존재를 통해 하나님이 어떤 일을 하실 수 있는지 당신 곁에 오는 모든 사람이 보게 해달라고 구하십시오…하나님을 영화롭게 하려는 열망, 그 열망을 품고 살아가십시오.[25]

죽었던 너희를…그러나 하나님이(에베소서 2:1-10)

1그는 허물과 죄로 죽었던 너희를 살리셨도다 2그 때에 너희는 그 가운데서 행하여 이 세상 풍조
를 따르고 공중의 권세 잡은 자를 따랐으니 곧 지금 불순종의 아들들 가운데서 역사하는 영이라 3전
에는 우리도 다 그 가운데서 우리 육체의 욕심을 따라 지내며 육체와 마음의 원하는 것을 하여 다른
이들과 같이 본질상 진노의 자녀이었더니 4긍휼이 풍성하신 하나님이 우리를 사랑하신 그 큰 사랑을
인하여 5허물로 죽은 우리를 그리스도와 함께 살리셨고 (너희는 은혜로 구원을 받은 것이라) 6 또 함
께 일으키사 그리스도 예수 안에서 함께 하늘에 앉히시니 7이는 그리스도 예수 안에서 우리에게 자비
하심으로써 그 은혜의 지극히 풍성함을 오는 여러 세대에 나타내려 하심이라 8너희는 그 은혜에 의하
여 믿음으로 말미암아 구원을 받았으니 이것은 너희에게서 난 것이 아니요 하나님의 선물이라 9행위
에서 난 것이 아니니 이는 누구든지 자랑하지 못하게 함이라 10우리는 그가 만드신 바라 그리스도 예
수 안에서 선한 일을 위하여 지으심을 받은 자니 이 일은 하나님이 전에 예비하사 우리로 그 가운데
서 행하게 하려 하심이니라.

여러 해 전에 R. 켄트 휴즈(Kent Hughes) 목사는 고등학생 그룹과 함께 캘리포니아 주

에 있는 휘트니 산 정상에 올랐다. 높이가 4418미터인 그 산은 미국 본토에서 가장 높은 산이다. 시에라네바다 산맥과 그 아래로 펼쳐진 모하비 사막의 멋진 장관을 보며 모두들 기분이 상쾌해졌다. 휴즈는 이렇게 탄성을 질렀다. "희박한 공기는 수정처럼 맑고 호수마다 남색과 옥색으로 빛나니 얼마나 명승지인가. 멀리 눈 닿는 데까지 절경의 연속이다."[26]

모두들 정상에서 세상을 조망하고 있는데 한 학생이 미국의 최저점인 데스밸리가 불과 130킬로미터 거리에 있다는 말을 했다. 생각해보라! 130킬로미터만 가면 4천 미터가 넘는 고산에서 해수면 아래 86미터의 저지대로 내려갈 수 있다. 또는 그늘에서도 기온이 섭씨 57도에 달하는 숨 막히는 곳에서 해가 쨍쨍 날 때도 공기가 상쾌하고 서늘한 곳으로 올라갈 수 있다. 휴즈는 이렇게 말했다. "얼마나 대조적인가! 한 곳은 세상의 정상이고 한 곳은 바닥이다. 한 곳은 사철 서늘하고 한 곳은 살인적으로 덥다. 휘트니 산에서는 삶 전체를 내려다보지만 데스밸리에서는 나머지 세상을 올려다보는 수밖에 없다."[27]

이보다 극적인 대조는 상상하기 어려울 것이다. 하지만 그것이 가능한 하나가 있다. 그것은 물질계가 아니라 영의 세계에 존재한다. 에베소서 2장 1–10절에서 바울이 말하듯 우리 모두는 데스밸리(Death Valley), 즉 "사망의 골짜기"에서 태어났다(2:1–3). 그런데 하나님이 그리스도의 죽음과 부활을 통해 우리의 위치를 영광스럽게 옮겨주셨다(2:4–10). 그리스도는 우리를 죄성이라는 사막에서 구원하여 그분의 의라는 산정으로 높여주셨다!

지금부터 우리는 이 영적 장관을 조망할 것이다. 바울은 구원받기 전의 우리 영혼의 상태를 황량하기 짝이 없는 불모지로 묘사한다. 특히 이것은 현대 문화에 팽배한 "나도 괜찮고 너도 괜찮다"라는 낙관적 철학과 대비된다. 하지만 타락의 음침한 풍경은 그다음에 이어지는 찬란하고 웅대한 풍경으로 충분히 보상되고도 남는다. 그것은 바로 믿음으로 말미암아 은혜로 받은 우리의 구원이다.

이 본문은 에베소서에서 대단히 중요한 부분이다. 본문의 내용을 네 가지 질문으로 개괄할 수 있다.

1. 하나님이 은혜로 개입하시기 전에 우리의 삶은 어떠했는가(2:1–3)?
2. 하나님은 우리를 위해 무엇을 하셨으며 왜 그렇게 하셨는가(2:4–7)?
3. 우리는 어떻게 이 구원을 받을 수 있는가(2:8–9)?

4. 그것이 내 삶에 가져오는 변화는 무엇인가(2:10)?

—2:1-3—

첫 번째 질문("하나님이 은혜로 개입하시기 전에 우리의 삶은 어떠했는가?")에 대한 바울의 답은 간단하다. 우리는 죽어 있었고 예속되어 있었으며 정죄당한 상태였다. 많은 사람들이 에베소서 2장 1-3절을 "전적인 타락" 내지 "영적 죽음"의 교리에 대한 전형적 묘사로 보고 있다. 우리는 겉으로는 멀쩡히 살아 있는 것 같았지만 속으로는 참 생명으로부터 끊어져 있었다. 생명의 근원이신 하나님과 단절되어 있었기 때문이다. 시체가 땅 속에 묻혀 있듯이 우리도 자신의 허물과 죄 속에 묻혀 있었다(2:1). 더러운 정도가 아니라 아예 매장되어 있었다! 2미터 깊이의 지하에 누인 시체처럼 우리도 영적인 무덤에서 스스로 빠져나올 능력이 전혀 없었다.

이렇듯 그리스도 밖에 있던 사람들은 허물과 죄 속에 파묻혀 있었기 때문에 절대로 자기 힘으로는 죄악 된 생활방식에서 헤어날 수 없었다. 사실 구원받지 못한 사람들은 허물과 죄 가운데 "행하여" "공중의 권세 잡은 자"인 사탄의 길을 따랐다(2:2). 이렇게 좀비처럼 사망의 골짜기를 지나면 어디에 이르는가? 악한 영인 사탄에게 더 깊이 예속된다. 사탄은 불순종을 일삼는 자녀들 가운데서 역사하고 있다. 사탄의 능력은 아주 막강해서 사람들에게 진리를 거짓으로, 거짓을 진리로 믿게 만들 수 있다. 그는 세상을 온갖 유혹과 덫으로 가득 채우며, 무력한 피해자들을 압제하는 악한 독재자처럼 자신의 어둠의 나라를 통치한다.

3절에서 바울은 자신까지도 그 부류에 포함시킨다. "전에는 우리도 다 [불순종의 아들들] 가운데서…지내며"(2:3) 우리도 다 그들과 똑같은 본성을 지닌 채 죽은 자들 가운데서 지냈다.

이어 바울은 우리 모두가 한때 경험했던 생활방식을 삼중의 펀치로 묘사한다.

- 우리는 육체의 욕심을 따라 지냈다(정서적 타락).
- 우리는 육체가 원하는 것을 했다(신체적 타락).
- 우리는 마음이 원하는 것을 했다(이성적 타락).

이 셋은 서로 별개의 것이 아니라 전적으로 타락하여 영적으로 죽은 사람들의 인간 조건을 보여주는 세 가지 측면이다.

정서적 타락(2:3). 바울은 우리가 전에 "육체의 욕심"을 따라 지냈다고 했는데, 여기 "욕심"으로 번역된 단어(*epithymia*)는 단순히 "깊은 갈망"을 뜻하는 중립적 단어다(막 4:19, 살전 2:17). 그런데 이 "깊은 갈망"이 육체의 지배를 받게 되면 언제나 우리를 악한 길로 인도한다. 통제되지 않은 갈망과 변덕스런 감정은 그러잖아도 영적 사망 속에 뒹굴고 있는 사람들을 갈수록 더 깊은 정서 불안에 빠뜨린다.

신체적 타락(2:3). 이어 바울이 말하듯이 구원받지 못한 죄인들은 "육체(가)…원하는 것"에 빠져들 수밖에 없다. 여기 "원하는 것"은 헬라어로 "의지"(*thelēma*)에 해당하는 단어다. 즉, 결정을 내리는 기능이다. 잃어진 영혼이 선택의 기로에 서면 대개 영적 우선순위가 아닌 육적 우선순위에 기초하여 결정을 내린다. 그것이 옛 본성의 사고방식이다. 물질만능주의, 신체적 외모, 겉으로 드러나는 멋–이런 것들이 영적 죽음 가운데서 행하는 사람들의 삶을 지배한다.

이성적 타락(2:3). 끝으로 바울은 인간의 이성적 기능인 지적 영역을 언급한다. 불순종의 자녀들은 "마음의"(*dianoia*) 원하는 것에 빠져든다. 그들의 사고 생활은 자기중심성에 지배당할 뿐 아니라 또한 자기기만, 합리화, 혼미함, 불합리한 신념 등에 지배당한다. 왜곡된 사고야말로 하나님께 영적 생명을 받지 못한 사람들의 특징이다.

타락한 인류의 이런 끔직한 상태에 근거하여 바울은 "우리는 다 괜찮다"라는 철학을 믿는 모든 사람에게 치명타를 날린다. 그는 잃어진 사람들의 상태를 요약하면서 그들의 본질과 결과를 강조한다. 그들은 "본질상 진노의 자녀"다(2:3). "본질"(*physis*)이라는 단어를 씀으로써 바울은 "나는 기본적으로 착한 사람이다. 몇 가지 나쁜 습관이 있을 뿐이다"라고 말하는 모든 사람을 논박한다. 또한 "우리는 모두 그 안에 선도 있고 악도 있다"라고 주장하는 사람들을 물리친다. 그리스도를 떠나 있는 모든 인간은 "본질적으로 악하며 스스로 변화될 수 없다."[28] 설상가상으로 우리의 전적으로 타락한 본질은 결국 정죄를 낳는다. 타락한 인간은 "진노의 자녀"다. 태어나는 순간부터 하나님의 진노 아래 있다는 뜻이다(요 3:36, 롬 1:18).

얼마나 비참한 상태인가! 몸과 마음과 사고가 얼마나 엉키고 꼬여 있는가! 그리스도를 떠나 있는 모든 사람의 종착지는 얼마나 두렵고 돌이킬 수 없는 길인가! 바울의 글이 3절에서 끝났다면 우리는 철저한 절망에 버려졌을 것이다. 하지만 사도는 기적 같은 두 단어로 돌연 궤도를 뒤집는다. 성경 전체에서 가장 위대한 단어 중 둘이다.

그러나 하나님이…

그것이 모든 것을 바꾸어놓는다!

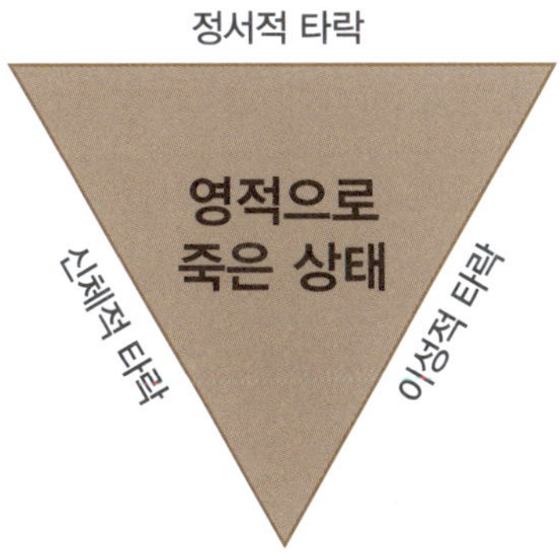

—2:4-7—

바울이 두 번째로 답하는 질문은 "하나님은 우리를 위해 무엇을 하셨으며 왜 그렇게 하셨는가?"이다. 그의 답은 위대한 두 단어로 시작된다. "그러나 하나님이…"(저자가 사용하는 NASB 역본과 헬라어 원문에는 4절 앞에 "그러나"가 있다-역주). 우리는 저주받을 운명이었고 이미 정죄되어 육과 영에 악영향을 입고 있었다. 그런데 우리가 그렇게 끔찍한 상태에 있을 때 하나님이 결정적인 구조 작전을 수행하셨다. 온전한 인성과 온전한 신성을 겸비하신 예수 그리스도를 보내 죄인들을 절망적 곤경으로부터 구원하신 것이다(요 3:16, 갈 4:4-5, 딤전 1:15).

우리는 무지했고 우리의 상태를 털끝만큼도 변화시킬 수 있는 능력과 의지가 없었다. 그렇게 우리가 죄 가운데 죽어 있을 때 하나님이 "우리를 그리스도와 함께 살리셨고…또 함께 일으키사 그리스도 예수 안에서 함께 하늘에 앉히"셨다(2:5-6)! 그러니 이것을 예수 그리스도의 "기쁜 소식"이라 부르는 것은 당연한 일이다! 은혜가 넘친다! 예수께서 죽음에서 부활하시고 하늘로 높여지신 일이 하나님의 역사로 말미암아 우리의 것이 되었다. 우리는 더 이상 죽어 있고 정죄당한 존재가 아니다! 이제 우리는 살아 있고 복된 존재다! 이것이 흔히 말하는 "거듭난" 상태다. 즉, 하나님 보시기에 살아 있고 영적으로 그리스도와 연합된 상태다(요 3:3,7, 벧전 1:3,23). 이제 신자들 안에 성령께서 내주하신다. 우리가 영적으로 죽어 있을 때에는 믿음과 삶으로 하나님을 기쁘시게 하는 게 불가능했다. 그런데 이제는 성령께서 우리에게 그렇게 할 수 있는 의지와 능력을 주신다(빌 2:12-13).

보다시피 바울은 신자의 새로운 지위를 예수께서 하신 일, 즉 그분의 죽음과 부활과 높아지심과 직결시킨다. 사실 바울은 에베소서 1장 20–23절에 그리스도의 지위에 대해서 했던 말을 2장 4–6절에 영적인 의미에서 신자들에게 적용한다. 그리스도는 죄에 대하여 죽으셨고, 부활하여 의를 이루셨고, 하나님의 오른편으로 높아지셨다. 그런데 이제 그것이 고스란히 신자에게 전가된다. 구주 예수 그리스도께 적용되듯이 거듭난 그리스도인에게도 온전히 적용되는 것으로 간주된다. 이 전가는 단지 이론적인 것만은 아니다. 그것은 또한 "오는 여러 세대"의 어느 한 날을 내다보고 있다. 그날 모든 그리스도인은 그리스도처럼 부활의 몸을 받을 것이다(2:7).

찰스 웨슬리(Charles Wesley)의 놀라운 찬송 '어찌 날 위함이온지'에 하나님이 기적처럼 이루신 영적 부활이 생생히 묘사되어 있다.

> 어두운 죄의 본성에 묶여
> 평생을 갇혀 있던 내 영혼
> 주가 비추신 소생의 광선
> 나를 깨우고 옥을 밝히니
> 사슬이 풀려 해방된 내 마음
> 일어나 나아가 주를 따랐네.[29]

신자들은 그리스도와 함께 살리심을 받았다(2:5). 우리는 더 이상 영적으로 죽어 있지 않다. 영적으로 부활하여 사망에서 생명으로 옮겨졌다(요 5:24, 골 2:13–14). 하나님은 또한 우리를 그리스도와 함께 일으키셔서 하늘에 앉히셨다(2:6). 우리는 장차 부활하여 영화롭게 될 날을 내다보며, 이미 지금부터 성령의 역사하심을 통해 의의 새로운 삶을 살 수 있다(빌 3:20, 골 2:12). 그야말로 사슬이 풀리고 마음이 해방된 것이다! 바울은 우리가 가진 현재의 지위와 장차 그리스도 안에서 온전하게 될 일을 어찌나 확신했던지 그 실체를 아예 과거의 사건으로 기술했다(2:5).

이렇게 사망에서 생명으로 돌연 기적적으로 옮겨진 일에서 질문의 두 번째 부분이 제기된다. 하나님은 왜 그렇게 하셨는가? 죄에 물들고 반항하여 죽어 있고 정죄당한 사람들을 왜 그분은 굳이 힘들여 구하셨는가? 분명히 이는 우리 자신의 공로나 자격이나 행위나 숨은 잠재력 따위와는 아무런 관계가 없다. "왜 그렇게 하셨는가?"라는 질문에 답하려면 "그 분이 어떤 분이신가?"라는 질문에 답해야 한다.

4절 첫머리에 하나님은 "긍휼이 풍성하신" 분으로 묘사된다(2:4). 주님의 넘치는 "큰 사랑"이 우리를 향한 주도적 구원으로 나타났다. 그분은 성품이 자비하셔서 공의의 손을 거두시고 은혜의 손을 내미셨다. 덕분에 우리는 마땅히 당할 결과를 당하지 않고 오히려 받을 자격이 없는 것을 받았다. 은혜란 자격과 공로가 없는 사람에게 하나님이 무조건적으로 베푸시는 호의다. 보다시피 괄호 안의 설명은 구조 작전 전체를 올바른 신학적 관점으로 보게 해준다. "너희는 은혜로 구원을 받은 것이라"(2:5). 바울은 부활과 하늘로 높여짐 사이에서 자연스런 사고의 흐름을 끊고 이 말을 넣어 명토를 박았다. 구원이 조금도 우리 자신에게서 난 것이 아님을 상기시킨 것이다. 구원은 오직 전능자 하나님의 자비롭고 은혜롭고 선하신 사랑의 손에서 온 것이다(2:7).

우리는 형벌을 받아 마땅했으나 은혜로 그분이 우리를 용서해주셨다.
우리는 죄의 결과를 당해 마땅했으나 은혜로 그분이 우리에게 자비를 베푸셨다.
우리는 진노를 당해 마땅했으나 은혜로 그분이 우리를 건져주셨다.
우리는 지옥에 가 마땅했으나 은혜로 그분이 우리를 천국에 들이셨다.
우리는 불행해져 마땅했으나 은혜로 그분이 우리에게 소망을 주셨다.
우리는 죄책감과 수치심에 시달려 마땅했으나 은혜로 그분이 우리에게 영광과 존귀를 주셨다.
우리는 저주받아 마땅했으나 은혜로 그분이 우리를 구원해주셨다.

그 밖에도 소극적 구원(우리는 이런 것들로부터 구원받았다)과 적극적 구원(우리는 이런 것들을 위해 구원받았다)을 일일이 꼽으며 기뻐하자면 얼마든지 많이 있다. 이 모두가 처음부터 끝까지 오직 하나님의 불가항력적인 은혜로 된 일이다.

묵상의 서재

그건 내 일이 아니다!

사역 초기에 나는 복음에 대한 사람들의 반응에 병적이리만치 주체할 수 없는 책임을 느낀 적이 있다. 설득과 납득과 강요를 통해서라도 어떻게든 내가 나서서 결과를 끌어내야 할 것 같았다. 온갖 변증의 답변으로 무장하여, 비신자들이 내놓을 수 있는 모든 회의적 질문에 응해야 할 것 같았다. 허를 찔리거나 반론에 부딪힐 때마다 그에 대처할 준비가 되어 있어야 했다. 그런 것들로도 통하지 않으면 나는 사람들의 삶을 비참하게 만들어야 했다. 지옥으로 위협하든 천국으로 회유하든 방법을 가리지 않았다. 그래도 그들이 내 촘촘한 전도의 그물을 빠져나가면 나는 자책에 빠졌다. 내 전략을 되짚어보며 내가 잘못한 대목을 찾아냈고, 말이나 행동을 더 잘할 수 있었던 부분을 파악했고, 다음 기회를 위해 새로운 전략을 짰다. 그 바람에 늘 좌절과 탈진의 중간에서 헤어나지 못했다.

아뿔싸! 종종 나는 사람들에게 부담스런 존재가 되었다! 솔직히 내 열정은 훌륭했고 목표도 가상했다. 하지만 내 동기에는 균형 잡힌 교리적 지식이 턱없이 모자랐다.

차차 나는 성경을 통해 하나님의 주권적 은혜에 대해 배웠고, 성령께서 죄를 깨우쳐주셔서 "산송장"을 영적으로 부활하게 하시는 사역에 대해 배웠다. 그러면서 그리스도 안의 거듭남에 대해 중대한 사실을 깨달았다. 그건 내 일이 아닌 것이다! 복음을 선포하고, 사랑으로 진리를 나누고, 말씀을 전하고, 때를 얻든지 못 얻든지 늘 준비되어 있고, 그리스도를 소개하고, 나의 간증을 들려주고, 비신자들에게 그리스도를 구주로 영접하도록 권하는 것-그것은 내 책임이다. 하지만 내 책임은 거기서 끝난다. 그때부터 나는 뒤로 물러나 이렇게 아뢰어야 한다. "주님, 이제 주님이 하실 일만 남았습니다." (솔직히 머릿속으로 "저 사람에게 된통 맛을 보여주십시오"라고 덧붙일 수도 있다!)

내가 시간이 걸려서야 배운 전도에 대한 중요한 진리가 있다. 내 어쭙잖은 설득력은 금방 소진되지만 하나님은 호적수를 만나신 적이 없다. 제멋대로 사는 당신의 친구를 위해 그냥 계속 기도하라. 빗나간 자녀를 하나님께 의탁하라. 당신보다 그분이 무한히 더 그들을 잘 아시고 돌보신다. 끄떡도 하지 않는 직장 동료에게 늘 사랑으로 소통의 길을 열어두라. 하지만 결코 잊지 말라. 결국 모든 일은 하나님의 손안에 있다. 그분 없이는 아무리 달변으로 복음을 제시하거나 아무리 감동적인 간증을 한다 해도 소귀에 경 읽기가 되고 말 것이다.

내가 이렇게 말할 수 있는 이유를 아는가? 내가 전도에 탈진해서가 아니다. 거부당할 것이 두려워서도 아니다. 복음을 전하려는 열정을 잃어서도 아니다. 아니, 내가 구원받지 못한 친구들과 사랑하는 이들을 하나님께 의탁할 수 있는 이유는 예수께서 "나를 보내신 아버지께서 이끌지 아니하시면 아무도 내게 올 수 없으니"(요 6:44)라고 말씀하셨기 때문이다. 바울도 "깨닫는 자도 없고 하나님을 찾는 자도 없"다고 분명히 말했다(롬 3:11).

그러므로 내가 아무리 밀고 당기고 재촉하고 찌르고 조르고 조종하고 귀찮게 굴지라도 영적으로 죽은 사람들이 그리스도께 손톱만큼도 더 가까워지지 않는다. 그건 내 일이 아니다! 오직 하나님 아버지만이 주권적 은혜로 성령의 깨우치시는 사역을 통해 한 영혼을 아들 예수께로 이끄실 수 있다. 성령께서 그분의 뜻을 이루시는 데 내 삶과 말을 사용하실 수는 있지만 심령을 변화시키는 일은 오직 그분의 몫이다. 따라서 모든 영광도 그분의 몫이다.

—2:8-9—

바울은 이어 독자들에게 한 가지 중요한 질문에 답해준다. 우리는 어떻게 구원을 받을 수 있는가(2:8-9)? 지금까지 바울은 어둠과 빛, 저주와 구원, 죽음과 부활 등의 극명한 대비를 생생히 묘사했다. 이제 그는 이 비할 나위 없는 새 생명의 선물을 받는 방편을 설명한다. 이 두 구절은 성경 전체에서 믿음으로 말미암아 은혜로 받는 구원을 가장 명확히 기술한 본문 중 하나다.

바울의 설명은 같은 말의 반복으로 시작된다. 그는 5절 괄호 안의 삽입구를 (원문에) 한 글자도 틀리지 않게 그대로 되풀이한다. "너희는 그 은혜에 의하여…구원을 받았으니." 은혜는 하나님이 우리를 위하여 행하신 모든 일의 기초다. 아버지께서 창세 전에 그리스도 안에서 우리를 택하신 것도 은혜다(1:5-6). 그리스도의 피를 단번에 값으로 치러 영원한 속량을 이루신 것도 은혜다. 그분은 이 땅에 오셔서 우리 죄를 사하시려고 죽으셨다(1:7). 이 용서와 구원을 우리가 받는 것도 은혜다. 인간의 모든 공로를 떠나 오직 은혜로 되는 일이다(2:8-9).

구원의 객관적 기초는 은혜이지만 바울은 이 은혜를 받는 주관적 방편도 언급한다. 똑같이 중요한 그 방편이란 바로 믿음이다. 우리는 은혜에 의하여 구원받지만 이 은혜는 믿음으로 말미암아 우리에게 적용된다. 믿음이란 단순히 대상을 신뢰하거나 의지하거나 의존한다는 뜻이다. 영원한 구원의 맥락에서 믿음이란 하나님이 하신 말씀이 사실임을 받아들이고 약속대로 구원의 선물을 주실 그분을 신뢰하는 것이다. 물론 구원에 이르는 믿음은 무턱대고 아무거나 믿는 것은 아니다. 성경적 믿음은 언제나 구체적인 내용이 있다. 우리는 정확한 사실을 알아야 할 뿐 아니라 진리를 인격적으로 받아들여야 한다. 바울은 복음의 진리를 고린도전서 15장 1-5절에 가잘 잘 요약해놓았다.

> 형제들아 내가 너희에게 전한 복음을 너희에게 알게 하노니 이는 너희가 받은 것이요 또 그 가운데 선 것이라 너희가 만일 내가 전한 그 말을 굳게 지키고 헛되이 믿지 아니하였으면 그로 말미암아 구원을 받으리라 내가 받은 것을 먼저 너희에게 전하였노니 이는 성경대로 그리스도께서 우리 죄를 위하여 죽으시고 장사 지낸 바 되셨다

가 성경대로 사흘 만에 다시 살아나사 게바에게 보이시고 후에 열두 제자에게와.

구원의 은혜를 받으려면 하나님이 우리의 먼눈을 뜨게 하셔서 이 복음을 보게 하셔야 한다. 그래야 우리가 복음의 내용을 깨닫고 모든 믿는 자에게 주시는 용서의 약속을 받아들일 수 있다. 우리 마음에서 죽음의 휘장이 걷히면 생각 속에 빛이 비쳐들고, 그래서 그리스도께서 우리 죄를 위해 죽으시고 죽음에서 부활하신 사실이 믿어진다. 그러므로 일체의 행위를 떠나 이 믿음만이 아버지와의 영원한 관계로 들어가는 유일한 방편이다. 그 관계는 우리를 중생시키시는(생명을 주시는) 성령의 사역을 통해 아들 예수 그리스도로 말미암아 이루어진다.

혼란의 가능성을 일소하고자 바울은 행위로 어떻게든 구원에 기여하거나 공을 쌓을 수 있다는 생각을 싹조차 잘라내버린다. "이것은 너희에게서 난 것이 아니요 하나님의 선물이라"(2:8)는 말의 "이것"이 무엇을 가리키는지 주석가들 사이에 많은 논쟁이 있었다. 이 단어가 "믿음"을 가리킨다고 보는 사람들도 있다. 믿음 자체를 하나님이 주시는 선물로 보는 것이다. 반면에 바울이 여기서 지칭하는 선물이 "은혜"라고 보는 사람들도 있다.[30] 하지만 헬라어 원문을 보면 두 가지 입장 모두 심각한 문법적 문제에 부딪힌다. "믿음"과 "은혜"는 둘 다 여성명사인 반면 8절의 "이것"은 중성대명사다. 헬라어의 대명사는 그것이 지시하는 명사와 성이 일치해야 한다. 결국 "이것이 너희에게서 난 것이 아니요"의 "이것"이 지시하는 명사는 본문에 하나도 없다.

신약학자 해럴드 호너가 이 문제를 풀었다. 그는 이 대명사가 "바로 앞부분인 2장 4절부터 8절 상반절까지, 더 구체적으로 8절 상반절을 지칭한다"고 보았다.[31] 즉, 구원 전체가 몽땅 "너희에게서 난 것이 아니요 하나님의 선물"이라는 것이다(2:8). 바울은 "너희에게서 난 것이 아니요"라는 말의 뜻을 부연해서 밝힌다. 구원의 선물은 "행위에서 난 것이 아니니 이는 누구든지 자랑하지 못하게 함"이다(2:9). 간단히 말해서 우리의 구원은 하나님이 주도하시고 완수하셨다. 따라서 모든 영광도 그분이 받으신다. 반면에 우리는 전혀 구원에 착수하거나 기여할 수 없다. 따라서 어떤 공로도 취할 수 없다.

—2:10—

끝으로 바울은 이 부분을—또한 편지의 첫 단락 전체를—다음과 같은 실제적 질문으로 끝맺는다. "그것이 내 삶에 가져오는 변화는 무엇인가?" 이 문제가 다루어진 에베소서 2장 10절은 흔히 간과되는 구절이다. 우리는 하나님이 "만드신 바"다. 다시 말해서 우리는 그분의 걸작이다. 하지만 그냥 박물관의 전시실을 장식하는 조각이나 그림과 달리 우리는 행동하도록 되어 있다. 하나님은 우리가 행할 선한 일을 "전에 예비"하셨다. 우리가 태어나기도 전부터 계획해두셨다. 우리의 삶을 향한 그분의 계획은 우리가 복음의 메시지를 믿는 순간 끝나는 게 아니다. 행위를 떠나 "은혜에 의하여 믿음으로 말미암아" 영원한 구원을 받는 게 끝이 아니다. 구원의 경험은 "그리스도 예수 안에서"(2:10) 새로운 피조물로서 우리가 그리스도인의 삶을 시작하는 출발점에 불과할 뿐이다.

그러므로 2장 10절에 언급된 "선한 일"은 구원을 얻어내는 것과 전혀 무관하다. 이미 9절에서 바울은 그런 가능성을 명확히 배제했다. 우리의 구원이 "행위에서 난 것"이 아님을 강조했다. 9절의 "행위"와 10절의 "일"은 원문에 같은 단어로 쓰였다. 그러므로 차이는 행위 자체가 아니라 행위의 출처와 목적이다. 9절의 행위는 우리 자신에게서 난 것이며(8절 참고), 구원받기 전에 우리 자신의 힘으로 하는 일이다. 스스로 구원하거나 적어도 하나님의 은혜에 뭔가 보태려는 분명한 목적으로 말이다. 물론 그것은 불가능한 일이다. 반면에 10절의 선한 일은 이미 그리스도를 믿어 거듭난 신자들이 하는 행위다. 이제 우리는 성령의 능력으로 하나님을 기쁘시게 하는 일을 할 수 있다(빌 2:13).

이 모두는 처음부터 끝까지 하나님이 하신 일이므로 모든 공로는 그분의 몫이다. 안타깝게도 수많은 그리스도인들이 구원의 공로를 자신도 나누어 가지려 한다. 그들은 하나님이 값없이 구원을 제시하시긴 하지만, 우리 쪽에서 주도적으로 나서서 우리 힘으로 믿어야 한다고 생각한다. 또는 기도, 회개, 세례, 교회 등록 등의 행위를 통해 그것을 받아들여야 한다고 믿는다. 또는 일단 구원받았어도 계속 기준에 부합하는 행위로 구원을 지켜야 한다고 믿는다. 이런 접근은 인간의 노력을 떠받드는 세상의 풍조를 닮은 것이다. 이런 사고는 다음과 같은 진리를 물리친다. 우리 스스로는 구제 불능이므로 우리의 그런 상태에도 불구하고 능히 우리를 구원하실 구주가 필요하다는 사실이다.

결국 우리는 자신이 구원받을 자격이 있다든지 구원에 기여하거나 협력할 수 있다는 생각을 완전히 버려야 한다. 그렇지 않고서는 그리스도께서 우리를 위해 이루신 일과 지금도 우리 안에서 행하고 계신 일의 진가를 결코 제대로 알 수 없다. 우리는 하나님이 만드셨다. 그분이 직접 손으로 빚으신 명작이다. 아름다운 예술작품이 예술가의 솜씨를 증언해주듯이 사람들도 우리의 선행을 보고 우리 주 하나님께 영광을 돌려야 한다. 우리를 구원하신 그분이 신자들 안에서 행하시는 일이 결국 우리의 선행으로 나타나기 때문이다. 요컨대 신자들은 그리스도를 통해 새 생명을 얻었으므로 성령을 통해 새로운 삶을 살아야 한다.

주

1. Francis Bacon, *The Essays or Counsels Civil and Moral,* 4판(London: Routledge, 1887), 11-12. (『베이컨 수상록』 범우사)
2. 다음 책을 참고하라. John Pollock, *The Apostle: A Life of Paul*(Wheaton, IL: Victor, 1985), 14-15. (『사도 바울』 홍성사)
3. 같은 책, 15-16.
4. James Montgomery Boice, *Ephesians: An Expositional Commentary*(Grand Rapids: Baker, 1997), 5. (『제임스 몽고메리 보이스 에베소서 1-2』 비전북출판사)
5. Harold W. Hoehner, *Ephesians: An Exegetical Commentary*(Grand Rapids: Baker, 2002), 173.
6. Boice, *Ephesians,* 6.
7. John R. W. Stott, *The Message of Ephesians: God's New Society,* The Bible Speaks Today(Downers Grove, IL: InterVarsity Press, 1979), 22-23. (『에베소서 강해: 하나님의 새로운 사회』 IVP)
8. 다음 책을 참조하라. Hoehner, *Ephesians,* 144-48.
9. 에베소서 6:21-22. 참고 사도행전 20:4, 디모데후서 4:12, 디도서 3:12.
10. 로마서 1:7, 고린도전서 1:3, 고린도후서 1:2, 갈라디아서 1:3, 빌립보서 1:2, 데살로니가전서 1:1, 데살로니가후서 1:2, 디모데전서 1:2, 디모데후서 1:2, 디도서 1:4, 빌레몬서 1:3 등에 나오는 비슷한 인사말을 참조하라.
11. Walter Bauer, *Greek-English Lexicon of the New Testament and Other Early Christian Literature,* Frederick W. Danker 개정 편집, 3판(Chicago: Univ. of Chicago Press, 2000), 408.
12. Thomas Ken, "Doxology," *The Hymnal for Worship and Celebration*(Waco, TX: Word Music, 1986), no. 625. (『우리말 찬송가』 1장)
13. Warren Wiersbe, *Be Rich: Are You Losing the Things That Money Can't Buy?*(Colorado Springs, CO: Victor, 1976), 13-14.
14. Stott, *The Message of Ephesians,* 39.
15. 갈라디아서 4장 6절에 대한 주해를 참조하라.
16. Johannes E. Louw & Eugene A. Nida 편집, *Greek-English Lexicon of the New Testament Based*

on Semantic Domains, 제1권, *Intorduction and Domains,* 2판(New York: United Bible Societies, 1988), §6.55.

17. 같은 책, §6.54.
18. Hoehner, *Ephesians,* 241.
19. Johnson Oatman Jr., "Count Your Blessing," *The Hymnal for Worship and Celebration,* 562. (『우리말 찬송가』 489장)
20. 다음 책을 참조하라. Hoehner, *Ephesians,* 247.
21. 같은 책, 259.
22. A. Skevington Wood, "Ephesians," *The Expositor's Bicle Commentary,* Frank E. Gaebelein 편집(Grand Rapids: Zondervan, 1978), 11:30.
23. Stott, *The Message of Ephesians,* 56.
24. 성부 하나님은 영이시라 물리적 몸이 없으시다(요 4:24, 딤전 1:17). 따라서 그리스도께서 하나님의 "오른편"에 앉으셨다는 물리적 이미지는 그리스도께서 만유의 지정된 상속자로서 최고의 권위를 얻으셨다는 뜻으로 이해하는 게 가장 타당할 것이다(시 110:1 참고). 다음 책을 참고하라. Wood, "Ephesians," 30.
25. Charles Haddon Spurgeon, *The Treasury of the Bible*(Grand Rapids: Zondervan, 1968), 7:276–77. (『스펄전 설교 전집』 크리스챤다이제스트사)
26. R. Kent Hughes, *Ephesians: The Mystery of the Body of Christ,* Preaching the Word(Wheaton, IL: Crossway, 1990), 65.
27. 같은 책, 65.
28. "Doctrinal Statement of Dallas Theological Seminary," Article 4.
29. Charles Wesley, "And Can It Be?" *The Hymnal for Worship and Celebration,* no. 203.
30. 다음 책에 소개된 견해들을 참조하라. Hoehner, *Ephesians,* 342.
31. 같은 책, 343.

화해와 평안:

하나님이 베푸신 은혜의 결과

에베소서 2:11–3:21

우리는 걷거나 말하기도 전부터 보편적 인과법칙을 배우기 시작한다. 우리가 울면 엄마가 먹을 것을 준다. 단추를 누르면 상자에서 인형이 튀어나온다. 여동생을 때리면 벌을 받는다. 학교 성적이 좋으면 상을 받는다. 결국 우리는 이 직관적 원리를 세련되게 표현할 줄도 알게 된다. "모든 작용에는 그에 상응하는 반작용이 따른다." 날마다 인과법칙이 물리적 우주 전체를 지배한다.

신학에서도 마찬가지다. 하나님이 구속(救贖) 계획에 따라 행하시는 모든 일은 일정한 결과를 이루어낸다. 에베소서 1장 1절-2장 10절에 기술된 하나님의 주권적 은혜에는 능하신 구속의 행위들이 포함된다. 나사렛 예수는 인류의 죄를 위해 죽으셨고 기적적으로 무덤에서 몸으로 부활하셨다. 구원에 필요한 일을 다 이루신 그분은 하늘로 올라가 하나님의 오른편에 앉으셨다. 신자들은 오직 믿음으로 말미암아 하나님의 은혜로 그리스의 죽음과 부활에 연합한다. 영적 중생을 경험한 우리는 이제 하나님의 능력으로 그분을 기쁘시게 하는 삶을 살아간다(2:8-10). 이런 중요한 진리들이 기독교 신앙의 견고한 기초를 이룬다.

계속해서 바울은 삼위일체 하나님의 이런 기초적인 구원 사역들의 "인과관계"를 설명한다. 그래서 이번 단락에 하나님이 베푸신 은혜의 더 많은 결과가 나온다. 이런 결과는 워낙 심오해서 하나님의 구속 계획에 신기원적 변화를 가져온다. 구약과 신약의 차이만큼이나 현저한 변화다.

에베소서의 두 번째 단락에 나는 "화해와 평안: 하나님이 베푸신 은혜의 결과"라는 제목을 붙였다. 여기에서 바울은 죄인들과 의로우신 하나님 사이에는 물론 유대인과 이방인 사이에 이루어진 화해를 설명한다(2:11-20). 이 화해의 결과는 평안이다. 평안은 새로 구성된 그리스도의 몸인 교회 안에 이루어진다(2:15-16). 구약에서는 이 교회 시대가 암시와 은유를 통해 신비롭게 예견되기만 했으나 신약에 와서는 사도들과 선지자들을 통해 온전이 계시되었다(3:1-13). 결국 바울은 이런 놀랍고 감격스런 진리에 못 이겨 하나님께 기쁨의 기도와 찬송을 올린다(3:14-21).

이런 진리들이 당신과 나에게도 동일한 결과를 가져다주기를 바란다.

핵심 용어

δόξα [*doxa*, 독사] *(1391)* '영광, 영예'

구약의 헬라어 역본에서 하나님의 영광은 대개 그분의 거룩하고 의롭고 초월적인 실재를 물리적으로 나타내주었다(출 16:7). 선지자 이사야는 하나님의 영광이 온 땅에 충만한 환상을 보았다(사 6:3). 즉, 그분의 장엄한 속성들이 그분의 위대한 창조세계 속에 그대로 드러난 것이다. 바울에게 하나님의 영광은 만유의 궁극적 목표이자 귀착점이다(엡 3:21). 하나님의 영광에는 그분의 수려함과 명성도 포함된다. 어느 대왕이 자기 나라의 윤택함을 만방에 알리는 것과 마찬가지다.

ξένοι καὶ πάροικοι [*xenoi kai paroikoi*, 크세노이 카이 파로이코이] *(3581, 3941)* '외인들과 나그네들'

짝을 이룬 이 두 단어는 그리스도 안에서 구원받기 전에 하나님과 분리되어 있던 이방인들을 지칭한다. 나와 다른 사람들을 두려워한다는 뜻의 영어 단어 xenophobic이 *xenoi*라는 단어에서 왔다. 두 번째 단어 *paroikoi*는 시민권이 없는 사람, 외국인, 친척이 아닌 사람을 가리킨다. 두 단어가 함께 쓰여 전에 불신의 삶을 살 때 배제되어 있던 이방인들의 상태를 강조해준다.

벽을 허물고 성전을 지으심(에베소서 2:11–22)

11그러므로 생각하라 너희는 그 때에 육체로는 이방인이요 손으로 육체에 행한 할례를 받은 무리
라 칭하는 자들로부터 할례를 받지 않은 무리라 칭함을 받는 자들이라 12그 때에 너희는 그리스도 밖
에 있었고 이스라엘 나라 밖의 사람이라 약속의 언약들에 대하여는 외인이요 세상에서 소망이 없고
하나님도 없는 자이더니 13이제는 전에 멀리 있던 너희가 그리스도 예수 안에서 그리스도의 피로 가
까워졌느니라 14그는 우리의 화평이신지라 둘로 하나를 만드사 원수 된 것 곧 중간에 막힌 담을 자기
육체로 허시고 15법조문으로 된 계명의 율법을 폐하셨으니 이는 이 둘로 자기 안에서 한 새 사람을 지
어 화평하게 하시고 16또 십자가로 이 둘을 한 몸으로 하나님과 화목하게 하려 하심이라 원수 된 것을
십자가로 소멸하시고 17또 오셔서 먼 데 있는 너희에게 평안을 전하시고 가까운 데 있는 자들에게 평
안을 전하셨으니 18이는 그로 말미암아 우리 둘이 한 성령 안에서 아버지께 나아감을 얻게 하려 하심
이라 19그러므로 이제부터 너희는 외인도 아니요 나그네도 아니요 오직 성도들과 동일한 시민이요 하
나님의 권속이라 20너희는 사도들과 선지자들의 터 위에 세우심을 입은 자라 그리스도 예수께서 친히
모퉁잇돌이 되셨느니라 21그의 안에서 건물마다 서로 연결하여 주 안에서 성전이 되어 가고 22너희도
성령 안에서 하나님이 거하실 처소가 되기 위하여 그리스도 예수 안에서 함께 지어져 가느니라.

거의 반세기 동안 철의 장막은 유럽을 동서로 갈라놓았다. 이 분리는 물리적이고 정치적이고 영적인 것이었다. 물리적으로는 북으로 발트 해로부터 남으로 아드리아 해에 이르기까지 중무장 지대가 꼴사납고 우툴두툴한 흉터처럼 대륙을 갈랐다. 정치적으로는 공산주의 동유럽과 자본주의 서유럽이 나뉘었다. 이 분열의 전형은 베를린을 동서로 나눈 악명 높은 베를린 장벽이었다. 영적으로 철의 장막은 겉보기에 난공불락의 장벽처럼 복음을 막았다. 공산주의 무신론 국가들에 기독교의 영향력이 침투하지 못하게 한 것이다.

1945년부터 1989년까지 철의 장막은 가족과 친구와 나라와 언어를 갈라놓고, 적의와 증오와 불신과 두려움을 낳았다. 그런데 1989년에 작은 기적이 일어났다. 미국의 로널드 레이건 대통령이 베를린 장벽 앞에 서서 소련의 정상 미하일 고르바초프에게 "이 벽을 허묾시다"라고 도전한 지 불과 2년 만에 동서 베를린 시민들이 정부의 허락 아래 장벽을 헐었다. 분열되어 있던 민족이 다시 만난 것이다. 기쁨의 눈물과 축제의 나날 속에서 철의 장막이 걷히고 현대 유럽 역사에 새 시대가 열렸다.

베를린 장벽의 붕괴는 그것을 지켜본 이들에게 평생 잊지 못할 기억으로 새겨졌다. 하지만 이 역사적 사건도 예수 그리스도께서 또 다른 벽을 허무신 신기원적 순간에는 비할 바가 못 된다. 수십 세기 동안 인류를 갈라놓았던 이 벽은 본래 하나님의 유대 민족을 도덕적, 영적 타락으로부터 보호하기 위한 것이었다. 그들이 열방 앞에 하나님을 대변해야 했기 때문이다. 그런데 그것이 금세 이방인들을 소외시키는 장벽으로 변하고 말았다. 이방인들도 유대 나라를 통해 하나님의 복을 받도록 되어 있었는데도 말이다(창 26:4). 모세 율법과 제사 제도는 유대인들이 거룩하게 살도록 하나님이 정해주신 길이었다. 반면에 이방인들은 문 밖에 서 있었고, 약속에 대해서는 나그네였으며, 언약에 대해서는 외인이었고, 하나님을 알지 못하도록 버림받고 낙담해 있었다. 그러나 이제 이 모든 것에 변화가 찾아왔다. 그리스도께서 담을 허시고(엡 2:14) 새 성전을 짓기 시작하신 것이다(2:21-22).

에베소서 첫 단락에서 바울은 우리의 옛 생활과 현재의 삶을 날카롭게 내조했다. 믿지 않을 때 우리는 허물과 죄로 죽어 있었지만(엡 2:1) 이제 그리스도와 함께 살리심을 받았다(2:4-5). 이번에는 바울이 이방인과 유대인을 대비한다. 그가 생생히 묘사하고 있듯이 한때는 심연의 간극이 그들을 갈라놓았지만, 예수 그리스도께서 이미 이루신 일이 양쪽을 잇는 다리가 되었다. 바울의 말대로 이 절대적 평등이라는 새로운 기초 위에 새로운 성전인 교회가 지어진다.

이번 단락을 간략히 개괄하면 다음과 같다. 이 개괄을 뼈대로 하여 우리는 장벽의 해체 현장과 신축 사업을 둘러볼 것이다.

그들의 공통된 곤경(2:11-12)

그들의 공통된 해법(2:13-16)

그들의 공통된 부르심(2:17-19)

그들의 공통된 처소(2:20-22)

2:11-12

우선 바울은 "할례를 받지 않은 무리"가 처한 **공통된 곤경**을 묘사한다. 모든 이방인은 예수 그리스도께로 회심하기 전에 할례를 받지 않은 상태였다. 적어도 "할례를 받은 무리"의 관점에서 볼 때는 그랬다. 할례를 받은 무리란 몸에 옛 언약의 물리적 표식을 받은 유대인들을 말한다. 십자가를 통해 화해가 이루어지기 전에 이방인들의 삶이 어땠는지 11-12절에 나와 있다. 이전에 이방인들이 하나님 및 그분의 약속들과 어떤 관계였는지 바울의 표현을 잘 보라. 그들은 그리스도 밖에 있었고, 나라 밖의 사람이었고, 외인이었고, 소망이 없었고, 하나님이 없었다. 이방인 독자들이 구원받기 전에 경험한 소외를 바울은 그렇게 다섯 가지로 풀어낸다.

그리스도가 없었다. 1세기의 이방인들은 메시아에 대한 생각이 전혀 없었다. 구원자에 대한 소망은 유대인들에게만 있었다. 창세기 3장 15절에 이미 구원자가 암시되어 있다. 유대인들은 메시아가 자기 민족에서 나올 것을 알고 있었다(삼하 7:13, 16, 사 9:1-7). 그래서 자기들을 죄에서 구원해줄 다윗 자손의 출현을 고대하고 있었다. 하지만 이방인들은 장차 오실 기름 부음 받은 왕을 누릴 권리가 없었다.

나라가 없었다. 이방인들은 "이스라엘 나라 밖의 사람"이므로 하나님의 선민의 권리가 없었다. 이스라엘은 지상 유일의 진정한 신정 국가였고 따라서 궁극적 왕은 하나님 자신이었다. 그분이 자신의 언약, 율법, 선지자, 제사장, 왕들을 통해 그분의 백성을 다스리셨다.

이방인들은 하나님 나라 밖의 외국인이었다.

친구가 없었다. 하나님은 히브리 민족의 족장인 아브라함과 언약을 맺으셨고(창 12:1-3, 15:18-21, 17:1-8), 그때부터 그는 하나님의 "친구"로 불렸다(대하 20:7, 약 2:23). 아브라함의 모든 자손도 하나님의 약속들을 상속받았으므로 하나님과의 특별한 우정을 누렸다. 땅의 인약(수 1:6), 다윗 언약(삼하 7:8-16, 시 89편), 소망의 새 언약(렘 31:31-34, 겔 36:22-30)과 같은 약속들을 통해 하나님은 유대 민족과의 특별한 관계를 전개해나가셨다. 그러나 이방인들은 하나님의 약속들에 대하여 외인이므로 이런 언약에 참여할 수 없었다.

소망이 없었다. 구원자와 집과 약속이 없던 이방인들은 의미 있는 미래도 없었다. 약속들은 유대인 메시아께 있었으므로 그들은 이생에서나 내세에서나 상황이 나아질 것을 기대할 수 없었다. 그들 앞에 놓인 결론은 밀턴의 『실낙원』에서 사탄이 봉착한 결론과 동일했다. "이렇게 쫓겨났으니 우리의 마지막 소망은 완전한 절망뿐이다."[1]

하나님이 없었다. 이방인들은 많은 신들을 공경하고 숭배했지만 그 생명 없는 신들 가운데 누구도 그들을 영적 죽음이라는 절망적 상태에서 구원할 수 없었다. 이스라엘의 살아계신 하나님만이 그들에게 정말 필요한 것을 주실 수 있었다. 죽어 있던 그들에게 정말 필요한 것은 바로 생명이었다!

—2:13-14—

하지만 아무리 거센 파도도 부동의 벼랑에 부딪히면 부서지게 마련이다. 마찬가지로 아득한 절망뿐인 이 사나운 파도도 바울의 유명한 두 번째 대비인 "그러나 이제는"(2:13) 앞에서 부서져나간다(저자가 사용하는 NASB 역본과 헬라어 원문에 13절 앞에 "그러나"가 있다-역주). 위에서 그리스도를 믿기 전의 이방인들이 처한 공통된 곤경을 묘사한 바울이 이제 그들의 공통된 해법을 제시한다. 그것은 바로 예수 그리스도의 십자가다.

그리스도는 우선 멀리 있던 이방인들을 그분께로 가까이 이끄셨다(2:13). 그분은 1세기부터 21세기까지 모든 시대의 무력하고 절망적인 사람들이 믿음으로 그분께 나아올 수 있게 하셨다. 예수 그리스도의 피로-우리를 대신하신 그분의 죽음을 통해-하나님은 우리에게 화해의 방편을 마련해주셨다. 우리가 그리스도를 통해 경험하는 수많은 "그러나 이제는"을 생각해보라.

- 한때 우리는 그리스도가 없었지만 그러나 이제는 "그리스도 예수 안에" 있다.
- 한때 우리는 나라가 없었지만 그러나 이제는 온전한 시민이다.
- 한때 우리는 친구가 없었지만 그러나 이제는 하나님의 가족이다.
- 한때 우리는 소망이 없었지만 그러나 이제는 영광스러운 미래를 약속받았다.
- 한때 우리는 하나님이 없었지만 그러나 이제는 하나님을 아버지라 부를 수 있다.

요컨대 예수 그리스도께서 유대인과 이방인을 통틀어 온 인류의 죗값을 치르신 순간 분리의 장벽이 허물어졌다. 일찍이 바울이 갈라디아서에서 말했듯이 이제 "유대인이나 헬라인이나 종이나 자유인이나 남자나 여자나 다 그리스도 예수 안에서 하나"다(갈 3:28).

얼마나 혁명적인 발언인가! 얼마나 영광스러운 진리인가! 오직 그리스도, 그분 자신이 우리의 화평이시다(엡 2:14). 헬라어 원문에 보면 자신이라는 말이 힘주어 강조된다(개역개정에는 "그는"으로 되어 있다-역주). 이는 우리의 새 생명이 오직 그리스도께서 이루신 일을 통해 은혜의 선물로 주어졌음을 상기시킨다. 바울이 이 편지 전체에서 상기시키는 내용과 같다. 그분은 이 선물을 오직 믿음으로 말미암아 오직 은혜로 우리에게 주셨다. 홀로 그리스도만이 화평의 화신이시다.

그로부터 여러 세기 전에 이사야는 다윗의 자손으로 태어날 약속된 아이가 "평강의 왕"이라 불릴 것을 예언했다(사 9:6). 모든 신자는 성령의 세례를 통해 서로 화목해져 하나로 연합한다. 유대인이든 이방인이든, 남자든 여자든, 흑인이든 백인이든, 아시아인이든 히스패닉이든, 부자든 가난한 사람이든, 교육받은 사람이든 교육받지 못한 사람이든, 힘센 사람이든 약한 사람이든 예외가 없다. 하나님의 아들이 영적 화평을 가져다주시면 우리의 세상에 그토록 많은 충돌을 유발하는 인종적, 민족적, 정치적, 사회적, 경제적 장벽이 다 의미를 잃는다.

바울은 "중간에 막힌 담"을 그리스도께서 허셨다고 말한다. 아마 이는 유대인과 이방인을 가르던 성전의 담을 염두에 둔 표현일 것이다. 1세기에 증축된 예루살렘의 거대한 성전 단지 안에 그 담이 있었다. 유대인이 아닌 사람들은 멀리서 성전을 바라볼 수는 있었지만 편견에 찬 관습, 엄격한 성전 법, 두꺼운 담, 따가운 시선 때문에 더 이상 가까이 갈 수 없었다. 그러므로 그리스도의 죽음이 중간의 담을 헐었다는 바울의 말은 그런 문화적, 종교적 차별의 기초가 되었던 율법의 언약이 더 이상 유효하지 않다는 뜻이다.

유대인과 이방인의 분리는 그리스도 안에서 폐기되었다!

거대한 간극

헤롯 성전에는 여러 뜰이 있어 각기 접근이 허용된 사람들이 달랐다. 가장 인쪽의 지성소에는 대제사장만이 속죄일에 들어갈 수 있었다. 지성소 바깥에는 레위인들이 매일 예배의 직무를 보던 "성소"가 역시 성전 내부에 있었다. 성전 건물 바로 밖에는 빙 둘러 제사장의 뜰이 있고 번제단이 그곳에 놓여 있었다. 다음은 유대인 남자만 들어갈 수 있는 이스라엘의 뜰이었고, 유대인 여자는 여인의 뜰을 벗어날 수 없었다. 마지막으로 성전에서 가장 먼 곳에 이방인의 뜰이 있어 유대인이 아닌 사람을 성전 건물에 접근하지 못하게 막았다. 이방인은 성전을 올려다볼 수 있을 뿐 더 이상은 가까이 갈 수 없었다. 분리의 벽이라는 두꺼운 돌담이 유대인과 이방인 사이의 거대한 간극을 대변해주었다.

1세기의 유대인 역사가 요세푸스(Jesephus)는 이방인의 뜰과 유대인의 뜰을 가르던 담을 『유대 전쟁사』에 이렇게 묘사했다.

> 첫 뜰을 지나 성전의 두 번째 뜰에 이르면 돌로 빙 둘러 담이 쳐져 있었다. 담의 높이는 1.5미터쯤 되었고 아주 정교하게 축조되었다. 담 위에 등거리로 기둥들이 서 있고 거기에 일부는 헬라어로 일부는 로마자로 "외국인은 이 성역에 들어올 수 없다"라는 정결의 율법이 공표되어 있었다. 성전의 두 번째 뜰부터 "성역"으로 불렸다[2]

사실 지난 세기에 고고학자들은 분리의 벽에 우뚝 서 있던 돌에 헬라이로 새겨진 두 경고문을 발굴했다. 글귀는 이렇게 되어 있다. "외국인은 이 담 내부와 성전 주위의 뜰로 들어올 수 없다. 들어가다 발각되는 사람은 그 결과로 죽임을 당해도 본인의 책임이다."[3]

© Kim Walton

성전의 담에 새겨진 경고문

—2:15-16—

그리스도의 희생적인 십자가의 죽음은 "원수된 것"(*echthra*)을 소멸했다. 이 단어는 우정의 반대말이다. 누가복음 23장 12절에서 그 예를 볼 수 있다. 헤롯과 빌라도는 전에는 "원수"(*echthra*)였으나 예수께 죄를 씌우려고 협력할 때는 친구가 되었다. 에베소서 2장 15절에서 바울은 "원수된 것"을 "법조문으로 된 계명의 율법"이라 정의한다. 그런데 예수 그리스도의 십자가가 이 원수된 것을 소멸했다(2:16).

그분은 허시고, 폐하시고, 소멸하셨다. 그리스도께서 오심으로 구약의 모세 율법에 대해 벌어진 일을 바울은 그런 단어들로 묘사한다. 골로새서에도 그는 "증서를 지우시고" "제하여 버리사" "십자가에 못 박으시고"라는 비슷한 표현들을 쓴다(골 2:14). 모든 율법과 계명과 법조문과 규칙과 규정은 하나님 앞에서 우리를 정죄했고 그분의 백성과 분리시켰다. 하지만 이제 그것이 다 폐지되었다. 그래서 바울은 로마서 10장 4절에 "그리스도는 모든 믿는 자에게 의를 이루기 위하여 율법의 마침이 되시니라"고 담대히 선포할 수 있었다.

율법은 오늘날 생활에 대한 규정으로도 그 유효성이 지속된다고 옹호하려는 그리스도인들이 얼마나 많은지 나는 매번 놀란다. 에베소서 2장 15절을 비롯한 여러 곳에 그렇지 않다고 명백히 밝혀져 있는데도 말이다. 물론 우리는 "그리스도의 법" 아래에서 성령의 능력으로 그분처럼 살아가야 한다(갈 5:16, 6:2). 하지만 의롭게 살기 위해 모세 율법을 지켜야 할 의무는 없다. 신약학자 해럴드 호너는 본문에 나오는 바울의 생각을 이렇게 요약했다.

> 유대인과 이방인이 원수 되었던 이유는 전자는 율법과 계명과 규정을 지키려 한 반면(골 2:14, 21-23 참고) 후자는 거기에 관심이 없었기 때문이다. 이 차이가 양쪽의 장벽이 되었다. 그러나 이제는 율법이 무효가 되었으므로["그리스도는…율법의 마침이 되시니라"(롬 10:4)] 유대인과 이방인 사이의 적의도 사라졌다.[4]

이렇듯 십자가는 율법의 옛 종교 제도를 소멸시켰다. 하지만 바울은 십자가가 이룬 부정적인 일을 지적하는 데서 그치지 않는다. 그는 그리스도의 화목하게 하시는 사역을 통해 벌어진 긍정적인 일을 강조한다. 하나님은 유대인과 이방인을 분리하던 담을 허셨을 뿐 아니라 이제 양쪽 모두를 교회 안으로 부르신다. 교회는 이스라엘과 전혀 다른 새로운 작품이다. 바울은 그리스도의 몸인 교회를 "한 새 사람"이라 표현했다. 여기 "새"(*kainē*)라는 단어는 성질 자체가 이전 것과 근본적으로 다르다는 뜻이다. 다시 말해서 예수님은 유대인을 "이방인화"하시거나 이방인을 "유대인화"하신 게 아니다. 그렇다고 "이대인"이나 "유방인" 같은 혼합 민족을 만드신 것도 아니다. 바울이 명백히 말했듯이 하나님은 유대인과 이방인이라는 두 집단으로부터 "한 새 사람"을 지으셨다(2:14). 그 한 새 사람이 바로 교회, 즉 그리스도의 몸이다.

이렇게 하여 연합이 성취되었고 평안이 이루어졌다.

—2:17-22—

지금까지 바울은 이방인들이 처한 공통된 곤경과 공통된 해법을 지적했다. 즉, 그들은 소외되고 원수 된 상태였으나(엡 2:11-12) 그리스도의 몸 안에서 화목하게 되었다(2:13-16). 이제 그는 이번 단락을 마무리하면서 유대인과 이방인의 **공통된 부르심**과 **공통된 처소**를 설명한다. 즉, 그들은 하나님 및 서로와의 이전의 관계로부터 부름받아(2:17-19) 성령의 한 공동체 안에서 함께 거한다(2:20-22).

계속해서 바울은 우리가 그리스도 안에서 누리는 새로운 연합을 설명한다. 분리의 벽이 허물어지고 새로운 건물이 지어진 결과로 하나님의 사람들에게 찾아오는 몇 가지 변화가 소개된다. 이 모든 변화는 화해라는 심오한 신학적 진리를 중심으로 이루어진다. 유대인과 이방인은 하나님과 화목해졌기에 서로와도 화목해진다.

예수님은 하나님이 택하신 공동체(유대인)와 그 공동체 바깥의 사람들(이방인)을 어떻게 화목하게 하셨는가? "평안"의 화신이 되어 평안을 전하심으로 그렇게 하셨다. 앞서 보았듯이 그리스도는 십자가에서 죽으심으로 평안의 신학적 기초를 놓으셨다(2:15). 실제적으로 이 평안이 우리 삶 속에서 실체가 되려면 평안이 전해져야 한다(2:17). 구원의 방편이 마련되었으니 이제 구원의 메시지가 유대인과 이방인 양쪽 모두에게 전해지고 제시될 수 있다.

17절에서 바울은 이사야 57장 19절을 현재의 복음 전파에 적용한다. 그리스도는 "먼 데 있는" 사람들(이방인)과 "가까운 데 있는" 사람들(유대인)에게 직접 그리고 사도들을 통해 평안을 전하셨다. 보다시피 하나님 및 서로와 화목해지려면 유대인이든 이방인이든 똑같이 복음을 듣고 반응해야 한다. 유대인들은 이미 예언을 듣고 성경에 주의하며 약속의 성취를 고대했다는 점에서 "가까운 데" 있었다. 하지만 그들도 그것만으로 구원받을 수 없었다. 다른 모든 사람처럼 그들도 구원을 받으려면 오직 믿음으로 말미암아 오직 그리스도를 의지해야 했다.

여기 오늘의 우리에게 적용되는 중요한 원리가 있다. 기독교 가정에서 늘 성경과 복음을 접하며 자라나는 사람들이 많이 있다. 진리와 물리적으로 근접하다는 점에서 그들도 유대인들처럼 "가까운 데 있는" 부류에 든다. 하지만 그럼에도 그들은 자신이 직접 복음을 받아들이고 믿음 안에 들어와야 한다. 그렇지 않다면 그리스도를 전혀 접하지 못한 채 평생 죄인으로 살아온 사람들과 다를 바 없다. 우리집의 네 아이는 사역자의 가정에서 자라면서 늘 기독교 교육과 설교와 실천을 공기처럼 들이마셨지만, 그럼에도 각자 믿음을 직접 자신의 것으로 받아들여야 했다. 누구도 "기득권"을 통해 교회에 들어올 수 없으며, 수동적 삼투 현상을 통해 성령을 받는 사람도 없다. 우리 각 사람이 직접 그리스도를 의지하여 믿음으로 성령을 받아야 한다. 나의 가정과 당신의 가정과 모든 가정이 다 마찬가지다.

그리스도를 믿는 모든 사람은 하나님 및 서로와 화목해졌을 뿐 아니라 그 평안을 바탕으로 하나의 새로운 인류가 되었다. 이 평안은 일상 속에서 실제로 어떤 모습으로 나타나는가? 바울은 우리 서로의 관계가 새로워졌기 때문에 모두가 공유하는 결과를 네 가지로 설명한다.

첫째, 평안의 새로운 관계 때문에 우리는 성령 안에서 평등하게 아버지께 막힘없이 나아갈 수 있다(2:18). 우리에게는 이것이 일대 전환처럼 보이지 않을 수 있다. 누구나 똑같이 하나님께 나아갈 수 있는 상태가 2천 년 가까이 지속되었기 때문이다. 하지만 바울 시대에는 이것이 유대인에게나 이방인에게나 지축을 뒤흔드는 변화였다. 유대인들은 대제사장을 통해서만 하나님께 나아갈 수 있었고, 그나마 대제사장도 1년에 한 번 속죄일에만 하나님의 임재 안에 들어갔다(레 16장). 이방인들은 유대교로 개종하고 할례를 받고 나머지 유대인들처럼 율법을 지켜야만 하나님께 나아갈 수 있었다.

그런데 그리스도의 죽음이 성전의 휘장을 위로부터 아래까지 찢어놓았다(마 27:50-51). 이는 그리스도 안에서 모든 신자가 하나님께 직접 나아갈 수 있음을 상징한다. 그 근거는 우리의 무슨 행위나 의 때문이 아니라 하나님이 우리를 자녀로 입양하셨고 성령께서 영원히 우리 안에 거하시기 때문이다. 다시 한 번 화해의 계획에서 삼위일체 하나님의 사역을 볼 수 있다. 즉, 우리는 그리스도께서 이루신 일 덕분에 성령의 능력에 힘입어 하나님 아버지께 나아갈 수 있다. 거리낌 없이 직접 하나님께 나아가 모든 필요를 기도로 아뢸 수 있다. 더 이상 제사장도 필요 없고, 복잡한 의식 절차도 필요 없고, 그분의 거룩한 진노에 소멸될지 모른다는 두려움도 필요 없다. 이제 누구나 똑같이 하나님의 임재 안에 온전히 들어갈 수 있다. 이는 모든 신자에게 값없이 주시는 선물이다.

둘째, 그리스도 안의 평안 때문에 우리는 성도들과 나란히 시민권을 받았다(2:19). 한때 이방인들은 외인이라서 아무런 권리나 특권도 하나님의 백성과 함께 누릴 수 없었다. 그런데 이제 그들이 그리스도 안에서 "성도들과 동일한 시민"이 되었다. 잠시 멈추어 생각해보라. "성도들"은 문맥에 따라 그리스도를 믿는 모든 참된 신자를 지칭할 때도 있다(엡 1:1 참고). 하지만 여기서는 문맥상 바울이 구체적으로 구약의 성도들을 지칭하고 있다. 전에는 그들과 이방인들 사이에 아무런 공통분모가 없었다. 그런데 이제 이방인 신자들도 성도가 되었으므로 과거의 위대한 족장과 선지자들–아브라함, 모세, 여호수아, 다윗, 엘리야, 세례 요한, 사도들–과 대등한 신분을 얻었다. 얼마나 놀라운 한 무리인가!

셋째, 이제 우리는 서로를 가족으로, 즉 "하나님의 권속"인 한 식구로 대한다(2:19). 신약에서 "권속"은 말하자면 한 지붕 아래에 사는 모든 사람을 가리킨다. 흔히 여기에는 우리가 말하는 "핵가족" 이상이 포함된다. 부모와 자녀는 물론 조부모, 처자식을 둔 장성한 아들, 심지어 삼촌과 숙모까지 다 아우를 수 있다. 그야말로 "대가족"이다. 이는 하나님의 새 가정을 잘 보여주는 그림이다. 예수 그리스도를 통해 한 아버지 아래 연합한 이 가정을 성령께서 하나로 지켜주신다.

알다시피 웬만한 가정에는 어느 정도 "역기능"이 있게 마련이다. 그럴지라도 교회 가정은 그리스도 안의 사랑하는 형제자매로서 인종적, 사회적, 경제적, 문화적 배경의 차이를 뛰어넘어 서로 더불어 살아가고자 힘써야 한다. 이런 공동체 생활은 모든 사람에게 큰 유익을 끼친다. 우선 친구나 이웃보다도 더 잘 돌보아주는 지원망의 역할을 한다. 또 성장을 위한 상호 감시의 장이 될 뿐 아니라 모두의 유익을 위해 영적 은사를 활용할 기회도 제공해준다. 아울러 바깥에서 기독교 신앙을 들여다보는 사람들에게 사랑의 아름다운 모본을

묵상의 서재

나그네의 삶

지난 50여 년의 사역과 개인적 기회를 통해 나는 뉴잉글랜드에서 캘리포니아까지, 성지 이스라엘에서 유럽의 종교개혁 국가들까지, 호주에서 오스트리아까지 세상의 놀라운 곳들을 여행하는 특권을 누렸다. 가는 곳들마다 나는 국경과 언어와 문화를 초월하는 인간 공통의 기쁨과 고난을 보았다. 그렇게 여러 해 동안 여행을 다니다보니 시차에 적응하는 법, 짐을 실속 있게 꾸리는 법, 현지인들에게 무례를 범하지 않는 법 등이 몸에 익혀졌다.

하지만 부모의 집을 아직 "고향"으로 여기던 인생 초반에만 해도 외국 여행에는 몇 가지 흥미로운 도전이 뒤따랐다. 당신도 해외에 나가보았거나 해외에서 살아보았다면 잘 알 것이다. 외국 땅에 첫발을 내디디면 당장 "나그네"나 "외인"이 무슨 뜻인지 알게 된다. 어쩌다 당신이 다른 나라에서 통상적 관광지를 벗어나 평범한 마을이나 뒷골목에 들어선다면 대번 깨닫는 사실이 있다. 당신은 나그네다. 사람들은 어쩌면 당신을 의혹과 불편과 불신의 눈초리로 보며 심지어 당신을 싫어할 수도 있다.

이 현실이 내 가슴속에 새겨지던 날을 영영 잊지 못한다. 그때 나는 젊은 해병대원이었고 우리 부대의 배는 일본 요코하마의 부두를 몇 킬로미터 앞에 두고 있었다. 처음으로 상륙을 준비하던 중이었다. 우리 중대장은 메달이 주렁주렁 달린 정복 차림으로 우리 앞에 서서 젊은 미국인들에게 요긴한 조언을 해주었다. 우리 중 일부는 훈련소에서 갓 출소했고 대다수는 외국 땅을 밟아본 적이 없었다.

우리를 위아래로 훑어보면서 그는 수십 년 전의 자신의 모습을 보았을지도 모른다. 그때 자신에게 필요했던 격려의 말을 이제 그가 우리에게 들려주어야 하는 상황이었다. 그는 이렇게 말했다. "제군들은 평생 처음으로 외국인이고 나그네다. 소중한 현지인을 최대한 존중해야 한다는 사실을 잊지 말라. 나는 일본 정부나 시민들로부터 제군들의 품행이 최고에 못 미친다는 신고를 한 건도 받고 싶지 않다. 제군들은 처음으로 외인이 되었다."

그 연설을 영영 잊지 못할 것이다. 지금도 나는 언어와 문화가 낯선 타국에 갈 때마다 그 말을 떠올리곤 한다. 예루살렘에 발길을 들여놓은 이방인들의 상황이 바로 그랬다. 그들은 외인이요 나그네요 외국인으로서 아무런 권리나 연고나 특권이 없었다. 그런데 이 어색한 분열의 상황이 완전히 바뀌었다. 하나님이 시민권을 소유할 수 있는 제한을 없애시고 유대인과 이방인에게 동등한 권리를 주셨기 때문이다.

보이기도 한다.

끝으로, 오늘의 유대인과 이방인은 공통된 믿음을 지니고 있다(2:20-22). 유대인과 이방인을 똑같이 환영하는 기독교 신앙을 바울은 성전 건물에 빗대어 묘사한다. 건물의 기초는 신약의 사도들과 선지자들의 가르침이고, 전체 건물의 모퉁잇돌은 예수 그리스도의 인격과 사역이다. 사도들과 선지자들이 아직 신약을 기록 중이던 1세기에는 그들이 가르친 구약과 그들의 목격담이 건물의 기초를 이루었다. 아직 소수였지만 점점 늘어나 신약의 일부가 된 저작들은 말할 것도 없다. 반면에 오늘 우리는 하나님의 감동으로 된 신 · 구약의 모든 저작들을 직접 접할 수 있다. 성경 전체는 진리의 중심이자 기준이신 예수 그리스도를 가리켜 보인다.

하나님은 다양한 배경에서 살아가고 있는 우리를 각각 부르셔서 성전의 벽돌처럼 함께 맞추신다. 이 성전이 굳게 세워지는 기초는 사도들과 선지자들이고, 건물의 모퉁잇돌이자 부동의 기준점은 그리스도시다. 살아 있는 이 건물은 그저 뜻이 맞는 신자들의 모임이 아니라 "성전", 곧 거룩한 전이다(2:21). 하나님의 거룩하신 영께서 거하시는 처소이기 때문이다. "교회"라는 단어를 쓰지는 않았지만 지금 바울은 그리스도의 몸 된 교회를 지칭하고 있다. 교회는 물리적 건물이나 세상적 단체가 아니라 살아 있는 신앙 공동체다. 교회의 기초는 분명히 성경이고, 교회의 구심점은 철저히 예수 그리스도시다. 해럴드 호너는 바울이 말하는 건물의 은유에 담긴 의미를 이렇게 설명한다.

> 고대의 건축법에서는 "모퉁잇돌"을 정성들여 놓았다. 건물 전체를 거기에 맞추어 지었기 때문에 모퉁잇돌은 아주 중요했다. 교회의 기초인 사도들과 선지자들도 그리스도께 정확히 맞추어져야 했다. 다른 모든 신자는 그 기초 위에 지어져 그리스도를 기준으로 살아간다.[5]

적용

하나님의 건축을 위한 세 가지 질문

에베소서 2장 후반부에서도 바울은 밀도 높은 신학적 교훈을 한창 전하는 중이다. 그가 설명하는 초점은 주로 우리가 "그리스도 안에" 있기에 누리는 새로운 신분에 있다. 즉, 우리는 새롭게 하나님께 나아갈 수 있게 되었고, 성도들과 동일한 시민권을 새로 얻었으며, 신

오늘날에도 사도와 선지자가 존재하는가?

이따금씩 나는 "사도"나 "선지자"로 자칭하는 설교자나 교사를 만난다. 대개 그들은 지극히 일반적인 의미에서 그런 호칭을 사용한다. 선교사들은 "보냄 받은 자"로서 "사도"라는 이름을 쓸 수 있고, 설교자들은 옛 선지자들처럼 "메시지를 전하거나 홀로 꿋꿋이 서는" 자로서 "선지자"라는 이름을 쓸 수 있다. 그런데 간혹 신약의 사도나 선지자와 동일한 부류–즉 교회가 그들의 터 위에 세워져야 하는(엡 2:20)–의 "사도"나 "선지자"로 자임하는 사람들이 있다.

이것이 가능할까? 오늘날에도 진정한 사도와 선지자가 존재할 수 있을까?

하나님의 말씀과 초대 교회의 증언에 비추어보면 답이 분명해진다. 터를 닦는 직분인 사도와 선지자는 1세기의 교회에만 있었다. 우선 성경에 보면 "하나님이 교회 중에 몇을 세우셨으니 첫째는 사도요 둘째는 선지자"라 하여(고전 12:28) 이 둘을 교회의 터를 닦는 직분으로 순서상 먼저 지적한다. 아울러 바울은 진정한 사도의 표에 "예수 우리 주를 보"았다는 점이 포함된다고 지적했다(9:1). 15장 7절에 부활하신 예수님을 목격한 사람들을 나열할 때 바울은 그리스도께서 야고보와 "그 후에 모든 사도에게" 나타나셨으며, "만삭되지 못하여 난" 자신은 마지막 사도로서 그리스도를 "맨 나중에" 보았다고 말했다(15:8).

"참된 사도"에게 꼭 필요한 또 하나의 표는 "표적과 기사와 능력"을 행하여 사도직을 확증하는 능력이었다(고후 12:12). 표적과 기사가 사도들의 메시지를 확증해주던 그 역할은 히브리서 2장 3-4절에도 이렇게 확언되어 있다. "이 구원은 처음에 주로 말씀하신 바요 들은 자들이 우리에게 확증한 바니 하나님도 표적들과 기사들과 여러 가지 능력과 및 자기의 뜻을 따라 성령이 나누어 주신 것으로써 그들과 함께 증언하셨느니라." 마찬가지로 마가복음 16장 20절에도 주의 제자들이 "나가 두루 전파할새 주께서 함께 역사하사 그 따르는 표적으로 말씀을 확실히 증언하시니라"는 똑같은 말씀이 있다.

하지만 1세기 이후에도 하나님이 터를 닦는 사도직을 지속하실 수 있지 않을까? 하나님은 계속해서 사도와 선지자를 부르시고, 표적과 기사로 자신의 메시지를 확증하시고, 미래에도 대대로 교회의 터를 더 넓혀 가실 수 있지 않을까? 그게 더 사리에 맞지 않을까? 흥미롭게도 본래의 사도들과 선지자들 이후의 첫 그리스도인 세대를 보면, 사도들과 선지자들의 제자들은 교회의 터를 닦는 사역인 이 두 직분이 종료된 것으로 보았다.[6] 이는 초대 교회가 어느 특정한 기독교 저작을 성경으로 간주해야 할지 여부를 판정한 방식을 보면 특히 더 중요한 의미를 띤다. 2세기 중엽의 무라토리 정경(신약 정경의 목록이 수록되어 있으며 18세기에 이탈리아의 무라토리가 발견했다–역주)은 『헤르마스의 목자』라는 책을 하나님의 영감으로 된 성경에서 지혜롭게 제외시켰다. 그 근거는 이 책이 사도들과 선지자들의 시대 이후에 기록되었다는 사실에 있었다. "이 책은 선지자들이나 사도들의 글과 나란히 교회에서 공적으로 낭독될 수 없다. 그들의 시대 이후에 나왔기 때문이다. 선지자의 수는 이미 완전히 채워졌다."

이렇듯 성경으로 보나 사도들 이후의 초대 교회의 신빙성 있는 기록들로 보나 신약의 사도와 선지자는 교회의 첫 세대에 일정 수만 존재했다. 십자가에 달리시고 부활하신 주님에 대한 그들의 가르침은 그들의 저작과 함께 교회의 기초가 되었다. 그들의 생애가 끝나면서 직분도 함께 종료되었다. 오늘날 그들의 교리는 성경에 보전되어 있고, 그들의 후계자인 교회사 전체의 복음 전하는 자들과 목사들과 교사들을 통해 가르쳐지고 있다(엡 4:11). 그러므로 오늘날에는 아무도 교회에서 권위적 사도나 진정한 선지자로 정당하게 자처할 수 없다고 보면 무방하다.

자들과 새로운 가족 관계를 이루었고, 사도들과 선지자들의 가르침과 그리스도께 기초한 새로운 믿음을 얻었다. 바울이 우리의 새로운 신분을 강조하고 있기는 하지만, 이런 영적 실체에는 실제적 의미가 풍성하게 함축되어 있다. 이 진리들에 대한 반응으로 우리가 자신에게 던져야 할 세 가지 질문이 있다.

첫째, 당신은 정말 이것을 믿는가? 나는 지금 "당신은 이 말을 바울이 썼음을 믿는가?" "이 이론적 사실을 성경 교리의 일부로 인정하는가?" "성경의 충실성을 인정하는 교리적 진술에 동의하는가?" 따위를 묻는 게 아니다. 내 질문은 이것이다. 당신은 자신이 하나님의 권속이 되었다는 사실과 그 신분에 따라오는 각종 권리와 특권과 책임을 자신의 것으로 받아들이는가? 영주권자들이 시민권자가 되는 오랜 절차는 선서식에서 절정에 달한다. 그들은 기존 국가에 대한 충절을 버리고 새로 시민이 된 국가에 충성을 맹세한다. 오른손을 들고 선서하는 그 순간부터 법적으로나 실제적으로나 그들의 시민권에 다시는 의문이나 이의가 제기되지 않는다.

하지만 시민권자들이 그 절차의 유효성에 계속 의심을 품는다면 어떨까? 충성을 다짐한 자신의 선서가 진정이 아니었다고 염려한다면 어떨까? 그렇다면 그들은 새로운 국적이 선사하는 자유를 누리지 못한 채 계속 "나그네와 외인"처럼 행동할 수 있다. 마찬가지로 우리도 받아들여야 할 사실이 있다. 우리의 모든 충성을 진정으로 하나님께 넘겨드렸다는 사실과 그분이 우리를 시민이자 그분 가정의 상속자로 온전히 받아주셨다는 사실이다.

둘째, 당신은 실제로 그것을 받아들였는가? 그리스도 안에 약속된 새로운 신분은 실제로 그분을 믿은 사람들에게만 해당된다. 위의 첫 번째 질문에 답해본 결과 어쩌면 당신은 자신이 정말 믿지 않고 있음을 깨달았을 수 있다. 당신은 특정한 기독교 전통에서 자라며 막연히 자신에게 기득권이 있으려니 생각했다. 또는 그동안 기독교의 바른 정보를 쌓고 기독교식 말투를 익혔는지도 모른다. 기독교 집안의 "이단아"로 뒤지 않는 확실한 길을 찾아냈을 수도 있다. 하지만 당신은 성자 예수께서 다 이루신 일을 통해 그리고 생명을 주시는 성령의 능력을 통해 성부 하나님께 "오른손을 들고 충성을 맹세한" 적이 없다. 당신이 여기에 해당한다면 지금 "외국인"의 삶을 멈추고 "정식 시민권"이라는 값없는 선물을 믿음으로 받아들이라.

셋째, 당신은 그렇게 살고 있는가? 말로는 그렇게 믿고 받아들였다고 하지만, 실제로 그것이 당신의 일상생활 속에 나타나고 있는가? 당신은 그리스도께서 놓으신 기초 위에 삶을 세우고 있는가? 평소에 힘든 작업들을 하고 있는가? 예컨대 사람들과 충돌할 때 화해하고, 잘 모르는 대상일지라도 그들의 믿음을 키워주며, 썩 마음에 들지 않는 대상일지라도 그들의 필요를 채워주는가? 우리는 하나님께 나아갈 수 있고 그 나라의 정식 시민권을 누릴 수 있다. 또 그분의 가족이자 성전의 산돌이 되었다. 하지만 이 모든 특권과 함께 엄청난 책임이 뒤따른다. 우리 스스로 분리의 벽들을 지어내 옛날의 "중간에 막힌 담"을 대신하려는 유혹을 물리쳐야 한다. 오히려 우리는 다른 신자들과 조화를 이루며 사랑 가운데 살아가야 한다. 그러려면 호감이 가지 않는 사람들도 좋아할 줄 알아야 하고, 사랑스럽지 않은 사람들도 사랑할 줄 알아야 한다.

하나님의 권속이 된다는 것은 바로 그런 뜻이다.

Bukvoed/Wikimedia Commons

세포리스 지역에 남아있는 기초와 머릿돌

비밀과 사역 그리고 나(에베소서 3:1-13)

1이러므로 그리스도 예수의 일로 너희 이방인을 위하여 갇힌 자 된 나 바울이 말하거니와 2너희를
위하여 내게 주신 하나님의 그 은혜의 경륜을 너희가 들었을 터이라 3곧 계시로 내게 비밀을 알게 하
신 것은 내가 먼저 간단히 기록함과 같으니 4그것을 읽으면 내가 그리스도의 비밀을 깨달은 것을 너
희가 알 수 있으리라 5이제 그의 거룩한 사도들과 선지자들에게 성령으로 나타내신 것 같이 다른 세
대에서는 사람의 아들들에게 알리지 아니하셨으니 6이는 이방인들이 복음으로 말미암아 그리스도 예
수 안에서 함께 상속자가 되고 함께 지체가 되고 함께 약속에 참여하는 자가 됨이라 7이 복음을 위하
여 그의 능력이 역사하시는 대로 내게 주신 하나님의 은혜의 선물을 따라 내가 일꾼이 되었노라 8모
든 성도 중에 지극히 작은 자보다 더 작은 나에게 이 은혜를 주신 것은 측량할 수 없는 그리스도의 풍
성함을 이방인에게 전하게 하시고 9영원부터 만물을 창조하신 하나님 속에 감추어졌던 비밀의 경륜
이 어떠한 것을 드러내게 하려 하심이라 10이는 이제 교회로 말미암아 하늘에 있는 통치자들과 권세
들에게 하나님의 각종 지혜를 알게 하려 하심이니 11곧 영원부터 우리 주 그리스도 예수 안에서 예정
하신 뜻대로 하신 것이라 12우리가 그 안에서 그를 믿음으로 말미암아 담대함과 확신을 가지고 하나
님께 나아감을 얻느니라 13그러므로 너희에게 구하노니 너희를 위한 나의 여러 환난에 대하여 낙심하
지 말라 이는 너희의 영광이니라.

우리도 다 겪어본 일이다. 삶이 술술 잘 풀려 복된 계절을 누릴 때가 있다. 우리는 주 안에서 자라가며, 그분의 보호와 풍성한 공급의 손길을 느낀다. 앞길에 닥쳐오는 소소한 장애물이나 고민도 쉽게 이겨낸다. 요컨대 우리는 흔히 말하는 "그리스도인의 승리하는 삶"이나 "그리스도 안의 풍성한 삶"을 직접 체험하며, 주님의 영광스러운 평안과 사랑과 기쁨을 만끽한다.

그러다 일이 터진다.

어둠 속에 숨어 있다 예기치 못한 순간에 와락 덤벼드는 도둑처럼 삶의 어두운 면이 들이닥쳐 우리가 누리고 있던 기쁨과 소망과 사랑을 앗아가려 한다. 그것은 충격적인 진단 결과일 수도 있고, 비참한 상실일 수도 있고, 갑자기 날아든 끔찍한 소식일 수도 있다. 그야말로 혼돈의 바다 위루 실 한 가닥을 붙든 채 대롱대롱 매달려 있는 신정이다. 이렇게 세상이 무너지는 것 같을 때일수록 우리의 신학이 반석처럼 든든해야 한다.

막상 시련의 폭풍에 파묻힌 뒤에는 하나님의 주권과 선하심을 애써 확신하려 해도 쉽

지 않다. 그때는 너무 늦다. 더 좋은 방법이 있다! 타락한 세상의 환난이 총력으로 우리 삶에 침입하기 전에 우리는 하나님이 함께하시며 우리를 돌보신다는 진리로 미리 난공불락의 요새를 구축해놓아야 한다. 감당 못할 환경과 한없이 고통스러운 고난을 겪기 전에 미리 그런 시험에 대비되어 있어야 한다.

얼마 전 달라스 신학대학원에 다니는 한 젊은 신학생이 나에게 물었다. "평생 주께서 가르쳐주신 모든 것 중에 특히 인상적이신 것이 있습니까?" 잠시 70년의 인생과 50년의 사역을 되짚어보니 대답이 쉽게 나왔다. "하나님의 손을 먼저 통과하지 않고는 어떤 일도 우리에게 닥칠 수 없다네. 그 어떤 일도 말일세." 모든 일을 하나님의 능하신 손에 맡기고(벧전 5:6) 그분의 자녀로 살아가는 우리에게 그분의 허락 없이는 어떤 일도 일어나지 않는다. 알다시피 하나님은 온전히 선하시고, 온전히 의로우시며, 온전히 아시고, 온전히 지혜로운 분이시다. 그래서 우리는 무슨 일이 닥치든 그것이 재앙이 아니라 우리의 복을 위한 것임을 믿을 수 있다. 당장은 이해가 가지 않더라도 말이다.

신약에서 예수님 외에 사도 바울보다 더 환경을 잘 극복한 사람은 내가 알기로 없다. 그는 당시의 어느 누구보다도 복음을 위해 심한 고난을 당했다(고후 11:24-28 참고). 사실 그가 당한 고난이 에베소서 3장 1-13절 전체의 액자를 이룬다. 바울의 설명은 자신이 이방인들을 위한 그리스도의 갇힌 자라는 말로 시작되어(3:1) 독자들에게 그들을 위한 자신의 환난 때문에 낙심하지 말라고 권면하는 말로 끝난다(3:13). 이방인을 위한 고난이라는 이 액자 속에 바울은 신학적 의미가 풍부한 그림을 그려 넣어 자신의 고난을 바른 시각에서 보게 해준다. 바울은 사역의 어려움을 어떻게 견딜 수 있었을까? 그 모든 것을 가치 있게 해주는 비밀을 알았기 때문이다.

—3:1-3—

1-3절이 영어에서는 마침표로 끝나지만 잘 보면 사실은 한 문장의 일부다. 그 이유는 헬라어 원문에서 실제로 에베소서 3장 1절과 14-21절이 이 편지에 나오는 바울의 두 번째 기도를 이루며, 2-13절은 중간에 삽입되어 교회의 "비밀"을 설명하는 하나의 복문(複文)이기 때문이다. 문장 구조상 3장 전체는 다음과 같이 되어 있다. "이러므로 그리스도 예수의 일로

너희 이방인을 위하여 갇힌 자 된 나 바울이-(이방인을 향한 바울의 사역이라는 비밀이 삽입구로 설명된다)-이러므로 내가…아버지 앞에 무릎을 꿇고 비노니….”

바울이 기도드린 내용은 다음 단락에서 살펴볼 것이다. 이번 단락에서는 곁가지인 삽입구를 좀 더 자세히 들여다보기로 하자. 2-13절은 헬라어로 하나의 복문이지만 그렇다고 사고의 흐름을 놓친 사람이 쓸데없이 주절거리는 말은 아니다. 이 부분은 하나님의 비밀을 푸는 열쇠가 된다. 하나님은 바울에게 그 비밀을 선포하는 일을 맡기셨다. 사실 바울이 지금 감옥에 갇혀 있는 것도 그 비밀이 진리임을 담대히 옹호했기 때문이다.

이 편지를 쓸 때 바울은 로마에서 가택 연금된 상태였다(행 28장). 왜 그곳에 가게 되었던가? 유대인들이 그를 평화를 교란시키고 불법 종교를 부추기는 민중 선동가라고 비난했다. 큰 문제는 예루살렘에서 시작되었다. 아시아에서 온 유대인들이 그가 성전 안뜰로 이방인을 데리고 들어가 성전을 더럽혔다며 그를 무고했다(21:27-31). 폭동의 와중에 로마 군사들이 바울을 체포하고 사슬로 결박하여 유대인 공격자들로부터 구해냈다(21:32-36)! 유대인 군중 앞에서 기회가 주어지자 바울은 자신이 다메섹 도상에서 경험한 회심을 들려주었다(22:1-16). 그의 간증은 거기서 더 깊이 들어가 예수님을 본 환상으로 넘어갔다. 그분은 바울에게 “떠나가라 내가 너를 멀리 이방인에게로 보내리라”(22:21)고 말씀하시며 예루살렘을 떠날 것을 분명히 명하셨다.

여기까지 듣던 유대인 군중은 격노하여 “이러한 자는 세상에서 없애 버리자 살려둘 자가 아니라”(행 22:22)고 외쳤다. 유대교의 열성파들은 이방인에게 유대인 예수를 메시아로 전하는 바울을 향해 노기가 충천했다. 오죽했으면 40명의 유대인이 바울을 죽이기 전에는 먹지도 않고 마시지도 않기로 맹세까지 했을 정도다(23:12-15). 하나님은 바울에게 이방인에게 복음을 전하는 사명을 맡기셨지만 유대인들은 거기에 전혀 감동하지 않았다. 그리하여 바울은 로마 정부에 구금되어 끌려 다니다 결국 로마에까지 왔다. 로마 시민의 권리를 행사하여 가이사에게 상소한 결과였다(25:11).

바울이 로마에 가택 연금된 상황은 결국 그래서 발생한 것이다. 로마에서도 그가 그칠 줄 모르고 이방인들에게 메시지를 전하자 그를 배척하던 유대인들은 분해했다. 옥중에 있는 동안 그는 지금도 우리 삶의 기틀이 되어주고 있는 네 통의 편지를 썼다. 바로 에베소서와 빌립보서와 골로새서와 빌레몬서다.

바울은 자신이 사슬에 매인 이유가 새로운 비밀 때문이라며 그 비밀의 핵심을 파헤친다. 우리는 여기에 바짝 주의를 기울여야 한다. 우선 그는 이방인을 향한 자신의 사역을 "하나님의 그 은혜의 경륜"(3:2)이라 표현한다. 신자들을 구원하여 그리스도 안에 연합시키는 은혜에 대해서는 바울이 이미 자세히 설명한 바 있다. 예수 그리스도의 인격과 사역에 대한 이 진리는 계시를 통해 바울에게 알려졌다(3:3). 1장 9절과 2장 전체에 이미 간략히 다루어진 이 "비밀"은 헬라어 단어로 *mystērion*이다. 존 스토트는 이 단어의 깊은 의미를 이렇게 설명한다.

> 영어 단어와 헬라어 단어의 의미가 같지 않음을 알아야 한다. 영어로 "비밀"(신비)은 어둡고 희미하고 은밀하고 수수께끼 같은 무엇이다. 설명할 수 없고 불가해한 것을 가리켜 "신비롭다"고 말한다. 하지만 헬라어의 *mystērion*은 다르다. 여전히 "비밀"이긴 하지만 더 이상 꼭꼭 숨겨져 있지 않고 공개된 것이다…기독교에서 말하는 "비밀"이란 인간 스스로 알아낼 수 없으나 하나님이 계시해주셔서 이제는 공공연히 전체 진리에 속해 있는 진리들을 가리킨다.[7]

—3:4-7—

바울은 "그리스도의 비밀"을 아는 특별한 통찰을 받았다(3:4). 사실 이 비밀에 대한 계시는 전혀 새로운 것이었고, 신약의 사도들과 선지자들에게 알려지기 전에는 전대미문의 것이었다(3:5). 터를 닦는 이 두 직분은 그리스도께서 교회의 첫 세대를 위해 성령의 능력으로 세우신 직분이었다(2:20). 이전 세대들은 장차 메시아가 오신다는 말을 들었지만 그분이 유대인만의 메시아일 줄로 알았다. 다윗 자손의 왕을 통해 약속된 구원이 이스라엘의 반경을 벗어나 이방인에게까지 제시될 줄을 그들은 꿈에도 몰랐다. 그들이 보기에 설상가상으로, 유대인과 이방인을 한 몸으로 연합시키는 이 비밀 때문에 이방인들도 "함께 상속자가 되고 함께 지체가 되고 함께 약속에 참여하는 자"가 되었다(3:6).

당신이 자부심이 강한 1세기의 유대인이라고 상상해보라. 당신이 고대하던 메시아는 오셔서 군대를 일으켜 여호와의 의로운 전쟁을 벌이실 분이었다. 로마의 압제자들을 비롯한 모든 외세와 이방의 권력을 몰아내고 성전 예배를 본래의 취지대로 회복시키실 분이었다. 일단 그렇게 메시아 시대가 도래하고나서야 이방인들은 여호와의 산으로 몰려와 그분의 율법을 배울 것이었다. 그들은 다윗의 후손이신 그 왕과 모세 율법과 이스라엘 민족에게 복종하도록 되어 있었다(사 2:1-4). 이스라엘 민족은 왕들과 제사장들을 배출한 하나님의 선민이었다.

그런데 바울이 와서 하나님이 유대인 메시아를 통해 이방인들도 무조건적으로 받아주신다는 복음을 전했다. 그러니 당신은 충격과 반감뿐 아니라 말할 수 없는 역겨움을 느꼈을 것이다! 바울이 전한 대로라면 이방인들은 단지 그리스도를 통해 여호와와 그분의 백성을 멀리서 사모하게 되는 정도가 아니었다. 그들도 그분의 백성이 될 것이었다! 사실 유대 민족의 구원도 이제 유대인과 이방인으로 이루어진 한 몸 안에서만 가능해졌다.

그래서 복음은 이방인에게는 영광이지만 유대인에게는 논란거리였다. 바울은 바로 그 복음의 "일꾼"으로 세움받았다(3:7). 보다시피 바울은 스스로 일꾼이 된 게 아니다. 사도와 선교사와 순교자의 직업을 평생의 목표로 스스로 택한 게 아니다. 그보다 하나님의 은혜가 바울을 일꾼으로 삼았다. 때로 "집사"로도 번역되는 헬라어 단어 *diakonos*는 가장 일반적으로 "봉사하는 사람"을 가리킨다.[8] 공식 행정직을 가리킬 때도 많이 있다. 왕의 신하로 일하는 각료직이 그런 경우다.[9] 바울은 하나님이 자신에게 신성한 일을 맡기셨다고 보았다. 더욱이 그것은 왕을 섬기는 일이었다. 예수 그리스도를 직접 만난 뒤로 그는 교회를 멸하려던 열성파 바리새인에서 기꺼이 이방인에게 복음을 전하는 일꾼으로 변했다. 그야말로 180도 전환이었다!

—3:8-10—

바울은 왜 자신을 "모든 성도 중에 지극히 작은 자보다 더 작은 나"라고 부르는 것일까? 방금 그는 그리스도의 일꾼이라는 자신의 역할이 오직 하나님의 은혜로 주어진 것임을 인정했다. 이어 자신의 과거를 돌아보니 전혀 자격이 없는 자신의 존재가 보였다. 고린도전서 15장 9절에 그것이 잘 표현되어 있다. "나는 사도 중에 가장 작은 자라 나는 하나님의 교회를 박해하였으므로 사도라 칭함 받기를 감당하지 못할 자니라." 하지만 그는 다음과 같이 덧붙여 시각의 균형을 잡았다. "그러나 내가 나 된 것은 하나님의 은혜로 된 것이니 내게 주신 그의 은혜가 헛되지 아니하여 내가 모든 사도보다 더 많이 수고하였으나 내가 한 것이 아니요 오직 나와 함께 하신 하나님의 은혜로라"(15:10).

하나님은 바울을 비밀의 일꾼으로 택하여 두 가지 중요한 사명을 맡기셨다. (1) 기쁜 소식, 곧 "측량할 수 없는 그리스도의 풍성함"을 이방인에게 전하게 하셨다(8절). (2) 전에 감추어져 있던 교회의 비밀을 드러내게 하셨다. 영원부터 하나님의 생각 속에 숨겨져 있던 이 비밀이 이제 "하늘에 있는 통치자들과 권세들"을 포함하여 모든 만물에게 알려졌다(10절).

세상에 기쁜 소식을 선포하는 것만으로 부족하다는 듯, 그리스도를 통해 화목하게 하는 바울의 사역은 다른 세계에도 영향을 미쳤다. 바로 눈에 보이지 않는 영적 세계다. 이 말은 무슨 뜻인가? 신약학자 맥스 터너(Max Turner)는 이렇게 설명했다. "여기서 말하는 통치자들이란 아마 천상의 존재들 전체를 가리킬 것이다. 하나님의 천사들이나 6장 12절의 악한 권세들만이 아니라 양쪽을 다 지칭하는 말일 것이다. 증인으로 총집합한 그들 앞에서 하나님은 자신의 지혜를 입증해 보이신다. 그 일을 교회를 통해서 하신다. 교회가 그분의 지혜를 드러낸다."[10]

사도 베드로도 동일한 진리를 다음과 같이 표현했다. "이 섬긴 바가 자기를 위한 것이 아니요 너희를 위한 것임이 [구약의 선지자들에게] 계시로 알게 되었으니 이것은 하늘로부터 보내신 성령을 힘입어 복음을 전하는 자들로 이제 너희에게 알린 것이요 천사들도 살펴 보기를 원하는 것이니라"(벧전 1:12). 여기 천사들은 "선한 천사들"을 가리킨다. 하나님이 교회 안에서 그리스도를 통해 하시고자 계획하신 일을 천사들도 나중에 깨우쳐야 했다. 하나님의 천사들은 가파른 학습 곡선을 그리며 비밀을 터득한 반면 악한 영들은 여지없이 뒤처지고 말았다! 사실 바울은 말하기를 만일 이 세상의 통치자들—이 땅의 인간 통치자들을 통해 활동하는 귀신의 세력들일 것이다—이 하나님의 계획을 미리 알았더라면 "영광의 주를 십자가에 못 박지 아니하였으리라"(고전 2:8)고 했다.

—3:11-13—

하나님의 영원한 뜻 속에 숨겨져 있던 비밀이 이제 공공연히 선포되었다. 바울이 강조하듯이 복음의 메시지는 그 뿌리가 영원하다. 창세기 1장 1절에 우주의 시간과 공간이 시작되기 전부터 하나님은 교회 안에서 그리스도를 통해 구원과 연합을 이루실 계획을 세워두셨다. 성부께서 그것을 정하셨고, 성자께서 그것을 이루셨으며, 성령께서 그것을 유효하게 하셨다. 시간이 시작되기 전부터 삼위일체 하나님이 교회를 통해 예수 그리스도의 메시지를 선포하기로 작정하셨다(3:11). 요컨대 그리스도의 강림과 죽음과 부활은 AD 1세기의 일이지만 교회의 메시지는 하나님의 뜻과 계획 속에 영원한 뿌리를 두고 있다.

그리스도는 시간 전부터 계신 영원한 하나님이시자 또한 시간의 제약을 받으신 유한한 인간이시다. 복음 메시지의 영원한 뿌리가 바로 그분 안에 있기에 우리와 하나님의 관계는 확실하다(3:12). 우리와 하나님의 관계의 특징은 "담대함과 확신"이다. 당신은 가정의 위기에 마음이 짓눌려 한밤중에 식은땀을 흘리며 깨어날 수 있다. 그때도 아버지께서 당신 곁에 계신다. 그분은 언제라도 당신의 간구를 들어주시고 짐을 덜어주시며 평안을 주신다. 옛 복음성가의 가사처럼 "온 세상이 그분의 손안에 있다." 당신은 하나님의 자녀로서 담대함과 확신을 가지고 그분께 나아갈 수 있다.

더욱이 하나님과의 이 불변의 관계가 우리를 지켜주기에 우리는 낙심하지 않을 수 있다(3:13). 바울은 구금되어 장래가 불투명한 상태였다. 자신이 풀려날지, 무기징역이 선고될지, 유배를 가게 될지, 아니면 그냥 사형에 처해질지 알 수 없었다. 앞길은 암담했을지 모르지만 위쪽은 청명했다. 하나님은 앞일이 어찌될지 몰라 손톱이나 물어뜯고 계시는 분이 아니었다. 겉보기에는 하나님이 바울을 위해 개입하실 의향이 없어 손을 놓고 계신 것처럼 보였을 수 있다. 하지만 사실은 전능자께 계획이 있음을 바울은 알았다. 그분은 이방인에게 복음을 전할 계획이 있으셨듯이, 때가 되면 바울을 향한 자신의 뜻을 드러내 보이실 것이었다. 바울의 책임은 단순히 믿고 순종하는 것이었다. 하나님의 능력과 은혜 안에서 안시하는 것이었다.

그것은 얼마나 큰 은혜였던가! 은혜로 바울은 사역으로 부름받았다. 은혜로 그는 이방인에게 하나님의 비밀을 드러내도록 준비되었다. 은혜로 하나님은 유대인과 이방인을 함께 한 교회 안에 통합시키셨다. 은혜로 우리는 교회로서 각 새로운 세대에게 하나님의 풍성한 구원을 선포한다. 다음 단락에서는 이 기쁜 소식에 대한 우리의 당연한 반응을 살펴볼 것이다. 그것은 바로 무릎 꿇고 감사와 경배의 기도를 드리는 것이다.

적용

하나님의 군대에 징집된 사람들

사역으로 징발당한 사람들을 나는 충분히 이해한다. "부름받은" 사람들이라고 말하지 않은 데 주목하라. 그 단어에 문제가 있어서가 아니다. 다만 부름받은 사람들은 본인에게 선택의 여지가 있다. 지금 말하려는 주제는 그런 사람들이 아니라 바울처럼 일정한 방향으로 가던 중에 갑자기 그리스도를 섬기는 특별한 일로 징집된 사람들이다. 내 경험상 그들이야말로 결국 자신의 영향권에 정말 복음으로 영향을 미치는 사람들이다. 하나님의 군대에 징집된 사람들이다.

그래서 나는 그리스도를 섬기는 일로 징발된 사람들에 대해 몇 가지 생각을 나누고 싶다. **첫째, 그들이 사역의 길에 들어선 것은 하나님이 그들을 그 자리에 두셨기 때문이지 다른 사람들이 시켜서가 아니다.** 아들이 어렸을 때부터 엄마가 그를 설교자로 키우려 했기 때문이 아니다. 딸이 어린이 사역의 지도자가 되는 것이 할아버지의 꿈이어서가 아니다. 아빠가 신학교 교수라서 아들도 그 뒤를 따라야 하기 때문도 아니다. 그런 식의 "소명"은 오래 가지 못한다. 그래서 사역자들이 대학, 신학대학원, 수련 기간, 첫 몇 년의 험난한 시작, 본격적 사역에 수반되는 불가피한 큰 위기 등을 헤쳐 나갈 수 없다. 하나님의 군대에 징발된 사람들은 대부분 부모나 사랑하는 사람들을 실망시킨다. 자녀에 대한 그들의 기대가 "그보다 높았기" 때문이다.

둘째, 생산적 사역으로 많은 열매를 맺는 사람들은 대부분 그렇게 되려고 애쓰지 않았다. 그것은 대망의 꿈이 아니었다. 사실 대부분의 경우에 그것은 본인에게도 뜻밖이자 충격적인 일이었다. 찰스 스윈돌이 사역의 길을 간다는 말에 정말이지 사람들은 불신의 반응을 보였다. 내 고교 시절의 밴드부 교사는 25년 만에 방문한 나에게 비꼬듯 말했다. "스윈돌, 자네는 감옥에 있어야 할 사람인데!" 은혜의 하나님은 평범한 사람들 가운데서 소수의 사람을 뽑아 자신의 대변자로 삼으신다. 우리가 그렇게 되려 한 게 아니다. 우리가 기도하거나 열망한 것도 아니다. 아마 원하는 마음조차 없었을 것이다. 하지만 주님은 "저항할 테면 해봐라. 너는 내 것이다!"라고 말씀하신다. 순진한 젊은이들이 나에게 자신이 사역으로 부름받았는지 어떻게 아느냐고 물을 때면 나는 종종 이렇게 답해준다. "평생 다른 길을 갈 수 있겠거든 그 길을 가게."

셋째, 사역자들은 그 일을 할 자격이 없다. 적어도 나는 분명히 자격 미달이다! 내가 무엇이 되어 마땅한지 정말이지 나는 알고 있다. 그것은 아마 하나님이 인도하신 현재의 자리보다 감옥에 더 가까울 것이다. 그런데 하나님은 사역의 여정에서 내게 은혜에 은혜를 더하셨다. 나에게는 은혜가 필요했다. 내 힘으로는 무력하여 하나님이 맡겨주신 일을 감당할 수 없다. 길은 멀고 험하고 위험했으며 상상을 초월하는 우여곡절도 많았다. 다른 많은 사람들도 똑같이 말할 것이다. 그러나 바울의 증언처럼 "이 복음을 위하여 그의 능력이 역사하시는 대로 내게 주신 하나님의 은혜의 선물을 따라 내가 일꾼이 되었"다(3:7).

우리 모두는 하나님 나라의 시민으로서 그리스도를 섬기는 일로 부름받았고 은사도 받았다. 당신이 여기에 해당한다면 뿌리를 깊숙이 내리고 자신이 심겨진 곳에서 자라가라. 그분을 위해 열매를 맺으라. 자신의 몫을 다하여 몸 된 교회를 세우라. 하지만 우리 중 일부는 평생 하나님 나라를 세우는 일에 집중하도록 하나님의 군대로 징집되었다. 당신이 그런 경우인가? 그렇다면 결코 뒤돌아보지 말라. 오히려 이 소명의 심각성을 인식하고 고난을 예상하라. 전투태세로 무장하고 계속 밀고 나가라!

다시 무릎 꿇은 바울(에베소서 3:14-21)

14이러므로 내가 하늘과 땅에 있는 각 족속에게 15이름을 주신 아버지 앞에 무릎을 꿇고 비노니
16그의 영광의 풍성함을 따라 그의 성령으로 말미암아 너희 속사람을 능력으로 강건하게 하시오며
17믿음으로 말미암아 그리스도께서 너희 마음에 계시게 하시옵고 너희가 사랑 가운데서 뿌리가 박히
고 터가 굳어져서 18능히 모든 성도와 함께 지식에 넘치는 그리스도의 사랑을 알고 19그 너비와 길이
와 높이와 깊이가 어떠함을 깨달아 하나님의 모든 충만하신 것으로 너희에게 충만하게 하시기를 구
하노라

20우리 가운데서 역사하시는 능력대로 우리가 구하거나 생각하는 모든 것에 더 넘치도록 능히 하
실 이에게 21교회 안에서와 그리스도 예수 안에서 영광이 대대로 영원무궁하기를 원하노라 아멘.

사도 바울은 에베소의 장로들을 마지막으로 직접 만났을 때 무릎 꿇고 그들과 함께 기도했다(행 20:36). 그들은 살아생전 다시 그를 보지 못할 것을 알고 그를 끌어안고 입 맞추

며 크게 울었다(20:37). 그후에 그들은 그를 배에까지 전송하여 밀레도에서 떠나보냈다. 하지만 에베소 교회의 장로들의 기억 속에는 바울이 함께 무릎 꿇고 기도하던 모습이 늘 새겨져 있었을 것이다.

바울은 에베소서의 교리 부분 마지막 단락을 "내가…아버지 앞에 무릎을 꿇고 비노니"(3:14-15)라는 말로 시작한다. 편지를 수신한 몇몇 연장자들은 이 대목에서 위대한 사도를 마지막으로 만났던 감격스런 순간이 떠올랐을 것이다. 그때 그는 무릎 꿇고 하나님 앞에 엎드려 에베소 교회의 장로들을 위해 중보했다. 바로 그 교회에 보낸 편지에서 바울은 두 번째로 기도의 싸움에 들어간다. 에베소의 사랑하는 그리스도인 친구들을 위해 두 번째 기도를 올려드리는 바울 옆에 잠시 우리도 함께 무릎을 꿇어보자.

—3:14-15—

그러나 바울의 기도 내용을 살펴보기 전에 우리가 던져야 할 질문이 있다. "이 기도는 한동안 바울의 마음속에 맴돌고 있었다. 이 기도를 유발한 것은 무엇인가?" 기억하다시피 바울의 기도는 1절에 "이러므로 그리스도 예수의 일로 너희 이방인을 위하여 갇힌 자 된 나 바울"이라고 쓸 때 이미 터져 나올 뻔했다(개역개정의 "말하거니와"는 원문에 없다-역주). 그런데 거기서 삽입구로 빠져 복음의 "비밀"을 설명했다. 그는 그 비밀을 알리는 일꾼으로 세움받았다(3:2-12). 이 설명에 이어 바울은 에베소 교인들에게 그들을 위한 자신의 환난 때문에 "낙심하지 말라"고 권면한다(3:13).

그러므로 두 번째로 "이러므로"(3:14)라고 말할 때 바울은 단지 교회의 비밀만이 아니라 그 이상을 생각하고 있었다. 지금까지 그는 에베소 교인들에게 낙심하지 말아야 할 이유를 제시했다. 그것은 바로 과거에 숨겨져 있던 비밀이 이제 계시되었다는 사실이다. 바울이 흔들림 없이 복음 전파에 헌신한 덕분에 에베소 교인들은 그리스도 안에서 이 새로운 기업에 참여하는 자가 되었고, 예수 그리스도의 교회 안에서 이방인들과 함께 공동 상속자가 되었다(3:6). 에베소서 2장과 3장에 제시된 이런 진리들을 바탕으로 이제 바울은 무릎 꿇고 그들을 위해 기도한다.

다음으로 넘어가기 전에 여기서 기도하는 몸자세에 대해 두어 가지 간략히 짚어보는 게 적절할 듯싶다. 중요한 것은 몸자세라기보다 기도하는 행위 자체다. 기도를 서서 하든 무릎 꿇고 하든 앉아서 하든 엎드려서 하든 중요한 것은 간절하고 꾸준하게 반복해서 기도하는 것이다. 나는 운전 중에 기도할 때가 많다. 사람들과의 어려운 만남을 앞두고는 항상 기도한다. 절박한 상황에서는 주님 앞에 무릎을 꿇기도 한다. 사람들과 손잡고 기도할 때도 있고 안수기도를 할 때도 있다. 눈을 뜨고 기도할 때도 있고 감고 할 때도 있다. 손을 모으고 할 때도 있고 높이 들고 할 때도 있다. 다시 말하지만 중요한 것은 마음자세다. 몸자세에 무슨 마력이 있는 것은 아니다.

하지만 바울 시대에는 대부분의 사람들이 서서 기도했고, 마음을 열고 복종한다는 표시로 대개 손을 펴서 앞으로 내밀었다(막 11:25, 눅 18:11, 딤전 2:8). 1세기의 그리스도인들이 무릎 꿇고 기도할 때는 그만큼 깊은 경배와 복종과 긴박함의 표시였다.[11]

이제 바울의 기도로 돌아간다. 우선 보다시피 그는 하나님 아버지께 기도한다(3:14). 그리스도인들이 기도할 때 명심해야 할 간단한 공식이 있다. 성부와 성자와 성령은 각각 온전한 하나님이시지만 동일한 인격이 아니라 서로 구별되면서도 분리될 수 없는 세 분의 인격이시다. 세 분은 함께 영원하시고 함께 대등하시다. 신성은 동일하지만 창조와 구속에서 맡으신 역할 내지 기능이 각각 구별된다. 그리스도인의 바람직한 기도는 성령에 의하여 성자를 통하여 성부께 기도하는 것이다. 예수께서 가르치신 대로 우리는 아버지께 기도해야 한다. "하늘에 계신 우리 아버지여"(마 6:9). 사실 신약에 나오는 기도의 예들을 보면 요청과 간구의 대상이 하나님 아버지인 경우가 압도적으로 많다.

"하나님 아버지"는 당연히 성자 하나님의 아버지시다. 주 예수 그리스도는 영원 전부터 성부와 성령과 함께 존재하셨다. 그런데 바울은 하나님을 그냥 "아버지"라 부른다. 여기서 그는 창조세계를 대하실 때 아버지로서 대하시는 하나님을 생각했을 수 있다. 이런 해석을 확증해주는 사실이 있다. 바울은 "하늘과 땅에 있는 각 족속에게 이름을 주신"이라는 말로 "아버지"를 수식한다(엡 3:15). 헬라어 원문의 표현은 "각 족속"이라 번역될 수도 있고 "온 족속"이라 번역될 수도 있다. 내가 보기에는 후자가 문맥에 더 잘 맞는다. 바울은 유대인과 이방인을 두루 아우르는, 하나님의 온 족속을 지칭하고 있다. 양쪽 모두 예수 그리스도를 통해 하나님과 관계를 맺었고 성령께서 그들을 하나 되게 하셨다. 이것이 지금까지 이 편지의 전체 요점이었다. 그러므로 바울의 기도는 모든 신자가 그리스도 안에서 신비롭게 연합되었다는 사실에 기초한 것이다.

—3:16–19—

기도 자체를 보면 바울은 하나님께 네 가지를 간구한다.

1. 그들이 성령으로 말미암아 강건해지도록 기도한다(3:16–17).
2. 그들이 사랑 안에서 뿌리가 박히고 터가 굳어지도록 기도한다(3:17).
3. 그들이 그리스도의 무한한 사랑을 깨닫도록 기도한다(3:18–19).
4. 그들이 하나님의 충만하심으로 충만해지도록 기도한다(3:19).

내가 보기에 바울은 이 네 가지 요청을 통해 인간에게 필요한 네 가지 차원을 총망라하고 있다. 그것은 바로 심리적 차원, 정서적 차원, 정신적 차원, 영적 차원이다. 지금부터 그것을 하나씩 자세히 살펴보기로 하자.

첫째, 바울은 그들이 성령으로 말미암아 강건해지도록 기도한다(3:16–17). 심리적으로 우리 모두는 내면의 의욕을 잃고 낙심할 수 있는 위험에 늘 처해 있다(3:13). 이에 대한 해답은 최신 유행하는 동기부여 수법이나 또 다른 "자신감 계발" 세미나에 있지 않다. 우리는 강건하게 하시는 성령의 능력에 의지해야 한다. 하나님은 자신의 풍성한 보고(寶庫)를 열어 우리에게 힘을 내려주신다. 우리 존재의 심연, 즉 바울이 말하는 "속사람"(3:16)으로부터 힘이 솟아나게 하신다. 성령께서 우리 안에 거하시면 그분을 통해 예수 그리스도께서 참으로 우리에게 임재하신다(3:17). 이 일은 어떻게 이루어지는가? 우리의 삶을 개혁하면 되는가? 우리 자신이 더 거룩해지면 되는가? 우리의 성전을 정화하여 성령께서 깨끗한 그릇에 거하시게 하면 되는가? 아니다! 바울은 "믿음으로 말미암아" 그리스도께서 우리 마음에 거하신다고 말한다. 하나님의 모든 은혜가 신자들에게 주어지는 방식과 동일하다.

성령 하나님이 우리 안에 사신다는 확신은 우리에게 심리적 영향을 미친다. 이 영향은 아무리 강조해도 지나치지 않다. 그리스도를 삶의 중심에 모시고 우리의 태도와 가치관과 선택과 결정과 행동의 기준으로 삼을수록 우리는 더욱 그분을 닮아간다. 내면 깊은 곳으로부터 일어나는 이 변화는 우리 삶의 다른 모든 부분—신체적, 정서적, 정신적, 영적 부분들—에 영향을 미친다. 하지만 그것은 우리 존재의 중심부에서 시작되며, 오직 믿음으로만 자라간다.

둘째, 바울은 그들이 사랑 안에서 뿌리가 박히고 터가 굳어지도록 기도한다(3:17). 시편 1편에 보면 여호와의 율법을 즐거워하는 의인이 "시냇가에 심은 나무"에 비유된다(시 1:3). 이런 나무는 쉽게 흔들리지 않으며 철따라 열매를 맺는다. 그리스도의 사랑에 뿌리박힌 삶도 그 나무처럼 풍성한 열매를 맺는다. "뿌리가 박히고"라는 말이 농사의 은유라면, "터가 굳어져서"라는 말은 건축의 세계에서 왔다. 견고한 기초 위에 지어진 건물이 흔들릴 수 없듯이(마 7:25) 삶의 기초가 사랑인 사람들도 마찬가지다. 하나님의 무조건적인 사랑이 신자들 안에 흘러들고 그들을 통해 흘러나간다. 그 사랑을 의지하고 누리는 신자들은 정서적 균형과 안정을 얻는다.

하지만 여기서 짚어둘 것이 있다. 사랑에 대해 말하면서 바울은 아가페(*agapē*)라는 단어를 썼다. 여기에는 감정도 포함되지만 아가페가 주로 지칭하는 것은 대상에 대한 우리의 느낌이 아니다. 솔직히 사랑받는다는 내 느낌은 실제로 사랑받는 것과는 전혀 무관하다. 한 주석가는 아가페를 "사랑의 대상이 가장 잘되도록 힘쓰는 것"이라 정의했다.[12] 물론 대상에 대한 느낌도 존재한다. 하지만 강조점은 무조건적인 헌신에 있다. 신자들이 삶의 감정적 기복을 감당할 수 있으려면 사랑을 겉핥기로만 알아서는 안 된다. 바울은 그것을 알았다. 반면에 무조건적인 사랑 안에 뿌리가 박히고 터가 굳어지면 그들은 갈등과 불화와 싸움의 통로가 아니라 평안과 연합과 화해의 통로가 된다.

셋째, 바울은 그들이 그리스도의 무한한 사랑을 깨닫도록 기도한다(3:18-19). 다음과 같이 시작되는 은혜로운 옛 찬송가가 있다.

> 오 깊고 깊은 예수님의 사랑
> 한없이 크고 넓은 값없는 사랑.[13]

17절에 언급된 "사랑"은 그리스도와의 관계 때문에 우리에게서 흘러나오는 무조건적인 사랑을 말하지만, 18절의 "그리스도의 사랑"은 그리스도께서 우리에게 베푸신 사랑을 말한다.[14] 우리 죄를 위해 목숨을 버리신 그분의 사랑은 너무도 극진하고 뜻밖이고 무한하여 바울은 더 이상 그것을 무엇에도 비유할 수 없었다. 사실 에베소 교인들을 위한 그의 기도는 알 수 없는 것을 알게 해달라고 간구하는 기도다! 바울은 형언할 수 없고 이해할 수 없는 그리스도의 사랑의 속성을 공간적 이미지로 전달한다. 그 사랑의 너비와 길이와 높이와 깊이를 우리는 측량할 수 없다. 그분의 사랑은 광대무변한 우주처럼 모든 방향으로 끝없이 계속된다.

이 단어들을 읽노라면 나는 십자가를 떠올리지 않을 수 없다.

- 너비: 모든 사람을 품을 만큼 넓다!
- 길이: 모든 장벽을 뛰어넘을 만큼 길다!
- 깊이: 모든 필요나 죄나 상처에 가닿을 만큼 깊다!
- 높이: 우리 모두를 무한한 영광으로 데려갈 만큼 높다!

이렇듯 바울은 우리 신자들이 존재의 내면에서 하나님을 더욱 깊이 알아가도록 기도한다. 우리는 그분의 광대함을 다 이해할 수 없고, 그분의 사랑을 다 깨달을 수 없고, 그분의 영광을 다 경험할 수 없다. 바울은 지금 "머리로 아는 지식"을 말하는 게 아니다. 하나님의 사랑이 우리의 상상을 초월한다고 믿고 고백하는 일이야 누구나 할 수 있다. 하지만 그것을 체험하는 일-그분의 자비와 은혜를 직접 받아보아 아는 일-은 지적인 의미만으로는 결코 깨달을 수 없다.

문득 재즈의 대가 루이 암스트롱(Louis Armstrong)의 말이 생각난다. 누군가 재즈가 무엇인지 설명해달라고 하자 그는 이렇게 대답했다. "말로 설명해서는 결코 알 수 없습니다." 재즈란 분해하고 분석하고 묘사하고 설명하는 것이 아니다. 재즈란 듣고 느끼고 경험하는 것이다. 그리스도의 사랑도 마찬가지다. 다만 차원이 무한대로 더 클 뿐이다. 바울은 에베소 교인들에게 깨달음을 주시도록 기도했다. 이런 초자연적 지식은 성령께서 조명해주시지 않고는 불가능하기 때문이다.

끝으로, 바울은 그들이 하나님의 충만하심으로 충만해지도록 기도한다(3:19). 바울은 불가능한 일을 연달아 들고 나온다. 무조건적인 사랑과 알 수 없는 지식에 이어 이번에는 무한하신 하나님으로 채워달라고 했다. 물론 유한한 우리 안에 무한하신 하나님을 담을 수는 없다(대하 6:18). 그렇다면 바울의 말은 무슨 뜻인가? 인간에게 가능한 역량의 최대치만큼 하나님의 힘과 사랑과 지식이 우리에게 흘러넘치도록 기도한 것이다. 우리는 결코 하나님이 될 수 없으며 작은 "신들"도 될 수 없다. 그것은 불가능한 일이다. 하지만 우리는 지금보다 더 큰 인간이 될 수 있다. 즉, 예수 그리스도의 형상을 점점 더 닮아갈 수 있다. 성령께서 그분의 충만하심으로 우리를 충만하게 하시면 우리는 "신성한 성품에 참여하는 자"가 된다(벧후 1:4).

우리 가족은 전에 태평양에서 45분 거리인 곳에서 산 적이 있다. 가끔씩 우리는 라구나 비치의 친구네 아파트로 휴가를 가곤 했다. 그곳은 캘리포니아 남부에서 우리가 가장 즐겨 쉬던 곳 중 하나로 친한 친구들끼리 오붓한 시간을 보내기에 안성맞춤이었다. 물장구도 치고 모래성도 쌓는 아이들의 모습을 지켜보면서 말이다. 아름다운 바다 풍경과 냄새와 우렁찬 파도 소리를 마음껏 즐길 수 있었다! 우리 딸 콜린(Colleen)이 여섯 살 때 있었던 일이 기억난다. 딸아이가 바닷물을 통에 담아 집으로 가져왔다. 밤에 아이를 침대에 누이려는데 옷장 위에 있던 그 통이 보였다. 그래서 물었다. "얘야, 저게 뭐니?"

딸아이는 이렇게 대답했다. "아빠…그냥 바다를 집으로 가져오고 싶었어요." 정말 맞는 말이었다. 그 작은 통 속에 태평양이 넘실거리고 있었다. 물론 태평양의 전부는 아니었지만 통의 용량으로는 최대치였다. 내용물은 무엇이었을까? 양적으로는 일부였지만 질적으로는 진짜 태평양의 모든 속성이 통 속에 가득 차 있었다.

마찬가지로 바울은 에베소 교인들이 하나님의 속성 내지 성품으로 충만해지도록 기도했다. 그렇게 되면 우리 존재의 영적 차원이 제구실을 다하게 된다. 위대하신 하나님과 친밀한 관계를 누리기 때문이다. 이런 차원의 친밀함은 부부관계나 부모 자식 관계에서도 볼 수 없다.

—3:20–21—

이런 위대한 기도는 마땅히 웅대한 찬송과 장엄한 결론으로 끝나야 한다. 하나님의 광대하심은 바울을 압도했다. 오늘날 당신과 나를 압도하는 것과 마찬가지다. 그래서 그는 우리가 되어야 할 모습에서 하나님이 어떤 분이시고 무슨 일을 하실 수 있는가 하는 쪽으로 모든 주의를 돌린다. 하나님이 우리를 위해 능히 하실 일에 비하면 우리의 생각과 기도는 그저 상념과 중얼거림에 지나지 않아 보인다(3:20). 하지만 성령의 다함없는 능력이 우리 안에서 역사한다. 성령은 기적 같은 능력을 우리에게 행하시고 교회를 통해 행하신다. 그런 하나님만이 영원무궁토록 모든 영광과 존귀를 받기에 합당하신 분이다(3:21).

바울의 기도는 만유의 아버지께 무릎을 꿇는 것으로 시작되어(3:14) 고개를 들고 아버지께 모든 영광을 돌리는 것으로 끝난다(3:20–21). 그 사이에서 그는 우리에게 그분의 힘을 주장하고, 그분의 사랑을 기억하고, 그분의 충만하심을 구하라고 가르친다. 이렇게 하나님의 속성에 대한 신학적 기초가 제대로 되어 있어야만 우리는 그 위에 안정되고 실제적인 그리스도인의 삶을 지어갈 수 있다. 이것만이 우리를 자신의 영원한 가족으로 삼아주신 그분께 합당한 삶이다.

주

1. John Milton, *Paradise Lost,* 2.142–143. (『실낙원』 문학동네)
2. Josephus, *Wars of the Jews,* 5.193–94. (『유대 전쟁사 1 · 2』 나남)
3. John R. W. Stott, *The Message of Ephesians: God's New Society*(Downers Grove, IL: InterVarsity, 1979), 92. (『에베소서 강해: 하나님의 새로운 사회』 IVP)
4. Harold W. Hoehner, "Ephesians," *The Bible Knowledge Commentary: New Testament Edition,* John F. Walvoord & Roy B. Zuck 편집(Wheaton, IL: Victor, 1983), 626.
5. Hoehner, "Ephesians," 627.
6. 다음 저작들을 참조하라. Clement, *1 Clement* 5.3–4, 42.1–3. Ignatius, *Magnesians* 13.1. Ignatius, *Romans* 4.3. Polycarp, *Philippians* 9.1. Tertullian, *Against Marcion* 4.5.
7. Stott, *The Message of Ephesians,* 116.
8. Johannes E. Louw & Eugene A. Nida 편집, *Greek-English Lexicon of the New Testament Based on Semantic Domains,* 제1권, *Intorduction and Domains,* 2판(New York: United Bible Societies, 1988), § 35.20.
9. Harold W. Hoehner, *Ephesians: An Exegetical Commentary*(Grand Rapids: Baker, 2002), 449.
10. Max Turner, "Ephesians," *New Bible Commentary: 21st Century Edition,* 4판, D. A. Carson 외 편집(Downers Grove, IL: InterVarsity Press, 1994), 1234.
11. 다음 책을 참조하라. A. Skevington Wood, "Ephesians," *The Expositor's Bible Commentary,* Frank E. Gaebelein 편집(Grand Rapids: Zondervan, 1978), 11:50.
12. Hoehner, *Ephesians,* 489.
13. Samuel Trevor Francis, "O the Deep, Deep Love of Jesus," *The Hymnal for Worship and Celebration*(Waco, TX: Word Music, 1986), no. 211.
14. 다음 책을 참조하라. Hoehner, *Ephesians,* 489.

행함과 성장:

신자의 생활방식

에베소서 4:1-32

대부분의 바울 서신에는 지식의 강의실에서 체험의 실험실로 옮겨가는 문처럼 “돌쩌귀”가 있다. 그 지점부터 원리가 실천으로, 교리가 의무로, 정통 신앙이 정통 행위로 바뀐다. 예컨대 바울은 로마서의 실천 부분을 12장 1절에서 이렇게 시작한다. “그러므로 형제들아 내가 하나님의 모든 자비하심으로 너희를 권하노니.” 갈라디아서 5장 1절에는 “그리스도께서 우리를 자유롭게 하려고 자유를 주셨으니 그러므로 굳건하게 서서 다시는 종의 멍에를 메지 말라”고 썼다. 비슷하게 골로새서 3장 1절의 돌쩌귀에도 바울은 “그러므로 너희가 그리스도와 함께 다시 살리심을 받았으면 위의 것을 찾으라 거기는 그리스도께서 하나님 우편에 앉아 계시느니라”고 말했다. 보다시피 이 모든 돌쩌귀에 “그러므로”라는 말이 들어 있다. 이 단어는 우리에게 앞으로 나아가기 전에 뒤를 돌아보게 한다. 다시 말해서 바울은 잠시 멈추어 이렇게 강조한다. “지금까지 내가 나눈 이 모든 위대한 신학적 진리들에 비추어 너희는 다음과 같이 행하라.”

1절은 말 그대로 에베소서의 돌쩌귀 역할을 한다. 바울이 지금까지 이 편지에서 제시한 심오한 교리적 원리들을 생각해보라.

- 우리는 하나님의 자녀로 입양되었다(1:4-5).
- 우리는 기업을 받을 소망이 있다(1:11, 18).
- 그리스도께서 영광스럽게 통치하신다(1:20-23).
- 하나님이 풍성한 은혜를 넘치도록 부어주셨다(2:1-10).
- 우리는 하나님과 그리고 서로와 연합했다(2:11-3:13).
- 주님의 사랑은 불가해하고 영광스럽다(3:14-21).

4장부터 에베소서의 후반부가 시작되는데, 실천적 내용으로 이루어진 후반부의 첫 단락에는 “행함과 성장: 신사의 생활방식”이라는 제목을 붙였다. 그리스도 안에서 받은 신자의 부르심과 지위를 바탕으로 바울은 에베소 교인들에게 그 부르심에 합당하게 행할 것을 권한다(4:1). 우리의 걸음에 겸손, 온유, 오래 참음, 용납, 사랑, 연합, 평안, 소망이 확연히 나타나야 한다(4:1-6). 동시에 바울은 영적 성장의 과정에서 몸의 연합을 강조한다. 그의 말대로 그리스도는 사도와 선지자와 복음 전하는 자와 목사와 교사의 은사를 교회에 주셔

핵심 용어

ἑνότης [*henotēs*, 헤노테스] *(1775)* '하나 됨, 연합'

바울은 에베소서 4장 4–6절에서 연합을 시적으로 노래한다. 이를 바탕으로 우리는 "연합"이란 그리스도인들이 늘 추구해야 하는 덕목이라 결론지을 수 있다. 무수히 많은 "신들"과 "주들"과 "진리들"이 서로 경쟁하는 세상에서 바울은 성부, 성자, 성령이 하나이시고, 그리스도인의 믿음이 하나임을 강조한다. 또한 신앙의 실천들도 교회에서 교회로 지속되어 내려감을 강조한다. 바울이 독자들에게 권고하는 기독교 신앙의 단일성은 기독교 신앙에 내재된 배타적 진술들을 인식하라는 부름이기도 하다. 종교적 다원주의의 세상에서 우리는 결코 이 신앙을 타협해서는 안 된다.

περιπατέω [*peripateō*, 페리파테오] *(4043)* '걷다, 행동하다, 처신하다'

이 말은 문자적으로 "걸어 다니다"라는 뜻이지만(마 4:18) 흔히 관용적 용법으로 사람의 생활방식이나 행동양식을 가리킨다(롬 6:4, 요일 1:6). 에베소서의 실천 부분을 바울은 "너희가 부르심을 받은 일에 합당하게 행하여"라는 4장 1절의 전반적인 권고로 시작한다. 그러므로 이 새로운 생활방식 내지 그리스도인의 "행함"은 이 편지 후반부를 포괄하는 주제다.

서 신자들의 믿음을 세우게 하셨다(4:7–16). 영적 성장의 이런 공동체적 방편을 통해 신자들은 "옛 사람"을 벗고 "새 사람"을 입을 수 있다. 성령께서 우리에게 하나님을 기쁘시게 하는 삶을 살도록 능력을 주신다(4:17–32).

지금까지 신학의 기초를 깊게 다졌으니 이제 바울을 따라 문을 지나 일상생활의 실제 현장으로 들어가보자.

합당하게 행하라(에베소서 4:1–6)

1그러므로 주 안에서 갇힌 내가 너희를 권하노니 너희가 부르심을 받은 일에 합당하게 행하여 2모
든 겸손과 온유로 하고 오래 참음으로 사랑 가운데서 서로 용납하고 3평안의 매는 줄로 성령이 하나
되게 하신 것을 힘써 지키라 4몸이 하나요 성령도 한 분이시니 이와 같이 너희가 부르심의 한 소망 안
에서 부르심을 받았느니라 5주도 한 분이시요 믿음도 하나요 세례도 하나요 6 하나님도 한 분이시니
곧 만유의 아버지시라 만유 위에 계시고 만유를 통일하시고 만유 가운데 계시도다.

몇 년 전에 나는 댈러스 카우보이스 풋볼 팀의 명 코치였던 고 톰 랜드리(Tom Landry)

의 추도 예배를 인도하며 말씀을 전하는 특권을 누렸다. 예배를 시작하기 전에, 나는 여러 선수들과 대화하며 그들의 말을 들을 기회가 있었다. 모두들 랜드리가 수석 코치로 있던 여러 해 동안 그의 팀에서 활약한 선수들이었다. 이 경건한 그리스도인 남자에 대한 그들의 평을 들으니 정말 기뻤다. 그는 자기 팀은 물론 상대 팀 선수들에게도 말없이 그윽한 성품으로 감동을 준 사람이었다. 선수들마다 이구동성으로 지적하는 공통된 주제가 있었다. 선수 출신인 랜디 화이트(Randy White)의 말에 그 주제가 잘 압축되어 있었다. "내가 랜드리 코치를 가장 존경하는 부분이 있습니다. 그는 풋볼 코치로서보다 한 인간으로서 모본을 보였습니다. 말만 한 게 아니라 행동으로 보여주었습니다. 그의 그런 점을 늘 존경합니다."[1]

우리는 믿음과 행동이 서로 다른 사람들에 대한 말을 많이 듣는다. 말만 있고 행함이 없는 사람들이다. 그래서 톰 랜드리처럼 유명한 공인이 자신의 신앙 고백에 걸맞게 그리스도인다운 일관된 생활방식을 보이면 그것이 많은 사람들의 큰 존경을 불러일으킨다. 하지만 안타깝게도 언행이 일치되지 않아 보이는 그리스도인들이 많다. 그들은 말에서 행함으로, 믿음에서 삶으로, 부르심에서 헌신으로 옮겨가지 못한다.

지금부터 에베소서 4장의 첫 여섯 구절을 공부할 것이다. 머리로만 아는 지식을 넘어 믿음을 손발로 실천하려는 다짐을 품고 임하도록 하자. 그래야 그리스도 안에서 부르심에 합당하게 살아갈 수 있다.

—4:1–3—

앞의 석 장에서 바울은 부르심을 강조했다. 하나님 아버지께서 우리를 부르셨다. 그분은 영원 전부터 구원의 계획을 정하셨다. 예수 그리스도께서 우리를 부르셨다. 그분은 성육신과 삶과 죽음과 부활과 승천을 통해 그 계획을 이루셨다. 성령께서 우리를 부르셨다. 그분은 우리를 중생시키시고 인 치셨으며 지금도 능력을 주셔서 그분의 뜻을 행하게 하신다. 이렇게 1–3장에서 토대를 다진 바울은 이제 마치 메가폰을 입에 대고 손가락으로 우리 쪽을 가리키며 이렇게 외치는 것 같다. "자…액션!"

이제 부르심을 받았다는 진리를 우리의 삶에 적용해야 할 때가 되었다.

그래서 바울은 "권하노니"라는 동사로 시작한다. 여기에 쓰인 헬라어 단어 *parakaleō*는

"재촉하다, 신신당부하다"라는 뜻이다. 바울의 말투에서 간절한 긴박성이 느껴진다. 그는 선지자적 권위를 지닌 사도로서만 아니라 "주 안에서 갇힌" 자로서 그들에게 간곡히 당부한다. 복음을 위해 감금된 그의 삶은 부르심에 합당한 삶의 모본이 되었다.

바울이 그들에게 권고한 내용은 무엇인가? 행하라는 것이다. 나는 "걷는다"라는 뜻의 이 말이 참 좋다. 그 속에 모든 의미가 담겨 있다. 이 말은 사람의 "행실이나 생활방식"을 가리키기 때문이다.[2] 나는 바울이 "날아라," "질주하라," "달리라," "돌진하라"고 말하지 않아서 참 좋다. 그는 그냥 걸으라고 했다. 그거라면 할 만하지 않겠는가? 그냥 한 걸음씩 내디디면 된다. 보폭이 작아야 한다면 그것도 좋다. 큰 걸음이 가능하다면 그것도 좋다. 어쨌든 걸으라. 바른 방향으로 걸으라. 바른 길로 걸으라. 성령의 능력으로 걸으라. 일단 걸으라.

그렇다면 우리는 어떻게 행해야 하는가? 부르심에 걸맞게 행해야 한다. 부르심의 내용은 1-3장에 나와 있다. "합당하게"라는 말은 *axios*로 "어울리다, 적합하다, 기대에 부합하다"라는 뜻이다.[3] 바울은 독자들에게 부르심의 실체에 상응하게 살라고 명한다. 이것은 실제로 어떤 모습으로 나타날까? 다음 몇 구절에서 바울은 부르심에 합당한 생활방식을 그림처럼 분명히 제시한다.

우선 2절에서 그는 합당한 행보의 다섯 가지 디딤돌을 놓는다. 그것을 다섯 단어로 요약하면 다음과 같다.

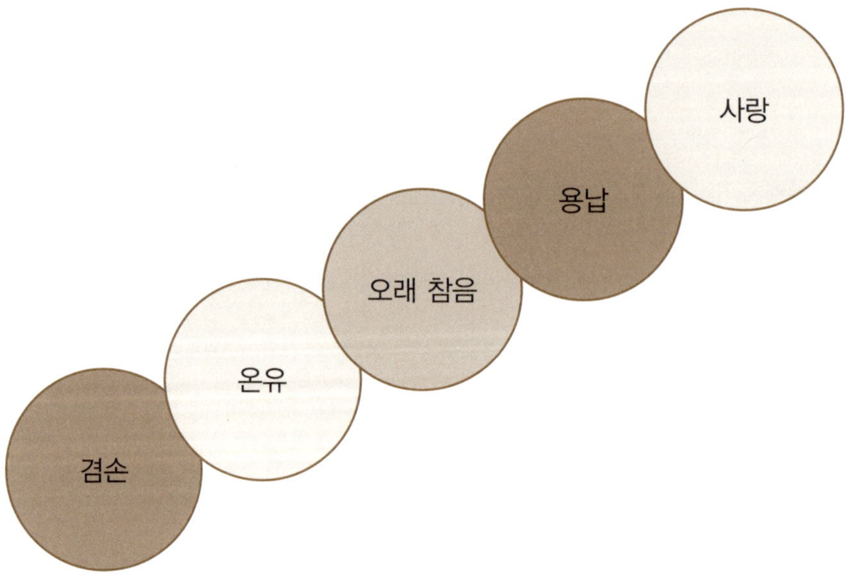

이런 디딤돌을 따라가면 어디에 이르는가? 3절에 목적지가 나온다. 바로 "평안의 매는 줄로 성령이 하나 되게 하신 것"이다. 그리스도인의 행보에서 이런 신중한 걸음들의 목표는 바로 연합이다. 실족을 피하기 위해 지금부터 각 걸음을 좀 더 주의 깊게 살펴보자.

겸손. 이 단어는 "마음이 낮다"라는 뜻이다. 빌립보서 2장 3절에도 같은 단어가 쓰였다. "오직 겸손한 마음으로 각각 자기보다 남을 낫게 여기고." 간단히 말해서 그리스도인의 겸손이란 그리스도를 첫 자리에 모시고, 다른 사람들을 두 번째 자리에 놓고, 자신은 맨 뒷자리로 물러나는 것이다. 인기 있는 공식은 아니지 않은가? 1세기에도 인기가 없기는 지금이나 마찬가지였다. 이 단어는 허리를 굽힌 노예, 주인에게 절대 복종하는 낮고 천한 노예를 연상시킨다.[4] 그런데 그리스도의 성육신과 지상 사역에 정확히 그런 태도가 수반되었다(빌 2:5-8). 사실 그분은 자신이 "마음이 온유하고 겸손"하며(마 11:29) 섬김을 받으러 오신 게 아니라 "섬기려" 오셨다고 말씀하셨다(막 10:45).

온유. 자신에 대한 그리스도의 표현에서 보듯이 겸손과 온유는 일심동체다. 겸손이 마음의 태도라면 온유는 겸손한 자세가 겉으로 드러난 모습이다. 온유한 사람들은 남에게 가혹하지 않고, 자신의 뜻을 관철시키려고 싸우지 않으며, 매사를 승자독식의 경쟁으로 만들지 않는다. 반대로 그들은 다른 사람의 필요와 감정을 배려한다. 겸손처럼 온유도 연합으로 가는 데 꼭 필요한 걸음이다. 온유가 있어야 우리의 날선 부분들이 부드러워져 가까이 오는 사람들이 긁히거나 베이거나 멍들지 않기 때문이다. 예수님처럼 교회의 모든 사람도 겸손과 온유로 힘의 균형을 이룬다면 사실상 우리의 모든 충돌이 사라질 것이다.

오래 참음. 합당한 행보의 세 번째 디딤돌은 인내다. 지금까지 나온 세 가지 덕목 중 인내가 가장 어렵다. 인내가 가장 힘든 방식으로 습득되기 때문이다. 인내란 겸손과 온유를 구사하되 실망과 좌절과 노골적 반감을 안겨주는 사람들 속에서 그래야 한다는 뜻이다. 인내란 안팎의 모든 것들이 포기하라고 다그칠 때도 끝까지 해낸다는 뜻이다. 인내를 기르려면 시간이 걸린다. 특히 이 세상이 인내심이 없는 곳이라 더욱 그렇다. 전자레인지가 30초만 걸려도 우리는 초조하게 서성거린다. 교통의 흐름이 느려지면 총알같이 휙 차선을 바꾼다. 예배가 3-4분만 더 길어져도 시계를 노려본다. 하지만 교회가 참된 연합에 도달하려면 인내가 반드시 필요하다. 인내가 있어야 우리 모두가 실수도 해가면서 서로 다른 속도로 배울 수 있다. 그리고 마음을 추슬러 끊임없는 영적 성장의 멀고 험한 과정에 임할 수 있다.

용납. 겸손과 온유가 합당한 행보의 든든한 기초를 이루듯이 인내와 용납도 서로 짝을 이룬다. 인내가 모든 종류의 상황을 견디게 해준다면 용납은 모든 종류의 사람을 견디게 해준다. 용납하는 사람은 용서와 이해와 동정을 베푼다. 사람들을 은혜로 대하며, 그들이 그리스도를 닮아가되 다른 방식과 다른 속도로 자라가게 해준다. 용납하는 사람은 다른 사람들을 반가이 맞아 따뜻하게 품어준다. 자신의 마음도 그리스도께서 품어주셨기 때문이다(요일 4:19). 물론 바울의 말은 죄와 악과 부도덕과 악행을 용납하라는 게 아니다. 그러한 것들은 그의 생각과 거리가 멀며, 우리의 생각과도 거리가 멀어야 한다(고전 5:9-13, 계 2:20). 바울의 말은 다른 사람들에게 자비와 은혜를 베풀라는 것이고, 그들이 그리스도인의 삶을 살아가는 방식이 우리의 생각과 다르더라도 그것을 허용하라는 것이다. 용납이란 각자의 개성을 드러내도 비판받을 두려움이 없게 해준다는 뜻이다.

사랑. 연합으로 가는 결정적인 디딤돌은 사랑이다. 이번에도 역시 아가페, 즉 아무런 보상도 바라지 않는 "무조건적인 사랑"이다. 앞의 네 가지 덕목은 진정한 사랑의 여러 가지 모습이라 할 수 있다. 그래서 바울은 겸손과 온유와 오래 참음과 용납이 우리에게 있되 "사랑 가운데서" 있어야 한다고 말한다. 사랑은 자신의 유익을 구하지 않고 다른 사람들의 유익을 구한다. 이 모든 디딤돌이 함께 우리를 참된 연합의 길로 인도한다.

정원의 오솔길을 따라가면 끝에 조용한 공터가 나오듯이, "평안의 매는 줄로 성령이 하나 되게 하신 것"(4:3)도 부르심에 합당한 행보에 어느 정도 진전을 이루었다는 표다. 하지만 일단 거기까지 도달했으면 이제 그것을 힘써 지켜야 한다. 방금 말한 다섯 가지 미덕과 정반대되는 악덕들이 있다. 바로 교만한 자존심, 가혹한 태도, 성급하게 짜증내는 기질, 비판적인 마음, 미워하는 태도 등이다. 이런 것들로부터 연합을 잘 보호해야 한다.

연합은 그리스도의 몸에 속한 모든 지체에게 꾸준하고 일관된 목표가 되어야 한다. 그리스도께서 우리를 평안으로 부르셨으므로(2:14-15) 우리는 매일의 삶 속에서 "평안의 매는 줄"을 더욱 굳건히 해야 한다(4:3). 분열과 투쟁과 상처가 난무하는 세상에서 교회가 줄 수 있는 가장 강력한 간증은 진정한 연합이다. 진정한 연합은 참된 사랑에서 비롯되어 평안의 본보기로 나타난다.

그러나 안타깝게도 오늘의 미국보다 더 분열된 교회는 교회사의 어느 시대에도, 어느 대륙에도 없었다. 그야말로 비극이다. 도시마다 교회가 갈라진 이야기가 있다. 그중에는 전설적인 사연들도 있다. 소읍이나 마을의 목사들은 서로 지원하고 격려하기는커녕 서로 말도 하지 않고 지낸다. 부르심에 합당하게 행하기로 헌신한 신자들로서 우리 모두는 이것을 참으로 부끄럽게 여겨야 한다. 비신자들이 연합에 무관심한 우리를 보며 다 가짜라고 생각하기 때문이다!

우리 21세기의 신자들은 바울의 말을 마치 우리에게 직접 쓴 것처럼 읽어야 한다. 그는 사역자와 교인, 남자와 여자, 젊은이와 노인 할 것 없이 모두 무기를 내려놓고 평화의 깃발을 들라고 권고하고 있다.

—4:4-6—

연합은 그리스도인의 행보에서 가장 근본이기에 바울은 연합의 일곱 가지 측면을 설명한다. 이 일곱 가지는 교단, 지역, 회중의 연령층, 선호하는 예배 방식 등과 무관하게 신자라면 누구나 공유하고 있는 것들이다. 성경을 믿는 정통 복음주의 교회들을 갈라놓을 수 있는 기타 어떤 요인과도 무관하다. 보다시피 이것들은 현재의 실체이지 이상적 미래상이 아니다. 즉, 하나님이 결국 교회 연합의 장벽들을 허무실 그날의 모습이 아니다. 이 일곱 개의 기둥 위에 우리는 실제적 연합을 지어 올릴 수 있다. 지금부터 연합의 일곱 가지 영역을 간략히 살펴보도록 하자.

한 몸. 유대인과 이방인, 종과 자유인, 남자와 여자, 부자와 가난한 사람, 젊은이와 노인 등 모든 대립 집단들이 이제 "몸이 하나"라 표현된 교회 안에 들여졌다. "노인 교회"나 "젊은 교회"는 본래 존재하지 않는다. 하나님은 "부자 교회"나 "빈민 교회"도 짓지 않으셨다. 여기서 조금 더 참견하자면 하나님은 "흑인 교회"나 "백인 교회," "전통 교회"나 "현대 교회"도 의도하신 적이 없다. 오직 한 몸이 있을 뿐이다.

한 성령. 동일하신 하나님의 영이 모든 신자에게 생명을 주시고 모든 신자 안에 거하신다. 그분이 우리를 부르시는 방식은 다양하며 우리에게 주시는 은사도 각기 다르다. 하지만 그분은 우리 모두 안에 똑같이 거하신다. 사람이 다르고 집단이 다르다 해서 성령도 다르신 게 아니다(고전 12:4-11). 한 성령이 우리 모두에게 새 생명을 주신다.

부르심의 한 소망. 모든 그리스도인은 영생의 소망을 공유하고 있으며(딛 1:2), 그 소망의 중심은 "우리의 소망이신 그리스도 예수"시다(딤전 1:1). 이는 그리스도인이라면 누구나 당연히 공유하는 공통된 미래의 비전이다. 그런데 성경을 믿는 그리스도인들을 분열시키는 큰 요인 중 하나는 종말의 사건들과 관계된다. 천년왕국은 있을 것인가? 환난 전에 휴거부터 될 것인가? 최종 결과는 어찌될 것인가? 하지만 이런 큰 이견들 속에서도 우리 모두가 공유하는 공통된 소망이 있다. 장차 우리가 하나님의 임재 안에서 죄와 고통과 죽음이 없이 영원한 기쁨을 누린다는 사실이다(계 21:4-7, 22-27). 우리가 강조해야 할 것은 우리를 갈라놓는 소소한 이슈들이 아니라 우리를 연합시키는 이런 굵직한 진리들이다.

한 주. 바울이 이미 말했듯이 모든 신자는 "한 성령"을 받았다. 성령이 먼저 언급되기는 했지만 성령은 흔히 삼위일체의 제3위로 불린다. 이제 바울은 삼위일체의 제2위인 예수 그리스도를 언급하며 "주도 한 분"이시라고 말한다(참고 고전 8:6, 12:3). 참된 그리스도인이라면 누구나 그리스도를 주로 모시고 있다. 모두가 한 주의 인격과 사역을 믿어 은혜로 구원받았다.

한 믿음. 모든 그리스도인은 한 믿음으로 연합되었다. 이 경우 "믿음"이라는 단어는 기독교의 본질적 진리들의 총체를 뜻한다고 할 수 있다. 유다서 1장 3절의 "성도에게 단번에 주신 믿음의 도"와 같은 의미로 쓰였다. 즉, 이 믿음은 기독교의 기본 교리들이다. 그 내용은 성부와 성자와 성령 하나님, 신이자 인간으로서 우리 죄를 위해 죽으시고 죽음에서 부활하신 예수 그리스도의 인격과 사역, 계시된 동일한 믿음 안에서 모든 그리스도인을 연합시키는 기타 핵심 가르침 등이다. 요컨대 다수의 정당한 "기독교들"이 있는 게 아니라 참된 "기독교"는 오직 하나뿐이다. 비본질적 문제들에 대한 관점과 해석은 교회와 교단과 신자에 따라 특이할 수 있지만, 모든 정통 복음주의자들은 성경에 계시된 본질적 진리들을 공유하고 있다.

한 세례. 세례의 방법, 세례 받는 사람의 나이, 예식에 쓰이는 어구 등과 관계없이 그리스도인이라면 누구나 믿는 사실이 있다. 세례란 기독교 신앙에 입문하는 의식이라는 것이다. 세례를 통해 우리는 자신이 그리스도와 하나가 되었음을 공적으로 선포한다. 내적 실체의 외적 표현인 셈이다. 방법은 달라도 모든 참된 기독교 교회는 이 본질적 성례를 실천하고 있다.

만유의 아버지이신 한 하나님. 연합의 일곱 가지 측면 중 마지막으로 바울은 삼위일체의 제1위인 성부 하나님을 언급한다. 아들을 믿고 성령을 통해 중생하여 그리스도인이 된 우리는 모두 한 아버지를 바라본다. 모든 신자가 참으로 서로 연합되어 있음을 행여 아직도 의심하는 사람이 있을까봐 바울은 한 하나님이 "만유 위에 계시고 만유를 통일하시고 만유 가운데 계시도다"라고 명백히 밝힌다(4:6). 성령과 아들과 아버지께서 하나이시듯, 하나님의 형상으로 창조되었고 그리스도의 형상을 닮도록 재창조된 우리도 역시 하나다(롬 8:29, 고후 3:18).

이 모두는 우리가 부르심을 받은 일에 합당하게 행해야 할 얼마나 놀라운 이유들인가!

적용
나는 부르심에 합당하게 살고 있는가?

우리는 저마다 독특한 존재다. 굳이 심리학자나 사회학자를 통하지 않고도 알 수 있는 사실이다. 우리는 기질, 재능, 경험, 소신, 관심사, 복, 고통, 상처가 각기 다르다. 정말이지 모든 인간의 공통점 중 하나는 각자가 전혀 다르다는 사실이다!

하지만 이렇게 배경이 천차만별인 사람들이 설마 평화롭게 더불어 살 수는 없지 않겠는가? 우리가 살고 있는 세상은 냉혹하게 사리사욕을 추구하는 곳인 만큼, 바울이 말한 연합의 일곱 가지 이론적 측면이 지속적 연합으로 실현될 수는 없지 않겠는가? 게다가 교리와 실천의 순수성을 수호하려면 우리의 기준대로 살지 못하는 신자들로부터 떨어져 나와야 하지 않겠는가? 교회들이 부수적인 일 때문에 갈라지고 그리스도인이 의견 차이로 다른 신자를 멀리할 때 분명히 하나님은 크게 기뻐하시며 우리를 응원하실 것이다. 그렇지 않은가?

틀렸다, 형제자매들이여! 우리는 이런 사고방식을 회개하고 이런 행동방식을 단호히 끊어야 한다! 그것들은 하나같이 다 부르심에 합당한 행보가 아니다. 하나같이 다 겸손과 온유와 오래 참음과 용납과 사랑의 삶에서 나온 결과가 아니다.

지금은 잠시 멈추어 자신을 살피기에 좋은 기회다. 당신에게 몇 가지 아주 개인적인 질문을 던지고 싶다. 아니, 당신이 자문하는 게 더 좋다. 너무 성급하게 답하지 말라. 당신은 남의 말 하기를 좋아하는가? 소문을 퍼뜨리는가? 하나님의 가족들 사이에 불화를 조장하는가? 당신은 신자들을 연합시켜주는 큰 진리들을 무시한 채 신자들을 분열시키는 소소한 이슈들에 집중하는가? 사람들을 대할 때 금방 인내심을 잃는가? 확실히 돌려받을 게 있을 때에만 남에게 베푸는가? 속에 원한과 악감정과 앙심을 품는가? 반대파를 결성하는가? 항의서를 작성하는가? 장문의 소장(訴狀)을 쓰는가?

당신이 그중 하나에라도 "유죄"라면 이렇게 자문해보라. "나는 왜 그런 일을 하는가?" 당신은 그것을 어디서 배웠는가? 그리스도로부터 배운 것은 아니다. 당신이 분열과 불화 쪽으로 간 것이 성령의 역사는 아니다. 당신이 교회에 문제를 일으키는 것이 성부 하나님께 힘써 순종한 결과는 아니다. 그렇다면 그것은 어디서 왔는가? 다음 세 가지 출처 중 하나나 그 이상에서 왔다. 바로 세상과 육체와 마귀다. 내가 이런 일에 유죄로 드러난다면 그것을 버려야 한다. 거기서 돌아서서 그동안 내가 상처와 피해를 입힌 사람들에게 적절히 사과해야 한다. 하나님의 자비에 의지하고 그분의 용서를 붙들어야 한다.

당신도 지금 나와 함께 "평안의 매는 줄로 성령이 하나 되게 하신 것을 힘써 지키"기로 헌신하겠는가(4:3)? 이것은 얼마나 중요한 결단인가! 이런 헌신의 걸음을 내디뎌야만 그때부터 우리는 부르심을 받은 일에 합당하게 행할 수 있다.

교회의 사역은 온몸의 사역이다(에베소서 4:7-16)

7우리 각 사람에게 그리스도의 선물의 분량대로 은혜를 주셨나니 8그러므로 이르기를 그가 위로
올라가실 때에 사로잡혔던 자들을 사로잡으시고 사람들에게 선물을 주셨다 하였도다 9올라가셨다 하
였은즉 땅 아래 낮은 곳으로 내리셨던 것이 아니면 무엇이냐 10내리셨던 그가 곧 모든 하늘 위에 오르
신 자니 이는 만물을 충만하게 하려 하심이라 11그가 어떤 사람은 사도로, 어떤 사람은 선지자로, 어떤
사람은 복음 전하는 자로, 어떤 사람은 목사와 교사로 삼으셨으니 12이는 성도를 온전하게 하여 봉사
의 일을 하게 하며 그리스도의 몸을 세우려 하심이라 13우리가 다 하나님의 아들을 믿는 것과 아는 일
에 하나가 되어 온전한 사람을 이루어 그리스도의 장성한 분량이 충만한 데까지 이르리니 14이는 우
리가 이제부터 어린 아이가 되지 아니하여 사람의 속임수와 간사한 유혹에 빠져 온갖 교훈의 풍조에
밀려 요동하지 않게 하려 함이라 15오직 사랑 안에서 참된 것을 하여 범사에 그에게까지 자랄지라 그
는 머리니 곧 그리스도라 16그에게서 온 몸이 각 마디를 통하여 도움을 받음으로 연결되고 결합되어
각 지체의 분량대로 역사하여 그 몸을 자라게 하며 사랑 안에서 스스로 세우느니라.

내가 오랜 세월 동안 사역을 하면서 보니 영적 은사에 대한 관심은 커졌다 줄어들었다

한다. 어떤 때는 부흥이 절실히 필요한 교회가 성령께서 자기네 지도자들과 교인들에게 이미 뭔가를 행할 능력을 주셨음을 불현듯 깨닫는다. 그래서 그들은 주일마다 단조롭게 틀에 박혀 있던 상태에서 벗어난다. 교인마다 자신의 영적 은사를 발견하여 그토록 요긴했던 부흥을 함께 실현하고 목격한다. 그런가 하면 나는 건강한 교회들이 영적 은사에 지나치게 집착하는 모습도 보았다. 그들은 어떤 은사가 오늘의 교회를 위한 것이고, 언제 어떤 은사를 사용해야 하며, 누구의 은사가 가장 중요한지 등을 따진다. 그 결과는 무엇인가? 교회들이 갈라지고, 연합이 깨지고, 사역이 무너진다.

분명히 영적 은사는 그리스도인의 삶을 이해하는 데 중요한 주제다. 바울은 여러 번 이 주제를 직접적으로 언급했다. 그중 가장 구체적인 내용은 로마서 12장, 고린도전서 12-14장, 에베소서 4장에 나온다. 각 본문마다 바울은 신자 개개인에게 주어진 다양한 은사를 기술할 뿐만 아니라 또한 은사의 목적을 설명했다. 은사의 목적은 그리스도의 몸을 세우는 것이다. 에베소서 4장 7-16절에서 보듯이 바울이 예상하는 교회는 다양성이 큰 곳이다. 각기 다른 사람들이 자신의 은사를 구사하는 곳이다. 하지만 동시에 그는 하나님이 자신의 사람들에게 영적 은사를 주시는 궁극적 이유를 지적한다. 그것은 "우리가 다 하나님의 아들을 믿는 것과 아는 일에 하나가 되"게 하시기 위해서다(4:13).

영적 은사를 효과적으로 사용하려면 우선 이 능력의 출처가 어디이고, 그리스도께서 어떻게 그것을 가능하게 하셨으며, 왜 그렇게 하셨는지 알아야 한다.

—4:7-8—

바울은 "그러나 우리 각 사람에게"라는 가벼운 대조로 7절을 시작한다(저자가 사용하는 NASB 역본과 헬라어 원문에는 7절 앞에 "그러나"가 있다-역주). 4-6절에 그는 한 몸, 한 성령, 한 소망, 한 주, 한 믿음, 한 세례, 만유의 아버지이신 한 하나님 등 "연합"의 여러 측면을 열거했다. 그러나 연합은 전체 그림의 일부일 뿐이다. 바울은 또한 연합이 획일성과 같지 않다고 역설한다. 화음은 단음(單音)이 아니다. 교회의 완성된 그림은 연합된 다양성이다. 각 사람이 공동의 목표를 위해 자신의 고유한 역할을 다하는 것이다.

"우리 각 사람에게"라는 바울의 말은 우리 개개인에게 적용된다. 바로 당신을 뜻하는 말이다! 당신에게 그리스도의 선물의 분량대로 은혜를 주셨다(4:7). 즉, 하나님이 당신을 부르셨고, 그리스도의 죽음과 부활이 당신을 구원했으며, 성령께서 당신을 인 치셨다. 측량할 수 없는 하나님의 은혜가 당신이라는 사람에게 주어졌다. 그런데 너무도 많은 그리스도인들이 구원의 은혜에 안주한 채 하나님이 자신에게 성화의 은혜도 주셨음을 모른다. 능력을 주시는 은혜를 깨닫지 못한 채 구원하시는 은혜에만 머물러 있는 것이다. 물론 우리가 그리스도의 몸의 일부가 된 것도 "그리스도의 선물"이다(4:7). 하지만 우리를 준비시켜 그리스도의 몸 안에서 그 몸을 위해 사역하게 하시는 것도 그분의 "선물"이다(4:8). 그런데 많은 그리스도인들이 그 선물을 받지 않고 있다.

8절에서 바울은 시편 68편 18절을 풀어씀으로써 한 가지 중요한 진리를 신약의 문맥에 적용한다. 시편에 보면 다윗은 하나님께 과거와 같이 그분의 백성을 구원하사 원수를 갚아 달라고 기도한다. 출애굽 때에 그분은 백성을 승리로 인도하셨다(시 68:7). 시내 산이 진동했고(68:8) 땅의 왕들이 흩어졌다(68:11-14). 그러자 그분은 거룩한 산에 서셔서(68:15-17) 사람들에게서 선물들을 받으셨다(68:18). 바울은 이 이미지를 그리스도의 승천에 적용한다. 그분의 승천을 하나님의 강력한 승리로 보았기 때문이다. 바울은 어떻게 시편 68편을 그리스도께서 승리하여 승천하신 결과에 적용하는가? 해럴드 호너가 우리의 이해를 돕는다.

> 바울은 시편 68편 18절을 그대로 인용하기보다 18절과 비슷한 표현으로 시편 68편을 요약했을 수 있다. 이는 뉴스 기자가 30분짜리 연설을 두세 문장으로 요약하는 것과 비슷하다. 기자가 작성한 한 문장이 연설의 어느 문장과 비슷할 수 있다. 어떤 사람들은 양쪽이 일치하지 않으니 부정확한 보도라고 비난할 수도 있다. 하지만 기자의 목적은 문장을 그대로 인용하는 게 아니라 연설 전체를 요약하는 것이다.[5]

그리스도는 십자가에서 죽으시고 부활하신 후에 자신의 사람들을 해방으로 인도하셨고 또한 승리하여 승천하셨다. 그분은 "사로잡혔던 자들을 사로잡으시고"(엡 4:8) 신자들을 영적으로 자신과 함께 하늘에 앉히셨다(2:6). 전에는 우리가 하나님의 원수였으나(2:15) 이제 그리스도께서 화목하게 하심으로 말미암아 하나님의 가족이 되었다(2:19). 죄에 묶여 사탄의 나라에 예속되어 있던 우리를 그리스도께서 포로로 사로잡아 천국의 공동 상속자가 되게 하셨다.

시편 68편에는 적들을 무찌르신 하나님의 승리와 피정복자들에게서 받으신 전리품이 강조되어 있다. 반면에 바울은 그리스도께서 죄와 사망과 마귀를 이기신 결과를 지적한다. 즉, 그분은 자신이 승리하여 받으신 부를 나누어주셨다. 이 풍성한 선물들을 그리스도는 누구에게 주셨는가? 그 선물들은 무엇인가? 이 질문들에 대한 바울의 답은 11절에 나온다. 그전에 짤막한 삽입구가 들어 있다.

—4:9–10—

그리스도의 승천이 언급되자 바울의 생각 속에 잠시 보충 설명이 끼어든다. 그는 그 승리의 사건을 둘러싼 몇 가지 사실을 독자들에게 간략히 지적한다. 바울의 말대로 그리스도께서 "올라가셨다"는 말은 또한 그분이 반드시 "내리셨던" 사실을 강조해준다(4:9–10). 하지만 그분은 어디서 내려오셨으며 얼마나 밑에까지 가셨는가? 이 질문은 고금의 성경학자들을 난감하게 만들었다. 흔히 세 가지 해석이 주를 이룬다.

1. 그리스도의 비하는 성육신을 가리킬 수 있다. 하나님의 아들, 즉 신이신 그분이 하늘에서 내려와 인간이 되셨다. 이는 빌립보서 2장 6–8절에 나오는 바울의 생각과 맥을 같이한다. 이 경우 "땅 아래 낮은 곳"이라는 말은 "땅, 즉 아래 낮은 곳"으로 번역될 수 있다.[6] 또는 이 비하는 그리스도께서 장사되신 무덤을 가리킬 수도 있다.[7]
2. 그리스도의 비하는 승천 후에 있었던 사건들을 가리킬 수 있다. 오순절에 성령께서 내려와 그리스도의 몸에 선물들을 주셨다(행 2장). 이는 자신이 아버지께로 승천하신 뒤 성령을 보내셨나고 하신 그리스도의 약속과 상통한다. 그분은 영서인 이미에서, 즉 성령의 임재를 통해 교회에 오셨다(요 14:16–18).[8]
3. 그리스도의 비하는 그분의 죽음과 부활 사이의 기간을 가리킬 수 있다.[9] 많은 그리스도인들이 그리스도께서 십자가에서 죽으신 후에 죽은 영들이 머무는 곳으로 내려가 굴레에 매인 악한 영들에게 승리를 선포하셨고, 또한 승리하여 구약의 성도들을 이끌고 낙원으로 올라가셨다고 믿는다(벧전 3:18–20 참고).[10]

나는 세 번째 해석으로 기운다. "기운다"고 말한 것은 성경의 어느 본문이 완전히 명확하지 않을 경우 누구보다도 내가 먼저 그것을 인정하기 때문이다. 다른 두 견해도 에베소서 4장 9-10절의 어법에 부합되며, 이런 해석들을 뒷받침하는 유사한 본문들도 있다. 내가 보기에 이것은 싸움이나 교회 분열의 원인이 될 만한 교리는 아니다. 하지만 그리스도께서 죽음과 부활 사이에 "스올"이나 "하데스"로 알려진 영적 세계로 내려가셨다는 견해는 아주 오래되었을 뿐 아니라 교회사에 지속되어왔다. 사실 전 세계적으로 무수히 많은 교회들에서 암송하고 있는 사도신경에도 그리스도께서 "십자가에 못 박혀 죽으시고 장사되시어 지옥에 내려가신"이라고 되어 있다(우리말 번역에는 없으나 공인된 원문에는 지옥 부분이 들어 있다-역주).[11]

하지만 에베소서 4장 9절에 대해서는 아무리 이견이 있어도 10절의 본질적 의미에 대해서는 모든 학자의 견해가 일치한다. 그리스도는 아버지께로 올라가셨으며 "이는 만물을 충만하게 하려 하심"이다. 이 마지막 문구에서 보듯이 그리스도는 그냥 세상을 떠나려고 올라가신 게 아니다. 오히려 그분은 세상에 대한 자신의 임재와 영향력을 확장하시려고 올라가셨다.

아버지의 오른편으로 승천하신 그분은 정확히 어떻게 그 일을 수행하셨는가? 요한복음 16장 7절에 예수님은 "내가 너희에게 실상을 말하노니 내가 떠나가는 것이 너희에게 유익이라 내가 떠나가지 아니하면 보혜사가 너희에게로 오시지 아니할 것이요 가면 내가 그를 너희에게로 보내리니"라고 말씀하셨다. 그전에 예수님은 자신이 성령을 통해 오셔서 교회 안에 임재하시고 자신의 사람들 가운데 거하실 거라고 말씀하셨다(14:18). 골로새서에 바울은 이것을 "비밀", 곧 "너희 안에 계신 그리스도"라 표현했다(골 1:27). 예수님은 비록 몸으로는 하늘로 올라가 아버지의 오른편에 앉으셨지만 성령의 사역을 통해 참으로 우리에게 임재하신다. 성령의 임재는 하늘과 땅 사이의 모든 간극을 이으신다. 분리되었던 모든 것이 성령 안에서 가까워진다. 그래서 그리스도는 제자들에게 성령께서 오시는 그날에는 "내가 아버지 안에, 너희가 내 안에, 내가 너희 안에 있는 것을 너희가 알리라"(요 14:20)고 약속하실 수 있었다.

그리스도께서 하늘에서 성령을 선물로 보내시자 성령은 많은 선물들을 가져와 "그의 뜻대로"(고전 12:11) 그리스도의 몸의 각 지체에게 나누어주셨다. 바울의 논리는 다음과 같다. 그리스도는 비하와 승천을 통해 승리의 전리품과 성령이라는 복을 얻으셨다. 그 높아진 지위에서 그분은 많은 사람들을 이끌고 개선 행진을 벌이셨다. 그리고 성령을 교회에 도로 선물로 주셨다. 성령은 수많은 각종 은사를 통해 교회에 자신의 능력을 나타내신다.

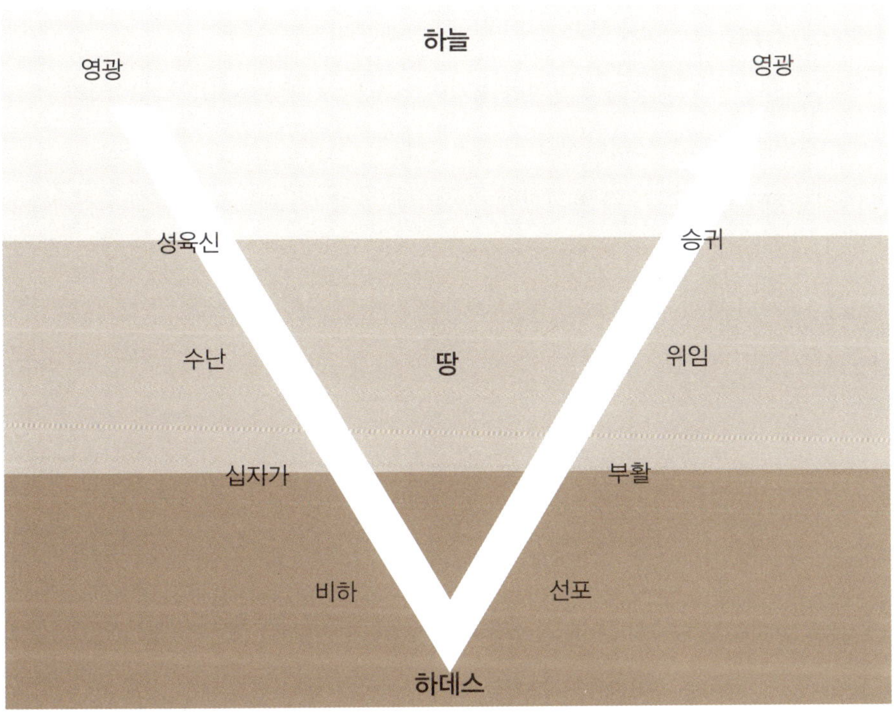

—4:11—

하나님이 우리에게 주신 은사들은 로마서 12장 6-8절, 고린도전서 12장 8-10절, 28-30절, 에베소서 4장 11절, 베드로전서 4장 11절 등 신약의 다섯 군데 본문에 약 스무 가지로 열거되어 있다. 그 내용을 살펴보기 전에 먼저 "은사"를 정의해야 할 것이다. 은사란 각 신자가 그리스도의 몸 안에서 특정한 기능을 효과적이고 쉽게 수행할 수 있도록 하나님이 주신 능력이나 기술이다. 보다시피 은사는 다른 그리스도인들이 주는 게 아니라 주님이 주신다. 교육과 훈련과 경험이 은사를 계발하고 다듬어줄 수는 있지만 은사 자체를 줄 수는 없다. 은사가 영적 선물인 이유는 그것이 신비롭고 비현실적이고 주관적이어서가 아니라 그 능력이 성령께로부터 와서 진정한 영적 변화를 일으키기 때문이다.

은사에 대한 중요한 사실을 몇 가지 더 살펴보면 다음과 같다.

- 모든 신자에게는 적어도 하나의 은사가 있으며 은사가 둘 이상인 사람도 있다(참고 고전 12:7, 14:1).
- 은사는 구원받는 순간에 주어지며 은사의 취지는 우리를 향한 하나님의 부르심을 수행하는 데 있다(고전 14:26, 엡 4:12, 벧전 4:11).
- 은사는 다양하며 각기 다른 역할에 소용된다. 눈에 더 잘 띄는 은사들도 있지만 모든 은사가 똑같이 중요하다(고전 12:12-25).
- 모든 은사의 능력은 동일한 출처인 삼위일체 하나님에게서 온다(고전 12:4-6).
- 은사는 자기 자신을 세우라고 주신 것이 아니라 공동체의 유익을 위해 주셨다(고전 12:7).
- 은사를 아낌없이 주신 분은 하나님이시므로 모든 은사는 그분께 영광을 돌리기 위해 존재한다(벧전 4:11).

은사를 "발견하도록" 신자들을 도와주려는 목사들과 교사들과 사역들이 많이 있음을 나도 알고 있다. 그들은 선의에서 각종 검사지와 양식과 책과 창의적 도구를 이용한다. 하지만 대개 영적 은사를 알아내고 다듬을 수 있는 최선의 방법이자 유일하게 보장된 방법을 간과하는 경향이 있다. 그것은 바로 사역의 경험이다. 당신의 은사를 발견하여 계발하고 싶은가? 그렇다면 소매를 걷어붙이고 실제로 사역을 해보라! 기회를 찾아 봉사하라. 일손이 필요한 곳에 뛰어들라. 일단 해보라. 그렇게 구체적으로 지상명령의 수행에 힘쓰다보면 성령께서 당신에게 독특하게 사역의 은사를 주신 영역이 어디인지 금방 알게 된다.

에베소서에서 바울은 교회에 주신 네 가지 유형의 은사에 초점을 맞춘다. 바로 사도, 선지자, 복음 전하는 자, 목사-교사다. 지금부터 하나씩 자세히 살펴보면서 그들이 어떻게 서로 협력하여 교회를 준비시키는지 알아보자.

사도. 일반적 의미에서 사도는 공적 자격으로 보냄 받은 사람을 가리킨다. 신약의 "사도"는 대개 그 의미가 더 좁다. 사도들은 부활하신 주님을 보았다(고전 9:1, 15:7-9). 하나님은 그들에게 놀라운 표적과 기사를 행하는 능력을 주셔서 복음의 메시지를 확증하게 하셨다(고후 12:12, 히 2:3-4). 그들의 수고는 미전도 종족들 사이에 열매를 맺어 도처에 교회들이 세워졌다(고전 9:1, 15:9-10). 이렇듯 성령께서 그들에게 초자연적 능력과 비범한 지혜를 주셔서 그들의 메시지에 절대적 권위를 더하셨다(고전 2:12-13, 벧후 3:15). 사도들은 초대 교회의 터를 닦은 사역자들이다. 그들이 계시한 건전한 교리와 그들이 기록한 신약성경이 향후 교회의 지침이 되었다(고전 3:10, 살후 2:15). 사역의 이러한 독특성 때문에 오늘날에는 "공식" 사도가 존재하지 않는다.[12]

성경에 나타난 은사들

에베소서 4장 11절에는 은사를 받은 교회 지도자들의 네 가지 사역이 나와 있지만, 성경의 다른 본문들에는 모든 신자에게 주어진 은사의 종류들이 열거되어 있다.

로마서 12:6-8	고린도전서 12:4-11	에베소서 4:11	베드로전서 4:10-11
예언	지혜의 말씀/ 지식의 말씀	사도	말하는 일
섬기는 일	믿음		봉사
가르치는 일	병 고침	선지자	
위로(권면)	능력(기적) 행함	복음 전하는 자	
구제	예언	목사	
다스림(지도)	영 분별	교사	
긍휼	방언		
	방언 통역		

선지자. 사도직의 은사처럼 선지자의 은사도 성경에서 교회의 터를 닦은 사역으로 간주되며, 따라서 역사적으로 한시적인 은사로 간주된다(고전 12:28, 엡 2:20). 선지자들은 하나님의 독특한 대언자였다. 구약의 선지자처럼 초대 교회의 선지자들도 미래를 예언했고(행 11:28, 21:9-11), 하나님의 사람들을 권면하고 격려하고 굳건하게 했다(행 15:32, 고전 14:29). 하지만 더 중요하게 그들은 아직 신약성경이 완성되어 집대성되기 전에 하나님의 말씀을 계시했다. 그들의 권위적인 영감의 메시지는 성령께 직접 계시를 받은 것이었다.

신약이 완성된 뒤로 사도와 선지자의 은사는 둘 다 약화되었다. 물론 오늘날에도 특별한 은사를 받은 그리스도인들이 비신자들에게 메시지를 전하고, 세상의 미전도 지역들을 뚫고 들어가며, 신자들에게 하나님의 말씀을 효과적으로 선포할 수 있다. 하지만 이런 사역의 은사들을 사도나 선지자의 은사로 분류해서는 안 되고 다음 두 범주에 넣어야 한다. 바로 복음 전하는 자와 목사-교사다.

복음 전하는 자. 이들은 오늘날의 순회 설교자나 선교사와 비슷한 순회 사역자들로서 기독교가 전해지지 않은 지역들에 복음을 가지고 들어갔다. 대개 교회들을 개척했거나 사도들이 세운 교회들을 더 발전시켰다(행 21:8, 딤후 4:5). 은사를 받은 전도자(복음 전하는 자)는 복음을 소통하는 특별한 능력이 있다. 그래서 비신자들에게 복음을 아주 쉽고 적절하게 제시하며, 주저하는 사람들을 도와 믿음의 걸음을 내딛게 한다. 이들의 노력은 종종 수적으로 어마어마한 결과를 낳는다.

여기서 한 가지 주의할 것이 있다. 이 특정한 은사를 받았든 그렇지 않든 우리 모두는 다른 사람들에게 그리스도의 복음을 전하는 특권을 받았다. 물론 전도에 은사가 있는 사람들은 앞장서서 복음을 선포해야 한다. 하지만 우리도 다 지상명령의 수행에 동참해야 한다(마 28:18-20). 결코 우리는 "전도를 전문가들에게 맡기려는" 유혹에 빠져서는 안 된다. 그리스도는 우리 각자를 사용하여 저마다의 영향권 내지 관계망 속에 메시지를 퍼뜨리기 원하신다(딤후 4:5).

목사-교사. 헬라어 원문에서 목사와 교사라는 두 단어는 문법적으로 하나의 관사 뒤에 묶여 나온다. 둘 사이에 밀접한 관계가 있다는 뜻이다. 따로 구분될 수도 있지만 바울은 목사와 교사의 긴밀한 연관성을 생각했을 것이다. 목사-교사는 아마 당시의 교회 "장로들"에게 붙여진 기능적 호칭일 것이다. 장로의 책임은 "목회"("목양")와 "교육"이었다(딤전 3:2, 5:17, 벧전 5:1-3). 이 단일한 은사에는 두 가지 다른 차원이 있었다. 한편으로 목회적 측면에서 이 은사는 목사-교사들에게 양 떼를 목양하는 능력을 주었다. 상담, 권면, 위로, 지도 등을 통해 회중의 일상적 필요를 채워주는 역할이다. 다른 한편으로 이 은사는 그들에게 말씀을 가르치고 설교하여 양 떼를 먹이는 능력을 주었다. 이 은사는 세월이 흐른 지금도 변하지 않았다. 목사와 교사 역할을 맡은 지도자들은 옛날의 선배들처럼 오늘날에도 교회에서 동일한 일을 하고 있다.

사도, 선지자, 복음 전하는 자, 목사-교사에 대한 설명에서 보듯이 하나님은 자신의 교회를 돌보신다. 교회를 고아처럼 버려두지 않으셨다. 신앙이 어린 그들을 가르치고 위로하고 목양하고 양육할 사람이 아무도 없게 하지 않으셨다. 반대로 하나님은 자신의 영을 보내셨다. 성령의 은혜는 특정인들의 삶을 완전히 변화시켰고, 그리하여 그들이 하나님께 쓰임받아 그리스도의 몸을 일으켜 세웠다. 지역교회들만 아니라 온 세상의 우주 교회를 세웠다.

—4:12-16—

내가 이전 어느 때보다도 더 확신하는 것이 있다. 21세기의 교회가 들어야 할 메시지가 있다면 바로 에베소서 4장 12-16절의 메시지다. 우리는 어려운 시대에 봉착해 있다. 교회가 신자들의 몸이나 성도들의 가족이라기보다 기업이나 기관으로 취급되고 있다. 오늘의 목사들은 목자보다 CEO처럼 행동한다(CEO라는 호칭을 선호하는 목사들도 있다). 교회 성장의 방법들과 리더십의 기법들 중 다수는 성경의 원리가 아니라 기업의 원리를 따른 것이다. 우리가 에베소서 4장을 통해 상기해야 할 것이 있다. 교회는 기업이 아니다. 교회는 가정이고 몸이다. 사역 초기에 나의 멘토 가운데 한 분이었던 레이 스테드먼(Ray Stedman) 목사의 말을 들어보라.

> 우리는 교회가 몸이라는 사실을 곧잘 망각한다. 그동안 우리는 교회를 기관이나 회사나 기업처럼 운영하려 했다. 하지만 바울이 에베소서에서 우리에게 깨우쳐주려는 것은 교회가 "세포들"로 구성된 몸이라는 사실이다. 세포들은 신자들 개개인, 즉 당신과 나 그리고 그리스도 안의 다른 형제자매들이다. 세포마다 자기만의 역할을 다해야 전체 몸이 건강하게 유지된다.[13]

이번 단락의 서두에서 말했듯이 나는 영적 은사에 대한 현대인들의 관심이 불러일으킨 긍정적 결과와 부정적 결과를 모두 보았다. 하지만 지금 내가 지적하려는 것은 아마 영적 은사에 대한 관심의 가장 큰 유익일 것이다. 지난 사역 기간 동안 그런 유익을 내 눈으로 볼 수 있었던 것은 특권이다. 그 유익이란 바로 하나님의 은사를 받은 전도자들과 목양 교사들의 지도 아래 "온몸의 사역"이 증진된다는 것이다. 즉, 에베소서 4장 11-16절에서 개괄된 사역 모델이 우리 교회들의 현실이 되면 그때부터 사람들이 일취월장으로 성장한다. 수적인 성장을 말하는 게 아니다. 떠오르는 명설교를 듣거나 최신 유행에 따르려고 사람들이 폭발적으로 몰려들어 자리만 채운다는 말이 아니다. 내가 말하는 성장은 깊은 영적 성장이다. 이런 성장의 결과는 변화된 삶, 동료 신자들을 향한 사랑, 주체할 수 없는 전도와 선교의 열정이다. 하지만 이런 성장은 수적 성장도 낳게 마련이다. 비신자들이 구원받고,

미지근하던 신자들이 활기찬 사역으로 들어서기 때문이다. 사역의 중점은 실제로 제자를 삼는 데 있다.

4장 11절에서 교회에 주신 지도자들을 속사포처럼 나열한 바울은 이제 12-16절에 "왜"라는 질문과 "어떻게"라는 질문에 답한다. 왜 주님은 교회에 지도자들을 선물로 주셨는가? 그리고 그들은 그리스도의 몸의 각 신자에게 주신 은사들과 어떤 관계가 있는가? 본문에서 바울은 하나님이 교회에 은사들을 주신 이유를 세 가지로 제시한다(4:12). 이어 성령의 사역을 온몸으로 건강하게 수행할 때 나타나는 네 가지 결과를 강조한다(4:13-16). 이 과정에서 그는 교회에 지도자들의 사역을 선물로 주신 목적을 단기적 목적(4:12), 중기적 목적(4:13-15), 궁극적 목적(4:16)의 세 가지로 밝힌다. 이 세 가지 목적을 도표로 정리하면 다음과 같다.

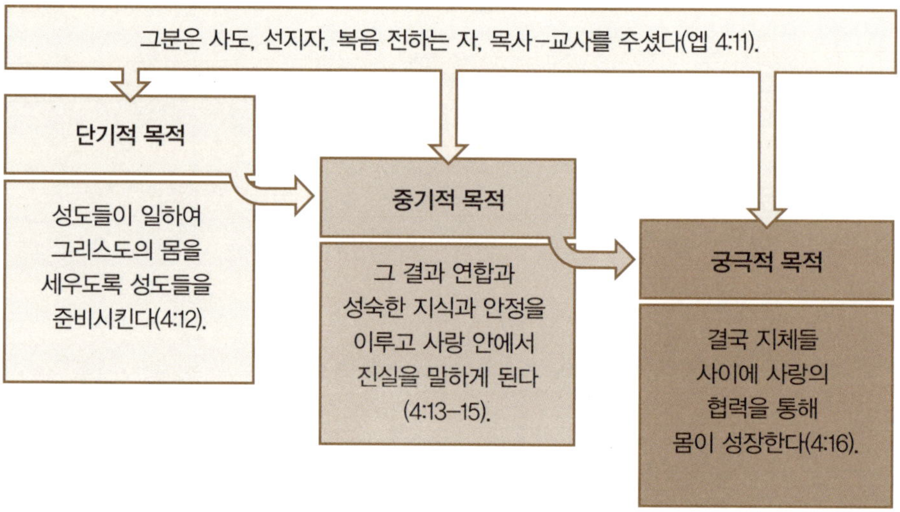

하나님이 지역교회에 지도자들을 주신 단기적 목적은 모든 신자가 일하여 그리스도의 몸을 세우도록 그들을 준비시키는 것이다(4:12). 준비시키고(온전하게 하고), 봉사의 일을 하고, 세우는 이 세 단계를 서로 동떨어진 것으로 생각해서는 안 된다. 사실 이 셋은 논리적으로나 실제적으로나 서로 연결되어 있다. 첫 번째(성도들을 준비시킴)가 두 번째(봉사의 일을 함)로 이어지고, 그 결과가 세 번째(교회를 세움)다.

하나님이 교회에 지도자들을 주신 것은 성도들을 준비시키기 위해서다. 이 짤막한 말을 기점으로 하여 강조점이 교회 지도자들에게서 교회라는 몸으로 완전히 넘어간다. 당신에게도 그것이 보였는가? 이어달리기 주자가 배턴을 넘겨주듯이 12-16절에서는 모든 일의 책임이 단지 소수의 유급 전문가들에게 있지 않고 그리스도의 몸 전체에 있다! 하나님이 소명과 교육과 안수를 받은 지도자들을 교회에 주신 것은 “성도들을 온전하게 하”기 위해서다. 한 주석가는 “준비시킴”이라는 뜻의 명사 *katartismos*의 용법을 이렇게 생생히 예시했다.

> 의료계에서 이 단어는 골절된 뼈를 붙이거나 관절을 제자리에 맞춘다는 뜻으로 쓰인다. 정치에서는 정부의 기능이 지속되도록 대립하고 있는 당파들을 화합시킨다는 뜻으로 쓰인다. 신약에서는 이 단어가 그물을 깁거나(막 1:19) 범죄한 사람이 교회의 교제권에서 제자리를 되찾도록 그를 징계한다(갈 6:1)는 뜻으로 쓰인다. 대상을 본연의 상태로 만드는 것이 이 단어의 기본 개념이다.[14]

회중의 지체들을 준비시키는 목표는 “봉사의 일을 하게” 하기 위해서다. 불행히도 흔히 교회들이 사역하는 방식은 교역자들을 채용하여 모든 실무를 맡기는 것이다. 회중은 팔짱끼고 편하게 앉아 유급 교역자들이 사역의 무거운 짐을 지는 모습을 지켜보거나 감시한다. 그러다 일이 잘 안 되면 무거운 짐을 짊어질 전문가들을 더 많이 채용한다! 이는 에베소서 4장 12절에 얼마나 위배되는 모습인가! “전문가들”이 월급을 받는 이유는 직접 사역의 일을 하기 위해서가 아니라 다른 사람들을 훈련하여 사역의 일을 맡기기 위해서다! 교회들은 이 원칙을 진지하게 받아들여야 한다. 그러려면 목사의 직무 내용에서 무엇을 삭제해야 할지 상상해보라!

나의 멘토 중 한 분으로 좀 더 화려한 경력의 소유자인 하워드 헨드릭스(Howard Hendricks) 박사는 이렇게 말하곤 했다. “교회는 풋볼 시합과 아주 비슷하다. 휴식이 절실히 필요한 사람 22명이 경기장에서 뛰는 모습을 운동이 절실히 필요한 사람 5만 명이 관중석에서 구경하고 있다.” 물론 성경에는 유급 사역자들에 대한 말도 나온다. 마땅히 그들은 지도하고 설교하고 가르쳐야 한다(딤전 5:17). 하지만 그들의 주목적은 나머지 교회를 준비시키는 것이다. 전체의 유익을 위해 개인의 은사를 구사하여 실제로 양 떼의 필요를 채우는 일은 교인들의 몫이다.

이렇게 준비되어 봉사하는 목표는 "그리스도의 몸을 세우"는 것이다(4:12). 바울 서신에 여러 번 나오는 "세움"(*oikodomē*)이라는 명사는 몸 된 교회를 세우는 하나님의 방법을 가리킨다.[15] 이 단어는 벽돌 하나하나로 정교하게 지어지는 성전처럼(2:21) 물리적인 건축 사업을 연상시킬 수도 있다. 그러나 4장 12절, 16절, 29절에서는 바울이 이 말을 어린아이가 세움을 받는다는 은유로 썼다. 신체의 각 부분이 전체와 균형을 이루어 자라간다는 뜻이다. 몸이 장성하여 제구실을 다하면 활력이 흐르고 건강이 유지되며 필요가 채워진다. 그리하여 우리는 더 이상 어린아이처럼 보이거나 살아가지 않는다.

지금까지 교회에 사역자들을 주신 단기적 목적(4:12)을 기술한 바울은 이제 중기적 목적으로 넘어간다. 그것은 바로 연합과 성숙한 지식과 교리적 안정과 진정한 사랑의 말을 길러주는 것이다(4:13-15). 장성한 교회의 첫 번째 표는 신자들에게 믿음의 연합이 있다는 점이다. 여기 "믿음"이라는 단어는 참된 그리스도인이라면 누구나 공유하는 본질적 진리들의 총체를 뜻한다. 유다는 그것을 "성도에게 단번에 주신 믿음의 도"(유 1:3)라 표현했다.

교리의 모든 소소한 부분에서까지 한 교회의 전 교인이 일치하기를 바란다면 그것은 어리석은(어쩌면 아예 이단적인) 일일 것이다. 하지만 교단과 관계없이 신자라면 누구나 똑같이 믿는 기독교 신앙의 기본 진리들이 있다. 이에 해당하는 굵직한 교리적 주제들로는 삼위일체 하나님, 그리스도의 온전한 신성과 온전한 인성, 동정녀 탄생, 우리의 죗값을 치르신 그리스도의 대속의 죽음, 그분의 기적적인 몸의 부활, 재림의 약속, 오직 그리스도 안에서 오직 믿음으로 말미암아 오직 은혜로 받는 구원, 성경의 영감과 무오성, 기타 타협할 수 없는 정통 진리들이 있다. 이런 부분에서 우리는 힘써 교리적 연합을 지켜야 한다. 반면에 덜 중요한 문제들에 대한 견해 차이는 서로 용납해야 한다.

이런 교리적 연합을 이루려면 하나님의 아들을 아는 확고한 지식이 필요하다(4:13). 사실 기독교 신앙의 핵심 교리들은 예수 그리스도의 초림과 재림에 담긴 그분의 인격과 사역을 중심으로 하고 있다. 우리는 그분에 대한 정보를 알 뿐 아니라 그분과 관계를 맺어야 한다. 신학적으로만 아니라 인격적으로 친밀하게 그분을 알아야 한다. 이것이 교회의 설교 사역과 교육 사역의 목표다. 바울 자신도 그리스도를 끝없이 더욱더 알아가기를 사모했다. "내가 그리스도와 그 부활의 권능과 그 고난에 참여함을 알고자 하여 그의 죽으심을 본받아"(빌 3:10). 이런 참된 지식은 머리에서 머물지 않고 가슴으로 내려가 경건한 헌신의 삶을 낳는다.

믿음의 연합과 그리스도를 아는 지식으로 표출되는 성숙은 결국 교리적 안정으로 이어진다(4:14). 이것은 당연한 결과다. 성숙의 반대인 미성숙은 영적 영양실조를 낳고 교리적으로 속기 쉽게 만든다. 나는 우리 아이들과 손자 손녀들의 성장 과정을 자랑스럽게 지켜본 할아버지다. 그래서 어린아이들의 무지함보다 더 귀여운 것은 없음을 안다. 아이들은 거의 모든 것을 판단 없이 믿으며 무지의 안개 속에서 살아간다. 자기가 무엇을 모르는지조차 모른 채 마냥 즐거워한다. 아이들은 아직 생각의 폭이 작고 의식이 얕으며 감수성이 예민하다. 그런 아이들 옆에 있으면 그저 즐거울 따름이다.

하지만 어른들이 무지하게 살아간다면 그보다 더 비참한 일은 없을 것이다. 특히 오래된 신자들이라 "마땅히 선생이 되었을 터인데" 오히려 누구에게서 기독교 신앙의 "초보"를 배워야 하는 경우라면 더하다(히 5:12). 그런 경우를 나는 자주 보았다. 교묘하고 능란한 이단의 대변자가 찾아오면 그런 어린아이 같은 신자들은 바람 앞의 갈대처럼 그쪽으로 휘어진다. 거짓된 교리를 자신의 삶 속에 불러들인다. 그들이 왜곡된 메시지를 믿는 이유는 속임수와 간사한 유혹에 넘어갔기 때문이다.

바울은 교회들에게 거짓 교사들을 조심하라고 자주 경고했다. 에베소 교회도 예외는 아니었다. AD 58년경에 그는 에베소의 장로들에게 양 떼를 미혹하는 교활한 이단들에 대해 처음으로 경고했다(행 20:26-31). 여기 에베소서에서도 바울은 그들에게 거짓 가르침에 대해 주의를 주었다(엡 4:14). 몇 년 후에 그는 에베소 교회의 지도자인 디모데에게 거짓 교리를 단호히 배격할 것을 더욱 강하게 권고했다(딤전 1:3-6, 4:1-2, 6:20-21, 딤후 1:13-14, 2:14-26). 바울이 죽은 후인 AD 80년대와 90년대에도 그 교회는 여전히 이단들과 싸우고 있었다(요일 2:18-19, 4:1-3, 계 2:1-7).

하지만 거짓 교리는 과거의 일이 아니다. 사실 지난 2천 년 동안 사탄과 그의 부하들은 더 간교한 철학들, 거짓 종교들, 온갖 사이비 기독교를 만들어냈다. 이런 거짓 가르침은 "속임수와 간사한 유혹"(4:14)을 들고 나온다. 이처럼 이단은 하나님의 사람들을 삼키려고 광풍처럼 끝없이 회오리치고 있다. 그 속에서 안정을 유지하려면 진리에 요지부동으로 헌신되어 있어야만 한다.

미성숙한 신자의 한 부류가 진리와 오류를 구분할 줄 모르는 어린아이와 같다면, 다른 한 부류는 한쪽으로 기울어진 저울과 같다. 그들은 진리를 향한 열정과 다른 사람들을 향한 사랑 사이에서 균형을 이룰 줄 모른다. 참으로 성숙하여 몸이 잘 세워지면 또 다른 표가 나타난다. 즉, "사랑 안에서 참된 것을 하"게 된다(4:15). "참된 것을 하여"로 번역된 동사는 헬라어로 *alētheuō*라는 한 단어다. "진실하다"는 형용사의 동사에 해당하는 이 단어는 우리가 하는 말은 물론 우리의 모든 생각과 행동까지도 가리킨다. 해럴드 호너는 사랑과 묶여진 이 동사를 이렇게 설명했다.

> 이 말은 바로 앞 구절과 대비된다. 속임수는 이기적인 목적을 위한 것이지만 사랑에 기초한 진실은 다른 사람들의 유익을 가장 중요하게 여긴다. 더욱이 그 점을 염두에 둔다면 신자들은 속이는 자들에게 복수하는 용도로 진실을 사용해서는 안 된다. 오히려 사랑으로 진실을 보이고 말해야 한다.[16]

진실과 사랑의 균형을 유지하기 힘들 때가 많다. 우리 중 일부는 진실 쪽에 능하다. 우리는 다른 사람의 신학적 표현에서 아주 조그만 잘못까지도 찾아내 그것을 두려움 없이 지적할 수 있다. 하지만 성경의 순수성을 지키려는 열정 때문에 자칫 다른 사람들에게 상처를 입히기 쉽다. 바로잡아주는 과정에서 상대에게 사랑을 보이지 못하기 때문이다. 반면에 우리 중 어떤 사람들은 그 반대의 문제가 있다. 평화를 지키고 싶은 마음 때문에 잘못된 가르침도 지적하지 않고 거짓도 바로잡지 않는다. 우리는 교회에 너무 큰 풍파를 일으킬까 두려워 도저히 남에게 이의를 제기하지 못한다. 하나님은 우리가 자꾸 마찰을 일으키거나 반대로 소심해지는 것을 둘 다 원하지 않으신다. 그분은 우리가 힘과 사랑을 겸비하기 원하신다. 주석가 존 스토트가 이 균형을 멋지게 요약했다. "진리는 사랑으로 유화되지 않으면 딱딱해지고, 사랑은 진리로 강화되지 않으면 유약해진다. 사도는 우리에게 이 둘을 함께 붙들라고 명한다."[17]

요컨대 4장 12절에서 바울은 교회에 지도자들을 은사로 주신 단기적 목적을 제시했다. 그것은 성도들이 일하여 그리스도의 몸을 세우도록 성도들을 준비시키는 것이다. 4장 13-15절에는 중기적 목적을 설명했다. 즉, 그 결과로 성도들은 연합, 성숙, 안정, 진실을 이루게 된다. 끝으로 그는 4장 16절에서 궁극적 목적을 밝힌다. 결국 지체들 간에 사랑의 협력을 통해 몸이 성장한다는 것이다.

인간의 몸이 건강하려면 모든 부위가 제구실을 다하며 조화를 이루어야 한다. 마찬가지로 교회라는 몸도 건강하려면 모든 지체의 머리 되신 그리스도께 복종하고, 성령 안에서 행하며, 자신의 은사와 재능으로 공동체에 기여하고, 서로 협력하며 살아야 한다. 지체들 개개인이 성장하면 몸도 따라 성장한다. 지체들은 말씀을 섭취하고 서로 섬길 때 성장한다.

교회는 하룻밤 사이에 장성한 분량에 이르는 게 아니다. 그것은 시간과 인내와 사랑을 요하는 일이다. 각 개인이 서로를 위해 은사를 구사하면 하나님이 그것을 통해 일하셔서 우리를 건강하고 생산적이며 온전한 몸으로 세우신다. 우리는 이 성장 과정을 믿고 저마다 그 일에 기여해야 한다. 그래야만 하나님이 구상하신 온몸의 사역을 받아 누릴 수 있다.

적용
최상으로 누리는 온몸의 삶

믿음의 연합, 그리스도를 아는 지식, 교리적 안정, 진실과 사랑의 균형—이것은 건강하게 성장하는 교회의 특성들이다. 아울러 영적으로 성숙한 신자의 모습이기도 하다. 잠시 시간을 내어 이 특정한 덕목들을 살펴보자. 이 덕목들은 우리의 교회 생활에만 아니라 개인 생활에도 나타난다.

믿음의 연합. 참된 신자라면 누구나 중심으로 삼는 기독교 신앙의 핵심 교리들이 있다. 당신의 교회는 그 내용을 알고 있는가? 개인적으로 당신은 그 교리들을 분명히 말할 수 있는가? 아니면 당신은 유독 당신이나 당신의 교회 전통에만 있는 특이한 가르침이나 실천을 사랑하는가? 에베소서 4장 3절, 빌립보서 2장 1–4절, 골로새서 3장 14–15절을 읽으라. 믿음의 연합에 힘쓰려면 당신의 삶에서 달라져야 할 태도와 행동이 무엇인지 생각해보라.

그리스도를 아는 지식. 바울은 그리스도의 인격과 사역에 관한 기쁜 소식을 "가장 중요한 것"이라 표현했다(고전 15:3, 개역개정의 "먼저"가 많은 역본들에 그렇게 옮겨져 있다—역주). 그는 또 고린도 교인들 가운데서 "예수 그리스도와 그가 십자가에 못 박히신 것" 외에는 알지 않기로 작정했다(고전 2:2). 예수님은 신이자 인간으로서 우리 죄를 위하여 죽으시고 죽음에서 부활하셨다. 그분의 이런 정체야말로 그분을 아는 우리 지식의 핵심을 이룬다. 그리스도를 통해 하나님을 알면 우리의 생각이 새로워지고, 마음이 그분을 지향하게 되며, 삶에 영원한 열매가 맺힌다. 로마서 12장 1-2절, 고린도후서 10장 5-6절, 베드로후서 1장 5-8절을 읽으라. 당신의 생각과 신앙의 초점을 다시 그리스도께 맞출 수 있는 방법들을 생각해보라.

교리적 안정. 하나님의 말씀에 대한 탄탄한 지식이 없이는 교리적 안정이 불가능하다. 사실 베드로는 제대로 된 성경 교육의 필요성을 강조했다. 그래야 부실한 기초 때문에 성경을 왜곡하지 않을 수 있다(벧후 3:16). 그러려면 개인 성경공부도 필요하지만 또한 안수받은 "목사와 교사"들이 공동체를 상대로 성경을 가르쳐야 한다(엡 4:11, 딤전 4:13, 5:17). 아울러 우리는 건전한 교리도 배워야 한다. 건전한 교리란 기독교 진리에 부합하는 신학적 가르침과 실천적 가르침을 총칭하는 말이다. 디모데후서 2장 2절, 3장 16-17절, 디도서 1장 9절, 히브리서 5장 12-14절을 공부하라. 당신은 교회 공동체의 교리적 안정에 어떻게 기여할 수 있는가? 건전한 성경 교육을 어떤 식으로 받고 있는가? 그 건전한 교리를 (당신의 가족을 포함하여) 다른 사람들에게 어떻게 전수하고 있는가?

진실과 사랑의 균형. 사랑의 마음으로 진실을 말하고 실천하는 부분에서, 당신은 평화를 지키려고 오류를 간과하는 경향이 있는가? 또는 오류를 신랄하게 공격하느라 그 과정에서 사랑을 무시하는가? 당신이 양극단으로 흘렀을 수 있는 구체적인 상황들을 떠올려보라. 잠언 15장 1절, 디모데후서 2장 24-26절, 4장 2절, 베드로전서 3장 15절을 읽으라. 이 말씀들에 진실과 사랑이 어떻게 균형을 이루고 있는지 보라. 당신의 삶에서 둘 중 어느 쪽에 더 중점을 두어야 할지 생각해보라.

지금까지 개인의 성숙과 공동체의 성숙에 대한 몇 가지 측면을 살펴보았다. 여기서 명심해야 할 것이 있다. 오직 그리스도만이 성령의 능력으로 우리 삶 속에 진정하고 영속적인 변화를 가져다주실 수 있다. 우리는 매순간 그분께 집중하고 그분을 의지해야 한다. 그래야만 그분이 우리를 자신의 형상으로 변화시켜주실 수 있다. 그럴 때에만 우리는 온몸의 삶을 최상으로 누릴 수 있다.

옛것을 벗고 새것을 입으라(에베소서 4:17-32)

[17]그러므로 내가 이것을 말하며 주 안에서 증언하노니 이제부터 너희는 이방인이 그 마음의 허망
한 것으로 행함 같이 행하지 말라 [18]그들의 총명이 어두워지고 그들 가운데 있는 무지함과 그들의 마
음이 굳어짐으로 말미암아 하나님의 생명에서 떠나 있도다 [19]그들이 감각 없는 자가 되어 자신을 방
탕에 방임하여 모든 더러운 것을 욕심으로 행하되 [20]오직 너희는 그리스도를 그같이 배우지 아니하였
느니라 [21]진리가 예수 안에 있는 것 같이 너희가 참으로 그에게서 듣고 또한 그 안에서 가르침을 받았
을진대 [22]너희는 유혹의 욕심을 따라 썩어져 가는 구습을 따르는 옛 사람을 벗어 버리고 [23]오직 너희
의 심령이 새롭게 되어 [24]하나님을 따라 의와 진리의 거룩함으로 지으심을 받은 새 사람을 입으라
[25]그런즉 거짓을 버리고 각각 그 이웃과 더불어 참된 것을 말하라 이는 우리가 서로 지체가 됨이
라 [26]분을 내어도 죄를 짓지 말며 해가 지도록 분을 품지 말고 [27]마귀에게 틈을 주지 말라 [28]도둑질하
는 자는 다시 도둑질하지 말고 돌이켜 가난한 자에게 구제할 수 있도록 자기 손으로 수고하여 선한
일을 하라 [29]무릇 더러운 말은 너희 입 밖에도 내지 말고 오직 덕을 세우는 데 소용되는 대로 선한 말
을 하여 듣는 자들에게 은혜를 끼치게 하라 [30]하나님의 성령을 근심하게 하지 말라 그 안에서 너희가
구원의 날까지 인치심을 받았느니라 [31]너희는 모든 악독과 노함과 분냄과 떠드는 것과 비방하는 것을
모든 악의와 함께 버리고 [32]서로 친절하게 하며 불쌍히 여기며 서로 용서하기를 하나님이 그리스도
안에서 너희를 용서하심과 같이 하라.

해외여행을 가려면 늘 특별한 도전들이 뒤따른다. 나 같은 남자들에게는 짐을 싸는 일도 그중 하나다. 무엇을 가져갈 것인가? 따뜻한 날씨와 서늘한 날씨 중 어느 쪽에 맞추어 옷을 챙길 것인가? 전부 캐주얼이면 될 것인가, 아니면 정장도 필요할 것인가? 확실히 알 수 없다는 게 문제다. 남자들은 3주간의 여행 기간 동안 입을 옷을 기내용 가방 하나에 다 넣을 수 있다고 자랑하곤 한다. 하지만 여행이 2주쯤 지나면 대개 그들의 몰골은 그 가방처럼 지저분해진다! 내 아내는 대부분의 여자 여행객들처럼 좀 다르다(사실은 많이 다르다). 나는 아내를 이렇게 놀리곤 한다. "정말 대단하구려. 내 짐은 한 가방의 절반밖에 차지하지 않는데 우리의 여행 가방이 넷이나 되니 말이오!" 하지만 솔직히 아내는 어느 경우에나 준비되어 있으며, 단정하지 않을 때가 없다. 나도 그렇다면 얼마나 좋으랴. 나는 가방을 다 뒤져도 단정함의 근처에라도 가는 옷이 하나도 없을 때가 비일비재하다. 그럴 때면 짐을 좀더 챙겨오지 못한 것이 아쉬울 뿐이다.

옷차림은 상황에 따라 달라진다. 그래서 어느 상황에든 준비되어 있어야 한다. 한껏 격

식을 차리려면 깔끔한 턱시도나 우아한 야회복을 입을 수 있다. 사무실에 출근할 때는 정장이나 단정한 캐주얼이면 될 것이다. 바닷가에서 하루를 보내려면 샌들과 수영복이 필요하다. 사실 당신의 차림새에 따라 사람들의 인식이 달라진다. 물론 복장 때문에 내면의 정체까지 달라지는 것은 아니다. 하지만 내면의 정체는 옷차림의 변화에 영향을 미친다.

그리스도인의 삶도 마찬가지다. 에베소서의 말씀처럼 우리는 그리스도 안에서 새 생명을 얻었으므로 "옷"도 거기에 어울리게 입어야 한다. 편지를 시작할 때부터 바울은 우리의 목적을 개괄했다. 신자들은 그리스도를 통해 새 생명을 얻었으므로 성령을 통해 새로운 삶을 살아야 한다. 하지만 새 옷을 입으려면 먼저 낡은 옷을 벗어야 한다. 다행히 바울은 4장 17-32절에 그 둘 다의 방법을 말하면서 두 가지 대조적인 그림을 제시한다. 하나는 우리의 남루한 옛 사람이고, 또 하나는 본연의 눈부신 새 사람이다.

—4:17-19—

당신이 그리스도를 믿기 전에 입고 살던 더럽고 너덜너덜한 죄의 누더기가 기억나는가? 나이가 좀 더 들어서 구원받은 경우라면 아직 그 기억이 생각처럼 쉽게 지워지지 않았을 것이다. 하지만 대개 우리 모두는 옷장에 옛날 옷을 몇 벌씩 간직해두고는 이따금씩 그 익숙하고 편안한 죄의 습성으로 돌아간다. 그래서 바울은 우리에게 과거와 깨끗이 결별하고 모든 더러운 누더기를 아주 버리라고 말한다.

바울은 4장 첫머리에서 "부르심을 받은 일에 합당하게 행"하라고 했는데(4:1) 17절에서 다시 똑같은 생각으로 돌아간다. 다만 이번에는 표현이 부정적으로 바뀐다. "이제부터 너희는 이방인이…행함 같이 행하지 말라." 이것은 바울이 2장에서 말했던 영적으로 죽어 있는 비신자들의 모습과 맥을 같이한다. "그는 허물과 죄로 죽었던 너희를 살리셨도다 그 때에 너희는 그 가운데서 행하여 이 세상 풍조를 따르고"(2:1-2).

"이방인이…행함 같이 행"한다는 개념(4:17)은 요즘 말로 하자면 "야만인처럼 산다"라는 표현과 비슷하다. 이는 그리스도를 믿기 전에 죄를 지으며 살던 에베소 교인들의 옛 삶을 가리킨다. 그때는 그들의 생각이 허망하고 어리석었다. 아무런 목표나 목적도 없었고 하나님을 의식하지도 않았다. 더러운 옷을 내다버리도록 에베소 교인들을 돕기 위해 바울은 그

구질구질한 옷가지들이 정확히 무엇인지 명시한다. 그것은 바로 어두워진 생각(4:17-18)과 굳어진 마음(4:18)과 죄로 가득한 삶(4:19)이다.

어두워진 생각. 신자의 옷장에서 첫째로 내다버려야 할 더러운 옷은 "그 마음의 허망한 것"과 "총명이 어두워"진 것과 하나님에 대한 "무지함"이다(4:17-18). 이는 구원받지 못한 사람에게 지성이나 이성이 없다는 말이 아니라 다만 영적 지각이 없다는 뜻이다. 그들은 결코 하나님의 일들을 받아들일 수 없다. 그런 일은 "영적으로 분별되기" 때문이다(고전 2:14). 그래서 교육을 많이 받은 박식한 지성인도 하나님과 그리스도와 영적인 일에 대해서는 완전히 무지할 수 있다.

굳어진 마음. 둘째로 더러운 옷은 "마음이 굳어짐"과 "감각 없는" 상태다(4:18-19). 바울의 말대로 이것은 허망하고 어둡고 무지한 생각의 근본 원인이다. "굳어짐"으로 번역된 헬라어 단어(*pōrōsis*)는 단단하게 석화된 상태를 가리킨다. 한때 살아서 잘 자라던 나무가 세월이 가면서 석화된 것과 같다. 4장 18절에 이 단어가 사람의 마음에 적용되어, 냉담하고 굳어진 마음의 꽉 막힌 성질을 강조해준다. 신약학자 맥스 터너(Max Turner)에 따르면 성경이 말하는 "마음의 굳어짐"은 "둔한 감정이 아니라 지독한 반항심을 뜻한다…그럴수록 총명이 더욱 어두워진다. 중심부에 계셔야 할 하나님을 밖으로 몰아내기 때문이다. 그 결과 인간은 양심이 점점 마비되어 죄의 구렁텅이에 빠지게 된다."[18]

죄로 가득한 삶. 어두워진 생각과 굳어진 마음은 영적 기쁨을 주는 정원을 가꾸기에 이상적인 환경이 못 된다. 그 상태에서 맺히는 것은 성령의 열매가 아니라 방탕과 더러운 것과 욕심이다(4:19). 도덕적으로 바닥에 떨어진 생활방식이 그 세 단어로 잘 표현된다. 그 상태가 된 사람은 옳고 그름에 완전히 무감각해졌으므로 죄에 빠져 방종하며 살아간다. 체면이나 염치도 없고 결과를 생각하지도 않는다. 이것은 그리스도 없이 무절제한 정욕과 문란과 방종에 빠진 우리의 현대 문화를 생생히 묘사해주는 말이다. 저자 켄트 휴즈가 그것을 잘 표현했다. "우리 문화는 오만하고 무모하게 미친 듯이 죄를 일삼고 있다. 정신이상자를 순교자로, 동성애자를 모범 인간으로 둔갑시킨다."[19]

바울의 이 말은 주로 비신자들에게 해당된다. 하지만 그가 독자들에게 "이제부터" 이방인처럼 "행하지 말라"라고 권했다는 것은(4:17) 그리스도인들도 그런 상태로 되부할 수 있다는 뜻이다. 그들도 옛 옷장의 죄로 돌아가면 생각이 도덕적 안개에 뒤덮이고 마음이 성령의 역사에 점점 무디어진다. 그래서 그들의 삶은 얽히고설킨 도덕적 딜레마로 빠져들어 거기서 헤어나기 힘들어진다. 더러운 옷은 누가 입든 더럽다.

바울은 비신자의 마음이 "석화되었다"고 표현했다. 하나님의 일들에 대해 굳어졌다는 뜻이다.

—4:20–24—

바울은 "너희는"이라는 단어로 시작한다(4:20). 이 단어는 문장 구조상 강조의 위치에 놓여 있다. 마치 독자들을 손가락으로 똑바로 지적하면서 수많은 무리 가운데서 "거기 너희들!" 하고 불러내는 것과 같다. 예수 그리스도를 아는 사람들은 이방인들과 더불어 더럽게 살아서는 안 된다. 이방인들은 생각이 어두워지고 마음이 굳어져 통제 불능의 삶에 빠져 있다. 그러나 그리스도의 음성을 들은 신자들은 이전의 어두운 삶에서 부름 받아 그리스도의 찬란한 빛 가운데로 들어왔다(4:21). 그리스도 중심의 가르침을 받은 그들은 그 마음에 그리스도를 주로 삼아 거룩하게 했다(벧전 3:15). 예수님을 진리로(요 14:6) 받아들인 그들은 이제 죄가 이끄는 방종한 삶을 버리고 진리 안에서 행할 수 있다(요이 1:4).

이런 근본적 변화에 비추어 바울은 독자들에게 옛 생활방식의 모든 옷가지를 완전히 버리라고 권한다. 그들은 썩어가는 낡은 누더기를 벗어야 한다(4:22). 그리고 심령이 새롭게 되어(4:23) "새 사람"을 입어야 한다. 새 사람은 예수 그리스도의 형상을 본떠 지은 옷이다(4:24). 하나님이 아담을 흙으로 지으셨듯이 그분이 우리의 새 사람을 지으신 원재료는 그리스도의 의와 진리와 거룩함이다.

보다시피 이 본문에서 바울의 초점은 새로워진 심령, 즉 생각에 있다(4:23). 이는 허망한 데 빠져 있던 생각과는 180도 다른 것이다. 우리의 생각을 새롭게 하려면 어떻게 해야 하는가? 예수 그리스도 안에 푹 잠기면 된다(4:20-21). 우리는 단지 그분에 대한 정보만 배우는 게 아니라 그분 자신을 배운다(4:20). 즉, 그분의 삶과 죽음과 부활과 주님 되심과 생명을 배운다. 우리는 그분을 스승으로 삼아 계속 그분에게서 들으며 그분과 친밀한 관계로 지낸다.[20]

그러려면 하나님과 그분의 방식을 거부하던 우리의 가치관과 선택 기준을 깨끗이 버려야 한다. 하나님의 뜻과 그리스도의 방식에 적극적으로 협력하는 새로운 세계관으로 그것을 대신해야 한다. 새롭게 된다는 것은 겉의 습관을 바꾸는 것보다 더 깊이 들어간다. 그것은 성령께서 하시는 내면의 작업이며, 그 결과는 새로운 의지와 행동으로 나타난다(빌 2:12-13). 이는 우리의 새 옷장에 걸어주신 그리스도를 닮은 옷들을 입기 위해 날마다 깨끗이 목욕하고 준비하는 것과 같다.

—4:25-32—

지금까지 바울은 옛 사람을 벗고 새 사람을 입는다는 개념을 서술했다(4:22-24). 이제부터는 그것을 일상생활 속에서 실천할 수 있도록 몇 구절에 걸쳐 처방을 내린다(4:25-32). "벗고 입는" 은유에 어울리게 그는 삶의 몇 가지 영역을 차례로 돌면서 독자들에게 더러운 구습들을 벗고 새로운 덕목들로 대신하라고 권면한다. 먼저 이 구절들의 내용을 도표로 간략히 개괄하면 다음과 같다. 이제부터 우리는 "벗고 입는" 이 중요한 예들을 자세히 살펴볼 것이다. 바울은 먼저 버려야 할 나쁜 태도나 행동을 제시한 뒤 그것을 대신해야 할 긍정적 태도나 행동을 말한다. 아울러 그렇게 해야 할 이유도 함께 제시한다. 이유는 변화가 필요한 근거일 수도 있고, 변화된 후에 거두는 유익일 수도 있다.

에베소서 4장 25-32절의 벗어야 할 것들과 입어야 할 것들

구절	벗어야 할 것들	입어야 할 것들	이유
4:25	거짓	참된 말	우리가 서로 지체이기 때문
4:26-27	죄가 되는 격노	절제된 분노	사탄이 유혹할 기회를 잃게 되기 때문
4:28	부정직한 이득	정직한 노동	가난한 자에게 구제할 것이 있게 되기 때문
4:29	더러운 말	덕을 세우는 말	듣는 자들에게 은혜를 끼치기 때문
4:30-32	미워하는 태도와 행동	사랑하는 태도와 행동	성령을 근심하게 하지 말고 그리스도를 본받아야 하기 때문

우선 모든 부정적 특성과 긍정적 특성에 대해 몇 가지 짚어둘 것이 있다. 첫째, 이것들은 우리와 하나님의 관계에만 아니라 대인관계에도 영향을 미친다. 둘째, 바울은 부정적 명령에 이어 긍정적 명령으로 균형을 잡는다. 또한 그렇게 명하는 이유를 설명하고, 우리의 행동을 믿음과 연결시켜야 함을 예시한다. 끝으로, 그는 목록 끝에 몇 가지 부정적 악을 모아서 말한 뒤 그것을 몇 가지 긍정적 덕과 대비한다. 이는 벗어야 할 것들과 입어야 할 것들의 목록을 그가 몇 페이지에 걸쳐 얼마든지 계속할 수도 있었다는 뜻이다. 다시 말해서 본문에 나오는 구체적 예들은 구습을 새것으로 대신하는 지속적 실천의 시작에 지나지 않는다.

거짓에서 참된 말로(4:25). "거짓"이라는 단어(*pseudos*)에는 모든 형태의 거짓말이 다 들어간다. 알려진 사실에 노골적으로 모순되는 말도 있고, 남을 속여 오도하려는 의도로 교묘히 풍기는 뉘앙스도 있다. 악의 없는 거짓말도 있고 터무니없는 허풍도 있다. 에베소 교인들은 이미 이교 숭배라는 최고의 거짓을 버렸으므로 바울은 그들에게 그 결단을 한 걸음 더 끌고 나가 모든 "작은" 거짓들까지 버리라고 권했다.[21] 마찬가지로 우리도 그리스도인으로서 성장하려면 거짓을 뿌리 뽑고 진실을 가꾸어야 한다.

바울은 왜 독자들에게 참된 말을 권하는가? 거짓말은 그리스도의 몸을 해치는 가증한 죄이기 때문이다. 거짓말은 신뢰를 깨뜨리고 싸움과 혼란을 부른다. 예수께서 우리에게 일깨워주셨듯이 사탄은 거짓의 아비이지만(요 8:44) 여호와는 진리의 하나님이시다(사 65:16, 요 17:17). 그분의 몸의 지체들인 우리는 사랑으로 영원히 결합되고 맺어졌다. 그래서 진실은 우리의 새로운 장자권이며 하나님께 속한 자들의 표지다.

매일 우리 주변에서 볼 수 있는 다양한 형태의 거짓말을 생각해보라. 그중 혹시 당신의 삶에 습관적으로 나타나고 있는 것이 있는지 살펴보라. 그런 게 있다면 낡은 옷처럼 벗어 버려야 한다.

- 속임수
- 책잡히지 않으려는 애매한 발언
- 사실을 부풀리는 말
- 일부만 맞는 말
- 표절
- 아첨
- 위선
- 습관적인 약속 위반

우리가 파묻혀 있는 문화는 속임수를 먹고살며 거짓을 뿜어낸다. 그만큼 우리는 진실을 말하라는 명령을 수행하기가 쉽지 않다. 대중매체의 일부 종사자들은 이야기를 과장하고 가감하고 조작하고 왜곡하는 것이 밥벌이다. 그들이 군데군데 가십거리를 조금씩 끼워 넣어 오도하거나 과장하지 않았다면 이야기는 그렇게 재미있지 않았을 것이다. 이는 당신을 계속 자기들의 소비자로 묶어두려는 수법이다. 많은 광고들은 공공연한 거짓말이다. 그래서 소비자 보호단체들이 사실 여부를 확인하고, 정부 기관들이 가끔씩 개입하여 철퇴를 내리는 것이다! 그뿐 아니라 이단들과 종교 사기꾼들은 모순된 진리들과 온갖 허황한 주장들을 늘 우리에게 퍼붓는다. 이런 거짓의 소용돌이 속에서 그리스도인들은 진실을 말하는 사람이 되어야 한다. 가정에서부터 시작하라. 직장으로 확장하라. 이웃들에게 실천하라.

그것을 당신의 행동 규범으로 삼으라.

죄가 되는 격노에서 절제된 분노로(4:26-27). 바울은 시편 4편 4절을 인용하여 신자의 삶에 분노의 적절한 표현을 허용한다. 얼마나 안도가 되는가! 만일 성경이 모든 형태의 분노를 배제한다면 우리는 모두 많은 문제에 빠질 것이다. 사실 그리스도께서도 죄에 대해 의분을 표출하셨다(마 21:12-13). 하지만 "분을 내어도"라고 허용할 때 바울이 생각한 것은 불끈 화를 내거나 홧김에 폭발하거나 꽁하고 원한을 품는 따위가 아니다. 성경적 의분은 죄의 행동, 도덕적 타락, 불의한 상황 등 분노의 대상이 적절하다. 솔직히 이런 분노라면 오늘날 우리에게 더 많이 필요하다. 죄와 불의가 사람들을 짓밟고 있는데도 우리는 무관심하게 침묵할 때가 너무 많다.

반면에 죄가 되는 분노는 여간해서 사라지지 않고 마음속에 원한으로 남는다. 그래서 화나게 한 사람에게 복수하고 갚아주고 피해를 입히려 한다. 이런 분노에 대해 바울은 단호히 안 된다고 말한다! 사실 그는 분노의 태도와 행동이 우리에게 습관처럼 배지 않게 하려고 한도를 정해준다. "해가 지도록 분을 품지 말고"(4:26). 다시 말해서 계속 곱씹지 말라는 것이다. 화난 상태로 잠자리에 들지 말라. 밤새도록 분노가 부글부글 끓게 하지 말라. 물론 모든 충돌이 취침 전까지 쉽게 풀릴 수 있는 것은 아니다. 온전한 화해를 이루려면 때로 며칠이나 몇 주가 걸릴 수도 있다. 하지만 분노를 다음날까지 곪게 두지 않겠다는 결심은 혼자로도 가능하다. 깨어진 관계를 화해하지 않고 오래 둘수록 사탄이 그 관계를 이간질하여 그리스도의 몸 안에 분열과 불화를 조장하기가 더 쉬워진다(4:27).

바울은 로마서 12장 17-19절에서 이것을 더 명확히 표현했다.

> 아무에게도 악을 악으로 갚지 말고 모든 사람 앞에서 선한 일을 도모하라 할 수 있거든 너희로서는 모든 사람과 더불어 화목하라 내 사랑하는 자들아 너희가 친히 원수를 갚지 말고 하나님의 진노하심에 맡기라 기록되었으되 원수 갚는 것이 내게 있으니 내가 갚으리라고 주께서 말씀하시니라.

부정직한 이득에서 정직한 노동으로(4:28). 도둑질에는 좀도둑질부터 시작해서 온갖 다양한 행위가 다 포함된다. 들치기, 횡령, 사기, 은행 강도 따위의 명백한 행위들은 말할 것도 없고 사무실의 비품을 슬쩍 "빌려오는" 일, 직장에서 시간을 낭비하는 일, 미적미적 빚을 갚지 않는 일, 공정한 임금을 지급하지 않는 일도 다 도둑질에 해당한다. 모두가 사사로운 이득을 챙기려는 부정직한 행태들이다. 노골적인 것도 있고 교묘한 것도 있지만 다 죄가 되기는 마찬가지다.

바울은 우리에게 도둑질 대신 일을 하라고 명한다. 우리 손으로 일하면 자신과 가족을 부양할 뿐 아니라 다른 사람들에게도 유익을 끼칠 수 있다. 우리가 경제적으로 독립하면 교회나 공동체는 우리를 지원하지 않아도 되므로 짐을 덜게 되다. 그러면 그 자원이 정말 가난한 사람들에게 돌아갈 수 있다. 아울러 정직한 노동은 경제적 여유를 가져다줄 수 있으므로 가난한 사람들에게 풍성히 나누어줄 기회가 생긴다.

더러운 말에서 덕을 세우는 말로(4:29). "더러운"으로 번역된 헬라어 단어 *sapros*는 고대 세계에서 썩은 과일이나 상한 생선에 쓰던 말이다. 다시 말해서 고약한 악취를 풍기는 것들을 그렇게 표현했다. 이것을 인이생활에 적용하면 욕설, 비속어, 저속한 농담 등 여러 가지 말투에 해당될 수 있다. 빈정대거나 매정하거나 비열한 말도 마찬가지다. 이 원리를 현대에 대입하면 요즘 사람들이 서로에게 전송하는 천박한 이메일이나 아슬아슬한 동영상도 포함된다.

"더러운" 말의 넓은 범위를 더 잘 이해할 수 있도록 바울은 그것을 반대의 개념과 대비한다. 바로 덕을 세우기에 좋고 상황에 적합한 말이다. 이런 말은 듣는 사람들에게 은혜를 끼친다(4:29). 우리는 남을 즐겁게 하기보다 덕을 세우는 데 중점을 두어야 한다. 사람들을 깎아내리지 말고 세워주는 데 주력해야 한다. 디즈니의 고전 〈밤비〉(*Bombi*)에서 덤퍼가 한 말과 같다. "좋은 말을 할 수 없거든 아무 말도 하지 마!" 만화 속의 토끼가 한 말치고는 괜찮은 조언이다! 이 단순한 진리 하나만 우리 삶에서 실천할 줄 알아도 우리의 가족과 친구들과 교회들이 엄청난 고통을 면할 것이다.

미워하는 태도와 행동에서 사랑하는 태도와 행동으로(4:30-32). 다음에 바울은 한 가지 생각을 덧붙인다. "하나님의 성령을 근심하게 하지 말라 그 안에서 너희가 구원의 날까지 인치심을 받았느니라"(4:30). 이것은 바울이 제시하고 있는 다섯 가지 예 가운데 어느 것의 뒤에나 덧붙일 수 있는 개념이다. 구원받는 순간 우리를 인 치신 성령의 사역에 대해서는 바울이 이미 언급한 바 있다(1:13). 하지만 바울이 4장 30절에서 한 말이 우리에게 깨우쳐주는 사실이 있다. 그 인 치심은 영원하지만 우리의 죄는 성령께 아픔과 근심을 안겨드릴 수 있다. 여기 "근심하게"라는 말은 예수께서 배반당하시던 밤에 겟세마네 동산에서 "고민하고" 슬퍼하셨다고 할 때의 그 단어와 동일하다(마 26:37). 거짓말하거나 분노를 퍼붓거나 도둑질하거나 모욕하거나 용서하지 않거나 서로 저주할 때 우리는 말 그대로 성령을 슬프시게 하는 것이다. 반대로 우리가 자유 가운데 행하여 그리스도처럼 사랑하고 그리스도처럼 돌보고 그리스도처럼 용서하면 우리는 그분을 기쁘시게 한다. 이는 옛것을 벗고 새것을 입게 하는 얼마나 강력한 동기인가!

이렇게 성령의 임재를 일깨운 뒤에 바울은 매정하고 용서하지 않고 미워하는 마음에서 비롯된 몇 가지 태도와 행동을 나열한다.

- **악독**: 원한을 품고 화해를 거부하는 태도
- **노함**: 좀처럼 가라앉지 않는 뿌리 깊은 분노
- **분냄**: 걷잡을 수 없이 폭발하는 성질
- **떠드는 것**: 평화를 어지럽히고 혼란을 야기하는 아우성과 야단법석
- **비방**: 남의 평판을 해치는 험담
- **악의**: 남에게 피해를 주는 의도적인 악행

"옛것을 벗고 새것을 입는다"라는 주제에 걸맞게 바울은 에베소 교인들에게 이 여섯 가지 미움의 악덕을 세 가지 사랑의 미덕으로 대신할 것을 권한다(4:32).

- **친절**: 하나님이 우리에게 하셨듯이(딤전 1:2) 우리도 다른 사람들에게 은혜롭고 자비롭게 행동한다.
- **불쌍히 여김**: 성령께서 우리 곁에 위로자로 오셨듯이(요 14:16) 우리도 어려운 사람들을 돌보고 위로한다.
- **용서**: 그리스도께서 우리를 용서하셨듯이(엡 1:7) 우리도 내게 잘못했거나 해를 입힌 사람들에게 화해를 베푼다.

바울은 에베소 교인들에게-또한 우리에게-더럽고 너덜너덜한 과거의 누더기를 옷장에서 치우고 대신 성령께서 주신 깨끗하고 산뜻한 맞춤옷을 입으라고 권한다. 그렇게 하면 우리는 하나님의 거룩하심을 닮고, 그리스도의 모본을 따르게 되며, 약속의 성령을 근심시키지 않게 된다. 물론 우리 모두는 이따금씩 실패할 수밖에 없다. 다시 구습으로 돌아가 이전의 악과 죄를 반복할 수밖에 없다. 하지만 의의 옷을 죄로 더럽혔을 때 즉각 회복할 수 있는 길이 요한일서 1장 9절에 나와 있다. "만일 우리가 우리 죄를 자백하면 그는 미쁘시고 의로우사 우리 죄를 사하시며 우리를 모든 불의에서 깨끗하게 하실 것이요." 나의 한 멘토는 이 구절을 "그리스도인의 비누"라 불렀다.

우리의 새 옷이 찢어지거나 때나 얼룩이 묻을 때 그대로 방치해서는 안 된다! 얼른 그리스도께 가서 당신의 죄를 솔직하게 즉시 해결하라. 죄를 전부 고백하고 그분의 자비로운 회복을 경험하라. 당신의 삶을 계속 그분 앞에 산 제물로 드리라(롬 12:1-2). 값없이 거저 주신 찬란한 의의 옷을 입고 당당하고 깨끗하게 걸으라. 신자들은 그리스도를 통해 새 생명을 얻었으므로 성령을 통해 새로운 삶을 살아야 한다. 이 진리의 좋은 본보기가 되는 것을 당신의 목표로 삼으라.

주

1. 다음 기사에 인용된 말이다. Charean Williams & Tim Price, "Remembering Tom Landry - Reactions from Friends, Players and On-Field Foes," *Knight Ridder Newspaper*(2000년 2월 14일). 다음 웹사이트에 소개되어 있다. www.texnews.com/1998/1999/cowboys/remem0214.html.
2. Harold W. Hoehner, *Ephesians: An Exegetical Commentary*(Grand Rapids: Baker, 2002), 504.
3. Johannes E. Louw & Eugene A. Nida 편집, *Greek-English Lexicon of the New Testament Based on Semantic Domains,* 제1권, *Intorduction and Domains,* 2판(New York: United Bible Societies, 1988), § 66.6.
4. 다음 책을 참조하라. John R. W. Stott, *The Message of Ephesians: God's New Society,* The Bible Speaks Today(Downers Grove, IL: InterVarsity Press, 1979), 148. 『에베소서 강해: 하나님의 새로운 사회』 IVP)
5. Hoehner, *Ephesians,* 528.
6. Daniel B. Wallace, *Greek Grammar beyond the Basics: An Exegetical Syntax of the New Testament*(Grand Rapids: Zondervan, 1996), 99-100.
7. 다음 책을 참조하라. Hoehner, *Ephesians,* 531, 533.
8. W. Hall Harris, "The Ascent and Descent of Christ in Ephesians 4:9-10," *Bibliotheca Sacra*

151(1994년 4-6월): 204-14.

9. 다음 책을 참조하라. J. Armitage Robinson, *St. Paul's Epistle to the Ephesians: A Revised Text and Translation with Exposition and Notes*(London: Macmillan, 1903), 96.

10. 다음 책을 참조하라. Charles R. Swindoll, *Insights on James, 1 and 2 Peter, Swindoll's New Testament Insights*(Grand Rapids: Zondervan, 2010), 202-6. (『찰스 스윈돌의 신약 인사이트-야고보서, 베드로전후서』 디모데)

11. "The Apostles' Creed," *The Hymnal for Worship and Celebration*(Waco, TX: Word Music, 1986), no. 716.

12. 터를 닦는 사도와 선지자 직분의 한시적 성격에 대해서는 252페이지의 "오늘날에도 사도와 선지자가 존재하는가?" 부분을 참조하라.

13. Ray Stedman with James D. Denney, *Our Riches in Christ: Discovering the Believer's Inheritance in Ephesians*(Grand Rapids: Discovery House, 1998), 188.

14. William Barclay, *The New Daily Study Bible: The Letters to the Galatians and Ephesians,* 3판(Philadelphia: Westminster John Knox, 2002), 171. (『바클레이 성경주석 8 – 갈라디아 · 에베소 · 빌립보 · 골로새 · 데살로니가』 기독교문사)

15. 로마서 14:19, 15:2, 고린도전서 14:3,5,12,26, 고린도후서 12:19를 참조하라.

16. Hoehner, *Ephesians,* 565.

17. Stott, *The Message of Ephesians,* 172.

18. Max Turner, "Ephesians," *New Bible Commentary: 21st Century Edition,* 4판, D. A. Carson 외 편집(Downers Grove, IL: InterVarsity Press, 1994), 1239.

19. R. Kent Hughes, *Ephesians: The Mystery of the Body of Christ,* Preaching the Word Series (Wheaton, IL: Crossway, 1990), 141.

20. James Montgomery Boice, *Ephesians: An Expositional Commentary*(Grand Rapids: Baker, 1997), 161. (『제임스 몽고메리 보이스 에베소서 1 · 2』 비전북출판사)

21. Stott, *The Message of Ephesians,* 184-85.

따름과 복종:

본받는 자의 길

에베소서 5:1-6:9

『그리스도를 본받아』(*The Imitation of Christ*)는 1418년경 토마스 아 켐피스가 쓴 기독교 신앙 서적 중 최고의 베스트셀러다. 그는 공동생활 형제단으로 알려진 네덜란드의 수도원 공동체의 일원이었다. 일부 교회 사가들은 그들의 운동을 개신교 종교개혁의 전조로 본다. 실제로 개신교의 위대한 설교자인 존 웨슬리와 존 뉴턴은『그리스도를 본받아』가 자신들의 신앙생활에 지대한 영향을 미쳤다고 고백했다. 오늘날에도 전 세계의 그리스도인들이 이 책을 통해 격려를 받고 있다. 이 신앙 고전은 다음과 같은 말로 시작된다.

> 주님은 "나를 따르는 자는 어둠에 다니지 아니하고"(요 8:12)라고 말씀하셨다. 그리스도의 이 말씀에 따라 우리는 그분의 삶과 습관을 본받아야 한다. 참으로 광명을 얻어 마음의 모든 흑암에서 벗어나려면 그래야 한다. 그러므로 우리는 무엇보다 예수 그리스도의 삶을 공부하는 데 힘써야 한다.
>
> 그리스도의 가르침은 성인들의 모든 조언보다 탁월하다. 그분의 영이 있는 사람은 그분 안에서 숨은 만나를 얻는다. 복음을 자주 들으면서도 별로 마음을 쓰지 않는 사람들이 많이 있다. 그리스도의 영이 없기 때문이다. 하지만 누구든지 그리스도의 말씀을 온전히 이해하려는 사람은 삶 전체에서 그리스도의 삶을 본받아야 한다.[1]

그리스도를 본받아 그분의 모범을 따르고 그분의 영으로 행한다는 주제는 성경 도처에 나와 있다(마 10:38, 고전 11:1, 빌 2:5, 벧전 2:21). 사실 겸손히 복종하며 그리스도를 따르는 삶이야말로 참된 제자도의 정수다. 그리스도를 본받는 삶은 분명한 명령이다. 하지만 우리 힘으로는 그분을 본받을 수 없다. 신앙이란 "원숭이처럼 흉내 내는" 얕은 접근으로는 안 된다. 예수님의 행동들을 열심히 따라 하려는 것만으로는 안 된다. "그 아들의 형상을 본받"으려면(롬 8:29) 성령의 능력으로 변화되어야 한다. 신자들은 정말 그리스도를 통해 영원히 돌이킬 수 없는 새 생명을 얻었으므로 날마다 삶의 모든 영역에서 성령의 능력을 통해 새로운 삶을 살아야 한다. 에베소서의 이 단순한 진리가 이번 단락에서 구체적인 형태로 나타난다.

이번 단락에 붙인 제목은 "따름과 복종: 본받는 자의 길"이다. 계속해서 바울은 본받는 자의 삶을 매우 실제적으로 기술한다. 한때 육체에 빠져 어둠 속에 행하던 사람들이 이제

핵심 용어

σκότος [*skotos*, 스코토스] *(4655)* '어둠'
고대 세계에서는 저녁에 해가 지면 대부분의 사람들이 달빛에 의지하거나 작은 등불로 길을 밝혔다. 흔히 어둠은 보이지 않는 미지의 세계, 온갖 위험이 도사리고 있는 세계가 다가왔다는 뜻이었다. 바울은 그리스도를 떠나 있는 사람들을 아예 "어둠" 자체라 표현하여 "주 안에서 빛"과 대비했다(5:8). 그리스도는 빛 자체이시므로 진리를 계시하시고 도덕적, 영적 어둠을 몰아내신다(고후 4:6, 딤후 1:10). 바울은 몇 가지 구체적인 행동을 어둠과 연관시키며(엡 5:11) 신자들에게 그런 일을 멀리하라고 명한다.

ὑποτάσσω [*hypotassō*, 휘포타소] *(5293)* '아래에 자리하다, 종속되다, 복종하다, 하위가 되다'
"아래"를 뜻하는 전치사 *hypo*와 "순서, 서열"을 뜻하는 *taxis*가 합성된 단어로 문자적으로 다른 사람보다 "아래의 서열이 되다"라는 뜻이다. 이 단어는 타인의 명령에 자발적으로 복종한다는 뜻의 헬라어 군사 용어에서 왔다. 에베소서의 후반부에서는 상호 복종이 주제를 이루지만(엡 5:21), 빌립보서에서는 바울이 예수 그리스도의 겸손과 복종을 완벽한 모범으로 제시한다(빌 2:5–8). 그분은 평생의 삶을 통해 아버지의 뜻을 이루셨다.

빛의 자녀들처럼 행하며 순전함과 의로움과 진실함과 지혜를 추구해야 한다(5:1–17). 이런 영적 변모는 성령의 역사와 능력에 의탁할 때만 이루어질 수 있다(5:18). 그리스도의 영이 능력을 주셔서 신자를 은혜로 변화시키시면 그분의 역사가 우리의 진실한 예배(5:19–20)를 통해서만 아니라 가정(5:21–6:4)과 일터(6:5–9)에서의 겸손과 복종을 통해서도 나타나게 되어 있다. "피차 복종"함으로써(5:21) 우리는 예수 그리스도의 발자취를 따라간다(5:1–2). 그럴 때에만 우리는 그리스도를 본받아 살 수 있다.

어둠의 삶에서 빛의 삶으로(에베소서 5:1–14)

1그러므로 사랑을 받는 자녀 같이 너희는 하나님을 본받는 자가 되고 2그리스도께서 너희를 사랑
하신 것 같이 너희도 사랑 가운데서 행하라 그는 우리를 위하여 자신을 버리사 향기로운 제물과 희생
제물로 하나님께 드리셨느니라
3음행과 온갖 더러운 것과 탐욕은 너희 중에서 그 이름조차도 부르지 말라 이는 성도에게 마땅한
바니라 4누추함과 어리석은 말이나 희롱의 말이 마땅치 아니하니 오히려 감사하는 말을 하라 5너희도

정녕 이것을 알거니와 음행하는 자나 더러운 자나 탐하는 자 곧 우상 숭배자는 다 그리스도와 하나님
의 나라에서 기업을 얻지 못하리니
6누구든지 헛된 말로 너희를 속이지 못하게 하라 이로 말미암아 하나님의 진노가 불순종의 아들
들에게 임하나니 7그러므로 그들과 함께 하는 자가 되지 말라 8너희가 전에는 어둠이더니 이제는 주
안에서 빛이라 빛의 자녀들처럼 행하라 9빛의 열매는 모든 착함과 의로움과 진실함에 있느니라 10주
를 기쁘시게 할 것이 무엇인가 시험하여 보라 11너희는 열매 없는 어둠의 일에 참여하지 말고 도리어
책망하라 12그들이 은밀히 행하는 것들은 말하기도 부끄러운 것들이라 13그러나 책망을 받는 모든 것
은 빛으로 말미암아 드러나나니 드러나는 것마다 빛이니라 14그러므로 이르시기를

잠자는 자여 깨어서
죽은 자들 가운데서 일어나라
그리스도께서 너에게 비추이시리라 하셨느니라.

안개가 자욱한 캄캄한 밤에 거대한 전함을 지휘하고 있던 선장에게 저 멀리로 희미한 불빛이 보였다. 즉시 그는 통신병에게 명하여 이런 메시지를 보냈다. "경로를 10도 남쪽으로 변경하라."

금방 선장에게 회신이 왔다. "경로를 10도 북쪽으로 변경하라."

선장은 화가 나서 몸이 경직되었다. 이런 항명에 익숙하지 않았던 그는 명령을 되풀이했다. 이번에는 잔뜩 힘주어 말한 뒤 펀치라인을 덧붙였다. "경로를 10도 남쪽으로 변경하라. 나는 이 배의 선장이다!"

그러자 곧바로 군더더기 없는 침착한 답변이 돌아왔다. "저는 해군 상병 존스입니다. 경로를 10도 북쪽으로 변경하십시오."

선장은 씩씩거렸다. 일개 사병이 선장에게 명령을 내리다니 도무지 있을 수 없는 일이었다. 그는 날카롭게 되받았다. "젊은이, 다시 말한다. 경로를 10도 남쪽으로 변경하라. 여기는 전함이다!"

어둠을 꿰뚫는 불빛 속에서 간단한 응답이 들려왔다. "선장님, 다시 말합니다. 경로를 10도 북쪽으로 변경하십시오. 여기는 등대입니다."[2]

비록 재미를 위해 지어낸 이야기지만 이 속에 중요한 요지가 들어 있다. 등댓불을 결코 무시해서는 안 된다. 섬과 해안에 등대를 세운 것은 우리를 방해하거나 괴롭히기 위해서가

아니다. 반도와 곶에 등댓불을 비치는 것은 우리를 보호하기 위해서다. 어둠 속에 있으면서 빛을 무시하거나 빛에 반항한다면 이는 이성을 버리고 미련함을 택하는 일이다.

하나님의 빛도 그와 같다. 사람들은 두려워 그 빛을 피하거나 교만하게 그 빛에 반항할 때가 너무 많다. 그 빛을 무시하다 위험을 자초하기도 한다. 하지만 진리의 성령의 인도하심을 받는 신자들은 하나님의 빛이 구원의 은혜임을 인식한다.

에베소서 5장 1–14절은 빛의 삶과 어둠의 삶을 대비하면서 신자들에게 계속 빛의 자녀들처럼 행할 것(5:8)과 어둠의 행위를 드러낼 것(5:11)을 권고한다. 하지만 선장이 고집과 자만심과 자존심 때문에 배의 경로를 변경할 마음이 없는 것처럼, 우리 육체의 죄성도 바른 경로에 저항한다. 우리가 취해야 할 명백한 경로는 하나님의 경고를 귀담아 듣고 그분의 길로 행하는 것이다. 다른 길을 고집하면 도덕적 재앙으로 직행하고 만다.

—5:1–2—

바울은 "행함"이라는 익숙한 주제로 다시 돌아온다. 4장 1절에서 실천 부분에 들어갈 때도 그는 같은 은유를 써서 "그러므로 주 안에서 갇힌 내가 너희를 권하노니 너희가 부르심을 받은 일에 합당하게 행하여"고 말했다. 5장 2절에서는 "사랑 가운데서 행하라"고 권한다. 나아가 "하나님을 본받는 자가 되"라고 권한다(5:1). "본받는 자(들)"로 번역된 헬라어 단어 *mimētēs*에서 영어 단어 mimic(흉내 내다)이 나왔다. 흉내 낸다는 것은 상대방이 하는 대로 따라 하는 것이다. 상대방이 주도하는 대로 그의 행동을 모방하는 것이다. 하지만 어떻게 우리가 능히 하나님의 행동을 흉내 낼 수 있겠는가? "사랑을 받는 자녀 같이"라는 말이 없었다면 감히 꿈도 꾸지 못할 일이다. 다시 말해 우리는 하나님의 영적 가족으로서 하늘 아버지를 닮아가야 한다.

그래서 여기에서 그리스도가 언급된다. 하나님의 참 아들이신 그분은 온전히 인간이 되셨으나 죄는 없으셨다. 그리스도는 하나님의 아들로서 본보기가 되신다. 성령께서 바로 그분의 형상대로 우리를 새롭게 하시는 중이다. 그리스도는 하나님을 본받는 참된 인간이 어떤 모습인지 친히 그 전형을 보이셨다. 그분은 맏형처럼 우리가 따를 완전한 모범이시다. 그러니 우리도 사랑받는 자녀로서 그분의 성품을 지니고 살아야 함은 당연한 일이다.

그분이 선하시니 우리도 선해야 한다. 그분이 친절하시니 우리도 친절해야 한다. 그분이 정의로우시니 우리도 공정해야 한다. 그분이 거룩하시니 우리도 순전해야 한다. 그분이 은혜로 충만하시니 우리도 서로 은혜를 베풀어야 한다. 예를 들자면 한이 없다.

바울은 본받음의 수준까지도 예시한다. 즉, 우리는 "사랑" 가운데서 행해야 한다. 무조건적인 아가페 사랑이다. 그 예는 무엇인가? 그리스도의 희생적 사랑이다. 그분은 우리를 위해 자신을 버리심으로 "향기로운 제물"로 하나님을 기쁘시게 하셨다. 바울은 우리에게 이타적 사랑의 가장 높은 기준을 제시한다. 예수께서 친히 가르치신 것과 같다. "사람이 친구를 위하여 자기 목숨을 버리면 이보다 더 큰 사랑이 없나니"(요 15:13). 한 주석가의 말처럼 "그분이 우리에게 명하시는 이웃 사랑이란 자신의 유익을 희생해서라도 기꺼이 이웃의 유익을 위해 노력한다는 뜻이다."[3]

그러나 주변 세상은 어둡고 사나운 바다처럼 사사건건 그리스도의 사랑의 길에 저항한다. 그러면서 온 힘을 다해 우리를 해안의 암벽으로 패대기치려 한다. 그래서 바울은 다음 몇 구절에 걸쳐 순전함을 강력히 촉구한다. 이는 파괴적이고 이기적인 세상의 길들에 대한 긴박한 경고이자 어둠을 꿰뚫는 또렷한 등댓불이다.

5:3-6

삶의 어두운 구석구석을 비추는 탐조등처럼 바울은 기독교 공동체의 증언을 어둡게 만들 수 있는 몇 가지 죄에 초점을 맞춘다. 우리는 "세상(의)…빛들"(빌 2:15)로 부름받았지만 어떤 행동들은 우리의 증언을 어둡게 만들 수 있다. 그러면 우리는 세상과 구별되지 않고 능력을 잃는다. 사실 빛이 어두워질수록 우리는 하나님의 진노가 임하는 불순종의 아들들, 즉 하나님 나라에서 끊어진 사람들과 더 비슷해 보인다(5:5-6). 바울의 권고는 이런 어둠의 행위들을 비신자들과 연관시킴으로써 우리에게 강펀치를 날린다. 빛의 자녀라면 어둠의 자녀처럼 살지 말라는 것이다! 바울이 3-5절에서 언급한 어둠의 행위들은 음행, 더러운 것, 탐욕, 누추함, 어리석은 말, 희롱의 말이다. 지금부터 그 내용을 보다 자세히 살펴보자.

우선 바울은 성적인 죄와 관련된 두 가지 행위부터 말한다. 첫째는 헬라어 단어 *porneia*를 번역한 "음행"이다. 포르노라는 단어도 같은 어근에서 나왔다. 여기에는 간음,

간통, 동성애, 매매춘 등 결혼생활 바깥에서 벌어지는 모든 성적인 죄가 다 포함된다. 하지만 그리스도는 그런 외적 행동들의 내적 출처인 정욕에 더 예리하게 관심을 집중하셨다. 그분은 정욕을 품으면 마음으로 간음하는 것과 같다고 하셨다(마 5:28). 둘째로 바울은 "더러운 것"(*akatharsia*)을 언급한다. 이 말은 영어 단어 catharsis(카타르시스)에 부정의 접두사가 붙은 형태다. 카타르시스가 우리를 정화시켜주듯이 그 반대는 우리를 더럽게 만든다. 이는 음행이 우리의 마음과 사고와 몸에 미치는 영향을 의미한다. 음행은 우리를 도덕적으로 부정하게 만든다. 그것은 다시 죄책감, 수치심, 습관적인 죄, 강박증, 중독, 무절제한 삶으로 이어진다.

현대의 어두운 세상은 음행과 온갖 더러운 것을 오히려 옹호하고 있으니 얼마나 비극인가! 텔레비전과 영화와 특히 온라인에서 거의 모든 종류의 성적 표현이 조장되고 있다. 자유로운 성적 표현이 무해하거나 심지어 건강하다고 믿는 사람들이 많이 있다. 그들은 그것이 아무에게도 피해를 주지 않는다고 착각한다. 하지만 바울은 죄를 합리화하는 "헛된 말"에 속지 말라고 우리에게 경고한다(5:6). 성적 부도덕은 결코 인간의 품위를 높여주지 않고 오히려 떨어뜨릴 뿐이다. 성적 부도덕은 하나님의 형상대로 창조된 인간을 나의 이기적 욕구를 채우는 노리개로 전락시킨다.

하나님이 우리에게 주시려는 것들이 우리가 어둠 속에서 추구하는 것들보다 훨씬 풍성하다. 그러한 사고의 흐름 속에서 바울은 계속해서 다음 죄인 탐욕을 언급한다. "탐욕"(*pleonexia*)으로 번역된 단어는 "탐심"(고후 9:5 난하주)을 뜻하기도 한다. 사실 바울은 에베소서 5장 5절에서 그 단어의 파생어를 써서 "탐하는 자"(*pleonektēs*)를 지칭했다. 골로새서 3장 5절은 이 단어를 음란, 부정, 사욕, 악한 정욕 등 육체적 죄의 행위들과 밀접하게 연관시킨다. 그러므로 "탐욕"에는 만족을 모르는 성욕뿐 아니라 재물을 더 많이 소유하려는 욕구도 포함된다.[4] 에베소서 5장 5절과 골로새서 3장 5절은 탐욕과 탐심을 똑같이 우상숭배와 연결시킨다. 탐욕은 "자기가 소유하려는 것을 신으로 만들기" 때문이다.[5]

육체의 정욕에 빠지는 이런 행위들은 성도들 중에서 "그 이름조차도 부르지 말"아야 한다(5:3). 이제 바울은 부도덕한 행위들에서 신자들에게 "마땅치 아니"한 부도덕한 말들로 넘어간다(5:4). "누추함"이란 부끄럽고 수치스러운 말을 가리킨다. 인간의 존엄성을 앗아가는 비열한 음담패설도 여기에 포함된다.[6] 은근히 빈정대는 말, 선정적이거나 도발적인 말도 마찬가지다.

“어리석은 말”이라는 문구는 헬라어로 *mōrologia*라는 합성어다. “바보”라는 뜻의 영어 단어 moron이 그 어근에서 파생되었다. 이 단어를 구어적으로 “바보 같은 말”이라 번역해도 무난하다. 성경에서 “어리석은” 사람이란 지적 능력이 떨어지는 사람이 아니라 하나님의 실체를 부인하는 사람이다. 다윗은 “어리석은 자는 그의 마음에 이르기를 하나님이 없다 하는도다”(시 14:1)라고 썼다. 역사적으로 *mōros*는 “선악의 심판자이신 하나님을 실제로 부인함”이라는 뜻으로 쓰였다.[7] 요컨대 “어리석은 말”은 무의미하고 공허하고 미련한 말, 유익을 끼치지 않고 덕을 세우지 않는 불필요한 말을 가리킨다. 문득 전도서에 나오는 격언 한 마디가 생각난다. “우매한 자들의 웃음소리는 솥 밑에서 가시나무가 타는 소리 같으니 이것도 헛되니라”(전 7:6). 다시 말해서 그런 잔가지에 붙은 불은 요란하지만 잠깐이다. 재만 남고 솥의 음식은 여전히 차가우니 쓸모없는 불이다!

“희롱의 말”도 헬라어로 *eutrapalia*라는 한 단어에서 왔다. 아마 이것은 순진한 말을 이중의 의미로 비틀어 도발적이거나 음란하거나 부도덕한 말로 만드는 유머를 가리킬 것이다.[8] 그런 유머를 당신도 알 것이다. 멀쩡한 말을 슬쩍 추잡하고 저열한 뜻으로 변질시켜 거기서 쾌감을 느끼는 사람들이 당신 주변에도 있을 것이다. 이런 희롱의 말은 생각이 늘 시궁창에 빠져 있어 폐수로 연명하는 사람들의 전형적인 모습이다.

여기서 한 가지 짚어둘 것이 있다. 바울이 정죄하는 누추함과 어리석은 말과 희롱의 말은 건강한 유머 감각과는 무관하다. 사실 나는 하나님이 우리에게 웃음을 선물로 주셨다고 확신한다. 생각해보라. 하나님이 진정한 유머 감각을 주신 피조물은 그분의 형상대로 지음 받은 인간뿐이다(창 1:26–27). 다시 말해서 우리는 유머를 즐기고 아이러니에 박장대소할 수 있는 정신적, 정서적 역량이 있다. 간단히 말해서 동물과 인간의 차이점 하나는 동물은 결코 농담을 알아듣지 못한다는 것이다! 기쁨과 웃음의 정서적, 영적 가치를 강조하는 다음과 같은 말씀들을 들어보라.

마음의 즐거움은 양약이라도
심령의 근심은 뼈를 마르게 하느니라(잠 17:22).

마음의 즐거움은 얼굴을 빛나게 하여도
마음의 근심은 심령을 상하게 하느니라(잠 15:13).

근심이 사람의 마음에 있으면 그것으로 번뇌하게 되나
선한 말은 그것을 즐겁게 하느니라(잠 12:25).

물론 우리는 "울 때가 있고 웃을 때가 있"음을 인정한다(전 3:4). 그렇더라도 바울은 지금 건강한 유머 감각을 정죄하는 게 아니다. 바울이 책망하는 문제는 부적절한 농담 또는 부적절한 시점의 농담이다. 음란한 말이나 지저분한 농담은 아무런 유익이 없다. 오히려 사람을 깎아내린다. 대신 우리는 "감사하는 말"에 혀를 사용해야 한다(엡 5:4).

성적 방종, 광적인 물질만능주의, 남을 비하하는 말 등을 별 것 아니라고 생각하는 사람들이 있다. 물론 우리는 그렇게 무지하지 않지만, 그럼에도 자칫 현대 사회의 이런 유행병에 무감각해지기 쉽다. 그래서 5장 5–6절에 나오는 바울의 단호한 직설은 우리에게 충격으로 다가온다. 바울은 죄의 생활방식을 노골적으로 지속하는 사람들–"음행하는 자나 더러운 자나 탐하는 자"–은 하나님 나라에 동참할 수 없다고 딱 잘라 말한다(5:5). 오히려 하나님은 그런 행위에 진노를 내리신다(5:6).

바울의 말은 우리가 한순간 연약함으로 모종의 음행이나 탐욕에 빠진다 해서 구원을 잃어버린다는 뜻이 아니다. 하나님은 우리가 인간이며 죄를 지을 것을 아신다(요일 1:8). 중요한 것은 우리가 주님께 반항하는 생활방식을 의지적으로 지속하는지 여부다. 또는 우리 삶의 전반적 흐름이 하나님 쪽으로 가고 있는지 여부다. 바울이 5–6절에서 말하는 것은 부끄러운 줄 모르고 고집하는 악한 생활방식이다. 그런 생활방식은 아무리 권면하고 지적하고 징계해도 변하지 않으며 변할 수도 없다. 하나님의 일들에 그 정도로 무반응이라면 이는 그 사람이 정말 "허물과 죄로 죽"어 있어 여전히 "본질상 진노의 자녀"라는 증거일 것이다(엡 2:1, 3). 요컨대 야행성 동물이 빛을 피해 숨듯이, 말로는 신자라고 하면서 의와 순전함과 거룩함의 빛을 일관되게 피하는 사람들이 있다. 그들은 자신이 정말 어둠의 사람임을 그렇게 내보이는 것이다.

묵상의 서재

칠흑 같은 어둠 속의 한 줄기 빛

고등학교를 졸업한 직후에 나는 가족과 함께 뉴멕시코 주의 칼스배드 동굴로 여행을 갔다. 그때는 놀이동산이 없었으므로 이런 자연을 찾는 것이 그나마 차선이었다. 우리는 장관을 이루고 있는 지하의 통로를 따라 끝없이 밑으로 내려갔다. 그 길고 좁고 구불구불한 길을 지금도 잊지 못한다. 누나와 나는 아주 좋은 시간을 보냈다. 암석을 빙 돌기도 했고, 계단을 내려가기도 했으며, 작은 다리들을 건너기도 했다. 길은 미로 같은 터널 속으로 구불구불 이어졌다. 굴속의 조명은 종유석과 석순이 숲을 이룬 그곳에 괴기한 그림자를 만들어냈다.

마침내 우리는 굴 한가운데에 도달했다. 굴속은 서늘하고 축축했고, 여기저기 몇 군데 백열등이 켜져 있는데도 어두웠다. 그때 우리의 가이드가 뜻밖의 행동을 했다. 딸깍! 모든 전등을 꺼버린 것이다! "칠흑같이 어둡다"는 말이 무슨 뜻인지 나는 그때 알았다. 내 손을 얼굴 앞에 대보았다. 손바닥의 온기가 느껴질 만큼 가까운데도 손가락이 보이지 않았다. 주변에 앉은 어느 누구도 보이지 않았다. 어른들까지도 유년기의 공포로 돌아가게 만드는 그런 어둠이었다!

그때 갑자기 가이드가 아무런 예고도 없이 살짝 성냥을 당겨 작은 불을 켰다. 워낙 칠흑같이 어둡다보니 작은 불꽃 하나에도 온 굴속이 환해졌다. 금세 주변의 얼굴들이 다 보였다. 그들도 나처럼 어둠 속에서 멍하니 두리번거리며 시선 둘 곳을 애써 찾고 있었다. 성냥불이 어둠을 꿰뚫자 모든 얼굴이 본능적으로 불쪽으로 돌아갔다. 마치 오케스트라 단원들이 지휘자에게 시선을 집중하는 것과 같았다.

그 빛은 어둠을 몰아냈을 뿐 아니라 주의를 끌었다. 우리는 그 불을 바라보지 않을 수 없었다.

나와 함께 2천 년 전으로 거슬러 올라가보자. 이번에는 동굴이 아니라 산이다. 물리적인 어둠의 자리가 아니라 영적인 어둠의 땅이다. 그 산 위에 이제 막 사역에 들어서신 한 혁명적인 스승이 앉아 계셨다. 하나님의 빛을 반사했어야 할 종교 지도자들은 오히려 닥치는 대로 그 불을 끄고 있었다. 그들은 비웃고 눈살을 찌푸리며 자기들끼리 궁얼거렸다. 산 위에 앉으신 스승은 차분하게 설교를 하셨다. 영영 잊지 못할 이 산상수훈이야말로 역사상 가장 중요한 설교일 것이다.

이 불멸의 메시지를 통해 예수님은 그분을 따르는 사람들에게 이런 잊지 못할 말씀을 주셨다.

"너희는 세상의 빛이라 산 위에 있는 동네가 숨겨지지 못할 것이요 사람이 등불을 켜서 말 아래에 두지 아니하고 등경 위에 두나니 이러므로 집 안 모든 사람에게 비치느니라 이같이 너희 빛이 사람 앞에 비치게 하여 그들로 너희 착한 행실을 보고 하늘에 계신 너희 아버지께 영광을 돌리게 하라"(마 5:14-16).

나는 그날 칼스배드 동굴에서 빛에 대해 중요한 교훈을 배웠다. 깜빡이는 성냥불의 위력이 아니라 "이 작은 나의 빛"에 대해 배웠다. 그리스도는 우리에게 모든 사람 앞에 빛을 비추라 명하신다. 그 빛은 이 악한 세상에서 어둠을 몰아낼 뿐 아니라 사람들의 주의를 끌 것이다. 그리하여 그들의 마음과 생각을 우리 주 하나님 쪽으로 돌릴 것이다.

—5:7-10—

여기까지 어둠 속에서 행하는 사람들의 생활방식을 묘사한 바울은 독자들에게 "그들과 함께 하는 자가 되지 말라"고 촉구한다(5:7). 참된 신자들도 비록 잠깐이라도 방금 말한 그런 행위들에 빠질 수 있다는 뜻이다. "복음으로 말미암아 그리스도 예수 안에서…함께 약속에 참여하는 자"(3:6)가 된 사람들이 도대체 왜 멸망으로 끝날 사람들과 어깨동무를 하려 하겠는가? "불순종의 아들들"(5:6)은 평생 죄의 동굴과 그 위험한 어둠 속을 헤맨다. 그런데 어두운 데서 불러내심을 받아 그리스도의 기이한 빛에 들어온 우리가 왜 소경인 그들의 인도를 따라가려 하겠는가?

바울은 그리스도를 믿는 신자들이 단지 한때 어둠 속에 살았다고 말하지 않는다. 훨씬 강경한 어법으로 그는 우리가 "전에는 어둠이더니"라고 말한다(5:8). 이전에 그리스도를 믿지 않고 살 때는 우리가 곧 어둠이었다는 것이다. 차이가 보이는가? 어둠 속에 살았다고 하면 우리에게 최소한의 표시등이나 희미한 불빛이라도 있어 약간의 선행으로 그럭저럭 해나갈 수도 있었다는 여지가 생겨난다. 하지만 바울은 우리가 어둠이었다고 말한다. 문제 자체의 일부였다는 뜻이다. 내가 수학했고 나중에 여러 해 동안 재직했던 신학대학원의 교리 진술에 그것이 이렇게 단언되어 있다.

> 우리는 또한 이 영적 죽음 내지 인간 본성의 전적인 타락이 온 인류에게 전수되었다고 믿는다. 인간이신 그리스도 예수만이 예외다. 따라서 아담의 각 자손은 인류의 일원으로 죄성을 안고 태어나며 영적 생명이 조금도 없다. 하나님의 은혜를 떠나서는 본질적으로 악하며 스스로 변화될 수 없다.[9]

우리에게는 영적 생명이 조금도 없었다. 얼마나 절망적인 곤경인가! "하나님의 은혜를 떠나서는" 우리는 죄의 토굴에 갇혀 어둠 속을 헤맬 뿐 출구를 찾을 수 없었다. 우리는 얄팍하고 피상적이고 이기적이었다. 그때 우리가 은밀하게 또는 공공연하게 했던 일들은 지금 생각하면 부끄러운 것들이다. 하지만 우리는 고칠 능력이 없었다. 아무리 새해마다 다짐해도 늘 작심삼일로 끝났다. 우리는 변화되지 않았고 변화될 수 없었다. 우리는 무능하고 무력하고 길을 잃은 절망 상태였다.

그런데 그리스도께서 오셔서 우리 영혼의 어둠을 꿰뚫으셨다. 찰스 웨슬리의 감동적인 찬송가 '어찌 날 위함이온지'의 그 대목이 기억나는가?

> 어두운 죄의 본성에 묶여
> 평생을 갇혀 있던 내 영혼
> 주가 비추신 소생의 광선
> 나를 깨우고 옥을 밝히니.[10]

전에는 어둠이더니 이제는 빛이다. 그것이 그리스도를 믿는 모든 사람의 새로운 정체다. 그리스도를 처음 믿는 순간부터 그렇다. 하나님은 거룩과 진실과 사랑과 소망의 완전한 빛이시며, 우리는 그 빛을 반사하는 빛이다. 따라서 우리는 다른 사람들이 어둠에서 나올 수 있도록 길을 비춰주어야 한다. 그러려면 "빛의 자녀들처럼 행"해야 한다(5:8). 그것은 어떤 모습으로 나타날까? 바울은 그것을 "착함과 의로움과 진실함"이라 표현했다(5:9). 우리는 5장 3–5절에 기술된 이전의 행실을 버린다. 대신 주님을 기쁘시게 하는 것이 우리 삶의 열망이 된다(5:10). 바울의 말은 삶의 방향이 완전히 뒤바뀐다는 뜻이다. 어둠의 길에서 돌아서서 빛의 길로 나아간다는 뜻이다. 이 모두의 시발점과 원동력은 하나님의 은혜와 성령의 능력에 있다.

—5:11–14—

하나님의 밝은 은혜가 빛의 자녀들의 삶 속에 반사되면 위와 같은 놀라운 결과들이 나타난다. 반면에 "어둠의 일"(5:11)은 모두에게 비참한 영향을 미친다(5:11). 우리가 어둠에 참여하면 동료 그리스도인들에게 상처를 줄 뿐 아니라 믿지 않는 이들에게도 해를 끼친다. 말로는 진리의 자녀라고 하면서 우리가 거짓말하고 사기 치고 학대하고 비방하고 험담하면 이는 비그리스도인들을 멀리 밀어내고 혼란에 빠뜨리는 일이다. 많은 사람들이 우리를 위선자로 일축해버린다. 복음 자체를 사이비로 보는 사람들도 있다. 언행이 일치하지 않는 우리의 더러운 간증 때문에 그들이 하나님으로부터 완전히 돌아설 수도 있다. 거짓 종교들이 주관하는 자기계발 프로그램들을 통해 그들 자신의 빛을 찾으려 할 수도 있다. 우리가 착함과 의로움과 진실함의 빛을 비추지 못하면 그들을 악함과 불의와 속임수 속에 헤매도록 방치하는 것이다.

바울은 독자들에게 악하고 열매 없는 어둠의 일에 참여할 게 아니라 "도리어 그것을 드러내라"(5:11, NASB)고 조언한다. 어둠의 일을 어떻게 드러내는가? 우리 마음대로 도덕의 법정을 만들어 다른 사람들의 죄를 만천하에 떠벌리는 게 아니다. 바울의 말은 분명히 그런 뜻이 아니다. 잊지 말라. 우리가 반사하도록 부름받은 빛은 닥치는 대로 악을 조준하여 태워버리는 고성능 레이저빔이 아니다. 그보다 우리의 빛은 대비 효과를 통해 현실을 드러내는 것이다. 당신과 나는 단지 빛의 행위를 함으로써 어둠의 행위를 드러내는 것이다.

우리가 정직하게 살면 주변의 부정직함이 드러난다. 우리가 성실하게 살면 그것이 지출 경비를 부풀리거나 직장에서 시간을 낭비하는 사람들에게 충격을 준다. 우리는 가슴과 등에 이런 큰 팻말을 걸고 다니지 않는다. "나는 이 회사에서 유일하게 정직한 사람입니다!" 작은 전단지를 돌려 내가 얼마나 경건하고 훌륭한 사람인지 알리지도 않는다. 우리가 어둠을 드러내는 방식은 그냥 빛을 비추는 것이다. 물론 악을 단호히 지적하거나 불의에 맞서 싸워야 할 때도 있다. 하지만 5장 10-13절에서 바울이 말하는 초점은 그게 아니다. 그냥 마땅히 살아야 할 삶을 사는 것이다. 그러면 "이같이 너희 빛이 사람 앞에 비치게 하여 그들로 너희 착한 행실을 보고 하늘에 계신 너희 아버지께 영광을 돌리게 하"는 것이다(마 5:16). 우리가 빛을 비출 때 나타나는 가장 중요한 결과가 예수님의 이 말씀 속에 들어 있다. 우리의 빛은 어둠을 드러내고, 경고하고, 주목을 끈다. 그러면 이를 통해 하나님이 다른 사람들의 삶 속에 그분의 불꽃을 붙이신다.

이번 문단의 마지막 말에 그 중요한 메시지가 담겨 있다. 바울은 신자들이 영원히 막대한 영향을 미칠 수 있음을 알고 이렇게 도전했다. 여기 그가 인용한 말은 널리 알려져 "초대 교회의 신자들이 수시로 부르던 회개와 격려의 찬송"이었을 것이다.[11] 이 짤막한 노래 한 소절을 통해 바울은 독자들에게 구속(救贖)의 여명이 칠흑같이 어두운 밤을 몰아냈음을 상기시킨다. 영광의 아침이 밝아 이제 신자들은 그리스도의 영광이라는 찬란한 빛을 마음껏 누리고 있다.

잠자는 자여, 깨어서
죽은 자들 가운데서 일어나라
그리스도께서 너에게 비추이시리라

적용

"이 작은 나의 빛 비추게 하리라"

태초에 하나님의 첫 광선이 어둠을 깨뜨리고 나왔다. "빛이 있으라"는 말씀과 함께 하나님의 엿새 동안의 창조 작업이 시작되었다(창 1:2-4). 그 시간 이후로 빛과 어둠은 한곳에 공존할 수 없게 분리되었다. 어둠이 지배하는 곳에는 빛이 부재하고 빛이 비치는 곳에는 어둠이 달아난다. 우리가 이 어두운 세상 속에서 빛으로 살아가면 적어도 세 가지 결과가 나타난다.

- **빛은 세상의 어둠을 몰아낸다.** 시편 119편 105절, 요한복음 8장 12절, 12장 46절을 읽으라. 빛은 하나님의 기록된 말씀(성경)일 수도 있고 하나님의 성육신한 말씀(예수 그리스도)일 수도 있다. 하나님의 빛은 우리의 진로를 밝혀 어두운 세상에서 길을 찾게 한다.
- **빛은 주목을 끈다.** 마태복음 5장 14절을 읽으라. 하나님의 빛을 발하는 삶은 안식을 찾는 지친 나그네들에게 등댓불이 되어준다. 또는 탐조등처럼 잃어진 사람들을 찾아내 그들을 어둠의 나라에서 불러낸다.
- **빛은 경고의 역할을 한다.** 로마서 2장 15-16을 읽으라. 모든 인간에게는 하나님이 주신 양심이 있다. 양심은 인간의 자체적 속성이 아니라 하나님이 은혜로 "그 마음에 새긴" 것이다. 죄를 지으면 양심이 경고한다. 그래서 완벽하게 거룩하신 하나님 앞에서 모든 인간이 유죄임을 자각하게 한다. 오직 하나님의 빛만이 어두운 영혼을 빛으로 덮어 우리의 더러운 양심을 깨끗하게 하실 수 있다(히 9:14).

어둠을 몰아내고, 주목을 끌고, 죄인들에게 경고하는 것이 빛의 목적이다. 이것을 우리에게 적용해보자. 하나님의 빛은 당신의 삶이라는 등불을 통해 얼마나 잘 비치고 있는가? 그 빛은 빛의 목적을 얼마나 자주 성취하고 있는가? 당신이 이 세상에 존재함으로 인해 당신의 가정이나 학교나 직장에 변화가 나타나고 있는가? 당신은 생동감 있는 증언으로 사람들을 구주께로 이끌고 있는가? 아니면 당신은 빛을 통 속에 감추어두었다가 주일에 교회에서만 쓰는가(마 5:15)? 당신의 성실한 삶은 점점 더 깊이 어둠 속으로 빠져드는 사람들의 양심을 찌르는가? 마지막으로 따끔한 질문이 하나 더 있다. 솔직히 당신의 삶에 죄가 스며들어 그나마 남아 있는 증언의 빛을 끄고 있는가?

주님은 진정으로 당신을 쓰기 원하신다. 그러므로 당신의 삶에서 죄가 그분의 빛을 어둡게 만들고 있다면 지금 시간을 내서 그분께 자백하고 용서를 구하라. 깨끗하게 해달라고 구하라. 그보다 더 중요하게, 당신 안에 그분의 불꽃을 새로 붙여주셔서 꾸준히 환한 빛을 내게 해달라고 기도하라.

그리스도인의 생활 개론(에베소서 5:15-21)

[15]그런즉 너희가 어떻게 행할지를 자세히 주의하여 지혜 없는 자 같이 하지 말고 오직 지혜 있는
자 같이 하여 [16]세월을 아끼라 때가 악하니라 [17]그러므로 어리석은 자가 되지 말고 오직 주의 뜻이 무
엇인가 이해하라 [18]술 취하지 말라 이는 방탕한 것이니 오직 성령으로 충만함을 받으라 [19]시와 찬송과
신령한 노래들로 서로 화답하며 너희의 마음으로 주께 노래하며 찬송하며 [20]범사에 우리 주 예수 그
리스도의 이름으로 항상 아버지 하나님께 감사하며 [21]그리스도를 경외함으로 피차 복종하라.

때로는 기본으로 돌아가는 게 도움이 된다. 삶은 복잡해지고 일은 뒤엉키고 우리는 혼란에 빠진다. 그런 때는 본질과 비본질을 구분하여 그리스도인의 삶의 기본 요소들로 돌아가는 게 좋다. 에베소서 5장 15-21절이 바로 그런 내용이다. "그리스도인의 생활 개론"이라 할 수 있다.

우리 중 대부분에게는 이 다섯 가지 기본 원리가 새로운 내용은 아닐 것이다. 본질적 진리들을 환기시키고 있기 때문이다. 하지만 다른 사람들에게는 이것이 그리스도인의 삶에 대한 개론 과목이다. 믿음 없는 세상에서 믿음을 실천하는 법에 대한 입문서인 셈이다. 앞 단락에서 보았듯이 그리스도인은 어두운 세상에서 빛으로 존재해야 한다. 이번 단락에

서 바울은 "그런즉"으로 시작하여 신자의 행함을 다시 강조한다. 성령께서 우리를 인도하시며 능력을 주신다. 이번 본문의 진리들은 어린 신자들에게나 경륜이 쌓인 성도들에게나 똑같이 기초가 된다. 지금부터 바울의 손을 잡고 그리스도인의 삶을 구성하는 다섯 가지 주요 원리 속으로 따라가보자.

1. 행실의 원리(5:15)
2. 시간의 원리(5:16)
3. 결정의 원리(5:17)
4. 통제의 원리(5:18-20)
5. 복종의 원리(5:21)

—5:15—

바울이 말하는 그리스도인의 생활 개론의 다섯 가지 기초 중에서 첫 번째는 **행실의 원리**다. 이 원리를 단순한 개인적 진단 질문으로 바꾸면 이렇게 된다. "당신은 주의하여 지혜롭게 행하고 있는가?" 바울은 신자들이 주의하여 행해야(걸어야) 한다고 말한다. 이는 어디를 또는 얼마나 빨리 걷느냐의 문제가 아니라 걷는 방식의 문제다. 일상생활 속에서 그리스도인의 올바른 행실에 관한 원리다. 줄타기를 하는 사람들처럼 여기서도 주요 관심사는 걸음의 질이다. 그 길에서 떨어지지 않도록 균형을 유지하는 것이다.

신자들은 어떻게 행해야 하는가? 주의하여 지혜롭게 행해야 한다. 성경에서 지혜가 없다는 말은 마치 하나님이 존재하지 않으시는 것처럼 산다는 뜻이다(시 14:1). 일상사를 행하되 마치 하나님이 관심이 없으신 것처럼 행한다는 뜻이다. 하나님의 시각이 삶의 평범한 일들과는 무관하다는 듯 말이다. 반대로 주의 깊고 지혜롭게 행한다는 것은 범사에 주님을 인정한다는 뜻이다(잠 3:6). 우리를 향한 그분의 관심을 늘 의식한다는 뜻이다. 그분은 우리가 그리스도 안에서 부르심에 합당하게 행하기를 원하신다(엡 4:1).

—5:16—

바울이 말하는 그리스도인의 생활 개론의 두 번째 초석은 시간의 원리다. "아끼라"로 번역된 단어는 문법상 분사로 되어 있어 위에서 말한 첫 번째 원리를 성취하는 방식을 보여준다. 즉, 주의하여 지혜롭게 행하려면(5:15) "기회를 사야"(개역개정 난하주) 한다. "때"(*kairos*)는 "기회"를 뜻하며, 동사 자체는 "구입하다, 도로 사다, 구해내다"라는 뜻이다. 신학자 찰스 하지(Charles Hodge)는 이 문구를 "기회가 낭비되거나 오용되지 않도록 기회를 구해내라"로 번역했다.[12] 그리스도는 죄의 노예가 된 허무한 실존에서 우리를 구해내셨고, 목적을 위해 순결하게 살아갈 능력을 주셨다. 이렇게 그분이 우리를 구속하셨듯이 우리도 허무함과 죄로부터 시간을 다시 사야 한다. 일상의 모든 기회를 살려 그분의 목적을 지향해야 한다. 바울은 다른 곳에서 이렇게 포괄적으로 말했다. "그런즉 너희가 먹든지 마시든지 무엇을 하든지 다 하나님의 영광을 위하여 하라"(고전 10:31).

우리는 연약하고 타락한 인간인지라 누구나 양극단으로 흐르기 쉽다. 시간을 허비하거나 아니면 시간에 대해 강박증에 빠질 때가 너무 많다. 우리는 일을 질질 끌거나 아니면 일중독자가 된다. 첫 번째 극단은 우리의 삶을 향한 하나님의 목적에 수동적으로 저항하고, 두 번째 극단은 평안과 안식의 기쁨을 저버린다. 어떻게 하면 이런 양극단을 막을 수 있을까? 질질 끄는 버릇은 훈련으로 이길 수 있다. 정말 중요한 일들 쪽으로 에너지를 돌리는 것이다. 훈련이란 우선순위를 정해 계획을 짜고, 늘 목표에 초점을 맞추며, 하나님의 목적을 놓치지 않는다는 뜻이다. 반면에 안식을 모르는 일중독의 극단을 극복하려면 분별이 필요하다. 우리는 끝없이 일을 해내는 기계로 창조된 것이 아니라 하나님을 섬기고 영화롭게 하라고 그분이 직접 손으로 빚으신 예술작품이다(창 1:26-27, 2:7). 그 사실을 인식해야 한다. 그분이 우리를 지으신 목적은 그분의 아름다운 창조세계를 누리는 가운데 그분과 및 다른 사람들로 더불어 의미 있는 관계를 경험하게 하시기 위해서다. 하나님 나라의 일은 노동으로만 이루어지는 게 아님을 잊어서는 안 된다.

이렇듯 우리는 일을 미루거나 지나친 야망에 빠질 게 아니라 모든 기회를 최대한 활용해야 한다. 바울은 그 이유를 단도직입적으로 제시한다. "때가 악하"기 때문이다. 이 말은 두 가지로 이해할 수 있다. 세상의 악에 맞서기 위해 시간을 지혜롭고 주의 깊게 사용해야 한다는 뜻일 수도 있다. 그렇다면 이는 시간의 원리에 내포된 도덕적 목적이 된다. 또는 이 말은 악한 세상이 우리를 유혹하여 시간을 허비하게 한다는 뜻일 수도 있다. 경박한 오락, 열매 없는 추구, 단편적 목표에 빠지게 하는 것이다. 둘 중 어느 경우든 결론은 동일하다. 시간을 구속(救贖)하라!

—5:17—

그리스도인의 생활 개론에서 바울의 세 번째 교훈은 **결정의 원리**다. 이것은 주의 깊고 지혜로운 삶과 연관되며(5:15) 지혜로운 시간 사용을 기초로 한다(5:16). 이 원리의 첫머리에서 바울은 "어리석은 자가 되지 말" 것을 먼저 상기시킨다(5:17). 앞서 보았듯이 바보의 전형은 "하나님이 없다" 하며(시 14:1, 53:1) 실제로 그런 것처럼 살아가는 사람이다. 마치 하나님이 우리 삶에 임재하지 않으시고, 우리의 결정에 관심이 없으시며, 우리의 주목을 받기에 합당하지 않으신 것처럼 말이다. 그러므로 우리도 그렇게 사는 정도만큼 바보로 살아가는 것이다.

우리는 어리석게 살아갈 것이 아니라 "주의 뜻이 무엇인가 이해"해야 한다. 우리의 삶을 향한 하나님의 뜻을 분별하는 것보다 더 중요하거나 기본적인 일은 그리스도인의 삶에 별로 없다. 지금까지 사람들이 이 주제로 많은 책을 써서 하나님의 뜻이라는 비밀 금고를 여는 지나치게 단순한 숫자 조합을 내놓았다. 우선 우리 삶을 향한 하나님의 뜻을 이미 다 정해진 길처럼 말하는 사람들이 많다. 그래서 우리가 그 길을 확실히 알고 따를 수 있다는 것이다.[13] 반대로 어떤 사람들은 하나님의 뜻은 영원히 신비라고 말한다. 그래서 우리가 스스로 결정하고 무엇이든 자신이 원하는 대로 한 뒤 최선의 결과를 바라야 한다는 것이다. 하나님의 뜻이 절대적으로 정해져 있다는 관점이든 절대적으로 우리의 자유라는 관점이든 내가 보기에는 둘 다 균형을 잃었다. 사실 성경 여러 곳에 우리 삶을 향한 하나님의 뜻이 명확히 계시되어 있다. 다음 몇 가지 예를 생각해보라.

> 너희는 이 세대를 본받지 말고 오직 마음을 새롭게 함으로 변화를 받아 하나님의 선하시고 기뻐하시고 온전하신 뜻이 무엇인지 분별하도록 하라(롬 12:2).

> 하나님의 뜻대로 하는 근심은 후회할 것이 없는 구원에 이르게 하는 회개를 이루는 것이요 세상 근심은 사망을 이루는 것이니라(고후 7:10).

> 하나님의 뜻은 이것이니 너희의 거룩함이라 곧 음란을 버리고(살전 4:3).

> 인간의 모든 제도를 주를 위하여 순종하되 혹은 위에 있는 왕이나 혹은 그가 악행하는 자를 징벌하고 선행하는 자를 포상하기 위하여 보낸 총독에게 하라 곧 너희가 선행으로 어리석은 사람들의 무식한 말을 막는 것이 하나님의 뜻이라(벧전 2:13-15, NASB).

이 세대를 본받지 말라. 마음을 새롭게 하라. 변화를 받으라. 근심을 견뎌 회개에 이르라. 거룩해지라. 음란을 버리라. 인간의 권위에 복종하라. 선을 행하라. 이것들은 우리의 삶을 향한 하나님의 뜻이 단순하고 직설적이고 명확하고 객관적으로 표현된 몇 가지 예에 지나지 않는다. 확신컨대 우리가 시간을 들여 성경에 명시된 하나님의 뜻을 추구한다면 결코 그분의 뜻에 어긋나는 일들을 하지 않을 것이다. 그뿐 아니라 평소에 그런 삶에 힘쓰면 성령께서 우리 안에 성품과 덕을 빚어내신다. 그래서 하나님의 뜻이 명확히 계시되어 있지 않은 부분들에서도 그분의 뜻을 분별하기가 더 쉬워진다.

그동안 나는 하나님의 뜻에 대한 우리의 반응에서 두 가지 성향을 보았다. 우리는 그분을 앞서가거나 아니면 그분께 저항한다. 첫 번째 반응은 인내심과 신중함이 부족하기 때문이다. 우리는 속단을 내리거나 성급하게 결정하거나 기회가 닥치는 대로 무조건 뛰어든다. 하나님의 뜻에 저항하는 두 번째 극단은 교만에서 비롯되는 결과다. 우리는 "성"과 "속"을 양분하여 후자에서는 하나님을 몰아낸다. 성경의 분명한 명령들을 고집스레 무시하며, 그것이 자신에게 적용되지 않는 온갖 구실을 찾아낸다. 우리는 모든 그리스도인을 향한 하나님의 일반적인 뜻에 반응할 때 이런 양극단을 보인다.

그런가 하면 이런 양극단의 반응은 우리 삶을 향한 하나님의 구체적이고 개인적이고 종종 주관적인 뜻 앞에서도 나타난다. 예컨대 직업, 배우자, 집, 교회 등을 선택하는 문제가 그런 경우다. 사실 우리는 하나님을 앞서가는 방식에서 창의력을 발휘한다. 어떤 사람들은 성경책을 아무데나 펴서 아무 구절에나 손가락을 짚은 다음 그 내용대로 그날의 선택들을 내린다. 또는 신호등에 빨간불이나 파란불이 연달아 나오면 그것을 하나님의 신호로 받아들인다. 우리는 이런 터무니없는 미신적 행위를 중단해야 한다. 밀가루 반죽에서 예수님의 얼굴을 찾지 말라. 밤중에 멀뚱멀뚱 누워 예컨대 세 번 딸깍거리다가 한 번 쾅하는 소리가 나기를 기다리지 말라! 그것은 주술 신학이다. 사람들 사이에 인기는 있지만 하나님과는 거리가 먼 실없는 짓이다. 우리는 하나님의 뜻을 그분의 방식대로 분별해야 한다.

그분이 주도하시는 대로 따르는 방식은 단순하지만 결코 속전속결은 아니다. 기도하라. 마음을 열고 겸손하고 진실하게 그분을 구하라. 자원하는 마음으로 인내하며 구하라. 자원하는 마음이 없다면 우선 그 마음부터 달라고 기도하라. 기도하는 마음으로 말씀을 보되 지성을 활용하라. 성경의 원리들과 만인을 향한 그분의 명백히 계시된 뜻에 비추어 당신의 모든 결정을 심사숙고하라. 지혜와 경륜이 있는 그리스도인들에게 조언을 구하라. 비슷한 결정을 경험한 사람들이라면 더 이상적이다. 당신의 결정 때문에 얻을 것도 없고 잃을 것도 없는 객관적인 사람들의 말을 가장 귀담아 들으라. 그러다 하나님이 길을 밝혀주신다는 확신이 들거든 겸손한 믿음으로 걸음을 내디뎌라. 신뢰하는 마음으로 순종하라. 하나님의 뜻에 내포되어 있는 모든 면을 우리가 항상 알 수는 없다. 하지만 가장 중요한 것은 그분이 길을 인도하실 때 최선을 다해 따르는 것이다. 대개 그분의 뜻에는 우리가 가히 예상할 수 없는 뜻밖의 반전이 들어 있다.

—5:18-20—

이것은 다시 그리스도인의 생활 개론 중 네 번째인 **통제의 원리**로 이어진다. 이 권면을 시작하면서 바울은 술에 취해 통제를 잃은 삶과 성령의 통제를 받는 삶을 대비한다. 전자는 생각과 감각이 멍하고 둔해진 상태이고, 후자는 생각과 감각에 활기와 기운이 넘치는 상태다. 과음에 지배당하는 사람은 시간과 자원을 낭비하고 웃음거리가 된다. 사람들이 술 취해서 하는 말은 대개 아무에게도 유익이 되지 않는다. 그들의 혀 꼬부라진 소리는 얼토당토않은 헛소리이거나 추잡한 상소리다.

이것을 성령의 통제를 받는 사람들과 비교해보라. 그들의 사고는 명쾌하여 그리스도께서 하신 일과 지금 하고 계신 일을 두루 볼 수 있다. 그들의 마음은 기쁨으로 충만하고 입에는 찬송이 흘러넘친다. 성령께서 마음에 감사가 넘치게 하시니 입에서 "시와 찬송과 신령한 노래들"이 나올 수밖에 없다(15:19). 사실 그들의 삶 전체가 주 예수 그리스도로 말미암아 성령의 능력으로 하나님 아버지를 지향한다(5:20).

그렇다면 우리는 어떻게 성령으로 충만해지는가? 그분으로 충만해진 결과는 5장 19-20절에 나와 있다. 하지만 그런 결과를 더 부추기기 위해 우리가 할 수 있는 일이 있는가? 헬라어 원문에서 "성령으로 충만함을 받으라"(5:18)는 말은 수동태 명령형으로 되어 있다. 말 그대로 수동적 명령이다. 우리가 성령께 기회를 드려야 한다는 뜻이다. 그러면 그분이 모든 복으로 우리를 충만하게 하시고, 모든 능력을 입혀주시며, 그분의 길로 인도하신다. 우리의 삶 전체가 하나님께 양도되어 있으면 성령의 역사가 흘러넘치게 되어 있다. 비슷한 말씀인 골로새서 3장 15-16절을 보면 여기에 대한 우리의 이해가 더 넓어질 수 있다. "그리스도의 평강이 너희 마음을 주장하게 하라 너희는 평강을 위하여 한 몸으로 부르심을 받았나니 너희는 또한 감사하는 자가 되라 그리스도의 말씀이 너희 속에 풍성히 거하여 모든 지혜로 피차 가르치며 권면하고 시와 찬송과 신령한 노래를 부르며 감사하는 마음으로 하나님을 찬양하고."

신약학자 해럴드 호너는 바울의 생각을 이렇게 요약했다.

> 신자들이 지혜로만 충만하다면 그 영향력에 인격적 요소가 결여된다. 그러나 성령으로 충만하면 그분이 하나님의 인격적 임재와 영향력을 더하시며 지혜롭게 행할 수 있는 능력을 주신다. 이 모두는 신자들에게 유익이 되고 하나님을 기쁘시게 한다. 모든 그리스도인은 성령의 내주를 통해 그분의 전부를 받지만, 성령께서 신자의 전부를 소유하시려면 우리가 이 명령대로 그분으로 충만해져야 한다.[14]

—5:21—

끝으로 바울이 말하는 그리스도인의 생활 개론 중 마지막 다섯 번째 기초는 복종의 원리다. 이는 우리에게 그리스도인의 삶에 대한 아주 중요하면서도 자주 망각되는 사실 하나를 상기시켜준다. 본래 우리는 혼자 살도록 되어 있지 않고 피차 복종하도록 되어 있다. 서로 짐을 져주고(갈 6:2), 사랑과 선행을 격려하며(히 10:24), 서로의 일을 돌보아야 한다(빌 2:3-4).

기독교가 당신을 점점 더 은둔자로 만든다면 솔직히 말해서 그것은 참된 기독교가 아니라 이기심이다. 소위 그리스도인의 삶 때문에 당신이 점점 더 사람들과 멀어진다면 당신은 기독교 개론의 기본으로 돌아가야 한다. 우리는 "그리스도를 경외함으로" 피차 복종해야 한다(5:21). 그리스도를 사랑하고 존중하고 공경하기에 사람들에게도 사랑과 존중과 공경을 베풀어야 한다. 아주 간단한 원리다! 결국 그리스도인의 행보가 우리를 동료 신자들과의 더 깊고 더 의미 있는 관계로 인도하지 않는다면 우리는 과녁을 빗나간 것이다.

서로 복종하며 섬기는 원리는 굉장히 중요하다. 그래서 바울은 이번 단락의 나머지를 할애하여 이 원리가 우리 삶의 구체적인 영역들에 어떻게 적용되어야 하는지 설명한다. 부부관계와 자녀양육은 물론 직장생활도 거기에 포함된다(5:22-6:9). 바울이 이 주제들을 아주 깊이 다루고 있는 만큼 우리도 주제별로 나누어 살펴볼 것이다. 우선 지금은 기독교 개론의 다섯 가지 교훈을 복습해보자. 간단한 시험을 통해 이 중요한 원리들에 비추어 자신을 평가해보자.

적용
기독교 개론에 대한 자기평가

지금까지 기독교 개론을 공부했으니 이제 종합 시험을 치를 차례다. 다음 질문들을 깊이 생각하면서 각 부분에서 당신이 얼마나 잘하고 있는지 점수를 매겨보라. 1은 성장이 절실히 필요한 상태이고 10은 성숙한 상태를 가리킨다.

1. 나는 평소에 주의하여 지혜롭게 행동하는가?
   1 2 3 4 5 6 7 8 9 10
2. 나는 시간을 쓰는 방식에서 훈련되어 있고 잘 분별하는가?
   1 2 3 4 5 6 7 8 9 10
3. 나는 아버지의 뜻을 적극적이고 올바르게 추구하는가?

1 2 3 4 5 6 7 8 9 10

4. 나는 성령의 영향력과 통제 아래 살고 있는가?

1 2 3 4 5 6 7 8 9 10

5. 나는 다른 사람들을 높이고 섬길 기회를 일부러 자주 찾는가?

1 2 3 4 5 6 7 8 9 10

그리스도인의 생활을 이루는 이런 기본 영역들 중에서 당신이 잘하지 못하고 있는 부분이 있다면 기쁜 소식이 있다. 당신만 그런 게 아니다! 사실 기독교 개론이란 한번 배우고 시험에 통과하여 다른 과목들로 넘어가는 것이 아니다. 오히려 평생에 걸쳐 가꾸고 다듬고 개선해나가야 하는 것이다. 많은 기술들이 그렇듯 이 부분들에서도 계속 성장하지 않으면 퇴보하게 마련이다.

우리에게 탁월한 교사가 계시니 얼마나 힘이 되는가! 바울은 우리가 일관되고 담대하게 순종할 수 있다고 말했다. 그 이유는 "너희 안에서 행하시는 이는 하나님이시니 자기의 기쁘신 뜻을 위하여 너희에게 소원을 두고 행하게 하시"기 때문이고(빌 2:13), "너희 안에서 착한 일을 시작하신 이가 그리스도 예수의 날까지 이루실" 것이기 때문이다(빌 1:6). 기독교 개론은 혼자서 자습하는 과목이 아니다. 성령께 의탁하면 우리는 그분의 능력을 받아 영적으로 성장할 수 있다.

위의 구체적인 영역들 가운데 하나를 골라 기도하라. 지금부터 하나님이 당신 안에서 행하셔서 당신이 소원을 두고 행하게 해달라고 기도하라. 당신이 어려울 때 하나님이 적이 아님을 잊지 말라. 반대로 그분은 당신의 지지자요 목자요 교사시다. 그분은 늘 적극적으로 도우신다. 사실 예수님은 성령을 "도우시는 분"(요 14:16, 26, 15:26, 16:7, NASB)이라 부르셨다. 그래서 그분은 히브리서 저자를 통해 우리에게 이렇게 격려하신다. "그러므로 우리는 긍휼하심을 받고 때를 따라 돕는 은혜를 얻기 위하여 은혜의 보좌 앞에 담대히 나아갈 것이니라"(히 4:16).

결혼생활의 신비를 풀다(에베소서 5:22–33)

[22]아내들이여 자기 남편에게 복종하기를 주께 하듯 하라 [23]이는 남편이 아내의 머리 됨이 그리스
도께서 교회의 머리 됨과 같음이니 그가 바로 몸의 구주시니라 [24]그러므로 교회가 그리스도에게 하듯
아내들도 범사에 자기 남편에게 복종할지니라

[25]남편들아 아내 사랑하기를 그리스도께서 교회를 사랑하시고 그 교회를 위하여 자신을 주심 같
이 하라 [26]이는 곧 물로 씻어 말씀으로 깨끗하게 하사 거룩하게 하시고 [27]자기 앞에 영광스러운 교회
로 세우사 티나 주름 잡힌 것이나 이런 것들이 없이 거룩하고 흠이 없게 하려 하심이라 [28]이와 같이
남편들도 자기 아내 사랑하기를 자기 자신과 같이 할지니 자기 아내를 사랑하는 자는 자기를 사랑하
는 것이라 [29]누구든지 언제나 자기 육체를 미워하지 않고 오직 양육하여 보호하기를 그리스도께서 교
회에게 함과 같이 하나니 [30]우리는 그 몸의 지체임이라 [31] 그러므로 사람이 부모를 떠나 그의 아내와
합하여 그 둘이 한 육체가 될지니 [32]이 비밀이 크도다 나는 그리스도와 교회에 대하여 말하노라 [33]그
러나 너희도 각각 자기의 아내 사랑하기를 자신 같이 하고 아내도 자기 남편을 존경하라.

에베소서 5장 22절–6장 9절의 전체 문맥

에베소서 4–6장

겸손과 온유와 오래 참음과 용납과 사랑 가운데서 합당하게 행하라(4:1–2).

에베소서 5:1–6:9

하나님을 본받는 자가 되고 그리스도처럼 사랑 가운데서 행하라(5:1–2).

에베소서 5:21–6:9

그리스도를 경외함으로 피차 복종하라(5:21).

성경의 어떤 부분들은 진리로 가득한 보석함이라기보다 폭발물로 가득한 지뢰밭처럼 보인다. 에베소서 5장 같은 위력적인 장을 읽을 때도 문득 그런 곳에 들어선 듯한 기분이 든다. 남편과 아내(5:22–33), 부모와 자녀(6:1–4), 상전과 종(6:5–9)은 폭발물 같은 반응을 유발할 수 있는 주제들이다. 21세기의 "진보적" 사조에 비추어 읽는다면 이 부분의 일부 개념은 사람에 따라 구식으로 들리거나 이상하게 들린다. 소수의 사람들에게는 아예 우습거나 위험해 보일 수도 있다.

솔직히 나도 에베소서 5장 22절부터 6장 9절까지를 보면 위험 수역을 항

해하는 기분이 든다. 귀퉁이가 닳아 찢어진 고대의 빛바랜 지도에 굵은 글씨로 "용들의 출몰 지역"이라 표시해둔 미지의 지역과 무명의 바다처럼 말이다. 이 부분들은 왜 이렇게 위험한가? 바울이 남편과 아내, 부모와 자녀, 고용주와 종업원 등 이 땅의 가장 도전적인 관계 몇 가지를 다루고 있기 때문이다. 하지만 이 말씀 속에 우글거린다는 "용들"은 사실 우리의 상상 속에만 살고 있다. 본문을 성경적, 역사적 문맥에서 해석하면 이 진리들은 문화와 개인적 선호와 인간의 지혜를 초월한다.

5장 22-33절로 뛰어들기 전에 먼저 이 본문의 전체 문맥을 상기해야 한다. (1) 에베소서의 실천 부분(4-6장)은 바울이 모든 신자에게 주는 이런 권면으로 시작된다. "너희가 부르심을 받은 일에 합당하게 행하여 모든 겸손과 온유로 하고 오래 참음으로 사랑 가운데서 서로 용납하고"(4:1-2). 이 말이 나머지 서신의 기조를 이루며, 가정과 대인관계에 대한 바울의 논술도 거기에 포함된다. (2) 5장 자체도 똑같이 위력적인 명령으로 시작된다. "사랑을 받는 자녀 같이 너희는 하나님을 본받는 자가 되고 그리스도께서 너희를 사랑하신 것 같이 너희도 사랑 가운데서 행하라"(5:1-2). (3) 남편, 아내, 부모, 자녀, 상전, 종에 대한 바울의 구체적 권고는 "그리스도를 경외함으로 피차 복종하라"(5:21)는 중심적 권면에서 흘러나온다.

이렇게 전체 문맥을 포괄적으로 보면 다음 사실을 알게 된다. 우리가 그리스도인으로서 살면서 하는 모든 일은 그리스도를 닮은 경건한 행동-겸손, 온유, 오래 참음, 용납, 사랑, 상호간의 복종-의 지배를 받아야 한다. 이는 바울이 말하는 복종이 일방통행이 아니라는 뜻이다. 오히려 그것은 양쪽 모두가 서로의 유익과 그리스도의 영광을 구하는 것이다. 복종은 이기심, 자만심, 경쟁, 지위를 악용한 강요, 지배, 무례함 등을 부드럽고도 단호하게 몰아낸다. 성경적 의미의 "복종"이라는 말을 들을 때 결코 우리는 고압적인 지휘관과 병사들, 고위층의 CEO와 부하들, 왕과 신하들을 생각해서는 안 된다. 오히려 연합과 겸손과 복종의 완전한 모범이신 예수 그리스도를 보아야 한다. 그분은 하나님 아버지께 온전히 복종하셨다(고전 11:3).

그래서 아내는 남편을 존중하고, 자녀는 부모에게 협력하고, 종은 상관을 위해 성실하고 정직하게 일해야 한다. 동시에 남편과 부모와 고용주도 그리스도께서 본을 보이신 겸손한 리더십을 똑같이 보여야 한다. "인자가 온 것은 섬김을 받으려 함이 아니라 도리어 섬기려 하고 자기 목숨을 많은 사람의 대속물로 주려 함이니라"(마 20:28).

우리는 그리스도의 영광을 위해 함께 협력하는 관계다. 우리는 그분의 과분한 은혜, 생명을 주시는 사랑, 만물을 통일하시는 머리 되심을 증언하는 산 증인들이다. 그것을 잊어서는 안 된다. 성부와 성자와 성령이 본질상 하나이시되 기능이 다른 것처럼(마 28:19, 벧전 1:2) 우리의 협력과 복종도 본질상 존엄성과 평등과 연합에서 비롯되어야 한다.

—5:22-24—

우리 모두에게 피차 복종하라고 권한 바울은 이 가르침을 가장 친밀한 관계인 부부관계에 대입한다. 21절의 복종의 원리를 그는 22-24절에서 먼저 아내들에게 적용한 뒤 25-33절에서 남편들에게 적용한다.

바울은 아내들이 "자기 남편에게 복종하기를 주께 하듯" 해야 한다고 말한다(5:22). 우선 NASB에 보면 "복종하기를"이라는 부분이 이탤릭체로 되어 있다. 헬라어 원문에는 그 말이 없다는 뜻이다. 그러나 헬라어의 문법상 바울은 21절에 소개한 개념-"그리스도를 경외함으로 피차 복종하라"-을 단순히 지속하고 있는 게 분명하다. "복종하기를"이라는 단어는 헬라어로 *hypotassō*라는 동사인데 이는 다른 사람의 소원에 자발적으로 복종한다는 뜻의 군사 용어였다. 이 말은 다른 사람의 권위에 자진하여 의식적으로 복종한다는 뜻이다.

보다시피 바울이 여기서 말하는 것은 부부관계(남편과 아내)이지 일반적 남녀관계가 아니다. 그는 "자기"(*idios*)라는 헬라어 단어로 그 점을 분명히 밝힌다. 아내들이 복종해야 할 대상은 모든 남자가 아니라 자기 남편이다. 끝으로 "주께 하듯"이라는 말은 따라야 할 모본을 제시한다. 그 내용을 바울은 다음 구절들에서 풀어놓는다.

여기서 우리가 강조해야 할 것이 있다. 그리스도 안에서 우리 모두는 똑같은 존엄성과 평등과 연합을 얻었다. 따라서 바울의 말은 우열의 개념과 전혀 무관하다. 갈라디아서 3장 28절에 보면 "너희는 유대인이나 헬라인이나 종이나 자유인이나 남자나 여자나 다 그리스도 예수 안에서 하나이니라"고 했다. 이런 발언은 바울 당시에는 철저히 반문화적인 주장이었다. 당시에 유대인은 이방인에게 우월감을 느꼈고, 이방인은 유대인을 깔보았다. 노예

무역상들은 자신의 상품을 소와 같은 재산으로 여겼고, 노예의 가치는 힘이나 재주나 능력과 직결되었다. 남자들은 여자가 대체로 체력이 약하다는 이유로 그들을 본질상 열등하게 보았다. 그런데 바울은 아니라고 말한다! 하나님이 보시기에는 남자와 여자, 상전과 종, 유대인과 이방인이 모두 평등하다. 모든 사람은 사회 질서 안에서 서로 다른 보완적 역할을 한다.

주님은 남편이 가장의 역할을 맡고 아내가 남편을 내조하도록 설계하셨다. 그분이 정하신 삶의 질서다. 우리는 전지하신 그분이 어련히 가장 잘 아실 것을 믿어야 한다. 그런데 우리 문화의 페미니스트들은 이런 역할의 개념을 못마땅해하며, 자발적 복종이라는 말만 나와도 귀를 막는다. 거기에는 두어 가지 이유가 있다. 첫째, 흔히 사람들은 여자에 대한 바울의 권면이 5장 25-33절에 나오는 남자에 대한 더 강력한 명령과 균형을 이루고 있음을 이해하지 못한다. 현대인들은 바울을 남성 우월주의자로 보지만 사실은 그렇지 않다!

둘째, 그들이 깨닫지 못하는 중요한 사실이 또 하나 있다. 성경의 전체 문맥에서 보면 기독교에서 말하는 결혼은 본래 동반의 관계, 친밀한 관계, 상호 만족을 주는 깊은 우정의 관계이지 독재 관계가 아니다! 바울은 그리스도와 교회의 아름다운 관계(5:23-24), 즉 구주와 그분 백성의 친밀하고 인격적인 사랑의 관계를 부부관계의 모델로 제시한다. 물론 그리스도는 우리의 머리시지만(5:23) 우리는 또한 그분과 "함께 한 상속자"다(롬 8:17). 그분은 우리의 주님이실 뿐만 아니라(유 1:4) 우리의 친구이시고(요 15:15) 나아가 우리의 형제이시다(히 2:11).

우리의 공급자요 보호자요 머리요 주인이요 구주이신 그리스도께서 우리의 최고의 본보기시다. 남편이 아내를 사랑하여 자신을 희생하기를 그리스도께서 교회에 하신 것 같이 한다면 아내도 남편을 사랑하여 즐거이 자신을 희생하기를 교회가 그리스도에게 하듯 할 것이다(5:23-24). 우리 가운데 여기 "범사에"라는 말을 우려의 눈빛으로 보는 사람들이 있을 수 있다. 실제로 어떤 남자들은 그 말만 딱 떼어서 아내를 부당하게 이용하는 자신을 정당화한다. 그러면서 희생과 사랑과 섬김의 리더십에 대한 자신의 책임은 내팽개친다. 주석가 존 스토트가 그것을 바로잡아준다.

> 권위에 대한 이 성경적 가르침을 과장해서 말하지 않도록 매우 조심해야 한다. 이 말

> 씀은 남편과 부모와 상전의 권위가 무한하다는 뜻이 아니다. 아내와 자녀와 종업원이 무조건 순종해야 한다는 뜻도 아니다. 아니, 우리가 순종해야 할 대상은 인간에게 위임된 하나님 자신의 권위다. 따라서 인간이 하나님께 받은 권위를 오용한다면(예컨대 하나님이 금하신 일을 명하거나 하나님이 명하신 일을 금한다면) 우리의 의무는 더 이상 성실히 복종하는 것이 아니라 성실히 복종을 거부하는 것이다.[15]

아내는 가정의 질서에서 중요한 역할을 한다. 하지만 아내의 역할만 있는 게 아니다. 다음 구절들에 보듯이 남편도 가정에서 그리스도 안의 고결한 소명에 걸맞게 살아야 한다.

—5:25-27—

모든 신자는 "그리스도를 경외함으로 피차 복종"해야 하지만(5:21) 이런 상호간의 복종이 나타나는 형태는 다르다. 앞서 보았듯이 아내는 진정한 존경을 통해 남편을 내조하고 높여야 한다(5:22-24). 남편은 참된 사랑을 통해 아내를 공경하고 높여야 한다(5:25-27).

사랑은 너무 기본처럼 보이지 않는가? 언뜻 보기에는 남편의 역할이 더 쉬워 보일 수 있다. 하지만 남편이 힘써야 할 사랑의 질에 대한 바울의 설명을 보면 남편의 가장 역할에 수반되는 막중한 책임이 느껴진다. 분명히 말하지만 바울이 여기서 말하는 사랑은 아가페(*agapē*)다. 자신의 위안과 안전과 유익을 희생하고서라도 상대가 가장 잘되도록 힘쓰는 사랑이다. 이것은 성적인 친밀함을 나타내는 헬라어 단어 에로스(*erōs*)가 아니다. 에로스는 이기적이고 감정적인 사랑이 될 수 있다. 또한 이것은 친구나 동지처럼 쌍방적 사랑을 통해 애정과 정을 느끼는 필리아(*philia*)도 아니다. 남편은 자신을 무조건 희생하는 아가페로 부름받았다. 그러니 경건한 남편들에게 요구되는 사랑의 완전한 모본으로 바울이 예수 그리스도를 지목하는 것은 당연한 일이다!

그리스도를 닮은 진정한 사랑에는 자신을 내어줌, 상대를 거룩하게 함, 용서, 존중 같은 몇 가지 차원이 나타난다(5:25-27). 그리스도는 우리의 영원한 유익을 위해 십자가에서 자신의 목숨을 내주셨다. 그분은 우리를 깨끗하게 하시고 죄에서 해방시켜 자신을 위해 구별하셨다. 그분은 자신의 찬란한 영광으로 우리를 온전하고 아름답게 하신다. 그리하여 다시 오실 그분과 늘 함께 있도록 우리를 준비시키신다. 그리스도를 닮은 사랑에 따라오는 이런 몇 가지 행동을 좀 더 자세히 살펴보기로 하자.

아내를 사랑하는 남편은 교회를 위해 희생하신 그리스도의 사랑을 본받는다. 이것은 아내의 필요를 채워주기 위해 자신이 좋아하는 것들을 양보하고, 자기 본위적인 욕구를 내려놓는 것으로 나타난다. 교회를 위한 그리스도의 희생적 사랑이 어디까지 이르렀는지 생각해보라(5:25). 바울은 이 사랑을 빌립보서 2장 4-8절에서 아름답고 간명하게 설명한다.

> 각각 자기 일을 돌볼뿐더러 또한 각각 다른 사람들의 일을 돌보아 나의 기쁨을 충만하게 하라 너희 안에 이 마음을 품으라 곧 그리스도 예수의 마음이니 그는 근본 하나님의 본체시나 하나님과 동등 됨을 취할 것으로 여기지 아니하시고 오히려 자기를 비워 종의 형체를 가지사 사람들과 같이 되셨고 사람의 모양으로 나타나사 자기를 낮추시고 죽기까지 복종하셨으니 곧 십자가에 죽으심이라.

모든 남편은 하나님께 복종하는 자세로 지극히 겸손해야 하며, 필요하다면 아내를 위해 무엇이든 기꺼이 포기해야 한다. 당신은 남편인가? 당신의 사랑이 희생적이지 않다면 아내가 그것을 안다. 당신이 부부관계에서 이기적이라면 그것이 결혼생활 전체에 부정적 영향을 미칠 것이다. 아내를 위해 무엇이든 포기할 마음이 없다면 그것이 아내에게 그대로 전달된다. 그러면 아내가 당신에게 복종의 책임을 다하기가 훨씬 힘들어진다. 그래서 전체 관계가 악순환에 빠진다. 해답은 무엇인가? 남편이여, 그리스도께서 교회를 사랑하신 것처럼 당신도 아내를 사랑하라!

남편의 이런 사랑은 또한 아내를 거룩하게 하는 결과를 낳는다(5:26). 남편은 지적, 정서적, 영적으로 아내의 성장을 격려한다. 그리스도와 교회의 관계가 영적 성장을 부추기듯이 남편도 아내의 긍정적 성장을 북돋아야 한다. 그러려면 아내의 은사와 재능과 흥미를 살릴 시간을 주어야 한다. 아내의 상처와 아픔을 돌보며 도와주고, 기댈 사람이 필요할 때 곁에 있어주어야 함은 물론이다. 아내를 온전하고 복되게 하는 일이라면 무엇이든 해야 한다.

그리스도께서 교회를 사랑하시듯 아내를 사랑하려면 또한 용서해야 한다(5:26). 그리스도를 닮은 남편은 원한보다 은혜를 품는다. 비난하며 창피를 주기보다 긍휼을 베푼다. 비현실적인 완벽한 기준을 요구하기보다 아내를 있는 그대로 받아주며 귀히 여긴다. 그리스도께서 교회를 티나 흠이 없게 하시려고 우리를 "깨끗하게 하"시듯이(5:26–27) 남편도 아내에게 은혜와 자비를 베풀어야 한다. 아내가 변화되어 지음받은 본연의 목적을 이룰 수 있도록 말이다.

끝으로 남편은 아내를 존중하며 하나님의 귀한 선물로 여겨야 한다(5:27). 그리스도께서 한없이 영광스러운 교회를 세상 앞에 드러내려 하시듯이 남편도 아내를 존중하여 자신의 사랑을 보여주어야 한다. 사도 베드로도 이 점을 분명히 밝히며 남편은 아내를 "생명의 은혜를 함께 이어받을 자로 알아 귀히 여기라"(벧전 3:7)고 썼다.

—5:28–33—

지금까지 바울은 남편의 사랑을 교회를 향한 그리스도의 사랑에 비유했다. 이어 그는 남편이 아내를 사랑해야 하는 또 다른 방식을 제시한다. 남자는 자기 몸을 사랑하듯 아내를 사랑해야 한다(5:28). 아내를 대하는 방식을 보면 남자의 성격과 성품과 자존감에 대해 많은 것을 알 수 있다.

아내를 사랑하는 남편은 자기 몸을 돌보듯이 아내를 아끼고 챙겨준다. 경건한 남편은 아내가 만족감을 느끼고, 성숙하게 자라가며, 주님을 더 깊이 사랑하도록 도와준다. 정서적 응원과 신체적 애정을 통해 아내를 다정하고 따뜻하게 인정해준다. 아내에게 두려움이 있을 때는 보호의 팔을 둘러주고 아내에게 무언가가 필요할 때는 공급의 손을 내민다. 다시 말해서 남편은 무엇을 하든 자신을 향한 사랑이 아내를 향한 사랑보다 더 커서는 안 된다. 남편이 이렇게 본을 보이면 아내는 아무런 어려움 없이 남편에게 복종하게 된다. 어찌 그렇지 않을 수 있겠는가?

여기서 바울은 그리스도와 교회라는 본래의 비유로 되돌아가 부부관계의 한없이 깊고 심오한 목적을 지적한다. 교회를 향한 그리스도의 사랑이 부부관계의 모델일 뿐 아니라 거꾸로 부부관계도 사람들에게 그리스도를 가리켜 보여야 한다!

그리스도는 자신의 몸을 돌보시듯이 우리를 애정으로 돌보신다. 우리가 곧 그분의 몸이기 때문이다(고전 12:27). 그분이 우리를 구원하시고 그분 안에서 새로운 피조물로 만드셨으므로(고후 5:17, 엡 2:15) 이제 우리는 그분과 하나다. 남편과 아내가 정서적 생활의 공유와 몸의 친밀한 연합을 통해 아름답게 "한 육체"가 된 것과 마찬가지다. 그리스도와 우리의 연합은 분리될 수 없다. 그런데 부부관계는 우리와 그리스도의 영원한 연합을 상징하므로 하나님은 부부관계도 분리되지 않기를 원하신다. 그분은 결혼을 자신의 화해 및 연합 사역의 강력한 증인으로 창조하셨다.

그래서 바울은 창세기 2장 24절로 돌아가 결혼의 연합과 영속성에 대해 하나님이 하신 말씀을 인용한다. "그러므로 사람이 부모를 떠나 그의 아내와 합하여 그 둘이 한 육체가 될지니." 바울의 말대로 이 친밀한 관계는 본래 그리스도와 그분의 교회를 가리켜 보이기 위한 것이다(엡 5:31-32). 우리의 결혼생활에 상호 복종의 개념-아내는 남편을 존경하고 도우며 남편은 아내를 사랑하고 존중하는 것-이 더 잘 반영될수록 그만큼 우리는 다른 사람들에게 그리스도와 신자들의 신비로운 관계를 보여주는 것이다.

33절에서 바울은 부부에게 주는 메시지의 본질을 요약하며 피차 복종하는 방식을 이렇게 표현한다. "너희도 각각 자기의 아내 사랑하기를 자신 같이 하고 아내도 자기 남편을 존경하라." 사랑과 존경은 하나님을 높이고 그리스도를 닮고 성령으로 충만한 결혼생활의 필수 요소다. 다시 묻는다. 남편이 자신을 사랑하듯 아내를 사랑하는데 어떤 아내가 남편을 내조하지 않겠는가? 그리스도께서 그분의 신부를 사랑하시듯 남편이 희생적이고 자상하고 순전하게 아내를 사랑하는데 말이다. 남편이 그리스도의 온유한 본을 따라 섬기는 지도자가 되면 어떤 아내가 남편을 존경하고 복종하지 않겠는가? 모든 인간은 사랑받고 존중받기를 갈망한다. 상대방이 나를 키워주고 아껴주기를 원한다. 그러므로 우리는 지금까지 말한 모든 태도와 행동을 부부관계에 적용하자. 그리고 그리스도께서 부부관계를 통해 그분의 놀라운 은혜를 세상에 드러내시는 것을 지켜보자!

적용

가장 도전적인 관계

귀하고 값비싼 수공 양탄자처럼 좋은 부부관계라는 무늬도 급히 수놓을 수 없다. 사실 사랑과 복종과 희생과 존경과 존중과 용서와 친밀함과 양육과 애정으로 아름다운 주단을 짜는 일은 평생의 작업이다. 이런 본질적 요소들을 날마다 가꾸어나가지 않으면 그나마 지금까지 수놓은 것도 가장가리가 너풀너풀 뜯어질 수 있다. 실밥이 풀어지고 가운데가 닳아질 수 있다. 건강한 결혼생활은 오랜 세월을 두고 가꾸고 키워나가야 한다. 양쪽 다 부지런히 노력하며 이타적으로 헌신해야 한다. 정교한 자수(刺繡)처럼 부부관계도 인내를 요하며, 계속 원판의 무늬에 맞추어보아야 한다. 물론 원판은 예수 그리스도시다.

부부가 하나님의 설계대로 연합하면 결혼생활은 신성한 깊이를 띤다. 신비라는 말로 표현할 수밖에 없을 만큼 두 영혼이 깊이 통하고 맞물린다. 절대적으로 결혼생활은 노력을 기울일 가치가 있으며 그 중요성은 어떤 값으로도 따질 수 없다. 그러므로 남편과 아내여, 당신은 이 도전에 맞설 각오가 되어 있는가? 자신에게 몇 가지 심층 질문을 던져보겠는가? 배우자와 긴밀한 관계를 이루기 위해 구체적인 걸음을 내딛기로 결단하겠는가? 당신의 부부관계는 실밥이 얼마나 튼튼한가? 그리스도와 교회의 관계를 보여주는 아름다운 주단을 짜고 있는가? 아니면 당신의 관계는 풀어지고 있는가? 잠시 시간을 내어 이번 단락에서 배운 내용에 비추어 당신의 부부관계를 평가해보라.

아내들을 위한 성찰 질문

- 남편에게 복종하는 면에서 당신의 태도는 어떠한가? 저항하고 있는가? 왜 그런가?
- 당신은 남편을 내조하고 격려하는가? 남편과 견해가 다를 때도 그를 존경하는가? 남편을 섬김으로 그리스도를 섬긴다는 개념이 당신이 남편을 대하는 방식에 영향을 미치고 있는가?
- 어떤 식으로 당신은 남편이 가장 잘되기를 힘쓰고 있는가? 남편이 당신의 대답에 동의하겠는가?
- 에베소서 5장 21–24, 33절의 원리들을 적용하기 위해 당신이 그만두어야 할 구체적인 태도와 행동은 무엇인가? 당신의 부부관계가 그리스도와 교회의 관계를 본받기 위해 당신이 가꾸어야 할 구체적인 태도와 행동은 무엇인가?

남편들을 위한 성찰 질문

- 당신은 그리스도께서 그분의 신부인 교회를 사랑하시듯이 아내를 사랑하고 있는가?

그리스도를 닮은 당신의 사랑이 자신을 내어줌, 아내를 거룩하게 함, 용서, 존중, 양육, 아껴줌 등으로 표현된 구체적인 사례들을 생각해보라. 아내도 당신의 대답에 동의하겠는가?

- 당신은 남편의 가장 역할을 어떻게 보는가? 혹시 그리스도의 모본에 썩 부합되지 않는 다른 선례나 멘토(아버지, 할아버지, 친구 등)를 따르고 있는가? 부부관계에 대한 당신의 관점에 부정적 영향을 미친 그들의 단점은 무엇인가?
- 당신은 군림하는 쪽의 극단으로 기우는가? 가정의 온유한 목자가 아니라 "대장" 노릇을 하는가? 아니면 당신은 수동적 극단으로 기우는가? 지도자의 책임을 진지하게 대하지 않는가?
- 에베소서 5장 21-24, 33절의 원리들을 적용하기 위해 당신이 그만두어야 할 구체적인 태도와 행동은 무엇인가? 당신의 부부관계가 그리스도와 교회의 관계를 본받기 위해 당신이 가꾸어야 할 구체적인 태도와 행동은 무엇인가?

누가 대장인가? 가정과 일터에서 하나님을 높이라(에베소서 6:1-9)

1자녀들아 주 안에서 너희 부모에게 순종하라 이것이 옳으니라 2네 아버지와 어머니를 공경하라
이것은 약속이 있는 첫 계명이니 3이로써 네가 잘되고 땅에서 장수하리라

4또 아비들아 너희 자녀를 노엽게 하지 말고 오직 주의 교훈과 훈계로 양육하라

5종들아 두려워하고 떨며 성실한 마음으로 육체의 상전에게 순종하기를 그리스도께 하듯 하라
6눈가림만 하여 사람을 기쁘게 하는 자처럼 하지 말고 그리스도의 종들처럼 마음으로 하나님의 뜻을
행하고 7기쁜 마음으로 섬기기를 주께 하듯 하고 사람들에게 하듯 하지 말라 8이는 각 사람이 무슨 선
을 행하든지 종이나 자유인이나 주께로부터 그대로 받을 줄을 앎이라

9상전들아 너희도 그들에게 이와 같이 하고 위협을 그치라 이는 그들과 너희의 상전이 하늘에 계
시고 그에게는 사람을 외모로 취하는 일이 없는 줄 너희가 앎이라.

바울은 성령 충만한 복종의 원리를 귀하고 정교한 결혼의 주단에서 이번에는 다른 두 가지 도전적 관계에 적용한다. 바로 자녀양육과 고용이다. 이 두 관계는 삶의 다른 영역에 존재하지만 복종과 책임감 있는 리더십의 원리는 바울이 앞 단락에서 다룬 결혼의 예와 동일하다. 사실 우리는 이런 화합의 원리를 교회, 사회, 정부, 기타 관심을 요하는 모든 관계

에 적용할 수 있다. 겸손과 은혜는 언제나 공급이 딸려 보인다.

먼저 부모 자녀 관계에 대한 바울의 논의를 살펴본 뒤(6:1–4) 그리스도인 고용주와 종업원에 대한 하나님의 기대를 간략히 알아보도록 하자(6:5–9).

—6:1–4—

바울은 먼저 자녀들에게 말한다. 아직 집을 떠나지 않은 자녀들은 "주 안에서" 부모에게 순종할 책임이 있다(6:1). 언뜻 보면 바울이 자녀들의 순종의 범위를 (1) 그리스도인인(즉, "주 안에" 있는) 부모들이나 (2) 행실이 경건한(즉, "주 안에서" 행하는) 부모들에게로 제한하는 듯 보인다. 하지만 비슷한 본문인 골로새서 3장 20절을 보면 바울의 생각을 더 잘 이해할 수 있다. "자녀들아 모든 일에 부모에게 순종하라 이는 주 안에서 기쁘게 하는 것이니라." 그러므로 에베소서 6장 1절의 "주 안에서"라는 문구는 "순종하라"는 동사를 수식한다. 자녀들이 부모에게 복종하되 주님께 복종하는 마음으로 해야 한다는 뜻이다.[16]

예수님은 하나님의 아들이시며 아버지께서 그분을 통하여 만물을 지으셨지만(요 1:1–3), 그분도 이 땅의 부모인 요셉과 마리아를 "순종하며 받드"셨다(눅 2:51). 그러므로 아무도 순종과 복종이 불평등이나 우열의 문제라고 말할 수 없다. 오히려 복종의 역할을 자발적으로 받아들이면 그것이 화합과 복을 낳는다.

바울은 하나님이 모세에게 주신 율법에서 제5계명을 인용하기까지 했다(출 20:12, 신 5:16). 하지만 그는 독자들의 새로운 상황에 맞추어 본문을 약간 바꾸어 풀어썼다. 본래의 계명에는 부모를 공경하는 자녀들에게 제시된 복이 약속의 땅(이스라엘)에서 실현된다. "네 부모를 공경하라 그리하면 네 하나님 여호와가 네게 준 땅에서 네 생명이 길리라"(출 20:12). 그러나 바울의 독자들은 에베소의 주로 이방인 신자들이었다. 그들은 모세 율법을 받지도 않았고, 율법의 수많은 명령을 지킬 의무도 없었으며, 본래 율법의 약속들이 의도한 수혜자도 아니었다. 그래서 바울은 오늘날의 그리스도인들에게까지 적용되는 신학적 원리를 도출한다. 부모에게 순종하면 이스라엘 자손에게 복이 임했듯이 이 세상에서 복이 임한다는 것이다. 이것은 십계명 중 구체적 약속이 딸려 나오는 첫 계명이다(엡 6:2). 즉, 부모에게 복종하면 잘되고 장수한다(6:3).

물론 이것은 부모를 공경한다고 해서 절대로 병들지 않거나 백 세까지 산다는 보장은 아니다! 그보다 바울이 제시하는 것은 금언과 같은 지혜다. 부모의 지혜를 배우는 자녀는 온갖 파괴적인 고생과 심지어 생명을 잃는 결과를 피한다. 사실 이것은 부모에게 순종하는 사람들에게 주어진 잠언 1장의 약속과 비슷하다. "내 아들아 네 아비의 훈계를 들으며 네 어미의 법을 떠나지 말라 이는 네 머리의 아름다운 관이요 네 목의 금 사슬이니라"(잠 1:8-9). 부모의 지혜에 주의하는 자녀는 "평안히 살며 재앙의 두려움이 없이 안전"하다(1:33).

바울의 요지는 분명하다. 하나님은 가정의 질서를 세우실 때 부모에게 권위를 주시고 자녀를 그 아래 두셨다. 사랑의 부모만이 줄 수 있는 지혜와 지도와 보호가 어린 자녀들에게 필요하기 때문이다. 기독교 가정은 삶의 교훈들을 가르치는 학교가 되어야 한다. 부모는 진리의 교사이자 의를 훈련시키는 사람이 되어야 한다. 그리스도의 복음을 삶으로 실천하며 은혜 가운데 행해야 한다. 그러므로 자녀는 부모를 공경하고 부모에게 순종하되 마지못해 겉으로만 아니라 존경과 사랑으로 해야 한다.

하지만 상호 복종(엡 5:21)을 통해 화목한 가정을 이루려면 부모의 역할도 중요하다. 하나님이 자녀에게 복종을 명하셨다고 해서 부모가 가혹하고 매정하고 전제적인 철권을 행사해도 되는 것은 아니다. 하나님은 부모에게 그런 권한을 주지 않으셨다. 오히려 바울은 가장인 아버지를 향해 "너희 자녀를 노엽게 하지 말"라고 경고한다(6:4). NEB(New English Bible) 역본에는 "아버지들이여, 자녀를 억울하게 몰아붙이지 마십시오"라고 되어 있고, NIV 역본에는 "너희 자녀를 화나게 하지 말라"고 옮겨져 있다. 아버지가 고압적 행동으로 자녀를 미칠 것 같게 만들 수 있다는 뜻이다. 그런 부모는 자녀에게 지혜를 전수하지 않는 정도가 아니라 오히려 자녀를 지혜와 멀어지게 한다! 그렇다면 자녀를 분노와 억울함과 원한 쪽으로 "몰아붙이는" 행동들은 무엇인가?

- 무리하게 완벽한 수준을 요구한다.
- 사소한 잘못을 가지고 계속 잔소리한다.
- 표현의 자유나 성장의 여지를 주지 않는다.
- 격려와 인정이 없다.
- 가혹하고 매정하게 꾸짖거나 학대한다.

- 사람들 앞에서 창피를 준다.
- 욕하거나 때린다.
- 훈육에 일관성이 없다.
- 버릇없는 응석받이로 키운다.
- 어떤 한 자녀를 편애한다.
- 훈육이 잘못에 비해 부당하거나 극단적이다.
- 과잉보호로 성장을 막는다.

바울은 자녀를 노엽게 하여 기를 죽일 게 아니라 "주의 교훈과 훈계로 양육하라"(6:4)고 말한다. "양육하라"에 해당하는 헬라어 단어(*ektrephō*)는 5장 29절에서 자기 육체를 양육한다고 할 때도 쓰였다. 즉, 남편은 자기 몸을 양육하듯 아내를 양육해야 한다. 마찬가지로 부모도 자녀를 양육해야 한다. 그러려면 자녀의 신체적, 정신적, 정서적, 영적 필요를 채워주어야 한다. 자녀가 잘못된 길로 갈 때는 적절하고 균형 잡힌 사랑의 훈육을 해야 한다. 긍정적으로 자녀에게 올바른 길을 가르쳐야 한다. 말이 난 김에 덧붙이자면 좋은 유머 감각은 가정에 큰 기쁨을 더해줄 수 있다. 관계가 건강하면 대개 그것이 행복으로 나타나게 마련이다. 가족이 함께하는 공부나 일, 식탁에서 나누는 의논, 일상의 대화 속에 웃음과 재미를 곁들이는 부모는 지혜로운 사람이다!

—6:5-9—

지금까지 바울은 부부관계(5:22-33)로 시작하여 자녀양육의 책임(6:1-4)까지 가정의 여러 기능을 다루었다. 이제 그는 사회 질서의 또 다른 영역인 종과 상전의 관계로 넘어간다. 바울이 말하는 원리들을 현대의 정황에 적용하기 전에 당시의 역사적 정황에 대한 몇 가지 오해를 풀고 가기로 하자.

첫째, 바울이 꺼낸 종과 상전의 문제는 지금 논하고 있는 가족관계에서 벗어난 게 아니다. 1세기에는 많은 종들이 "입주 도우미"와 비슷했다. 그들은 실제로 "가구"의 구성원이었고, 따라서 바울이 논하는 결혼이나 자녀양육과 논리적으로 연관되어 있다. 이 논의에서 상전과 종의 관계를 빼놓는다면 인구의 큰 부분을 제외시키게 되는 것이다. 당시의 모든 사람이 날마다 누군가의 종이나 상전을 상대했을 것이다.

둘째, 바울은 그리스도인 상전과 종의 바람직한 관계를 설명한 것이지 실제로 노예제도를 대놓고 지지한 것은 아니다. 오히려 고린도전서 7장 21절에서 바울은 "네가 종으로 있을 때에 부르심을 받았느냐 염려하지 말라 그러나 네가 자유롭게 될 수 있거든 그것을 이용하라"고 썼다. 두 구절 뒤에서는 "너희는 값으로 사신 것이니 사람들의 종이 되지 말라"(고전 7:23)고까지 했다. 얼마나 놀라운 말인가! 바울이 분명히 밝혔듯 노예가 자유를 얻을 수 있다면 그 길을 택해야 하며, 자유인은 아무도 노예가 되지 말아야 한다. 여기서 우리가 분명히 볼 수 있는 원리가 있다. 노예제도는 이상적이지는 않지만 용납될 만한 상황이다. 한 주석가는 인간의 제도를 개혁하는 일과 관련하여 성경의 강조점을 이렇게 밝혔다.

> 신약의 가르침은 인간의 제도를 개혁하고 개조하는 데 초점을 맞추지 않는다. 인간 문제의 근본 원인은 결코 제도가 아니다. 관건은 언제나 사람의 마음이다. 마음이 악하면 최고의 제도도 타락시키고 마음이 의로우면 최악의 제도도 개선시킨다. 사람의 마음이 변하지 않는다면 노예제도의 존재 여부와 관계없이 다른 사람들을 압제할 길을 찾아낼 것이다.[17]

셋째, 바울 시대의 노예 제도는 18-19세기와는 달랐다. 그때의 노예는 강제 노동에 예속된 인종적 계층이 아니라 사회경제적 계층이었다. 물론 그 제도에도 극복해야 할 불평등과 불의가 가득했지만 가정에 따라 종들은 상당한 자유와 권리와 책임을 누렸다. 종들이 가정교사, 보모, 요리사, 정원사인 경우도 있었다.

다시 말해서 1세기의 대다수 그리스도인들이 노예제도를 용납할 수 있었던 이유는 많은 경우에 그것이 용납될 만했기 때문이다. 인종에 근거한 근세사의 잔인한 노예제도와 달리 1세기의 노예제도는 반드시 인간의 존엄성을 박탈하거나 인간을 한낱 사고파는 재산으로 전락시키지 않았다. 더 자세한 내용은 다음 페이지의 "바울 시대의 노예제도"에 나오는 역사적 특성을 참조하라.

다행히 오늘날에는 대다수의 사회가 노예제도를 금하고 있으며 노예적 상황을 어떻게든 피하려 한다. 그래서 종과 상전에 대한 바울의 말은 종업원과 고용주의 관계에 가장 잘 적용될 수 있다. 제도는 다르지만 원리는 동일하다. 당신이 하청업자이든 시간제 직원이든 매니저든 기업주든 바울이 말하는 상호 복종의 원리(5:21)가 당신에게도 적용된다. 오늘날의 종업원과 고용주에게도 바울은 당시의 종과 상전에게 말한 것과 똑같이 말할 것이다. 매주 직장에서 수십 시간 동안 보여주는 우리의 처신은 매주 교회에서 보내는 몇 시간 못지않게 복음 전파에 똑같이 중요하다.

바울은 6장 5절에서 먼저 종업원들에게 말한다. 여기서 우리는 경건한 직업윤리의 한 요소인 순종을 볼 수 있다. 이는 부모를 향한 자녀의 책임과 동일하다(6:1). 직원은 상사가 시키는 일을 처리할 의무가 있다. 과거에 우리를 기르던 부모에게 했듯이 상사에게도 똑같이 존중과 존경과 복종을 바칠 의무가 있다. 사실 우리는 "두려워하고 떨며"(6:5) 복종해야 한다. 주님께 하듯 성실한 마음으로 섬겨야 한다. "두려워하고 떨며"라는 표현은 존경과 겸손을 의미한다. 성실한 마음으로 하는 수고는 "종업원이 자신의 최선을 아끼지 않고, 정직하게 봉사하며, 오히려 자신을 마음껏 쏟아내야 한다는 뜻이다."[18] 물론 하늘에 계신 우리의 상전은 주 예수님이시며 우리는 결국 그분 한 분만을 예배하고 섬긴다. 하지만 "육체의 상전"(6:5)에게 백 퍼센트를 줌으로써 사실 우리는 주님을 섬기는 것이다. 왜 그런가? 바울이 다른 곳에서 말했듯이 우리는 "먹든지 마시든지 무엇을 하든지 다 하나님의 영광을 위하여 하"기 때문이다(고전 10:31).

따라서 기본적으로 우리는 맡겨진 일을 존중과 겸손과 정직의 태도로 수행해야 한다. 열심히 일하고, 업무에 자신을 쏟아 부으며, 고용주를 존중해야 한다. 하지만 상사가 존경받을 자격이 없어 보일 때는 어떤가? 당신의 업무가 불필요하거나 잘못 기획되었거나 무의미해 보일 때는 어떤가? 당신이 회사를 운영하면 더 잘할 것 같을 때는 어떤가? 답은 똑같다. 순종하고 복종하고 존중하라. 고용주가 불법적인 일, 비윤리적인 일, 그리스도의 명시적 명령에 어긋나는 일을 시키지 않는 이상 우리는 맡겨진 일을 수행할 책임이 있다.

바울은 6–7절에서 그런 관점을 설명한다. 우리는 "눈가림"을 삼가야 한다. 눈가림이란 "남의 호감을 사려고 섬긴다"라는 뜻이다.[19] 겉만 꾸미거나 순전히 남에게 보이려고 일하는 것이다. 이런 직업윤리는 "눈 가리고 아웅"이라는 속담으로 잘 대변된다. 바울은 그리스도인들에게는 그런 행동이 있을 수 없다며 단호히 배격한다. 우리는 겉으로 사람의 비위만 맞추려 해서는 안 되고 세상일에서도 그리스도의 진정한 종이 되어야 한다. 육체의 상전이 눈앞에 없어도 하늘의 상전이 늘 우리와 함께 계심을 잊어서는 안 된다. 궁극적으로 우리의 인생을 보고해야 할 대상은 인간이 아니라 그분이시다(6:6-7).

종업원으로서 우리는 일에 대한 봉급을 받는다. 하지만 그 보상은 일시적이며 금방 없어진다. 그런데 바울은 우리가 이 땅의 상사를 충실히 섬기면 하나님이 우리에게 영원한 보상을 주신다고 단언한다(6:8). 당신의 고용주는 당신이 하는 일을 대부분 알아주지 않을 수 있다. 당신의 이름조차 모를 수 있다. 하지만 하나님은 당신 자신보다도 당신을 더 잘 아신다. 당신이 부지런히 전심으로 그분을 섬기는 수고를 그분은 결코 잊지 않으신다(히 6:10).

바울은 결혼과 가정에서 리더십의 책임을 맡은 남편과 아버지에게 말했듯이, 현대의

바울 시대의 노예제도

노예제도를 생각하면 아마 우리는 사슬에 묶여 강제로 천한 일을 하던 남녀들이 생각날 것이다. 그들은 사고파는 재산으로 취급되었다. 또는 사실상 노예나 다름없는 현대의 사례들이 떠오를 수도 있다. 공장에서 착취당하는 어린아이들과 여자들은 밤낮없이 일해도 푼돈밖에 벌지 못한다. 그런가 하면 인신매매의 피해자들이 떠오를 수도 있다. 그들은 납치되어 자유와 존엄성과 자존감을 박탈당한 채 노리개로 취급당한다.

이것은 19-21세기의 노예제도를 보여주는 그림들이다. 바울 시대의 노예제도도 그랬으리라고 생각하면 오산이다. 고대 세계의 노예들도 물론 자유는 없었지만 우리는 그들을 인종차별이나 불의나 착취의 피해자라기보다 하나의 사회 계층으로 보아야 한다.

역사가들에 따르면 로마 사회에서 노예는 전체 인구의 25-40퍼센트를 차지했다.[20] 물론 바울 시대 전까지만 해도 로마 제국은 대다수의 노예를 전쟁 포로에서 얻었다. 일종의 전리품이었던 셈이다. 하지만 세월이 가면서 사람들이 노예가 되는 경로가 다양해졌다. 노예의 자녀는 자동으로 상전의 소유였다. 버려진 아이들을 노예로 기를 수도 있었다. 사람들이 빚이나 기타 의무를 갚기 위해 단기나 장기로 자신을 노예로 파는 경우도 있었다. 이렇듯 로마 세계의 노예제도는 인종이나 민족보다 사회적, 경제적, 정치적 지위에 더 바탕을 두고 있었다.

노예들이 실제로 날마다 하는 일도 천차만별이었다. 노예의 직부는 본인의 기술, 상전의 지위, 거주 도시나 지역 등에 따라 청소나 채굴처럼 천하고 혹독한 것도 있었고 요리사나 교사나 심지어 의사가 될 수도 있었다! 노예들은 때로 학대받거나 이용당할 때도 있었지만 상전의 기질에 따라 대우가 달랐다. 좋은 노예는 값나가는 투자 대상이었으므로 상전들은 노예를 홀대하거나 해치기보다 잘 대하고 건강하게 지킬 때 얻는 게 더 많았다.

상전은 아무 때나 노예를 풀어줄 수 있었다. 풀려난 노예는 상전의 이름을 취했고 대개 상전과 똑같은 사회적 지위가 주어졌다.[21] 해방된 노예가 권리를 부여받을 가능성이 로마법에 허용되어 있다보니 노예의 인구 구성도 시간이 가면서 변했다. 특히 민족이 갈수록 더 다양해졌다. 한때는 로마인이 아닌 민족들만 노예였지만 바울 시대에는 출신이 다양해져 로마인도 노예가 되었다.[22]

고용주에 상응하는 상전의 자세도 언급한다(6:9). 보다시피 바울은 먼저 "너희도 그들에게 이와 같이 하고"라고 말한다. 상사가 종업원을 대하는 마음가짐도 직원이 상사를 대할 때와 같아야 한다는 것이다. 그러려면 어떻게 해야 하는가? 주님을 섬기듯이 존중과 존경의 태도로 대해야 한다. 사장은 종업원을 존대해야 하며 위협하거나 외모로 취해서는 안 된다. 얼마나 혁명적인 개념인가! 이는 1세기의 상전과 종에 대한 문화적 기대에 완전히 어긋나는 것이었다. 21세기를 살아가는 우리의 전형적인 리더십과 경영 모델들에도 여전히 어긋난다!

종업원들처럼 고용주도 리더십의 역할을 통해 하늘의 상전을 섬겨야 한다. 이 짧은 한 구절에서 성경적 리더십의 중요한 일면을 볼 수 있다. 베푼 만큼 돌아온다는 옛말이 여기에 잘 어울린다. 잠언에도 이에 꼭 맞는 지혜가 나온다.

> 구제를 좋아하는 자는 풍족하여질 것이요
> 남을 윤택하게 하는 자는 자기도 윤택하여지리라(잠 11:25).

> 사람은 입의 열매로 말미암아 복록에 족하며
> 그 손이 행하는 대로 자기가 받느니라(잠 12:14).

> 칼로 찌름 같이 함부로 말하는 자가 있거니와
> 지혜로운 자의 혀는 양약과 같으니라(잠 12:18).

종업원을 친절하게 대하는 것은 실제적으로 사리에 맞는 일이다. 당신이 그들에게 그런 태도로 본을 보이면 그들도 당신을 똑같이 대할 것이다. 종업원의 자격 여부를 떠나 이는 주께서 요구하시는 일이다. 고용주도 부모처럼 권력의 자리에 있다. 기업의 소유주나 사무실의 매니저는 당연히 "대장"이다. 하지만 부모처럼 고용주도 그 권위로 남을 지배할 게 아니라 양육하고 지도하고 힘을 실어주어야 한다.

종업원을 존중하는 것이 왜 이렇게 중요한가? 하나님은 "사람을 외모로 취하는 일이 없"기 때문이다(6:9). 고용주든 종업원이든 하나님이 보시기에는 대등하다. 둘 다 장차 하나님 앞에 서서 자신의 태도와 행동을 보고할 것이다. 남들 앞에서 한 일뿐 아니라 아무도 보지 않을 때 한 일도 아뢸 것이다. 절대로 잊지 말아야 할 것이 있다. 세상은 우리가 주일에 교회에서 또는 평일 밤의 성경공부 시간에 하는 행동을 보지 않는다. 사람들은 우리가 가정과 직장에서 어떤지를 본다. 부모를 어떻게 대하는지 관찰하고 자녀를 어떻게 기르는지 주시한다. 직장에서 성실하게 일할 때 그것을 눈여겨본다. 사려 깊고 공정하고 너그러운 상사의 자질을 인정한다.

결혼과 가정과 직장, 이 모든 영역에서 우리는 그리스도를 경외함으로 피차 복종해야 한다(5:21). 그럴 때 우리가 예수 그리스도의 피로 구원받았을 뿐 아니라 성령의 통제 아래 살아가고 있음이 모든 사람에게 드러나게 된다.

주

1. Thomas à Kempis, *The Imitation of Christ,* Aloysius Croft & Harold Bolton 번역(Milwaukee: Bruce, 1940), 1. (『그리스도를 본받아』 두란노)
2. 출처 미상의 이 재미있는 이야기는 수십 년 동안 여러 모양으로 되풀이되고 있다.
3. Frederick Buechner, *Listening to Your Life: Daily Meditations with Frederick Buechner,* George Conner 편집(San Francisco: HarperSanFrancisco, 1992), 242.
4. Gerhard Kittel & Gerhard Friedrich 편집, *Theological Dictionary of the New Testament,* Geoffrey W. Bromiley 발췌 번역(Grand Rapids: Eerdmans, 1992), 865. (『신약성서 신학사전: 킷텔 단권 원어사전』 요단출판사)
5. A. Skevington Wood, "Ephesians," *The Expositor's Bible Commentary,* Frank E. Gaebelein 편집(Grand Rapids: Zondervan, 1978), 11:68.
6. Kittel & Friedrich, *Theological Dictionary of the New Testament,* 30.
7. 같은 책, 620.
8. Wood, "Ephesians," 68-69.
9. "The Doctrinal Statement of Dallas Theological Seminary," Article 4.
10. Charles Wesley, "And Can It Be," *The Hymnal for Worship and Celebration*(Waco, TX: Word Music, 1986), no. 203.
11. Harold W. Hoehner, *Ephesians: An Exegetical Commentary*(Grand Rapids: Baker, 2002), 687.
12. Charles Hodge, *Commentary on the Epistle to the Ephesians*(1856; 재판, Grand Rapids: Eerdmans, 1994), 300.
13. 하나님의 뜻이라는 성경의 교리를 충분히 다룬 책으로 다음을 참조하라. Charles R. Swindoll, *The Mystery of God's Will*(Nashville: Nelson, 1999). (『하나님의 뜻에 담긴 신비 그 아름다움』 디모데)
14. Hoehner, *Ephesians,* 705.

15. Stott, *The Message of Ephesians,* 218. (『에베소서 강해: 하나님의 새로운 사회』 IVP)
16. Hoehner, *Ephesians,* 786-87.
17. John MacArthur, *Ephesians,* The MacArthur New Testament Commentary(Chicago: Moody Press, 1986), 324.
18. James Montgomery Boice, *Ephesians: An Expositional Commentary*(Grand Rapids: Baker, 1997), 220. (『제임스 몽고메리 보이스 에베소서 1 · 2』 비전북출판사)
19. Johannes E. Louw & Eugene A. Nida 편집, *Greek-English Lexicon of the New Testament Based on Semantic Domains,* 제1권, *Intorduction and Domains,* 2판(New York: United Bible Societies, 1988), § 35.29.
20. Sam Tsang, *From Slaves to Sons: A New Rhetoric Analysis on Paul's Slave Metaphors in His Letter to the Galatians*(New York: Peter Lang, 2005), 22.
21. Mark Hassall, "Romans and Non-Romans," John Wacher 편집, *The Roman World*(London: Routledge, 2002), 2:685-700.
22. Tsang, *From Slaves to Sons,* 39.

전투와 승리:
전사의 전략

에베소서 6:10-24

내 생각에 좋은 영화는 난공불락처럼 보이는 적과의 대전투로 끝나야 한다. 적의 세력은 용기와 인내와 선과 불굴의 의지 같은 덕목 앞에 처참히 무너져야 한다. 실제 전투가 클수록 좋다. 물론 나는 이따금씩 좋은 추리 영화도 즐긴다. 또 단장의 비극 앞에서 여느 남자 못지않게 눈물을 삼킬 때도 있다. 착한 남자가 여자를 얻는 로맨틱 코미디나 불가능에 가까운 해피엔딩으로 끝나는 감동적 영화도 아내와 함께 볼 만큼 보았다. 하지만 내 생각에 마지막 전투의 승리, 악당과 영웅의 결투, 악의 세력을 몰아내는 액션 장면 따위를 능가할 것은 없다. 어쩌면 내가 뻔하고 전형적인 미국인 남자라서 그런지도 모른다. 하지만 나는 웅대한 절정을 좋아하는 내 기호가 하나님의 웅대한 대전투에 대한 내 경탄 때문이라고 생각하고 싶다. 그 전투란 바로 사망과 생명의 싸움, 사탄과 하나님의 백성 간의 싸움이다. 장차 어느 날 하나님은 이 전투를 극적으로 끝내실 것이다.

흥미롭게도 그리스도인의 삶에 대한 바울의 전체 드라마도 그렇게 끝난다. 그는 어둠의 세력과 빛의 나라 사이에 지속되는 대전투를 간략하지만 잊을 수 없게 살짝 보여준다. 그래서 나는 너무 극적으로 들릴 위험을 무릅쓰고 마지막 단락의 제목을 "전투와 승리: 전사의 전략"으로 붙였다. 바울은 영적 전투에 대한 강렬한 말로 에베소서를 마무리하면서 독자들에게 마귀의 전략에 맞서 견고히 설 것을 촉구한다(6:10-17). 이어 그는 에베소 교인들에게 기도와 간구로 무장할 것을 간곡히 권한다(6:18-19). 복음 전파에 꼭 필요한 영적 무기고에서 기도와 간구를 빼놓을 수 없다. 끝으로 열정에 찬 옥중의 사도는 개인적 안부와 따뜻한 작별로 편지를 마감한다(6:21-24). 그가 비는 복은 편지를 시작할 때처럼 평안과 은혜다. 여기 위대한 에베소서의 말미에서 바울은 전체 주제를 다시 한 번 부각시킨다. 신자들은 그리스도를 통해 새 생명을 얻었으므로 성령을 통해 새로운 삶을 살아야 한다.

사탄의 간계에 맞서 견고히 서라(에베소서 6:10-13)

10끝으로 너희가 주 안에서와 그 힘의 능력으로 강건하여지고 11마귀의 간계를 능히 대적하기 위
하여 하나님의 전신 갑주를 입으라 12우리의 씨름은 혈과 육을 상대하는 것이 아니요 통치자들과 권
세들과 이 어둠의 세상 주관자들과 하늘에 있는 악의 영들을 상대함이라 13그러므로 하나님의 전신
갑주를 취하라 이는 악한 날에 너희가 능히 대적하고 모든 일을 행한 후에 서기 위함이라.

핵심 용어

ἵστημι [*histēmi*, 히스테미] *(2476)* '서다'

바울은 신자들에게 하나님의 갑옷과 무기로 무장하고 "견고히 서라"(6:13-14, NASB)고 권고한다. 세상에는 삶을 근본부터 뒤흔드는 시련과 풍랑이 가득하다. 그래서 그냥 서는 것만도 굉장한 도전처럼 느껴질 수 있다. 바울의 생각에 선다는 것은 힘을 뜻하며 그 힘은 하나님의 진리, 의, 평안, 믿음, 구원의 확신에서 온다. 그 결과 우리는 안정된 성품과 담대함을 얻어 어떤 풍랑도 이겨낼 수 있다.

προσευχὴ καὶ δέησις [*proseuchē kai deēsis*, 프로슈케 카이 데에시스] *(4335, 1162)* '기도와 간구'

구약과 신약에서 자주 짝을 이루는 이 두 단어(왕상 8:54, 대하 6:29, 빌 4:6, 딤전 2:1)는 하나님께 아뢰는 일반적인 말(*proseuchē*)과 특정한 필요에 따른 구체적 요청(*deēsis*) 둘 다를 가리킨다. 에베소서에서 바울은 기도를 하나님의 갑옷과 연관시킨다. 기도는 영적 공격에 맞서는 신자의 방어 무기 가운데 하나다(엡 6:8).

> 내 주는 강한 성이요 방패와 병기 되시니
> 큰 환난에서 우리를 구하여 내시리로다
> 옛 원수 마귀는 이때도 힘을 써
> 모략과 권세로 무기를 삼으니
> 천하에 누가 당하랴.[1]

이것은 마르틴 루터가 종교개혁 때 쓴 '내 주는 강한 성이요'의 힘찬 가사다. 아마도 그는 에베소서 6장 10-13절에서 영감을 얻었을 것이다. 이 비장한 본문에 나오는 바울의 말은 우리가 자주 망각하는 사실 하나를 환기시켜준다. 그리스도인의 삶을 시작할 때 우리는 한가하게 신나는 놀이터에 온 것이 아니라 치열한 전쟁터에 들어선 것이다. 비록 멀리서 폭탄이 터지는 소리나 귓전으로 총알이 스치는 소리는 들리지 않지만 날마다 우리는 영적 싸움터에서 살아가고 있다. 결코 의심하지 말아야 할 사실이 있다. 사탄의 저격병들은 우리를 조준하고 있다. 그들은 우리를 속속들이 안다. 다년간 우리를 세밀히 관찰하여 우리의 강점과 약점을 훤히 꿰고 있다. 그들은 심리학의 대가이며 인간 본성에 대한 전문가다.

우리가 그 악한 약탈자들을 아는 것보다 그들이 자신들의 먹이인 우리를 더 잘 알고 있다.

당신이 처음 믿은 신자이든 오래된 성도이든, 영적으로 강하든 약하든, 훈련을 잘 받았든 그냥 초보자이든 당신을 향한 사탄과 그 졸개들의 목표는 하나다. 바로 당신이 망하는 것이다. 그들의 큰 소원 하나는 당신을 절름발이 정도로 만드는 게 아니라 아예 결딴내는 것이다. 물론 그들의 궁극적 운명은 이미 정해졌다. 하지만 그들은 최대한 많은 사람들을 데리고 망하기로 작정했다. 바울은 우리가 믿음으로 끝까지 견고히 서기를 원하여 이 내용을 기록했다. 바울이 독자들을 안심시키듯이 우리는 포탄이 머리 위로 계속 빗발치는 중에도 사탄의 간계로부터 안전할 수 있다.

하지만 우리 힘으로는 할 수 없다. 그리스도를 통해 새 생명을 받은 신자들은 성령의 능력으로 새로운 삶을 살아야 한다.

6:10-11—

바울의 영적 전쟁 구호가 10절에서 울려 퍼진다. 군대를 동원하는 나팔 소리처럼 그것이 수동적인 우리를 깨워 전투라는 냉엄한 현실에 대처하게 한다. 그는 우리에게 "주 안에서…강건하여지고"라고 촉구한다. 오직 주님의 힘을 통해서만 우리는 능히 서서 이 지속적인 영적 전투에 임할 수 있다.

사탄은 우리의 어깨 위에 앉아 짓궂은 생각을 귓전에 속삭이는 빨간 꼬마 도깨비가 아니다. 우리가 그렇게 생각한다면 사탄은 그보다 더 좋아할 게 없다. 사탄은 모기처럼 털어내면 그만인 작고 귀찮은 해충이 아니다. 그렇게 생각하는 한 우리는 그가 얼마나 교활한 존재인지 바로 알 수 없다. 우리 신자들에게 보급된 무기고의 본질에 주목하라. 그것은 바로 "그(분의) 힘의 능력"이다(6:10). 사실 우리의 힘으로는 사탄과 그의 악한 졸개들을 당해낼 수 없다. 그런 기만적이고 파괴적인 적을 물리칠 수 있으려면 그리스도의 힘에 의지해야만 한다.

그렇다고 성자 하나님과 사탄이 서로 대등한 수준의 적이라는 뜻은 아니다. 천만의 말이다! 성경은 사탄이 하나님의 천사급 피조물이며(겔 28:12-16) 하나님의 통제나 허락을 떠나서는 아무것도 할 수 없다고 가르친다(욥 1:1-12, 눅 22:31). 사탄의 맞상대는 하나님이 아니라 천사장 미가엘이다(유 1:9, 계 12:7). 사탄은 또한 인간을 고소하는 인간의 적이다(슥 3:1–2, 벧전 5:8). 물론 사탄에게 우리를 공격하고 유혹할 능력이 있음을 부인해서는 안 된다(엡 4:27, 6:11, 딤전 3:7). 하지만 사탄의 능력을 실제 이상으로 부풀려 생각해서도 안 된다.

마르틴 루터의 찬송가 '내 주는 강한 성이요'의 2절에 그 진리가 강력하게 예시되어 있다.

> 내 힘만 의지할 때는 패할 수밖에 없도다
> 힘 있는 장수 나와서 날 대신하여 싸우네
> 이 장수 누군가 주 예수 그리스도
> 만군의 주로다 당할 자 누구랴
> 반드시 이기리로다.[2]

바울이 이 편지를 시작하면서 했던 기도가 기억나는가? 그는 신자들이 "그의 힘의 위력"과 "능력의 지극히 크심"을 알게 해달라고 기도했다(1:19). 그 이유를 우리는 여기서 보게 된다. 이 지식은 머리로만 아는 지식이 아니다. 사실 흔히들 말하는 "가슴으로 아는 지식"도 벗어난다. 바울이 생각한 지식은 인격적이고 실제적인 지식이다. 하나님의 힘에 대한 학습된 의식(意識)이요 전투의 한복판에서 영적 승리를 통해 얻은 지식이다. 우리의 적은 강하고 그의 공격은 가차 없지만, 그리스도의 능력은 사탄의 어떠한 공격에서도 우리를 지켜줄 수 있다.

바울의 전투 소집은 계속된다. 그는 에베소 교인들에게 하나님의 힘을 실제로 가져다 쓰는 법을 가르친다. "마귀의 간계를 능히 대적하기 위하여 하나님의 전신 갑주를 입으라"(6:11). 우리의 싸움이 영적 전투인 만큼 영적 갑옷만이 우리를 보호해줄 수 있다. 보다시피 이것은 당신의 갑주가 아니라 하나님의 갑주다. 당신 자신에게서는 그것이 나올 수 없다. 당신이 아무리 정신적, 정서적, 신체적 힘을 다 동원해도 영적 전투에는 역부족이다. 절대로 불가능한 일이다. 적이 영적 존재이므로 당신과 나에게도 영적 갑옷이 필요하다.

갑옷의 내용은 다음 단락에서 자세히 살펴볼 것이다. 지금은 다음 사실을 지적하는 것으로 충분하다. 바울이 말하는 갑주는 신자의 몸에 걸치는 물리적 갑주가 아니다. 그는 하나님의 영적 능력과 자기 백성을 보호하시는 것에 대해 당시에 흔히 볼 수 있던 군인의 모습에 견주어 설명했다. 로마 병사는 온갖 공격 무기와 방어 무기로 전신을 보호했다. 바울이 에베소서를 쓸 때 가택 연금된 상태에서 로마 병사의 감시를 받고 있었음을 잊지 말라(행 28:16, 20). 그래서 그냥 창밖을 내다보기만 해도 하나님의 보호에 대한 예화가 보였을 것이다.

지금부터 우리는 하나님의 갑주와 관련하여 두 가지 사실을 자세히 알아볼 것이다. 하나는 우리에게 갑주가 필요한 이유이고(6:12), 또 하나는 갑주를 입을 때 나타나는 결과다(6:11, 13).

Jay King

로마 병사의 갑옷

—6:12–13—

우리에게 갑주가 필요한 이유(6:12). 바울은 우리가 살고 있는 세상의 어둡고 불길한 특성을 지적하여(6:12) 우리에게 하나님의 초자연적 보호가 절실히 필요함을 부각시킨다. 첫째, 사탄과 그의 귀신들은 "혈과 육"이 아니다. 앞서 말했듯이 그들은 영적 존재다. 따라서 우리의 오감으로는 그들의 존재와 능력을 감지할 수 없다. 우리는 그들을 영적으로 분별해야 한다. 그런 면에서 우리는 시작부터 확실히 불리하다. 인류의 타락 이후로 우리는 물리적 세계에 끌리는 피조물이 되어, 자신이 보고 느끼고 듣고 맛보고 냄새 맡을 수 있는 것에 치중하게 되었다. 하지만 사탄과 싸우려면 삶에 대한 우리의 경험적 접근과 세상적 지혜를 버려야 한다. 대신 믿음의 눈과 귀를 열어야 하고, 하나님이 영적 세계에 대해 하시는 말씀이 이 가시적이고 늘 변하는 현세의 "실체"보다 더 실체임을 믿어야 한다.

둘째, 우리가 싸우는 대상은 위계별로 조직화된 귀신의 통치자들과 권세들과 악의 세력들이다. 영적 마피아 정도로 생각하면 된다. 하지만 무리한 비약은 금물이다. 어떤 사람들은 바울이 6장 12절에서 제시한 귀신들의 등급을 억지로 꿰어 맞춘다. 그들이 꾸며낸 복잡한 설명에 따르면 특정한 종류의 귀신들이 세상의 특정한 지역들을 다스리도록 되어 있다. 그 사실은 다음과 같이 보는 것이 가장 타당하다. 바울은 악한 야망을 품은 귀신들에게도 모종의 서열과 등급이 있음을 말한 것이지 굳이 귀신 세계의 조직도를 그린 것은 아니다. 그런 깔끔한 조직도는 성경에 나와 있지도 않거니와 필요하지도 않다. 사탄과 귀신들이 얼마나 잘 조직되어 있든 관계없이 하나님은 능히 사탄과 싸워 이기실 수 있다.

셋째, 이 악한 세력의 특징은 타의 추종을 불허하는 사악함이다. 켄트 휴즈가 에베소서에 대한 책에서 그것을 두 문장으로 가장 잘 표현했다. "사탄은 양심도 없고 동정심도 없고 후회도 없고 도덕도 없다. 그는 아픔과 고통과 부정(不淨)을 먹고산다."[3] 할리우드 영화의 악당들 중에도 사탄과 귀신 속에 존재하는 지독한 악의 깊이를 충분히 그려낸 경우는 별로 없다.

솔직히 인간은 마귀를 충동질하는 전적인 사악함을 온전히 이해할 수 없다. 문학이나 텔레비전이나 영화 속의 모든 "악역"은 어느 정도 구속(救贖)의 가능성이 엿보인다. 이런 악당의 사악함에는 한계가 있으며, 연민을 자아낼 만큼 적어도 그럴 듯한 이유가 있어 보인다. 그러나 사탄은 구속의 가능성도 전무하고, 하나님의 주권적 억제 외에는 악에 한계가 없으며, 그가 하려는 일에는 합리적인 이유나 동기도 없다. 〈배트맨〉(*Batman*)의 속편으로 2008년에 개봉된 크리스토퍼 놀란 감독의 〈다크 나이트〉(*The Dark Knight*)에 조커라는 악당이 나오는데, 그가 원수 마귀의 특징인 구제 불능의 사악함을 어느 정도 보여주었다. "논리 따위는 안중에 없는 사람들이 있다. 그들은 매수하거나 위협하거나 논리를 펴거나 협상을 벌일 대상이 못 된다. 그냥 세상이 불타는 꼴을 보기 원하는 사람들이 있다."[4]

그 증거를 날마다 세상에서 볼 수 있다. 폭력 범죄, 참혹한 전쟁, 종교적 기만, 도덕적 퇴폐, 정치적 타락 등 일일이 꼽자면 한이 없다. 굳이 텔레비전을 켜거나 인터넷을 뒤지지 않아도 사탄이 주도한 악의 결과들을 볼 수 있다. 그냥 우리 내면과 주변을 보면 된다. 우리 자신의 결혼생활과 가정과 동네와 교회 안에도 죄와 불화와 이기심과 타락이 있다. 악의 세력들은 인간의 타락한 본성(2:1-3)과 짝을 이루어, 무방비 상태의 부주의한 신자를 옳은 길에서 꾀어내 파멸의 길로 이끌 수 있다. 존 스토트는 이렇게 썼다.

> 기초를 그리스도께 단단히 두지 않아 불안정한 그리스도인들은 마귀의 만만한 먹잇감이다. 갈대와 골풀처럼 흔들리는 그리스도인들은 악한 통치자들과 권세들이 보내는 바람을 막아낼 수 없다. 바울은 그리스도인들이 아주 강건하고 안정되어 마귀의 간계에 늘 단호히 맞서기를 원했다(11절). 악한 날에, 즉 특별한 압박이 있을 때에도 그러기를 원했다. 이렇게 안정된 성품으로 위기에도 끄떡없으려면 하나님의 갑주가 꼭 필요하다.[5]

갑주를 입을 때 나타나는 결과(6:11, 13). 지금까지는 우리에게 하나님의 갑주가 필요한 이유를 보았다. 이제 하나님의 초자연적 보호를 받을 때 나타나는 결과를 생각해보자. 그러려면 한 구절 뒤로 돌아가 11절과 13절을 함께 보아야 한다. 이 두 구절은 서로를 보완한다. 11절에서 바울은 에베소 교인들에게 "하나님의 전신 갑주를 입으라"고 명했다. 그다음 이 싸움의 본질적 성격을 설명하고나서 13절의 동일한 개념으로 돌아가 다시 "하나님의 전신 갑주를 취하라"고 했다. 갑주를 입을 때 나타나는 결과도 양쪽 모두에 나와 있다. "마귀의 간계를 능히 대적하기 위하여…이는 악한 날에 너희가 능히 대적하고 모든 일을 행한 후에 서기 위함이라"(6:11, 13).

하나님의 갑주 덕분에 우리는 "견고히 설"(NASB) 수 있다. 우리의 적은 무시무시하지만 하나님의 능력이 우리를 보호하고 있으므로 우리는 사탄의 유혹이나 위협 앞에서 벌벌 떨 이유가 없다. 무서워서 웅크리거나 겁에 질려 달아날 필요가 없다. 그리스도 안에서 우리의 승리는 확실하다. 전투의 결과는 이미 정해져 있다. 물론 우리의 "대적 마귀가 우는 사자 같이 두루 다니며 삼킬 자를 찾"고 있다(벧전 5:8). 하지만 우리가 하나님의 힘으로 마귀를 대적하면, 마치 겁먹은 바퀴벌레가 빛을 피해 쪼르르 달아나듯 마귀도 우리 앞을 피한다(약 4:7).

이렇듯 하나님의 갑주를 입을 때 나타나는 한 가지 분명한 결과는 영적 승리 가운데 선고히 서는 능력이다(6:11, 13). 또 다른 결과는 마귀의 간계를 분별하는 능력이다. 11절에 "간계"로 번역된 헬라어 단어 *methodeia*는 4장 14절의 "속임수와 간사한 유혹"에도 쓰였다 (개역개정에는 "유혹"으로 옮겨져 있다-역주). 이 단어는 복수형으로 되어 있어 우리의 영적 진보를 막으려는 사탄의 무기들이 다수이다 못해 틀림없이 무수히 많음을 보여준다. 사악한 마귀는 이미 저주받았지만 그렇다고 마네킹은 아니다. 그는 당신의 약점을 파악하고 조준하여 공략할 수 있고, 당신의 인간적 방어 수단들의 허를 찌를 수 있다. 당신이 그런 방어 수단들의 존재를 알아차리기도 전에 말이다. 하나님의 갑주는 이런 무지막지한 공격에서 우리를 보호해준다.

하나님의 갑주를 입을 때 드러나는 세 번째 결과로, 우리는 무슨 일이 닥치든 준비되어 있게 된다. 바울은 우리가 "악한 날에 능히 대적"한다고 표현했다(6:13). "악한 날"이라는 말은 현시대의 영적 압제뿐 아니라 악한 영들의 특별한 공격까지 총칭하는 말이다. 해럴드 호너는 이렇게 썼다. "신자들은 매일의 악에 대해서만 아니라 영적 전투가 뜻밖에 고강도로 벌어질 때에 대해서도 준비되어 있어야 한다. 예컨대 마귀는 예수님을 유혹하여 죄를 짓게 하려다 실패하자 얼마 동안 그분을 떠났다(눅 4:13)."[6] 사탄이 흠 없으신 성자 하나님까지도 기회를 보아 유혹한다면 귀신의 패거리들이 우리에게도 똑같이 할 것은 자명한 일이다. 하지만 우리는 예수 그리스도를 통해 하나님의 힘과 보호를 받고 있다. 그 약속 안에 우리가 굳게 서면 사탄은 종이호랑이처럼 슬쩍 꼬리를 감추게 되어 있다.

이번에도 루터의 찬송가에 표현된 박진감 있는 가사에 그 기본 진리가 잘 나타나 있다.

> 이 땅에 마귀 들끓어 우리를 삼키려 하나
> 겁내지 말고 섰거라 진리로 이기리로다
> 친척과 재물과 명예와 생명을
> 다 빼앗긴대도 진리는 살아서
> 그 나라 영원하리라.[7]

적용

세 가지 원리 위에 견고히 서라

지금까지 우리는 사탄의 사악한 계략을 엿보았고 하나님의 필수적인 공급을 배웠다. 이제 영적 전투와 관련하여 우리 삶에 개인적으로 적용할 수 있는 세 가지 원리를 생각해보자.

첫째, 사탄의 어떤 공격도 하나님보다 강하지 못하다. 사탄의 세력은 과연 강하다. 하지만 당신이 오늘밤 무서워 잠을 이루지 못하거나 사탄의 간계가 두려워 갑자기 식은땀을 흘리며 깬다면 당신은 메시지를 놓친 것이다. 이것은 두려워할 일이 아니다. 오히려 우리는 예수 그리스도께서 주신 성령 안에서 견고히 서야 한다. 우리 안에 살아 계시는 하나님의 영보다 더 강한 것은 아무것도 없다. 성령이 주시는 능력으로 우리는 기만을 피하고, 유혹을 이기며, 사탄이나 귀신의 공격에 견고히 맞설 수 있다. 요한일서 4장 4절에 이런 약속이 나온다. "너희 안에 계신 이가 세상에 있는 자보다 크심이라." 그래서 당신에게 던질 심층 질문이 있다. 당신만이 답할 수 있는 개인적 질문이다. 당신 안에 하나님의 영이 거하시는가? 당신은 오직 그리스도 안에서 오직 믿음으로 말미암아 오직 은혜로 새로운 출생을 경험했는가? 그분의 가족으로 새롭게 태어난 사람들만이 모든 영적 적들보다 더 강하신 그분의 편에 설 수 있다.

둘째, 사탄의 어떤 간계도 하나님의 갑주를 꿰뚫을 수 없다. 이 보호가 없다면 우리는 적의 모든 공격과 빗나간 화살과 포격에 그대로 노출되게 된다. 하지만 하나님이 우리를 "거듭나게 하사 산 소망이 있게 하"셨을 때부터 우리는 "믿음으로 말미암아 하나님의 능력으로 보호하심을 받"고 있다(벧전 1:3, 5). 장중한 옛 찬송가에 그것이 잘 표현되어 있다. "주의 팔에 그 크신 팔에 안기세. 주의 팔에 영원하신 팔에 안기세."[8] 신자로서 당신은 자신의 일시적이고 불안정한 발판을 의지하고 있는가? 아니면 구주의 든든한 팔에 완전히 안겨 있는가? 당신은 자신의 지혜와 방법과 의로운 행위로 사탄의 간계를 풀어내고 그의 공격을 무찌르려 하고 있는가? 아니면 그리스도를 믿는 사람만이 내디딜 수 있는 걸음을 내디뎌, 당신을 그분께 의탁하고 오직 그리스도만을 당신의 대언자와 보호자로 삼았는가?

셋째, 사탄의 어떤 악도 하나님의 사람들이 드리는 기도를 이길 수 없다. 유명한 설교자이자 교사이자 순교자인 안디옥의 이그나티우스(Ignatius of Antioch)는 AD 110년경에 에베소에 편지를 보냈다. 바울의 옥중 서신과 수신 교회가 똑같은 그 편지에서 그는 영적 전투의 공동체적 성격을 생생히 묘사했다. 틀림없이 그도 영적 전투에 대한 바울의 격려 메시지를 알고 있었을 것이다. 다음은 그가 에베소 교회에게 쓴 말이다. "최선을 다해 더 자주 모여 하나님께 감사와 영광을 드리라. 너희가 자주 모이면 사탄의 세력이 궤멸된다. 일치단결한 너희의 믿음이 사탄의 파괴력을 무효로 만든다. 평화보다 더 좋은 것은 없다. 하늘에서나 땅에서나 모든 전쟁은 평화로 말미암아 종식된다."[9]

바울의 에베소서에 한 가지 분명한 사실이 있다. 우리는 혼자 설 수 없다. 본래 혼자 서도록 되어 있지 않다. 성령은 우리 개개인 안에 거하시듯이(고전 6:19) 또한 함께 모인 공동체 안에, 즉 몸 된 교회 안에 거하신다(고전 3:16-17, 엡 2:21-22). 당신은 영적 공격에 대비하고 싶은가? 하나님의 보호 가운데 견고히 서고 싶은가? 그렇다면 하나님의 사람들과 늘 가까이 있으라. 그들의 존재와 격려에서 힘을 얻으라(히 10:23-25).

연약한 전사들을 위한 충분한 갑주(에베소서 6:14-20)

14그런즉 서서 진리로 너희 허리 띠를 띠고 의의 호심경을 붙이고 15평안의 복음이 준비한 것으로 신을 신고 16모든 것 위에 믿음의 방패를 가지고 이로써 능히 악한 자의 모든 불화살을 소멸하고 17구원의 투구와 성령의 검 곧 하나님의 말씀을 가지라

18모든 기도와 간구를 하되 항상 성령 안에서 기도하고 이를 위하여 깨어 구하기를 항상 힘쓰며 여러 성도를 위하여 구하라 19또 나를 위하여 구할 것은 내게 말씀을 주사 나로 입을 열어 복음의 비밀을 담대히 알리게 하옵소서 할 것이니 20이 일을 위하여 내가 쇠사슬에 매인 사신이 된 것은 나로 이 일에 당연히 할 말을 담대히 하게 하려 하심이라.

6장 10-12절에서 배웠듯이 바울이 말한 영적 전투는 그리스도인들의 주변에서 날마다 벌어지고 있다. 바울은 우리의 적과 그의 어두운 세력들을 간략히 묘사한 뒤 우리에게 오직 하나님의 힘을 의지하여 마귀의 간계를 대적하라고 권했다. 그는 하나님이 성도들에게 공급하시는 보호와 능력을 "하나님의 전신 갑주"에 실감나게 비유했다. 사악한 전투에 대비하려면 하나님의 무기가 필요하고 사탄의 공격에 맞서려면 영적 방어가 필요하다. 하나님이 주신 무기고의 위력을 바울은 고린도후서 10장 3-5절에서 언급했다. 주의 깊게 읽어

볼 만한 말씀이다.

> 우리가 육신으로 행하나 육신에 따라 싸우지 아니하노니 우리의 싸우는 무기는 육신에 속한 것이 아니요 오직 어떤 견고한 진도 무너뜨리는 하나님의 능력이라 모든 이론을 무너뜨리며 하나님 아는 것을 대적하여 높아진 것을 다 무너뜨리고 모든 생각을 사로잡아 그리스도에게 복종하게 하니.

이 본문에 우리가 치르고 있는 영적 전쟁이 생생히 묘사되어 있다면, 로마서 8장 37-39절에 기록된 바울의 통쾌한 말은 그리스도 안에서 우리에게 보장된 영적 승리를 환기시켜준다.

> 그러나 이 모든 일에 우리를 사랑하시는 이로 말미암아 우리가 넉넉히 이기느니라 내가 확신하노니 사망이나 생명이나 천사들이나 권세자들이나 현재 일이나 장래 일이나 능력이나 높음이나 깊음이나 다른 어떤 피조물이라도 우리를 우리 주 그리스도 예수 안에 있는 하나님의 사랑에서 끊을 수 없으리라.

이렇듯 우리는 전쟁 중이므로 "하나님의 전신 갑주를 취"해야 한다(엡 6:13). 하나님이 그리스도 안에서 "생명과 경건에 속한 모든 것"을 우리에게 주셨다(벧후 1:3). 그렇다면 하나님의 전신 갑주란 구체적으로 무엇인가? 그것은 단지 하나님의 보호를 나타내는 포괄적 은유인가? 사실 바울은 다음 몇 구절에 걸쳐 신자의 영적 전투에 쓰일 여러 가지 무기와 방어 장비를 자세히 설명한다. 우리는 하나님의 전신 갑주를 입어야 하는데, 곧 보겠지만 각각의 무기가 우리를 무장시켜 전투에 능동적으로 참여하게 해준다. 지금부터 바울이 내놓는 장비를 하나씩 착용해보면서 각 보급품의 정확한 사용법을 숙달하도록 하자.

14-17절에서 바울은 갑주를 품목별로 소개한다.

- 진리의 허리띠
- 의의 호심경

- 평안의 신
- 믿음의 방패
- 구원의 투구
- 성령의 검

이어 18–20절에서 바울의 의미심장한 은유는 구체적인 권면으로 바뀐다. 전신 갑주를 영적 전투에 십분 활용하게 해주는 다음과 같은 권면이다. 당신의 영적 삶이 기도에 달려 있는 것처럼 기도하라. 정말 기도에 달려 있기 때문이다!

—6:14–17—

영적 갑주를 항목별로 간략히 살펴보기에 앞서 다시 한 번 기억해야 할 것이 있다. 이 장비들은 물리적인 무기가 아니다. 우리 영혼에 착용해야 할 실제 무기가 영의 세계에 떠다니는 게 아니다. 바울은 당시에 흔히 볼 수 있던 표준 군복을 비유로 활용했다. 그것을 구약에 대한 자신의 방대한 배경 지식과 종합하여, 하나님이 모든 신자에게 주신 보호 수단들을 잊지 못할 그림으로 그려냈다.

바울이 생각한 구약의 은유들은 아마 이사야서에서 왔을 것이다. 이사야 11장 5절을 보면 메시아가 공의와 성실의 허리띠를 차고 오신다고 되어 있다. 이사야 59장 17절에는 여호와 하나님이 "공의를 갑옷으로 삼으시며 구원을 자기의 머리에 써서 투구로 삼으"신다고 했다. 또 이사야 52장 7절에는 행복과 구원과 하나님 나라의 기쁜 소식을 공포하는 사람들의 발이 아름답다는 표현이 나온다. 그러니 바울이 이것을 "하나님의 전신 갑주"라 부른 것은 당연한 일이다. 이것은 믿음으로 말미암아 은혜로 그분의 백성에게 주어진다. 이런 갑주라면 의당 자세히 살펴보아야 한다.

진리의 허리띠(6:14). 오늘날 허리에 "띠를 묶는" 사람은 거의 없다. 요즘은 허리에 벨트를 차고 버클을 채운다. 그러나 로마 병사의 군복에 딸린 띠의 역할은 바지가 내려가지 않게 하거나 구식 복장에 약간의 멋을 가미해주는 정도가 아니었다. 약 15센티미터 너비의 가죽으로 만들어진 이 무거운 띠는 우선 상의를 꼭 조여 몸을 움직이는 데 거치적거리지 않게 해주었다. 또한 호심경과 칼집 따위를 제자리에 고정시켜주었다. 무엇보다 허리띠의 중요하고 핵심적인 역할이 있었다. 허리띠는 전투 상황의 필요에 따라 공격이나 방어에 임할 수 있도록 몸을 보호하면서 자유롭고 날렵하게 해주었다.

로마 병사의 허리띠

바울이 생각한 영적 허리띠는 진리로 이루어진다. 이는 기록된 말씀에 계시된 하나님의 진리를 가리킨다(요 17:17). 또한 진실한 성품이나 정직성도 여기에 포함된다. 즉, 하나님 말씀의 교훈에 부합되는 실천적 삶이다(요이 1:4). 전투가 치열해지면 사방으로 기만의 불화살이 날아다니고, 내게도 영향이 미칠 만큼 지척에서 부당한 비난이 폭발한다. 그럴 때 우리는 교리적 진리와 진실한 성품이 있어야 무너지지 않을 수 있다. 그래서 바울은 우리에게 허리띠를 꼭 졸라매라고 당부한다. 하나님의 진리를 늘 가까이 두고, 성육신하신 진리이신 예수 그리스도(요 14:6)를 삶의 중심에 모시며, 흠잡을 데 없는 성품으로 힘을 유지하라는 것이다. 그리스도의 군사로서 우리는 성경이 옳다고 말하는 것들에 충실해야 한다. 그것만이 우리를 무수한 위험에서 안전하게 지켜준다.

의의 호심경(6:14). 로마의 호심경은 가죽이나 청동이나 쇠사슬 갑옷으로 된 큰 장비로서 병사의 배와 등을 목부터 허벅지까지 가려주었다. 호심경의 목적은 무엇인가? 전사의 가장 중요한 기관들을 보호하는 것이었다. 물리적 생명의 구심점인 그 기관들이 없이는 누구나 몇 분 만에 죽을 수밖에 없다. 이런 호심경으로 상반신을 가리지 않고는 어떤 군인도 감히 전장으로 뛰어들지 않을 것이다.

바울에게 호심경은 오직 하나님으로부터 오는 의에 대한 은유로 안성맞춤이었다. 그 의는 우리의 공로로 얻을 수 없고 우리 힘으로 지킬 수도 없다. 바울은 이것을 "예수 그리스도를 믿음으로 말미암아 모든 믿는 자에게 미치는 하나님의 의"(롬 3:22)라고 했다. 신학자들은 그 의를 "칭의"라 표현한다. 칭의란 아직 죄짓는 상태 속에 있는 믿는 죄인을 의롭다고 선언하시는 하나님의 주권적 행위를 뜻한다. 구원받는 순간에 신자들에게 거저 수시

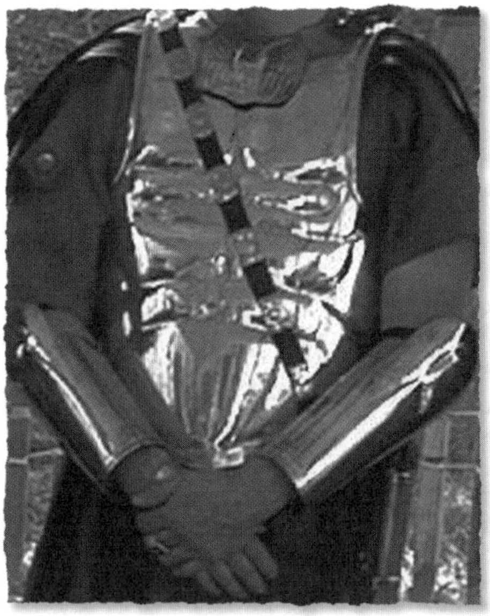
Jay King

로마 병사의 호심경

는 무죄 선언이다. 그 근거는 우리의 선행이 아니라 그리스도께서 십자가에서 이미 이루신 일이다. 이러한 의는 결코 빼앗기거나 잃거나 축소되거나 없어질 수 없다. 성경은 또한 성령으로 말미암아 우리의 신분적 의로부터 흘러나오는 실천적 의에 대해서도 말한다(엡 2:10, 5:9). 하나는 오직 믿음으로 얻는 의이고 또 하나는 믿음의 결과로 나타나는 의로운 삶이다. 이 둘은 구분되어야 하지만 결코 분리되어서는 안 된다. 진정한 믿음은 언제나 그것을 입증하는 행위를 낳는다(약 2:22, 26).

의의 호심경은 로마 병사에게 못지않게 우리에게도 꼭 필요하다. 신자들을 참소하는 원수(계 12:10)는 우리 믿음의 심장에 화살을 겨누기를 좋아한다. 그는 우리의 죄가 만들어낸 간극을 하나님이 이으실 수 없다고 필사적으로 우리를 설득하려 한다. 하나님의 무한한 은혜에 대해 의심의 씨앗을 심으려는 것이다. 그는 우리에게 죄책감과 수치심과 정죄 의식의 미사일을 발사한다. 우리를 꾀어 하나님의 사랑과 용서가 조건적일 수밖에 없다고 믿게 만들려 한다. 하지만 하나님은 오직 그리스도의 피에 근거하여 우리를 의롭다고 선포하셨고, 성령으로 말미암아 우리에게 거룩하게 살아갈 능력을 주신다. 우리가 그 지식 가운데 견고히 서면 마귀와 그의 악한 하수인들은 패하여 물러갈 수밖에 없다.

평안의 신(6:15). 분명히 바울은 자기를 지키던 간수의 신을 질리도록 보았을 것이다. 칼리가(*caliga*)라고 하는 그 신을 신약학자 해럴드 호너가 명확히 묘사했다. "로마 군인들은 묵직한 샌들을 신었다…대가리가 없는 징을 박아 여러 겹의 가죽을 덧댄 바닥은 두께가 평균 2센티미터였다. 정강이 중간 부분까지 가죽 끈을 맸고 날씨가 추울 때는 안에 솜이나 털을 넣었다."[10] 이 신은 신속하게 이동하며 백병전을 하기에 이상적이었다. 오늘날의 미식축구화나 일반 축구화처럼 이 신도 미끄러지지 않도록 흡착력과 마찰력을 최대화했다. 어떤 지형에서도 제구실을 다하고 어떤 기후에도 적응할 수 있도록 만들어졌다.

사탄에게 맞서는 우리의 "신"은 하나님과의 평안(화목함)이다. 그리스도께서 우리에게 이 평안을 확보해주셨다(엡 2:11-18). 이것은 하나님과의 평안만이 아니라 서로간의 평안과 우리 내면의 평안이기도 하다. 이 평안이 있기에 주님은 결코 우리를 정죄하지 않으신다(롬 8:1). 사탄은 얼마든지 우리에게 압박을 가할 수 있다. 그는 우리가 비틀거리고 넘어지면 하나님이 우리를 버리시고 심판하신다고 우긴다. 하지만 하나님과의 화목한 관계가 확고하다는 사실을 알면 우리는 미끄러져 넘어지지 않는다. 오히려 요지부동의 자세로 마귀의 조롱에 맞선다. 나아가 우리는 그의 방해에도 아랑곳없이 전진한다. 그리하여 그리스도를 통해 하나님과 화목해지는 기쁜 소식을 주변의 고달픈 세상에 전할 수 있다.

Jay King

로마 병사의 칼리가

믿음의 방패(6:16). 바울이 생각한 방패는 로마의 스쿠툼(*scutum*)으로 1.4미터 높이의 타원형 또는 직사각형 목판을 가죽으로 싸고 테두리에 철을 물린 것이었다.[11] 대개 전장에 나가기 직전에 가죽에 물을 흠뻑 적셨다. 적의 위험한 소이탄 미사일의 불을 끄기 위해서였는데, 그것은 바로 기름에 적셔 불붙인 화살이었다. 맥스 터너는 "전투 중에 이런 방패를 여러 개 쭉 잇대면 전방에 벽이 생기고 머리 위로 지붕이 되었다"[12]라고 썼다.

우리가 그리스도인의 삶에서 경험하는 "악한 자의 모든 불화살"은 여러 가지 형태로 퍼부어질 수 있다. 그중 몇 가지만 꼽자면 유혹, 회의, 분노, 좌절, 교만, 자포자기, 두려움, 죄책감, 수치심, 혼란, 기만, 낙심, 우울, 절망, 탐심, 정욕, 주제넘음, 고집, 게으름, 의심, 질투, 미움, 격분, 불화, 갈등 등이다. 그 밖에도 얼마든지 많이 있다. 요컨대 마귀의 손끝에서 날아오는 화염 공격은 헤아릴 수 없이 많다. 그러나 믿음의 방패가 있으면 아무것도 그 방패를 뚫고 들어올 수 없다. 맥스 터너는 이렇게 설명한다.

> 이 서신에서 믿음이란 하나님께 철저히 열려 있는 자세다. 그럴 때 그리스도께서 충만히 내주하실 수 있고, 우리는 그분의 측량할 수 없는 사랑을 더 깊이 이해할 수 있

로마의 타원형 스쿠툼

다(3:17 참고). 그러므로 믿음의 방패를 가지라는 말은 복음에 계시된 하나님을 의지적으로 철저히 붙든다는 개념이다. 단호하고 결연하게 주님께 의존한다는 뜻이다. 그러면 우리를 해치고 공포를 확산시키려는 원수의 불을 주께서 꺼주신다.[13]

믿음으로 우리는 상황을 하나님의 관점에서 본다. 모든 시련과 유혹에서 구해주실 그분을 신뢰한다. 우리는 전능하신 총사령관께서 끝까지 지켜주실 것을 믿고 단호하고 결연하게 선다. 빗발치는 사탄의 불화살 속에서도 우리는 믿음의 방패를 들고 이렇게 고백할 수 있다. "주님, 오늘 이 공격에도 불구하고 주님을 신뢰합니다. 제 앞에 이런 것이 닥쳐오지만 주님을 신뢰합니다. 제 본성이나 그동안 형성된 습관과 무관하게 오늘 주님을 신뢰하며 주님과 동행합니다. 믿음의 방패로 이 모든 화살을 막아냅니다. 기도하오니 오늘도 새벽부터 이 방패로 저를 보호하여주소서. 저는 저를 보호할 수 없습니다. 주님의 방패가 필요합니다. 아버지, 두려울 때 아버지를 의지합니다. 어두워질 때 아버지를 의지합니다. 지독한 유혹의 상황 속에서 아버지를 신뢰합니다. 제 혀와 눈과 손과 발과 생각과 마음과 영혼을 지켜주실 아버지를 신뢰합니다."

구원의 투구(6:17). 1세기에 로마 병사들의 투구는 "청동으로 만들어졌고 속에 가죽이나 천을 대고 철모를 넣었다."[14] 바울 시대의 병사들은 대개 이마와 코와 뺨을 가리는 보호대까지 착용했다. 안면부가 거의 위험에 노출되지 않은 셈이다. 하지만 투구를 써도 앞은 분명히 볼 수 있어 날쌘 적이나 뜻밖의 물체에 기습당할 일은 없었다.

바울의 예화에서 그리스도인의 투구는 구원이다. 바울은 에베소 교인들에게 "구원의

로마 병사의 투구

투구(를)…가지라"고 했는데, 이는 전장으로 나서는 병사의 마지막 행동을 가리키는 말이다. 그것은 곧 투구를 쓰고 검을 드는 행동이다. 그렇다고 신자의 구원이 마지막에 온다는 말은 아니다. 우리는 진리와 의와 평안과 믿음을 갖춘 후에야 구원을 얻는 게 아니다. 오히려 이 모든 것은 우리가 믿음으로 말미암아 은혜로 구원받는 순간에 주어진다. 하지만 바울은 우리가 구원받은 사실을 늘 상기해야 한다고 말한다. 우리는 그리스도 안에서 자신의 신분에 대한 확신이 있어야 한다. 왜 그런가? 사탄이 화살을 쏠 때 제일 좋아하는 과녁이 우리의 생각이기 때문이다. 그는 우리가 정말 그리스도께 속해 있지 않으며 영원히 구원받은 게 아니라고 설득하려 든다. 우리의 부활과 영화(榮化)와 천국의 영원한 집에 대한 소망을 어떻게든 앗아가려 한다.

구원의 확신이 없어 힘들어하는 그리스도인들이 수없이 많다. 그런 말을 들으면 나는 마음이 아프다. 자신이 바른 내용을 바른 방식으로 믿었는지, 믿음의 양이 충분했는지 의심하는 그리스도인들이 너무 많다. 또는 자신이 특정한 영접 기도를 드렸는지, 특정한 집회에서 강대상 앞으로 나갔는지, 전통으로 정해진 자격에 부합했는지 의심하기도 한다. 그런가 하면 자신의 삶이 부족하고 특정한 유혹을 떨치지 못해 구원의 확신이 흔들리는 사람들도 있다. 얼마나 비참한 일인가!

우리는 오직 예수 그리스도의 인격과 사역을 통해 오직 단순한 믿음으로 말미암아 오직 하나님의 주권적 은혜로 구원받았다. 당신의 믿음을 해부하지 말라. 너무 지적으로 또는 너무 심리학적으로 분석하지 말라. 당신의 구원에 공식적인 영접, 세례, 죄의 고백 등과 같은 조건을 덧붙이지 말라. 그런 것들은 구원의 믿음에 종종 수반되지만 믿음을 대신하는 것은 아니다. 물론 죄는 바로바로 해결해야 한다. 하지만 이생에서 자신이 부족하다 하여 구원의 확신을 잃어서는 안 된다. 우리의 믿음이란 들여다볼수록 더 나빠 보인다. 그보다 그리스도께서 십자가에서 이루신 구원에 집중하라. 돌이킬 수 없는 영원한 구원에 대한 성경의 약속들을 바라보라(요 10:28, 롬 8:37-39, 요일 1:8-10).

구원의 확신은 당산의 전체 장비에서 가장 전략적인 요소 중 하나다. 그것을 취하라! 당신은 구원받았고 그리스도께로 왔다. 당신이 구원을 잃을 일은 절대로 없다. 그러니 한 시라도 확신을 잃어서는 안 된다. 당신이 거듭나던 순간에 주어진 확신은 지금도 당신의 것이다. 오늘 그렇게 주장하면 된다. 사탄이 가장 즐겨 쓰는 교란 작전 중 하나는 당신의 영원한 안전에 대한 확신을 약화시키는 것이다. 당신은 "구원의 투구"를 받았다. 바울은 "그것을 쓰라!"고 말한다.

성령의 검(6:17). 당신도 감지했겠지만 영적 전투에 지급된 하나님의 갑주가 지금까지는 다 방어용이었다. 하지만 하나님의 마지막 보급품인 "성령의 검 곧 하나님의 말씀"은 공격용이다. 바울이 말한 검(헬라어로 *machaira*)은 백병전에서 쓰던 로마의 단검이다. 칼날은 양날이었고 아주 날카롭고 가벼웠다. 효과가 뛰어난 이 검은 로마 군대의 무기고에서 비교적 신예 무기였다.

그리스도인의 검은 하나님의 말씀이다. 그런데 여기 "말씀"으로 번역된 헬라어 단어(*rhēma*)는 구두의 말씀, 즉 입으로 발화되는 말씀을 가리킨다. 의미가 *logos*("메시지"나 "말"에 해당하는 단어)와 겹치기는 하지만 *logos*의 초점이 메시지의 내용이라면 *rhēma*의 초점은 그 메시지를 표현하는 일이다. 따라서 지금 바울의 강조점은 복음 전파나 성경 읽기가 아니라 사탄과 교활한 어둠의 영들에 대항하여 하나님의 계시된 말씀을 실제로 활용하는 일이다. 예수께서 유대 광야에서 사탄에게 시험받으신 일에서 그 예를 볼 수 있다. 마귀는 사십 일을 밤낮으로 주리신 예수께 돌로 빵을 만들어 먹으라고 유혹했다. 그러자 예수님은 신명기 8장 3절을 인용하여 말씀하셨다. "사람이 떡으로만 살 것이 아니요 하나님의 입으로부터 나오는 모든 말씀(*rhēma*)으로 살 것이라"(마 4:4).

그러니 바울이 하나님의 선포된 말씀을 예리한 검에 비유한 것도 무리는 아니다. 이 땅의 검이나 모든 치명적 무기와 마찬가지로 성령의 검도 초보자가 얼른 들고 전문가처럼 휘두를 수는 없다. 하나님의 말씀에서 성장하려면 오랜 세월이 걸린다. 기술을 연마하고 지식을 보강하고 삶에 적용해야 한다. 이렇게 머리에는 암기를 통해, 마음에는 묵상을 통해, 손에는 적용을 통해 하나님의 말씀을 갖추고 있으면 우리는 변화를 일으킬 수 있는 힘이 생긴다. 우리의 혀끝에 늘 말씀이 준비되어 있으므로 말씀을 말하고 나누고 실천할 수 있다.

개인적으로 악의 유혹을 받을 때 우리는 준비되어 있다가 진리로 되받아칠 수 있다. 거짓 가르침이 교회를 공격해올 때 되받아칠 수 있다. 권세들이 이상한 철학과 윤리 교육으로 우리의 주변 세상에 침투하려 할 때 진리로 되받아칠 수 있다. 끝으로 자유를 위협받을 때 우리는 기독교의 진리를 담대히 선포하여 강펀치를 날릴 수 있다.[15]

Jay King

로마 병사의 단검

—6:18-20—

끝으로 바울은 그리스도인의 전투 전략에 마지막 한 가지 요소를 더한다. 이 전술은 우리가 자신의 힘이 아니라 하나님의 힘으로 싸우고 있음을 일깨워준다. 14-17절에서 그는 하나님이 우리에게 주신 갑주를 항목별로 묘사했다. 각 장비는 다른 장비들에 의존하고 있으며, 마귀의 간계를 물리치고 승리하려면 그 모두가 꼭 필요하다. 이제 18-20절에서는 바울이 우리의 주의를 실제적 반응으로 돌린다. 전투복을 갖추어 입은 우리는 이제 어떻게 할 것인가? 우두커니 서서 기다릴 것인가? 언제라도 덤벼들 태세로 구석에 웅크리고 있을 것인가? 사실 바울의 권면은 그보다 훨씬 단순하고 효과적이다. 우리는 기도해야 한다. 인내하며 늘 간구해야 한다(6:18). 무엇보다 기도는 우리가 하나님을 의지하고 있다는 표시다.

우리의 적인 사탄은 우리의 약점을 세심히 살펴 그에 맞게 공격을 구상한다. 따라서 우리가 그리스도 안의 동료 병사들을 위하여 아버지께 가지고 가는 요청도 그만큼 세심해야 한다. 우리는 그분 앞에 "모든 기도와 간구"(6:18)를 가지고 간다. 하지만 무릎으로 악의 세력과 싸우는 그 순간에도 우리는 한시라도 이 모두를 자신이 질 짐이라고 생각해서는 안 된다. 사실은 우리가 하나님께 기도로 나아갈 때 성령께서 친히 우리를 도우신다. "성령 안에서" 기도한다는 말은 우리의 힘이 아니라 그분의 힘과 능력으로 그분의 뜻에 맞게 기도한다는 뜻이다. 다른 곳에서 바울은 이렇게 썼다. "이와 같이 성령도 우리의 연약함을 도우시나니 우리는 마땅히 기도할 바를 알지 못하나 오직 성령이 말할 수 없는 탄식으로 우리를 위하여 친히 간구하시느니라"(롬 8:26).

기도할 때 우리는 "깨어" 있어야 한다(6:18). 닥쳐오는 적의 공격을 감지할 수 있도록 마음이 훈련되어 있어야 한다. 어떤 경우에도 우리는 늘 기도해야 한다. 승리가 예상보다 오래 걸려도 결코 낙심해서는 안 된다. 아울러 잊지 말아야 할 것이 있다. 잔인하고 가차 없는 악의 세력은 우리 모두를 똑같이 과녁으로 삼고 있으므로 우리는 늘 기도로 서로를 올려드려야 한다. 그래서 바울은 우리에게 "모든 성도를 위하여"(NASB) 기도하라고 권한다. 가장 작은 자로부터 가장 큰 자까지 모두 우리의 기도가 필요하다. 우리는 사탄이 길에 작은 장애물만 던져도 비틀거리는 갓난아기 그리스도인을 위해서도 기도해야 하고, 평생의 수고를 무산시키려는 사탄에 맞서 영적 정글에서 무거운 발걸음을 옮기는 성숙한 선교사를 위해서도 기도해야 한다. 처음부터 끝까지 그리스도인의 전쟁 구호는 "기도하라!"이다.

사도 바울도 다른 사람들의 기도를 통한 보호와 격려가 필요했다. 6장 19-20절에서 그는 하나님이 자신에게 초자연적 능력을 주셔서 복음을 담대히 선포하게 해주시도록 기도를 부탁했다(6:19). 알다시피 바울은 "쇠사슬에 매인 사신"이 되어 가택 연금된 상태였다. 그는 성도들을 공격하여 기를 꺾어놓는 사탄의 피해자였다. 흔히 우리는 바울을 겁과 낙심을 모르는 사람, 언제 어디서나 누구에게든 막힘없이 전도의 소명을 다하는 사람으로 생각한다. 하지만 바울도 자신에게 기도의 지원이 절실히 필요함을 인정했다. 사도 바울도 우리 모두와 같이 연약하고 타락한 인간이었다. 그래서 동료 신자들의 기도가 필요했다. 그는 복음의 비밀을 자신의 입 밖으로 내지 못할까봐 우려했다. 자신이 너무 열정적으로 말하면 본인이나 주변의 사랑하는 이들에게 나쁜 일이 닥칠지도 모른다는 걱정 때문에 말문이 막힐까봐 두려웠다.

바울도 당신과 나처럼 인간이었다. 하지만 그는 겸손하고 솔직하게 자신의 필요를 인정했고 하나님께만 아니라 그분의 사람들에게도 도움을 청했다. 하나님은 그의 보호자이셨고 그분의 사람들은 그의 지원 세력이었다. 당신도 바울처럼 할 마음이 있는가?

적용
무장하라 그리고 출동하라

에베소서를 쓸 때 바울은 장기간 가택 연금되어 가이사(시저) 앞에서 심문을 받기 위해 기다리고 있었다. 그가 2년 동안 대기했던 일이 사도행전의 마지막 몇 구절에 나와 있다. 하지만 에베소서의 마지막 장에서 보듯이 비록 그의 몸은 옥중에 있었어도 생각은 늘 자유롭고 활동적이었다. 날마다 시저의 병사들의 감시를 받으면서 바울은 그들의 군복을 자세히 관찰했다. 투구와 호심경과 허리띠와 신과 방패와 검을 유심히 보면서 그는 전투를 생각했다. 물리적 전투에서는 그 정도면 병사들이 보호받기에 충분했다. 하지만 눈에 보이지 않는 적들을 상대하는 영적 전투에서는 그 모든 장비가 무용지물이었다.

하늘에 있는 악한 영들에 맞설 때 우리의 승리의 소망은 오직 그리스도께 있다. 우리의 보호 물자는 오직 아버지의 영광스러운 보좌에서 온다. 원수의 불가피한 공격에 맞설 실전용 무기는 오직 성령의 예리한 양날 검인 하나님의 말씀밖에 없다. 신자들은 계속되는 영적 전쟁의 한복판에 있으며 이따금씩 전면전에 가까운 교전이 벌어진다. 어찌 감히 방심하고 있다가 당할 수 있겠는가? 지금은 우리의 영적 삶을 진지하게 대해야 할 때가 아닌가? 그리스도를 통해 새 생명을 얻은 것만으로 만족할 때는 지났다. 우리는 성령의 능력으로 새로운 삶을 살아야 한다.

당신은 하나님의 전신갑주를 입었는가? 다음번에 사탄이 거센 공격으로 당신을 바닥에 쓰러뜨리려 할 때 당신은 견고히 설 준비가 얼마나 되어 있는가? 바울이 열거한 갑옷을 항목별로 깊이 생각하면서 오늘 당신의 준비 상태가 어떤지 평가해보라.

진리의 허리띠. 당신은 하나님 말씀의 진리를 얼마나 잘 실천하고 있는가? 당신의 삶에 정직성을 의심받을 만한 부분들이 있는가? 숨겨둔 비밀이나 감추고 있는 죄가 있는가? 더 이상 품고 살 수 없는 고질적 기만이나 반쪽짜리 진실이 있는가? 통제 불능이 되기 전에 오늘 조치를 취하여 진리의 허리띠를 꼭 졸라매라.

의의 호심경. 당신은 칭의의 은혜를 받은 것만으로 만족하여 성화의 은혜에 복종하지 않고 있는가? 하나님이 선포해주신 의에 안주한 채 성령의 사역으로 더 의로워지는 일을 외면하고 있는가? 당신의 삶에 개인적 도덕성과 거룩함을 명백히 타협하고 있는 부분들이 있는가? 당신의 갑옷에 사탄의 예리한 궁수들이 주요 과녁으로 삼기 쉬운 틈새가 있는가? 이런 약점을 보완하기 위해 당신이 할 수 있는 일은 무엇인가?

평안의 신. 당신은 그리스도께서 평안을 확보해주셨는데도 그 안에서 잘 쉴 줄을 모르는가? 당신의 능력 밖인 일들에 연연해하며 늘 안달하고 염려하는가? 당신은 다른 사람들에게 평안을 베풀지 못하는가? 늘 싸움을 일으키고 사람들의 삶에 불안과 혼란을 야기하는가? 당신의 삶에 평안이 넘치려면 평강의 왕을 의지해야 한다. 그분만이 어둠의 왕을 제압하실 수 있다.

믿음의 방패. 문제가 닥쳐올 때 당신은 어떻게 하는가? 어떻게 반응하는가? 하나님을 놓아버리고 당황하는 경향이 있는가? 아니면 하나님과 그분의 약속들을 꼭 붙드는 법을 배우고 있는가? 방패를 잘 손질해두려면 "믿음"을 키워야 하는데, 당신의 삶에서 믿음을 키우는 구체적인 방법들은 무엇인가? 당신은 성경을 꾸준히 읽고 있는가? 교회에서 충실하게 교제하고 있는가? 동료 신자들과 돈독한 관계를 가꾸고 있는가? 악한 자의 불화살을 막아내는 당신의 방어는 얼마나 확실한가?

구원의 투구. 당신은 구원의 확신이 충분히 있는가? 영원히 그리스도와 함께 살 것을 확신하는가? 아니면 세상의 시련과 유혹과 염려와 관심사 때문에 하늘의 소망으로부터 눈길을 떼곤 하는가? 당신은 매일의 스케줄을 조정하여 구주와 함께 시간을 보내고, 말씀으로 주신 약속들을 주장하며, 이미 받은 구원에서 힘써 자라가야 한다. 구체적으로 어떻게 그렇게 할 수 있겠는가?

성령의 검. 당신의 성경 지식은 얼마나 예리하고 광이 나는가? 삶을 변화시키는 기독교 신앙의 핵심 교리들에 대해서는 어떤가? 사탄의 졸개들이 당신을 유혹하거나 혼란에 빠뜨리려 할 때 당신은 하나님의 말씀을 능란하게 휘두를 수 있는가? 성경의 진리를 가지고 어떻게 당신의 삶을 보강할 수 있겠는가?

기도의 능력. 끝으로 당신은 기도를 얼마나 진지하게 대하는가? 끈질기게 응답 받는 기도를 하루 중에 얼마나 자주 하는가? 당신은 이미 빡빡한 스케줄에 기도를 끼워 넣는가? 이런저런 세상 일로 지친 뒤에야 기도를 덧붙이는가? 아니면 영적 전투에 임하는 이 단 하나의 방편에 시간과 관심과 에너지를 집중하는가?

이 성찰의 시간을 마무리하면서 지금 잠시 기도하라. 하나님이 공급하신 갑주를 입게 해달라고 그분의 도우심을 청하라. 내용을 너무 성급히 지나가지 말라. 이것은 당신이 그리스도인으로 살아가는 삶에서 가장 중요한 결단 가운데 하나가 될 수 있다. 이것이 악한 날에 당신을 지켜줄 것만은 분명하다.

좋은 마무리(에베소서 6:21–24)

21나의 사정 곧 내가 무엇을 하는지 너희에게도 알리려 하노니 사랑을 받은 형제요 주 안에서 진
실한 일꾼인 두기고가 모든 일을 너희에게 알리리라 22우리 사정을 알리고 또 너희 마음을 위로하기
위하여 내가 특별히 그를 너희에게 보내었노라
23아버지 하나님과 주 예수 그리스도께로부터 평안과 믿음을 겸한 사랑이 형제들에게 있을지어다
24우리 주 예수 그리스도를 변함 없이 사랑하는 모든 자에게 은혜가 있을지어다.

바울은 다른 모든 서신처럼 에베소서의 메시지도 개인적 안부와 격려의 작별 인사로 마무리한다. 어떤 사람들은 이 마지막 몇 구절을 후딱 지나가버리고 싶을 수 있다. 사족 같은 후기일 뿐 교리적 알맹이나 실천적 알맹이가 없다고 생각할 수 있다. 하지만 그래서는 안 된다! "모든 성경은 하나님의 감동으로 된 것으로 교훈과 책망과 바르게 함과 의로 교육하기에 유익하니 이는 하나님의 사람으로 온전하게 하며 모든 선한 일을 행할 능력을 갖추게 하려 함"임을 잊지 말라(딤후 3:16–17).

이 감동적 서신의 마지막 네 구절을 공부하고나면 우리는 그리스도인의 삶과 사역에 없어서는 안 될 몇 가지 원리를 알게 된다. 그것은 두기고라는 사역의 동지를 중심으로 전개된다. 사랑을 받은 진실한 일꾼인 그는 다소 무명이지만 결코 우리와 무관하지 않다. 바울은 우리에게 은혜와 진리와 사랑의 메시지를 남긴다. 그가 어떻게 끝마무리를 잘하는지 살펴보자.

—6:21–22—

두기고가 성경에 처음 나오는 곳은 사도행전 20장 4절이다. 에베소에 폭동이 터진 직후에(행 19:21–41) 바울은 마게도냐로 떠났다가 헬라를 거쳐 다시 마게도냐로 갔다(20:1–3). 그

시점에서 누가는 바울의 사역 팀을 구성한 사람들의 명단을 일부 소개한다. 그중에는 에베소 사건 직후에 합류한 사람들도 있었을 것이고, 몇 달 후에 들어온 사람들도 있었을 것이다. 어쨌든 바울과 사역 동지들이 소아시아 북서쪽 해안의 드로아에 당도했을 때는 다음과 같은 사람들이 동료로 함께 있었다. 소바더와 아리스다고와 세군도는 마게도냐 출신이었고, 가이오와 디모데와 두기고와 드로비모는 소아시아 출신이었으며, 그 밖에 의사이자 누가복음과 사도행전의 저자인 누가도 있었다.

사도행전에 나와 있는 것으로만 보면 두기고는 바울의 남은 로마 여정 내내 그와 동행했다. 바울이 에베소의 장로들을 밀레도로 불러 마지막으로 회동한 것도 그 기간 중이었다(행 20:17-38). 두기고는 육로와 해로를 통해 바울과 함께 예루살렘까지 갔을 것이다(21:1-15). 도중에 가이사랴에서 전도자 빌립(21:8)과 선지자 아가보(21:10)도 만났을 것이다. 예루살렘에 도착한 두기고는 바울이 예수님의 동생 야고보와 그 도시의 장로들을 만날 때도 함께 있었다(21:17-18). 또 그는 바울이 예루살렘에서 체포되는 것도 보았다. 그 일을 계기로 일련의 사건들이 벌어져 결국 바울은 로마에까지 가게 되었다(21:27-26:32). 바울이 여러 번의 재판을 거쳐 로마로 이송될 때까지 두기고가 시종일관 함께 있었는지는 확실하지 않다. 하지만 적어도 아리스다고와 누가가 바울의 해상 여정에 동행한 것만은 분명하다. 도중에 배가 파선되기도 했지만(27:2) 결국 일행은 로마에 도착했다(28:11-16).

에베소서(엡 6:21-22)와 골로새서(골 4:7-8)의 끝부분에 보면 이 두 편지가 기록될 당시에 두기고가 로마에 바울과 함께 있었음이 분명하다. 그는 바울을 대신하여 에베소 교회와 골로새 교회에 직접 가서 편지를 전달하고 교제를 나누었다. 바울이 두기고를 언급한 것은 그냥 편지를 맺는 요식 행위가 아니라 그보다 훨씬 깊은 의미가 있다. 여기서 우리는 사역에 접근하는 바른 자세에 대해 두 가지 중요한 통찰을 얻을 수 있다.

첫째, 우리는 바울이 팀 사역을 했음을 결코 잊어서는 안 된다. 시간을 내서 그가 쓴 여러 서신의 끝부분을 읽어보라. 그가 얼마나 많은 친구들과 함께 일했는지 알 수 있다.[16] 사실 몇 차례의 투옥 기간에도 바울이 혼자서 사역했다는 증거는 없다. 두기고, 디모데, 누가, 마가, 아굴라, 브리스길라, 뵈뵈 같은 충실한 남녀들이 적어도 대여섯 명씩 그와 동역했던 것으로 보인다. 때로 그들은 뒤에 남아 사도가 개척한 신생 교회들을 굳건하게 했다(행 17:14, 딛 1:5). 어떤 때는 바울이 그들을 그 교회들로 도로 파송하거나 자신이 조만간 방문할 도시로 미리 보내 준비하게 한 적도 있다(행 20:5, 고전 4:17). 또 그들은 바울의 귀하고 소중한 편지를 목적지까지 전달하는 전령의 역할도 많이 했다(고전 16:3).

둘째, 바울은 정확하고 강력한 선포 못지않게 몸으로 함께 있는 것도 중시했다. "사랑을 받은…진실한"(6:21) 두기고는 에베소 교인들에게 바울의 인간적 숨결을 전달했다. 그는 바울이 구금 상태를 얼마나 잘 견디고 있으며, 어떻게 그의 투옥을 통해 구원의 복음이 더 멀리까지 퍼지고 있는지 말해주었을 것이다. 또한 에베소 교인들의 질문에 답하고, 그들의 진심어린 관심을 보고 들으며, 그들의 생각과 소감을 다시 바울에게 피부로 느껴지도록 전달했을 것이다. 사람들과 직접 몸으로 함께 있는 것이 서신 왕래보다 선호되었음을 우리는 잊어서는 안 된다. 사도 요한은 세 번째 편지를 이런 말로 맺었다. "내가 네게 쓸 것이 많으나 먹과 붓으로 쓰기를 원하지 아니하고 속히 보기를 바라노니 또한 우리가 대면하여 말하리라"(요삼 1:13-14). 바울도 로마서 1장 11-13절에 이렇게 썼다.

> 내가 너희 보기를 간절히 원하는 것은 어떤 신령한 은사를 너희에게 나누어 주어 너희를 견고하게 하려 함이니 이는 곧 내가 너희 가운데서 너희와 나의 믿음으로 말미암아 피차 안위함을 얻으려 함이라 형제들아 내가 여러 번 너희에게 가고자 한 것을 너희가 모르기를 원하지 아니하노니 이는 너희 중에서도 다른 이방인 중에서와 같이 열매를 맺게 하려 함이로되 지금까지 길이 막혔도다.

우리는 첨단기술에 열광하는 세상에 살고 있다. 인터넷 화상 통화로 가상의 "대면"이 가능하고, 교실에 들어가보지 않고도 대학 과목을 듣고 학위를 딸 수 있으며, 클릭 한 번이면 연중무휴로 훌륭한 성경 교육과 설교를 접할 수 있다. 그러다보니 우리는 혈과 육으로 함께 있어야 할 필요성을 너무 쉽게 망각한다. 하지만 사람과 사람이 실제로 한 자리에서 함께 시간을 보내는 것은 다른 무엇으로도 대신할 수 없다(살전 2:7-9 참고). 바울이 에베소에 두기고를 보낸 것은 단지 정보를 나누기 위해서가 아니었다. 그거라면 편지로도 가능했을 것이다. 두기고는 자기 자신을 나누어야 했다. 그거야말로 에베소 신자들의 마음에 위로가 되었을 것이다(엡 6:22).

이 두 가지 원리에는 깊은 실제적 의미가 담겨 있다. 첫째, 사역이든 신앙생활이든 혼자서 하기를 좋아하는 사람들은 그런 개념을 물리쳐야 한다. 하나님은 우리를 조화롭게 살아가며 공동체 안에서 성장하도록 지으셨다. 우리는 서로 새 힘과 격려와 돌봄과 공감과 사랑을 주고받아야 한다. 서로 감시해주고, 애정을 나누며, 연약한 모습을 보이고, 친목을 다져야 한다. 게다가 숫자가 많으면 힘이 생긴다(전 4:9-12 참고). 우리는 서로가 절실히 필요한 존재다.

둘째, 요즘의 통신 수단들은 오히려 사람들과 몸으로 함께 있는 데 방해가 되고 참된 성육신적 사역에 장벽이 된다. 그런 데 중독된 사람들이 있다면 그것을 적절히 끊어야 한다. 생각해보라. 우리에게 필요한 것이 정보뿐이었다면 하나님은 성경만 남기셨어도 되었을 것이다. 하나님의 감동으로 된 무오한 정보와 틀림없고 확실한 해답이 성경에 가득하지 않은가. 그렇다고 내 말을 오해하지는 말라. 성경은 우리의 영적 성장과 건강에 꼭 필요하며, 성경이 없이는 우리는 길을 잃는다. 하지만 기록된 하나님 말씀만 우리에게 남기신다면 이는 우리를 "고아"처럼 버려두시는 것이나 같다(요 14:18). 예수 그리스도의 계시와 성령의 임재가 없다면 우리는 성경이 무슨 뜻인지 전혀 알 수 없을 것이고, 성경을 삶에 적용할 수도 없을 것이다.

하나님은 우리와 함께, 우리 가운데, 우리 안에 사시기를 원하신다. 그것이 목적이고 성경은 그것을 돕는 수단이다. "우리와 함께하시는 하나님"과의 인격적 관계가 목적이다. 하나님의 아들이 "육신이 되어 우리 가운데 거하"셨다(요 1:14). 그분 자신도 참으로 하나님이시다. 사람들은 그분이 하시는 말씀을 들었고 "생명의 말씀" 자체이신 그분을 눈으로 보고 손으로 만졌다(요일 1:1). 나중에 하늘로 올라가실 때도 그리스도는 우리를 혼자 두실 마음이 조금도 없으셨다. 이제 그분은 하나님의 영으로 우리에게 친히 임재하신다. 성령 자신도 참으로 하나님이시며, 신자 개개인과 그들의 공동체 안에 내주하신다(요 16:7, 고전 3:16, 6:19).

어쩌면 지금은 휴대전화를 끄고, 노트북 컴퓨터를 닫고, 아이패드만 쳐다보는 버릇을 고치고, 소셜네트워크를 로그오프해야 할 때인지도 모른다. 지금부터 시간을 투자해 사람들과 몸으로 함께 있으라. 그들에게 그리스도가 되어주라. 성령의 임재를 나누어주라. 그러면 그분이 당신을 통해 사람들을 격려하실 것이다. 당신의 삶의 현장으로 사람들을 초대하라. 언젠가 생을 마감할 날이 다가올 때 그러기를 잘했다고 생각하게 될 것이다.

—6:23-24—

바울은 이 편지를 아름답게 시작했듯이 이제 감동적으로 끝맺는다. 그가 비는 복은 아버지 하나님과 주 예수로부터 오는 평안과 사랑과 믿음이다(6:23). 마치 에베소서 전체의 중심 주제들을 요약하는 듯하다. 그리스도께서 우리를 하나님과 화목하게 하셨고 신자들 사이에 평안을 이루셨다(2:14-15). 그러므로 그분의 이름으로 칭함 받는 사람들은 그 평안을 실천해야 한다. "평안의 매는 줄로 성령이 하나 되게 하신 것을 힘써 지"켜야 한다(4:3). 바울이 맨 먼저 생각한 것은 이런 평화로운 생활방식이었다. 바로 뒤에 따라 나오는 사랑은 평안을 이루는 기초다.

세상의 모든 정확한 교리도 그리스도를 향한 사랑과 서로를 향한 사랑이 없으면 아무 의미가 없다(고전 13:1-3). 바울은 그것을 알았기에 독자들에게 예수 그리스도의 불멸의 사랑과 형제들 사이의 사랑을 거듭 강조한다(엡 6:23-24). 지금까지 바울이 에베소 교인들에게 하나님의 사랑과 사람들을 향한 그들의 사랑을 일깨운 것이 몇 번이었던가? 흥미롭게도 바울은 에베소서에 "사랑"(*agapē*)이라는 명사를 열 번 썼다. 에베소서보다 열 장이나 더 많은 고린도전서에도 이 단어가 그보다 한 번밖에 더 쓰이지 않았다! 사실 바울 서신을 통틀어 각 장당 사랑이 언급된 평균 횟수는 에베소서가 가장 많다.

이렇게 사랑을 힘주어 강조했건만 서글픈 아이러니가 있다. 에베소 교회는 다른 모든 것을 다음 세대에 전수했으나 성령의 더없이 중요한 열매인 사랑만은 빠뜨렸던 것 같다. 35년쯤 후에 그리스도께서 사도 요한을 통해 에베소 교회에 친히 이렇게 말씀하셨다. "그러나 너를 책망할 것이 있나니 너의 처음 사랑을 버렸느니라 그러므로 어디서 떨어졌는지를 생각하고 회개하여 처음 행위를 가지라"(계 2:4-5). 에베소 교인들에게서 배워야 할 얼마나 소중한 교훈인가! 그러므로 우리는 잊지 말자. 교리적 진리 안에 견고히 서되 하나님을 향한 사랑, 동료 신자들을 향한 사랑, 잃어진 영혼들을 향한 사랑을 잃어서는 안 된다.

우리는 오직 믿음으로 말미암아 오직 은혜로 예수 그리스도를 통해 새 생명을 받았다. 그러므로 이제 성령의 능력으로 그 사랑의 새로운 삶을 실천하자. 성령께 의탁하면 그분이 은혜로 우리를 변화시켜주신다. 어떻게 해서라도 반드시 우리를 도우셔서 끝마무리를 잘하게 해주신다. 그러면 바울이 나중에 훌륭한 에베소 교회의 목사가 된 디모데에게 마지막으로 한 말을 우리도 똑같이 고백할 수 있게 된다. "나는 선한 싸움을 싸우고 나의 달려갈 길을 마치고 믿음을 지켰으니 이제 후로는 나를 위하여 의의 면류관이 예비되었으므로 주 곧 의로우신 재판장이 그 날에 내게 주실 것이며 내게만 아니라 주의 나타나심을 사모하는 모든 자에게도니라"(딤후 4:7-8).

주

1. Martin Luther, "A Mighty Fortress Is Our God," *The Hymnal for Worship and Celebration*(Waco, TX: Word Music, 1986), no. 26. (『우리말 찬송가』 384장)
2. 같은 찬송.
3. R. Kent Hughes, *Ephesians: The Mystery of the Body of Christ,* Preaching the Word(Wheaton, IL: Crossway, 1990), 216.
4. Christopher Nolan 외, *The Dark Knight*(Warner Bros., 2008).
5. John R. W. Stott, *The Message of Ephesians: God's New Society,* The Bible Speaks Today(Downers Grove, IL: InterVarsity Press, 1979), 275. (『에베소서 강해: 하나님의 새로운 사회』 IVP)
6. Harold W. Hoehner, *Ephesians: An Exegetical Commentary*(Grand Rapids: Baker, 2002), 834.
7. Luther, "A Mighty Fortress Is Our God," no. 26.
8. Elisha A. Hoffman, "Leaning on the Everlasting Arms," *The Hymnal for Worship and Celebration,* no. 354. (『우리말 찬송가』 458장)
9. Ignatius of Antioch, *Letter to the Ephesians* 13.1. Michael W. Holmes 번역, *The Apostolic Fathers: Greek Texts and English Translations,* 2판(Grand Rapids: Baker, 1999).
10. Hoehner, *Ephesians,* 842.
11. Stott, *The Message of Ephesians,* 281.
12. Max Turner, "Ephesians," *New Bible Commentary: 21st Century Edition,* 4판, D. A. Carson 외 편집(Downers Grove, IL: InterVarsity Press, 1994), 1244.
13. Turner, "Ephesians," 1244.
14. Hoehner, *Ephesians,* 850.
15. Turner, "Ephesians," 1244.
16. 로마서 16장, 고린도전서 16:19, 골로새서 4:7-15, 디모데후서 4:19-21, 빌레몬서.

찰스 스윈돌의 신약 인사이트 시리즈

갈라디아서, 에베소서

1쇄 인쇄 2013년 10월 30일
1쇄 발행 2013년 11월 15일

지은이 찰스 스윈돌
옮긴이 윤종석
펴낸곳 주) 도서출판 디모데 〈파이디온 선교회 출판 사역 기관〉

등록 2005년 6월 16일 제 319 – 2005 – 24호
주소 서울특별시 서초구 서초대로 141–23(방배동, 세일빌딩)
전화 마케팅실 070) 4018–4141
팩스 마케팅실 031) 902–7795
홈페이지 www.timothybook.com

값 30,000원
ISBN 978–89–388–1563–7 04230
ISBN 978–89–388–1499–9 (세트)